How to select & use
the mountain equipments.

山道具

選び方、使い方

高橋庄太郎

Black Diamond
Black Diamond

はじめに

ほとんどすべての山の道具は、日常生活で僕たちが使っているモノを自然の中で使えるように作り変えたものだ。「衣食住」すべてのものを使って山中で生活するテント泊のことを考えればわかる。

家はテントに、布団はスリーピングバッグに、キッチンのコンロはバーナーに。日常生活で使っているものを、小さく、軽く、シンプルにして、自分で持ち運べるようにしたものが山の道具だ。その変貌は、普段は街で暮らす人間が自然の中に戻って生活できるようにする「進化」ともいえる。だから、現代の山の道具には最先端のアイデア、最先端の素材が惜しみなく投入されているのだ。

この本は、山岳雑誌『PEAKS』で3年にわたって断続的に連載されていた「マウンテンギア研究所(mountain gear laboratory)」を1冊にまとめたものである。連載中は積雪期用道具の特集もあったが、ここでは春から秋の、いわゆる「無雪期(残雪期を含む)」の道具に限定した。山は真冬とその他の季節では、あまりにもさまざまな条件が違ってくるからである。

その代わり、『PEAKS』誌で好評だった「パッキング」などのテクニックの紹介ページもプラスし、最新の話題を含めて大幅に加筆、訂正、そして新しい内容を加えて再編集を行なっている。書籍にしては、少しばかり雑誌の香りが漂っているのは、そのためだ。

連載中は毎号ごとに内容が完結していたために、このように1冊にまとめると解説箇所によっては他のカテゴリーと内容が一部重複する場合がある。気になる方もいらっしゃるだろうが、大目に見ていただきたい。この本が山を愛する人に少しでも役立てば幸いだ。

CONTENTS

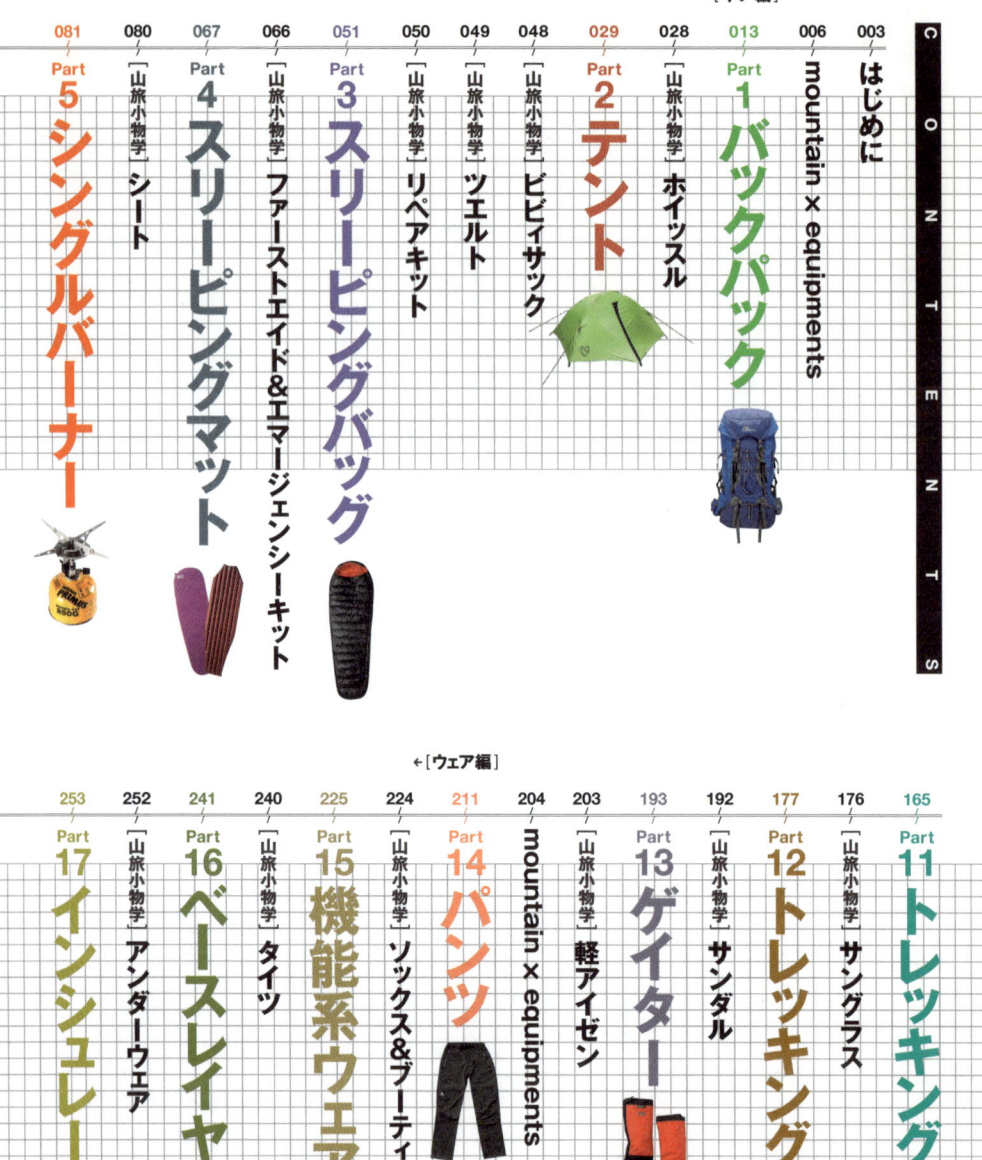

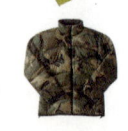

/// mountain × equipments ///

/// mountain × equipments ///

/// mountain × equipments ///

もともと野外で生きてきた人間にとって、山は生活の一部だった。
しかし、今は遠い存在だ。
だがいくつかの装備があれば、山は再び生活の場となる。
そこには道具を選ぶ面白さ、使う楽しさがある。

GEAR
［編］

/// Part.1 ///

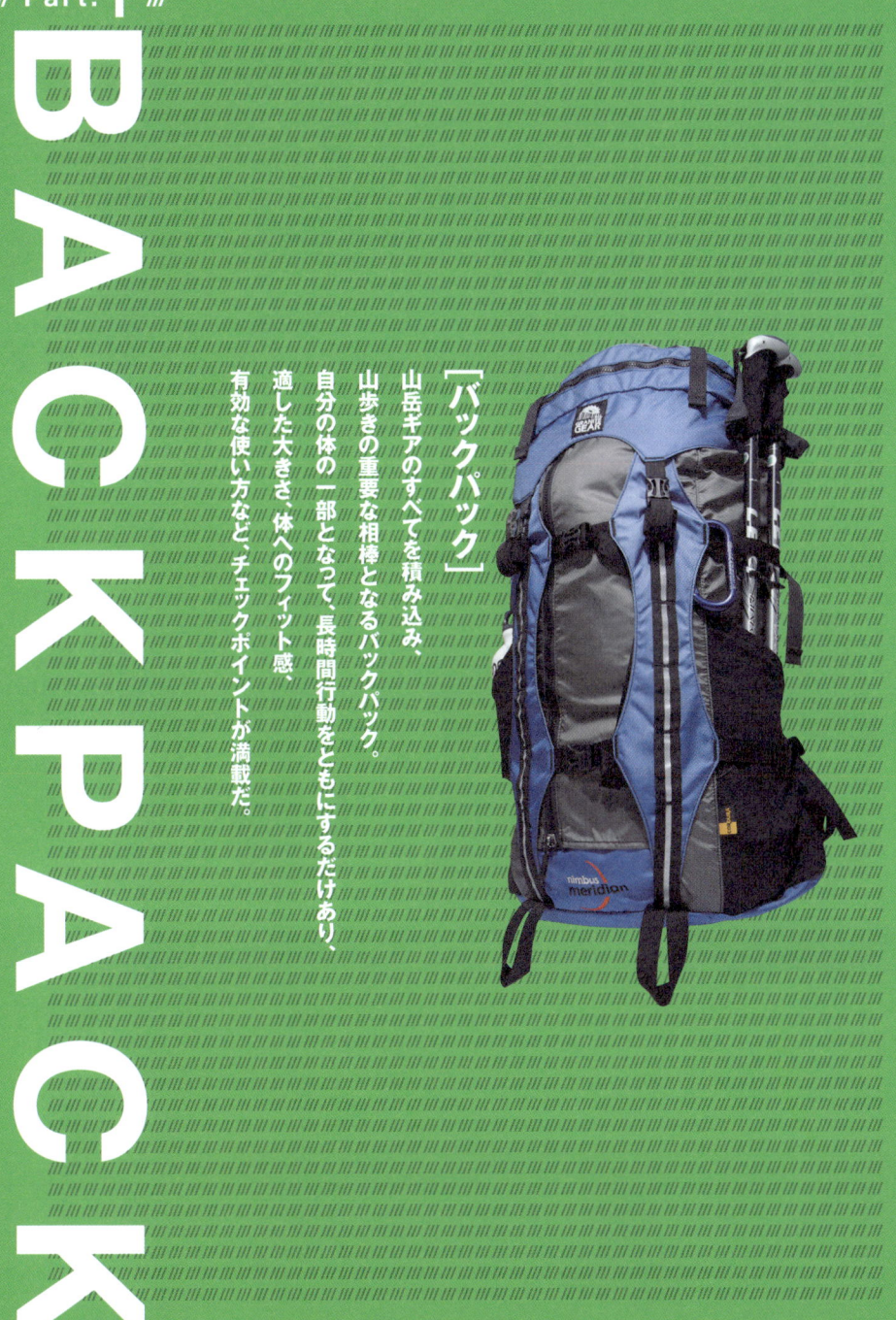

BACKPACK

［バックパック］

山岳ギアのすべてを積み込み、
山歩きの重要な相棒となるバックパック。
自分の体の一部となって、長時間行動をともにするだけあり、
適した大きさ、体へのフィット感、
有効な使い方など、チェックポイントが満載だ。

1

/// Category ///

＝分類＝ 容量の大きさと用途

日帰りハイクからテントを背負った縦走、はたまたベースキャンプ設営まで バックパックの大きさは、運ぶ荷物の量次第である。さて、自分の使い道に合ったものとは？

バックパックの大きさは「容量」、具体的には「ℓ（リットル）」で表す。10×10×10㎝の立方体が1ℓだから、それを基準にイメージしよう。極小はわずか5ℓ程度で、大きなものでは120ℓを超えるなど、ひと口にバックパックといっても、大きさには相当な幅がある。また同じ容量でも、メーカーによってかなりの差があるため、実際の大きさは店頭でたしかめたほうがよい。

バックパックに収める荷物は、宿泊するのかしないのか、宿泊するなら小屋なのかテントなのかで、大きく違ってくる。さらに季節によっても荷物の量は変化し、雪山へ踏み入ることまで考えると、防寒着のためにカサが増し、保温ボトルやサングラスと

10~20ℓ

いわゆるデイパックのサイズ。ショルダーハーネスは薄く、ウエストハーネスにいたっては省略されていることもある。だが日帰りの山歩きならば荷物の分量は多くないので、大きな問題はない

- **日帰り向け**
- **必要十分な簡素な作り**
- **カラー豊富で、街でも使える**

20~35ℓ

荷物が少ない暖かい時期の1～2泊の山小屋泊山行に充分。使い勝手が良く、売れ行きのよい容量ということもあり、モデルのバリエーションはおどろくほど。軽量化も進んでいるサイズだ

- **夏山の小屋泊まりに**
- **種類が多く、選びやすい**
- **使いやすいディテール**

35~50ℓ

防寒着などで荷物が増える春や秋は、小屋に泊まる予定でも、これくらいの容量があると安心だ。10～15kg程度の荷物を快適に背負え、極力荷物を減らしていけば、テント泊にも対応する

- **寒い時期の小屋泊まりに**
- **強度にも充分配慮**
- **テント泊まで応用範囲が広い**

/// Column ///

目的に特化したバックパック

容量以外にもバックパックは要求に応じて進化している。代表的なタイプが、左の3種。どれもたんなる山歩きではなく、山岳スポーツの要素が強い。ハードな行動に対応するアイデアが各部のディテールに込められており、感心する。

トレイルランニング用

背負って「走る」ことを目的とするため、体からのブレを減らし、ジャマにならないデザイン。給水のためのハイドレーションを装備しているものも一般的だ

いった、さまざまな小物もプラスされる。一方、不必要な道具を徹底的に持たず、コンパクトなギアばかりを集めれば、予想以上に小さなバックパックで済ませることもできる。自分の好きな山歩きのスタイルに合わせて適切な容量を選びたい。いくつかのバックパックを容量違いで揃えるとベストだ。

ただし、複数のバックパックを買うには費用がかかる。ならば、余裕のある大きめのサイズを選んでおきたい。コンプレッションベルトで引き締めれば、バックパックは薄く細くなり、ある程度は大が小を兼ねるからだ。小型でもマットやテントなどを外部に付けて乗り切るという方法もあるが、あまりオススメできない。木の枝や岩に引っかかりやすくなり、事故の元になってしまうのだ。ハーネスの構造も小型は華奢《きゃしゃ》になるため、重い荷物だと体への負担も増えていく。

100ℓ以上

一般的にはあまり使う機会はないが、長期遠征で大量の道具や食料を運ぶときには活躍するサイズ。無駄を省いた構造でバックパック自体を軽量化し、総重量をできるかぎり軽くしてある

- **大量の装備でベースキャンプ作りに**
- **超ロングトレイルへも補給なしで挑戦可能**
- **シンプルなデザイン**

50~80ℓ

テント泊となると、極端に荷物が増える。20kgを超える荷物も運べるように、本体の生地は丈夫なものを使い、ハーネスは研究を重ねてフィット感の向上を実現している

- **数泊のテント泊にも充分**
- **頑丈で破損しにくい**
- **背面やハーネスにさまざまな工夫**

バックカントリー用

雪崩に巻き込まれた際に呼吸を確保する「アバラング」付きも。背面が開き、雪を気にしないで荷物を取り出せる構造など工夫がたくさんだ

クライミング用

安全を考え、岩に引っかかりにくいシンプルなルックス。素材も同様に、岩との擦れに耐えうる強靭なナイロンを使用し、不要時にはハーネスが取り外せるものも多い

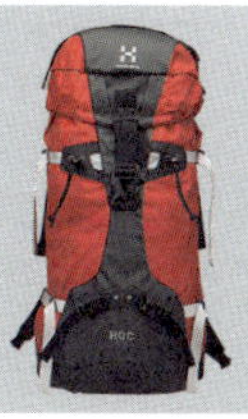

2

/// Function ///

=機能= 基本構造とパーツ類

現代のバックパックには、手の込んださまざまなパーツが使われている。それぞれに役割を持ち、快適に荷物を背負う手助けをしているのだ。

バックパックの主要名称とパーツ

トップベルト

バックパックの前後にわたって取り付けられ、これを締め付けると内部の荷物がしっかりとホールドされ、圧縮される。脱いだウェアなどを挟むこともできる

リッド（雨蓋）

荷物を入れるメイン部分の蓋となる。ストラップを引くと上から荷物を圧迫し、バックパックを小さくする。多くは大きなポケットになっており、こまめに取り出すものを収納できる

バックル

ストラップ同士を連結したり、長さを調節したりするパーツ。いくつかの種類があり、チェストハーネスに付けられたものには、ホイッスルの機能を有したものも

コンプレッションベルト

本体に付けられたストラップ。荷物が少ないときはパッキングしたあとにキツく絞り、バックパックを小さくする。テントのポールやマットの取り付けにも使える

ピッケルホルダー

下部ループを描くストラップは、ピッケルのヘッドに巻き、固定するためのもの。ピッケルのシャフトも上部のホルダーで留め、バックパックからの落下を防止する

大型になればなるほど、バックパックには多様なパーツがいくつも付属する。大量の重い荷物を効率よくコンパクトに保ち、落としたくないものは確実にホールドしつつ、たびたび使うものはラクに取り出せるようにと、相反する収納機能を同時に実現するためである。各種ハーネスはそんなバックパックを体と一体化させつつ、体への負担を可能な限り少なくするようにデザインされている。

　バックパックの主要部分に使われる生地のほとんどは、強靭なナイロンやポリエステル。裏にはコーティングを施し、防水性を高めている。見えない部分にも工夫があり、大容量バックパックの内部には金属などの弾力性のあるフレームが入っている。快適に背負えるように背中のラインに沿わせる効果を持つと同時に、バックパックの形を整える骨組みとなっている。

トップポケット

リッドを立体化してもの入れにしたポケットは、現代バックパックの標準的システム。取り外すと、ハーネス付きの立派なウエストバックになる便利なものも増えている

トップスタビライザー

両端がショルダーハーネスと本体に結合し、これを引くことでバックパックをより体に近づける機能がある。容量の小さいバックパックでは省略されていることも多い

ショルダーハーネス

肩から脇へと周り、バックパックを背中に固定する。現在の大型バックパックでは、肩にかかる荷物の重量は意外と少ないが、厚みがあって太めのほうが体に優しい

チェストハーネス

左右のショルダーハーネスを結ぶ、比較的細いハーネス。適度にテンションをかけることで行動中にバックパックと体がズレることを補正する。なで肩の人にはとくに有効だ

背面パッド

バックパックが背中にフィットするのを助け、荷物の重さを背中全体に分散し、背負い心地を向上させる。柔らかいパッド以外にも、メッシュやパネルタイプもある

ヒップ（ウエスト）ハーネス

荷重の大部分を受け止め、体の重心に近い腰骨付近に分散。この良し悪しがバックパックの要だ。背面パッドとともに、モダンなバックパックの最重要部分となっている

サイドポケット

テントのポールといった本体内に収納しにくいもの、またはすぐに取り出したいボトルなどを入れる。最近のものにはファスナーで開け閉めができるタイプが増えている

/// Point ///

さまざまに異なる表面素材

バックパックの耐久性と防水性に直結するのが、表面に使われている素材だ。山岳用に使われるのは、強靭でいて軽量な化学繊維が中心である。なかでも格子状のリップストップ加工を施した生地は、例え一部に穴が開いても、それ以上は広がりにくい。

多様な表面素材

強靭なコーデュラナイロンは、現代のバックパックの中心となる素材。手荒に扱っても破れにくい

コットンとポリエステルを混紡した素材。水に濡れると生地が引き締まり、防水性が高くなる

ナイロン素材の裏面にポリウレタンのコーティングを施したもの。ポピュラーな防水加工である

目の細かなリップストップ加工の生地。線状に見える糸に、とくに丈夫なものが使われている

/// Point ///

加重を受け止めるヒップハーネス

大型～中型バックパックでは、ヒップハーネスの性能が非常に重要だ。現代のバックパックは荷物の重さの大半を腰骨に合わせるこの部分で受け止めるようにデザインされているからである。モデルにもよるが、荷物の重さの6～8割はヒップハーネスで支えることになる。華奢なものでは腰に大きな負担がかかるばかりか、肩や背中にも痛みを起こしてしまう。そのために、可能な限り快適に背負えるようにと、フィット感を向上させるアイデアがヒップハーネスには込められているのである。

各種の仕組み

小型バックパックにはヒップハーネスが省略され、太めのベルトがつくだけのものも。荷物が軽ければ、これでも充分だ

ヒップハーネスが上下に稼動するモデルも増えている。バックパックをフィットさせたまま、体がラクに動かせる

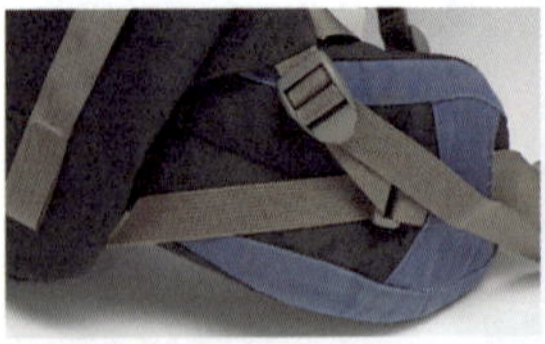

ヒップハーネスにつけられたストラップが上下に2重になったタイプ。バックパックを強く体に引き付けられる

ヒップハーネスのなかにはポケットなどのアクセサリーが装着できるように、別途テープを縫いこんだものもある

/// Point ///

ショルダーハーネス

ヒップハーネスとともに大切なのが、バックパックを肩から背中にフィットさせるショルダーハーネスである。ストラップを引くことで、いったん腰で支えた荷物の重さを、背中と肩にも分散し、全身で荷重を支える効果をもたらす。肩に負担がかからないように、精密なラインを描くデザインがなされている。

各種の仕組み

もっとも一般的な形状。ハーネスの上のストラップを引くと、バックパックが体に寄り、フィット感がアップする

ショルダーハーネスの一部が2重構造になり、肩へのフィット感を調整できるタイプ。おもしろい工夫である

バックパックへ連結するストラップを省略したタイプ。軽量に作られ、軽い荷物を入れるためのモデルに多い

/// Point /// 荷物を入れる仕組み

小型バックパックであれば、荷物を大雑把に入れても、探しものはすぐに見つけられるだろう。しかし中型から大型になると……。

大きめのバックパックには、内部を2つに分けた2気室になっているものが多い。このフロントのファスナーからは下部の荷物に直接アクセスでき、テントや寝袋といった大きな荷物であっても取り出しやすい。1気室であっても、フロントやサイドに付けられた大きなファスナーから中身を取り出せるタイプもあり、これも同様に便利に使える。

ただし、パッキングは上部から順に詰めないとすき間が空きやすく、重量バランスや形が悪くなってしまう。フロントやボトムの開口部は、主に取り出し用と心得よう。

内部へのアクセスには、大半のバックパックがコードで絞り、その上をリッドで覆うトップローディング式を採用。また、最近では巻いて留めるロールトップ式も増えている。荷物を圧縮して詰めるのにはあまり向かないが、雨に強く、次第に人気が高まってきている。

さまざまな内部アクセス方法

もっとも一般的なトップローディング式。上部のコードを緩め、上から荷物を入れ再び締めるのみ

バックパックの生地をクルクル丸め、両サイドをバックルで留めるロールトップ。防水性に優れる

小型に多いのがファスナーを使ったタイプ。浸水しやすいが、開け閉めするのに手間がかからない

バックカントリー用には背面パッドが開口するものも。背中に接する部分なので雪の付着が少ない

フロントが開くものは荷物を簡単に取り出せる。収納の際は上部から入れたほうがきれいに収まる

/// Point /// 「2気室」とは

バックパックのメイン収納部はかなり大きい。これを上下に仕切ったのが、2気室のバックパックだ。荷物の仕分けがしやすく、下部に入れたものもすぐに探せる。対して、分割していないシンプルなものが、1気室。1度収納すると奥のものは取り出しにくくなってしまうが、表面にファスナーがないので大雨でも浸水を防止しやすいのが利点だ。

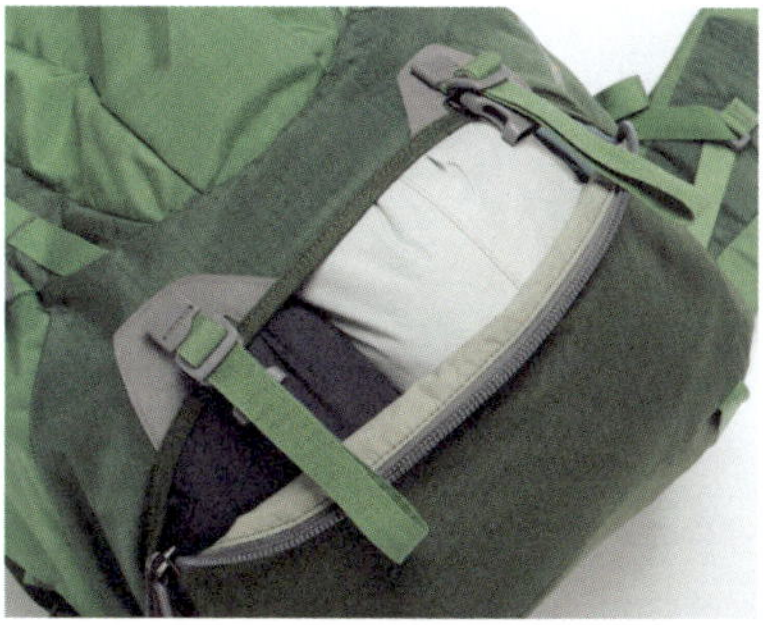

/// Point /// ハイドレーション

行動中でもチューブを通して水分補給ができるハイドレーションシステムが普及するにつれ、バックパックもそれに対応。内部の背中側にハイドレーションパックの水の流れを妨げない専用のポケットやフックを取り付けたり、本体にチューブを通すための小さなホールを設けて使いやすく工夫したものが一般的になってきた。延ばしたチューブはショルダーハーネスのリングなどを利用して口近くに固定すれば、いつでも渇きを癒やせる。

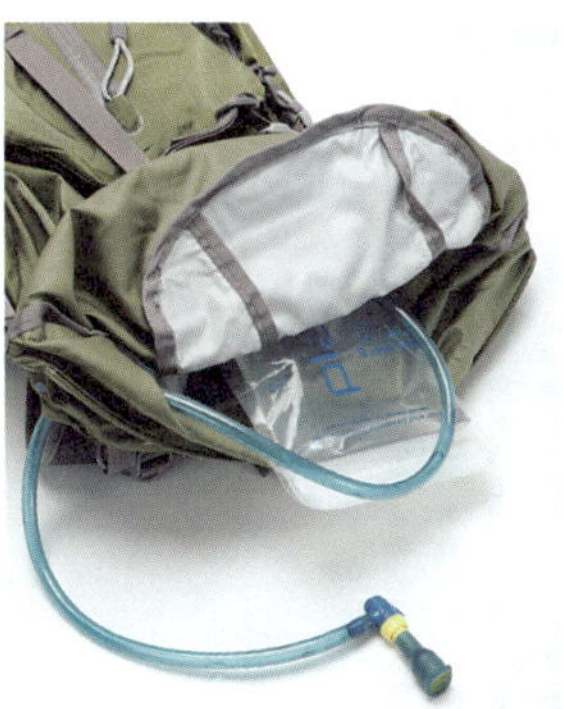

3

/// Select ///

＝選択法＝

サイズの選び方と調整方法

もっとも重要なのは、自分の体に合うサイズを確実に選ぶこと。その後に、各部のディテールをチェックしていくとよいだろう。

バックパック選びの際に、絶対に犯してはならないミスは、自分の体に合わないサイズを買ってしまうことだ。とくに中型以上は「背面長」と「ヒップハーネスの大きさ」によって2〜3のサイズ展開が行なわれているものが多く、自分の体に合わないものはフィットせず、快適に背負うことはできない。サイズが合わないウェアの着心地の悪さを想像してもらえば、その違和感がわかるだろう。同様の理由で、女性モデルがフィットする男性も少ない。

　大型バックパックならば、背面の長さを購入後に微調整できる仕組みのものが大半だ。とはいえ、調整できるのは上下に数cm程度でしかない。それ以上はどうやっても調整できないので、確実に

/// Point /// 体に合うハーネスのサイズ

大型モデルを中心に、バックパックにはいくつかのサイズ展開がなされている。「S〜L」「1〜3」などというサイズ展開のほか「W」という女性用を示す表記が一般的だ。その違いは、「背面の長さ」と「ヒップハーネスの大きさ」が中心である。正しいサイズを買わなければ、各部の微調整をいくら行なっても、体には合わない。

理想的な状態で背負えば、背中側でショルダーハーネスがバックパックと連結するのは、肩の頂点から10㎝ほど下の部分。ここを起点に肩から脇へとハーネスが延びる

サイズ調整システムの例

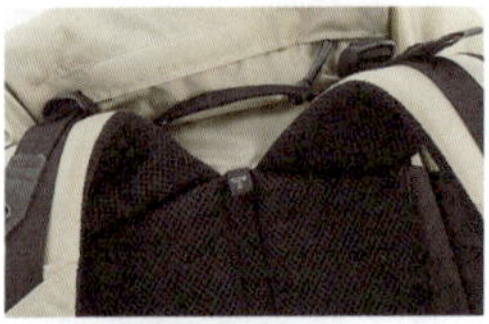

サイズが表示されたタグ。背面の調整ができないモデルはあらかじめ正しいサイズを買う必要がある

ショルダーハーネスを上下に移動させ、無段階で背面調節できるタイプ。ストライプ状に長さを表示

ハーネスの末端を外し、穴にパーツを押し込んで調整するタイプ。後でずれにくいメリットがある

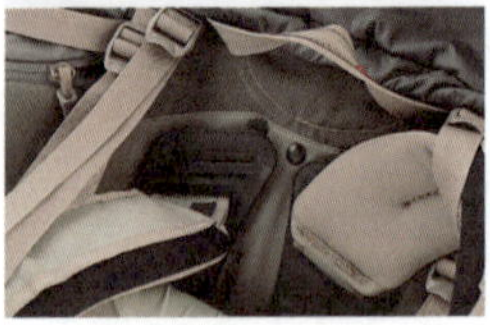

バックパック背面のスリットにショルダーハーネスの末端を差し込む方式のもの。これもずれにくい

/// Point /// 自分の背面長の計り方

自分の背面の長さは自宅でも測れる。その目安としては、左の写真を参照してほしい。だが、正確な自分の背面長を知りたければ、アウトドアショップに行き、専用のメジャーで計ってもらうと確実だ。同時に自分に適するバックパックのサイズも判断してもらえ、間違った買い物をする心配がなくなるはずだ。

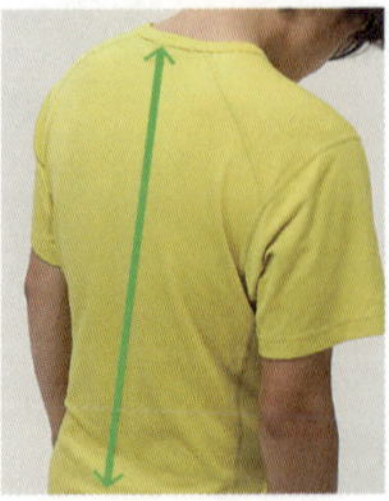

顎を引いたときに首の裏で盛り上がるのが、第七頸椎だ。ここから腰骨の末端までが、その人の背面の長さで、サイズ選びの基準になる

自分の体に適したサイズを購入することが、重い荷物を背負いながらも山中でラクに行動するための第1歩だ。

ヒップハーネスは、メーカーによっては後から交換することもできる。だが無駄な時間と費用がかかる。あらかじめ正しいサイズを選んでおくにこしたことはない。いずれにせよ、通販などで購入するのではなく、ショップで何度か実際に試しながら検討するほうがよいだろう。

正しいサイズを手に入れたうえで行ないたいのが、理想的なフィッティングである。その手順は下で説明した通り。いったん調整し終わっても、調子を見ながら山行ごとに何度か少し異なるフィッティングを試してみるとよい。わずか数㎜ほどストラップの引き具合を変えただけで、背負い心地が格段にアップすることは珍しくない。

ポケットやトップリッドの形は好みだ。一般的にシンプルなほうが使いやすい。

/// Point /// 体への正しい合わせ方

バックパックのフィッティングには正しい順番がある。適当に合わせただけでは全体のバランスが崩れ、優れたバックパックでも真価を発揮しない。

その手順は左の通り。ヒップハーネス、ショルダーハーネス、再びヒップハーネス、最後にチェストハーネスという順番である。気をつけたいのは、体の左右のバランスだ。ストラップを引く際には、左右の手を同時に動かして均一な圧力がかかるように注意しながら、一連のフィッティング作業を進めて欲しい。

すべてのハーネスを緩めてから、ヒップハーネスの真ん中が腰骨の上に位置する場所でストラップを引き、腰にぐるりと合わせる

次にショルダーハーネス下部のストラップを引き、肩から脇にかけてフィットさせる。引きすぎると肩に負担がかかるので、適度に

ショルダーハーネス上部のストラップを引き、後方に重心がかかっていたバックパックが体に近づくように、さらにフィットさせる

ヒップハーネスのサイドのストラップを引き、バックパックが左右にブレないようにフィットさせる。左右の引き具合のバランスに注意

最後にチェストストラップを引き、ショルダーハーネスの位置を安定させる。チェストストラップの位置は鎖骨の5㎝ほど下がいい

/// Point /// 背面パッドの違い

体とダイレクトに接する背面部分は、バックパック選びの際の大きなポイントになる。その種類を大別すれば左の3種になる。誰の体にも合いやすいのがパッドタイプで、パネルは形状によっては合わない人もいるが、合いさえすればパッド以上の背負い心地だ。メッシュは通気性重視の人におすすめである。

メッシュタイプ

背中に当たる部分に風が通る構造。パッドやパネルほど荷重を分散できないが、夏でも涼しい

パネルタイプ

一見では平面的だが、人体の構造を研究し、背中の筋肉の形に合う微妙な凹凸がつけられている

パッドタイプ

現在、いちばんポピュラーな背面構造。弾力のあるパッドで背中全体に荷物の重さを分散していく

/// Point ///

女性モデルのハーネス

バックパックには女性用モデルも用意されている。その特徴はハーネスにあり、女性の体にフィットしやすい形状とフォルムになっている。これまでに男性モデルやユニセックスモデルを背負っていて調子がよくないと思うのなら、思い切って買いなおすとよいだろう。

女性用モデルのシルエットは、男性の体よりも華奢な女性の体型に合わせ、細身のものが多い

ショルダーハーネスは男性用モデルよりも曲線を大きく描き、胸に干渉しないようになっている。ヒップハーネスも男性よりも丸みを帯びた体に合うシルエットである

/// Point ///

工夫のあるディテール

バックパックにはレインカバーが内蔵されていたり、ポケットが付属していたりと、メーカーやモデルによって、アイデアが満載されている。

ポケットが多く、細部まで作り込まれたものはパッキングなどの点では使いやすい。だが、その分だけ使用するパーツが増え、重量がかさんでくる。ディテールの工夫はそれぞれのバックパックのセールスポイントでもあるが、自分にとって本当に必要な機能を検討し、できるだけシンプルなモデルを選びたい。

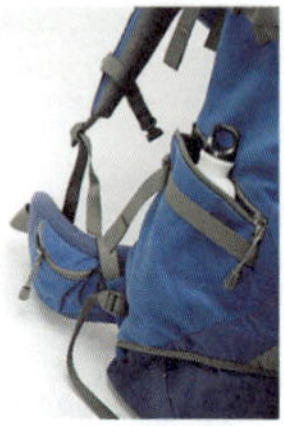

ウエストのポケットは小物を入れるのに有用。サイドポケットにもファスナー付きが増えた

ピッケル用のループが内部に収納できる仕組み。危険な場所で岩などに引っかかる恐れが減り、安全度が増す

リッドを外すとウエストバッグとして使えるタイプも。下山後の風呂や買い物といったときに、この機能がうれしい

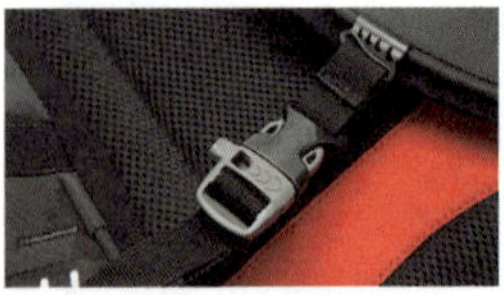

チェストハーネスのバックルがホイッスルになったモデル。緊急時に助けを呼べるだけでなく、なくす心配もない

/// Point ///

トップリッドの構造

雨蓋ともいわれるトップリッドは、バックパック本体のフタのような役割を果たす。雨が内部に浸入するのを防ぐ効果も大きく、この形状は使い勝手を大きく左右する。また、ほとんどのトップリッドは大型ポケットを兼ねており、使いやすいデザインであれば、行動中に必要なモノを入れるのに重宝する。

多様なトップリッド

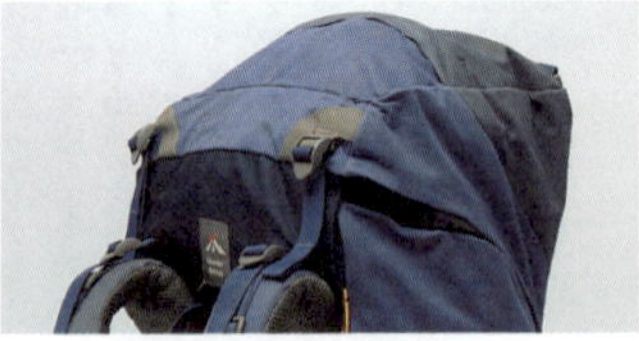

バックパック本体から生地が延び、トップリッドと一体化したタイプ。大量の荷物を入れるとうまく閉められなくなるが、上から降りつけてくる雨の浸入を防ぐ効果は大きい

トップリッドが完全にバックパック本体から独立したタイプ。大量の荷物を入れてもトップリッドはそのまま上に持ち上がり、荷物を押さえつけることができる

ファスナーの位置を正面にしたモデル。あまり多くはないタイプだが、使う人によってはこちらのほうが便利だろう

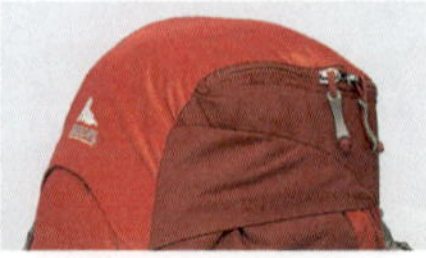

ファスナーがサイドから後ろ面に長くつけられたトップリッド。ポケットの開口部が大きくなり、荷物が取り出しやすい

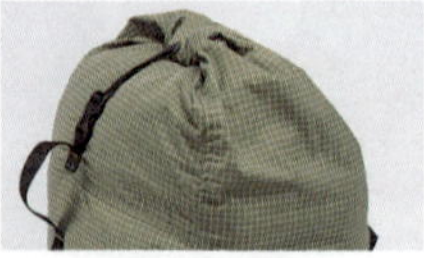

トップリッドを省略し、上部の生地を丸めて留めるだけのタイプ。少々不便だが、バックパック自体の軽量化につながる

4

/// Know-how ///

＝使用法＝快適に使うノウハウ

自分の体に適したバックパックが手に入っても、それだけではもの足りない。もっと使い勝手をよくするために、いくつかのポイントをおさらいしよう。

テントや食料、満タンのガスカートリッジといった重いものは、バックパック内の背中近く、しかも上部へ。着替えや寝袋などのかさばっても軽いものは、バックパックの下部や背中から遠い外側に。その上で、重さが左右均等になるように配置し、バックパックの重心が体幹の腰上にくるように位置させる。これが荷物を軽く感じさせる、セオリー通りのバックパッキング術だ。

実際は、そう簡単に理想的なパッキングはしにくい。雨が降っていれば、テントは最後にバックパックに入れることになり、寒ければ行動前に脱いだ防寒着も上になる。セオリーにとらわれていると、荷物がうまく圧縮できず、大きめのバックパックが必要となり、パッキングにかかる時間も増大するだろう。大昔の「キスリング」と呼ばれたバックパックの原始モデルならいざ知らず、現代の製品はハーネスや背面パッドが進化し、パッキングが多少雑であっても、体への負担はさほど変わらない。

セオリーは頭の中に入れつつも、コンパクトなパッキングを重視し、小さめのバックパックにすき間なく荷物を押し込むと重心がブレず、行動がラクになる。最終的には山行を重ねるうちに、独自の新しいセオリーが見つかるはずだ。

なお、パッキングのテクニックに関しては、P96に詳細な説明を加えた。そちらも参照してもらいたい。

/// Point /// 水から荷物を守る

雨が多い日本。山歩きで水に濡れることは避けようもないが、着替えや寝袋を濡らしてしまっては、生命の危機すらある。バックパックの内側のコーティングは加水分解ではがれやすく、時間とともに防水性が落ちていく。使い込んだバックパックの生地は、かなり水を通すものと思っていたほうがいい。

　せめてレインカバーは用意し、可能ならば内側にパックライナーを。多少パッキングはしにくくなるがさらに安心だ。本当に濡らしたくないものだけ、小型の防水バッグに仕分けするのも1つの方法だ。

カバーはバックパックの上にただかぶせるだけ。背中側が濡れるのは防止できないが、簡便さではいちばん

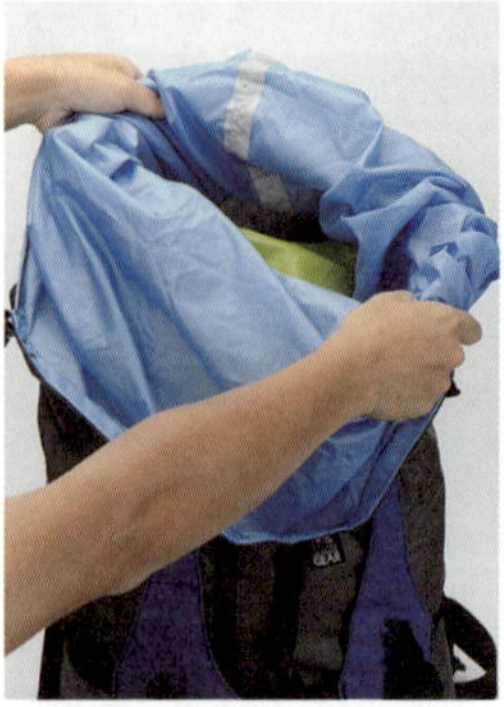

バックパックの中に、もう1つの防水壁を作り出すパックライナー。これを使えば、ほぼ完璧に荷物が濡れない

/// Point /// 外に取り付ける

暑くなって脱いだアウター、濡れたテント、内部に収納しにくいテントのポールなど。バックパックの中に収納せず、外側に付けておきたくなるものは意外に多い。

　しかし、それは最低限にしたい。登山道の障害物に引っかかりやすく、体のバランスを崩しての事故も起きている。また、紛失の可能性もある。

　もしも取り付けるならば、バンジーコードをきつく締めたり、カラビナを利用して、確実にバックパックと結び付ける。そして、バックパックのどの部分になにを取り付けたか、常に意識していれば安全度が少しは高まるだろう。

軽いものならバンジーコードだけでOK。余裕があれば、キチンと内部にしまいたい

/// Point /// ピッケルホルダーの使い方

バックパックには付きもののパーツなのに、ピッケルホルダーの正しい使い方を知らない人は多い。ここで復習しよう。

　まずはシャフトの先端を上側からループに通す。そしてヘッドを軸に、そのままバックパックのほうへ180度半回転させる。その後、シャフトをバックパック上部のホルダーで固定するのみ。じつに簡単だ。

　このとき大切なことは、ブレード（ヘッドの広い刃の部分）を外側、ピック（ヘッドのとがった部分）を内側に向けること。鋭いピックを外に突き出していると、周囲の岩や木に引っかかりやすく、同行者も危険だ。

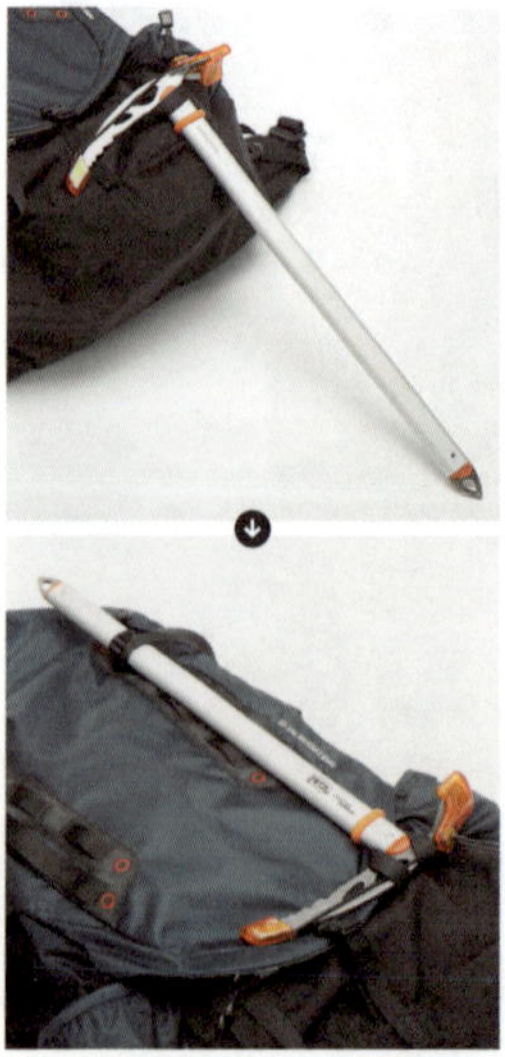

/// Point /// ストラップは切ってもいい

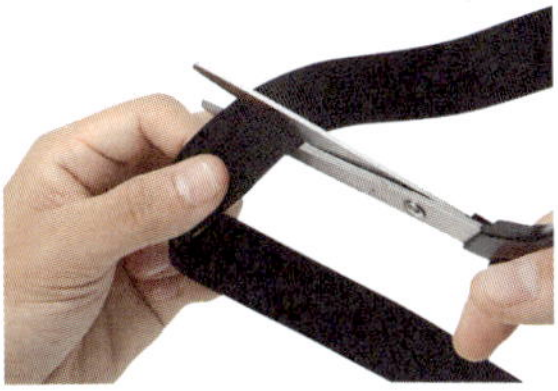

バックパックのストラップには、必要以上に長いものがある。体にフィットさせたあとは、思い切ってカットするとよい。邪魔にならず、強風であおられたストラップが顔に当たって痛い思いをすることもない。切ったあとは火であぶり、それ以上ほつれないようにしておこう。

/// Point /// 小物利用で使いやすく

バックパックを自分流にカスタマイズするには、チェストバッグなどのアクセサリーが便利だ。この2つを大いに活用すれば、使いやすさは段違いに上がる。ただし、自分のバックパックに適したものとは限らないので、事前に充分に調べてから購入しよう。

さまざまなアクセサリー

右はボトルホルダー、左はストレッチ素材のポケットも付属したチェストバッグ。どちらもストラップとバックルに工夫があるので、取り付け場所や使い方は自分次第だ

厚みのあるナイロン素材のポケット。左はクッション性が高く、ハーネスに取り付けてカメラなどを。右はバックパックのサイドで小物の整理などに

幅20cm近い大型の外付けポケット。大型テントのポールやスノーボードまで差し込め、想像以上に活躍の機会が訪れる

左右のショルダーハーネスを利用し、胸元に位置させるチェストバッグ。地図や行動食など、いつでも取り出したいものは、ここに

左のサイドポケットは、止水ファスナーで防水性が高い。右はショルダーハーネスにつけられる小型ポケット。カメラ用に便利だ

/// Point /// サブバッグの利用

例えばテント場や小屋から山頂へ往復する際、必要な荷物以外は持って行く必要がない。そんなときに活躍するのが折りたたんで収納できるサブバッグだ。軽量なので大型バックパックの中に入れておくと重宝する。ウエストバッグになるトップリッドも、サブバッグ代わりになる。

防水性の素材で作られたサブバッグ。容量が20ℓもあれば、レインウェアやヘッドライトなど行動中に必要なものは充分に収められる

他の人にベストでも自分には合わないことも。人それぞれが合うものを。

バックパックは「背負う」ものではなく、「着る」ものであるとは、よく使われる言い回しだ。たしかに、ウェアのようにいくつかのサイズが用意され、ハーネスには腕を袖に通すかのような感覚で入れていく。

同様にウェアと同じで、単純なサイズ感だけではなく、体型によってフィット感は大きく異なる。例え同じ身長と体重の人であっても、同一のバックパックが合うとは限らない。骨格や肉付きなどが違うからだ。

そのために、「ここの製品を買えば間違いない」というバックパックメーカーはない。無論、買って絶対に失敗しない特定のモデルも存在しない。適したものは、人それぞれに違うのだ。

すべてのメーカーが試行錯誤してさまざまなモデルを作り上げている。だが、必ずしも優れたモデルばかりではなく、優秀なメーカーとそうでないメーカーも区別できる。はじめは背負い心地がよくても、何回か使うとステッチが切れてしまったり、パッドがへたって弾力性が失われ、腰や肩が痛くなったりすることもないわけではない。メーカーのモノ作りへの基本的な姿勢、見えない部分までの配慮などが、使い続けているうちに見えてくる。

僕はこれまでにいくつものバックパックを試し、自分の体にぴったりと合うバックパックを見つけてきた。その過程でわかったのは、僕にとって重要なのは、ショルダーやウエストのハーネスの形状以上に、背面のパッドやパネルの構造だということ。通気性のよさや荷重の分散を考えて、複雑に立体化したものよりも、わりと平面的なもののほうが重い荷物を背負ったときにラクに感じる。おそらく僕の背中の筋肉や背骨の形と関係しているのだろう。

それがわかってからは、バックパックを新調するのが楽になった。背面を見れば、合うか合わないか、少しは見当が付く。しかし、背面が立体的でも意外と体に合うものもあり、やはり実際に背負ってみないとよくわからないのである。

僕が今、もっとも気に入っているモデルは、すでに販売されていない旧型だ。現在、そのリニューアルモデルはあるのだが、旧型ほどはしっくりこない。背面パッドやハーネスは進化しているはずなのだが。最新型が誰にとっても使いやすくなっているわけではないのが興味深い。

僕が使い続けてきたそのモデルは全体の生地がよれて薄くなり、傷みがひどい。だが、あの背負い心地のよさは、これからも感じていたい。そこでわざわざ海外のオークションサイトで中古品を落札し、郵送してもらった。今はまだ僕の自宅のラックで出番を待っているが、新旧の交代はもうすぐのことになりそうだ。

ホイッスル

できれば使わずにすませたい装備、ホイッスル。
どんな状況のときでも鳴らせるように、
行動中は常に手の届く場所につけておこう。

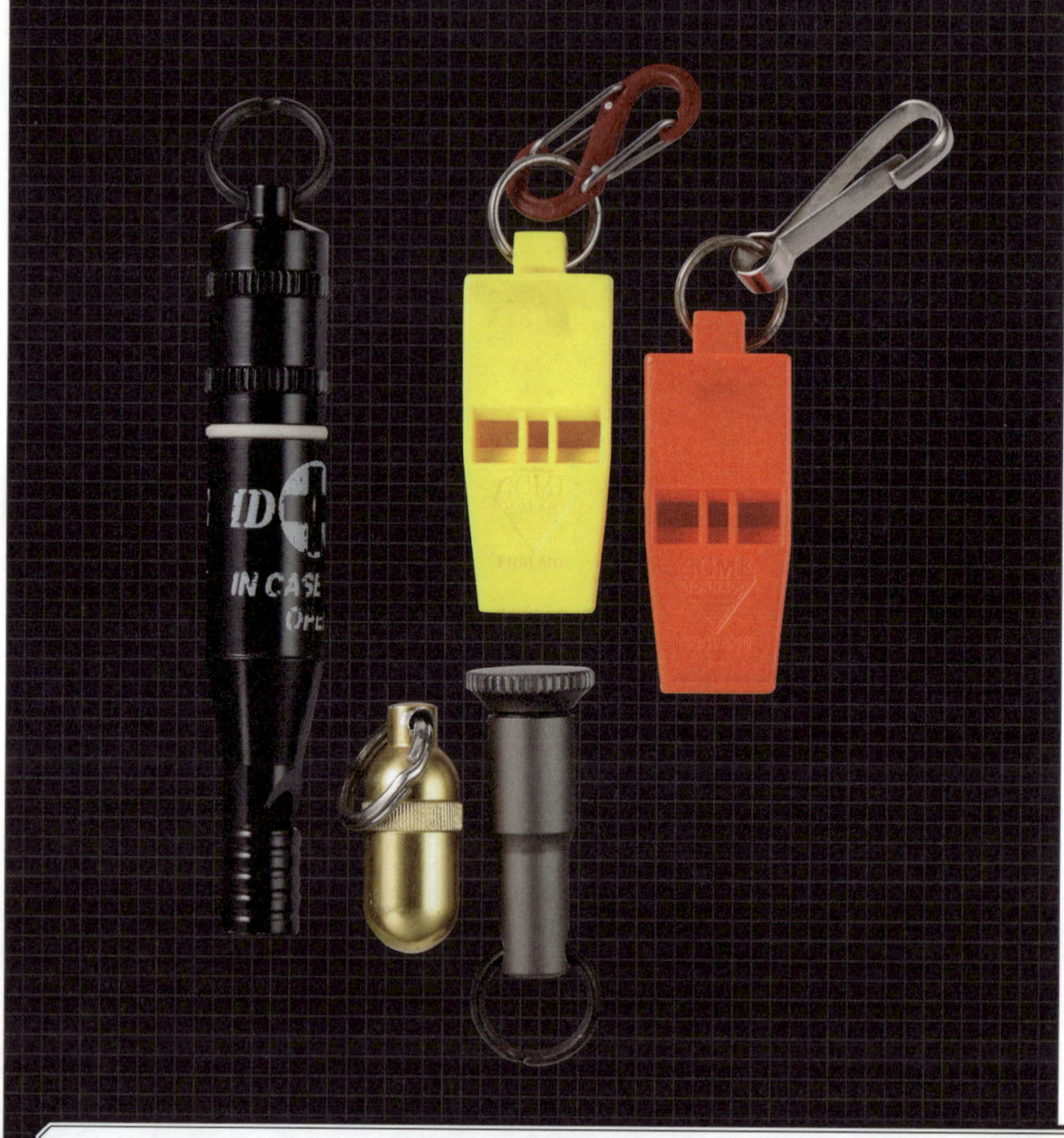

ホイッスルはなかなか使う機会が訪れない。いやむしろ訪れないほうがいい。山中では基本的にトラブルがあったときにこそ吹くものだからだ。

滑落や道迷いで他の人から見えにくい場所に自分がおり、しかも骨折などで動けなくなったら、声を張り上げて救助を求めることになる。だが人間の声が届く距離は限られ、大声を出すと体力が奪われる。だがホイッスルの音は遠くまで響き、体力を使わずに鳴らし続けられる。連絡先や血液型を書き入れたＩＤカプセルと一体になったものなら、より安全度が高まる。

好天のときに仲間を呼ぶ程度のときには、使ってはいけない。緊急時に鳴らすからこそ他の登山者の注意を促し、救助につながる。

ホイッスルはいざというときにすぐに使えるように、バックパックのリングなどに取り付けておくとよいだろう。バックパックの奥にしまいこんでいては、役に立たないのだ。

/// Part.2 ///

TENT

[テント]

山での「生活」を可能にする道具、
それがテントだ。
軽量性、居住性、強靭さ。
山の我が家に求められるのは、
多様な機能である。
風雨が吹き荒れるタフな環境こそ、
テントの実力が試される。

1

/// Category ///

分類 = 山岳用テントのカテゴライズ

現代のテントは、大きく4つのタイプに分類される。それぞれに得意なシチュエーションがあるいっぽう、重さや居住性の面で長所・短所もある。

テントを分類する前に、まずは基本的な構造を把握しよう。詳細は後のページで説明するが、主要パーツは「インナーテント」「フライシート」「ポール」「ペグ」の4つである。これらのパーツがどのように組み合わさり、どのような姿となって地面に張られるかで、テントの分類はなされていく。

キーとなるのは「自立型」か「非自立型」か、「シングルウォール」か「ダブルウォール」か、という2つの要素である。

「自立型」とは、インナーテントにポールを組み合わせただけで、地面の上で立体になるもの。対して「非自立型」はインナーテントとポールだけではつぶれた状態のままであり、ペグを打ち込んで

ダブルウォール×自立

- どんな場所でも居住空間を確保
- インナーテントが雨に濡れにくい
- シングルウォールよりは重くなる

数本のポールがテントの表面で交差する「ドーム型」。ポールの両端をインナーテントに固定していくのみで立体化、つまり自立する。どんな地面でも立ち上がるので場所を選ばず、テントの未経験者でも立てやすい。インナーテントには通気性のよい布地を使ってあるが、生地自体に防水性はないため、防水性のフライシートで雨を防ぐ構造だ。インナーテントとフライシートの間は「前室」と呼ばれるスペースとなり、ブーツや食器を置く場所になる。

→ 自立

シングルウォール×自立

- 軽量性と立てやすさを両立
- 防水性だが、入口から雨が入ることも
- 雪が積もった冬山で活躍

テントに透湿防水性素材を使用していて、フライシートを必要としない。透湿防水性の生地は厚みがあって若干重いが、それでもインナーテント+フライシートの組み合わせよりは軽くなる利点がある。反面、雨よけのフライシートがないために、降雨時は入口からテント内部に水が入り込むという欠点も生じる。雨が降りやすい春から秋には使いにくいが、荷物が多くなりがちで少しでも重量を減らしたい冬には重宝される。そのために、雪山ではメジャーな存在となっている。

テンションをかけないと立体化しない構造だ。

　また、インナーテントのみでフライシートを省いて使えるタイプはテント内部と外部を隔てる布地の「壁」が1枚のみになる。これを「シングルウォール」テントと呼ぶ。それに対し、フライシートを使うテントはその壁が2重となるために、「ダブルウォール」テントと称されるわけである。厳冬期はさらに保温のために「外張り」や「内張り」を使用することもあるが、これはあくまでも特殊状況でのオプションだ。

　現在入手できるテントは「ダブルウォール×自立」「ダブルウォール×非自立」「シングルウォール×自立」「シングルウォール×非自立」の4タイプにほぼ分かれる。それぞれ特徴があり、状況によって適したタイプは異なる。しかし設営が簡単で誰でも扱いやすいのは「ダブルウォール×自立」テントだろう。種類も豊富に揃っている。

ダブル

ダブルウォール×非自立

インナーテントの表面でポールが交差せず、平行に取り付ける「トンネル型」。ペグで固定することによって、立体化する。一般的にドーム型よりもポールの総延長が短くなるためテントの軽量化につながり、サイドの壁が垂直気味に立ち上がることで内部も広く感じる。また、ポールが交差しないのでテントがたわんで風を受け流しやすく、暴風にも強い。だが、地面が石や岩で覆われていて完全にペグで固定できないと機能を発揮できず、風に対応しきれない。

- 軽量で内部も広く、居住性がよい
- ペグがしっかり効けば、風に強い
- 反面、ペグが打てないと風にもろい

非自立

シングルウォール×非自立

これら4種類のなかで、もっとも軽量化が可能なタイプ。テントの生地を部分的に延長することで、シングルウォールながら前室的スペースを持つモデルも多い。風への強さはトンネル型ならではで、地面が雪で覆われている時期は、確実にペグやスノーアンカーで固定できるので、「シングルウォール×自立」テントとともに雪山で活躍する。同じシングルウォールでも、立てやすい自立型テントと軽量な非自立型テントのどちらを選ぶかは、好みが分かれるところだ。

- フライなし、ポールの短さで最軽量
- シングルだが、前室を持つタイプも
- ペグ打ちが必要で、地面を選ぶ

シングル

/// Point ///

基本からの派生モデル

前ページで紹介した4タイプはディテールを変えて多様な形に派生している。なかにはエクスペディション用のようにあまり使う機会が訪れそうもないものもあるが、フルメッシュタイプは高温多湿な日本の夏にはピッタリで、多くの製品が販売されている。

フルメッシュ

インナーテントの側面をメッシュに仕立て、風の抜けを重視。暑い夏には主流ともいえる存在で、蒸し暑さが減少する

エアフレーム（エアビーム）

ポールを使わず、テントに付けられたチューブに大量の空気を入れることで立体化。最近になって登場した新顔だ

4シーズン（冬期用）

一般テントは3シーズン（春、夏、秋）用で、とくに雪の吹き込みや保温性を考えたものは冬を加えた4シーズン用と呼ばれる

1ポールテント

中央に1本のポールを垂直に立て、周囲をペグで打つことにより、立体化するタイプ。内部にインナーテントも組み合わせられる

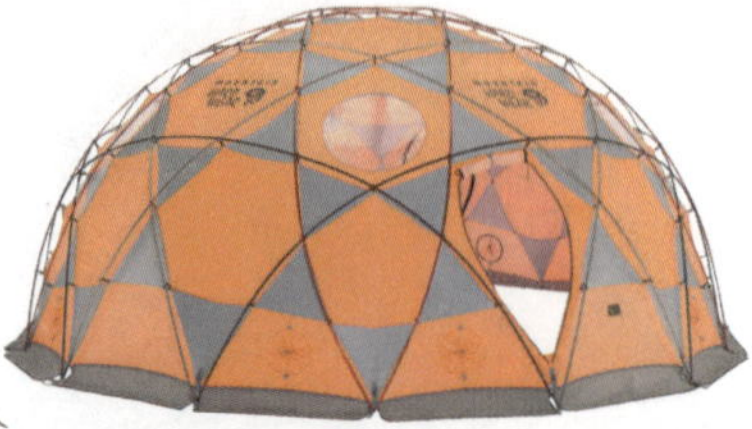

エクスペディション

遠征時のベースキャンプなどで使われる巨大タイプ。10人以上の寝泊りだけではなく、食堂や倉庫としての利用も多い

2

/// Function ///

＝機能＝

山岳用テントの基本構造

山のなかの自宅となるテントだけに、構造は少々複雑。しかし、細部の働きを知れば、使い勝手はますますよくなるはずだ。

/// Point /// ポールとインナーテントの組み合わせ

インナーテントとポールのコンビには数種のパターンがあり、メジャーな組み合わせは「スリーブ式」と「吊り下げ式」。このどちらかを採用したテントが現代の主流だ。袖のような長い筒状の部分にポールを通すスリーブ式は破損の心配が少なく、フックにかけるだけの吊り下げ式はテント設営がラクになるメリットを持つ。また、ポールをインナーテントの内側に入れるインナーポール型は雨が降っているときに内部から組み立てられ、ポンプを利用するエアビーム型は金属のポール自体を必要としない。

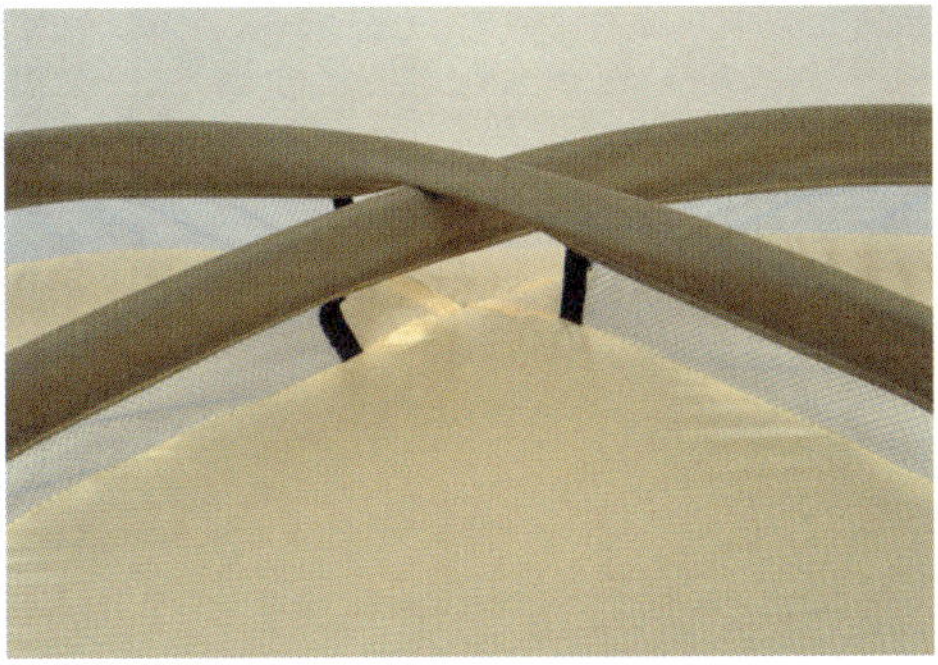

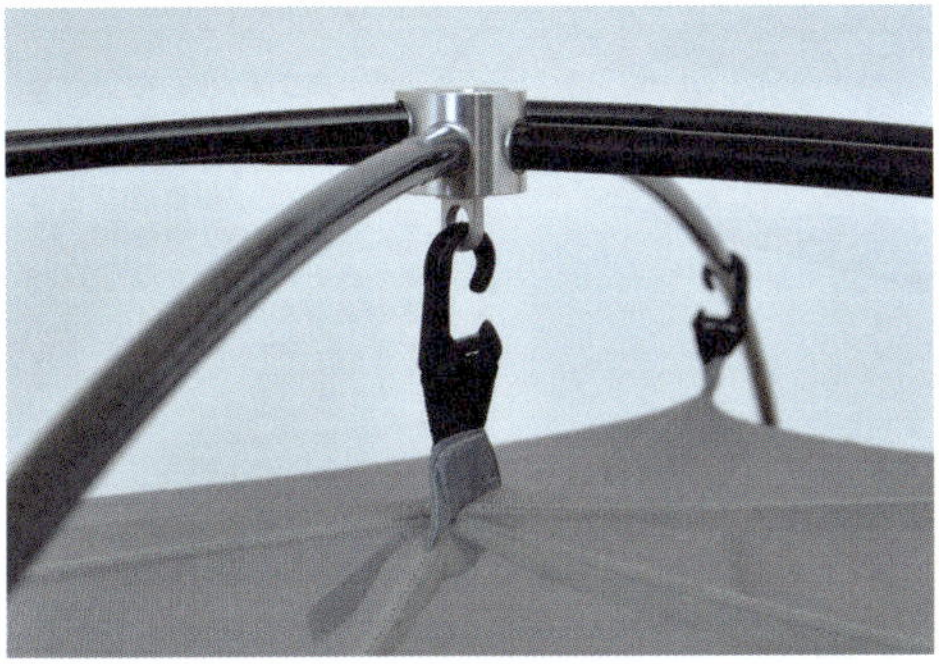

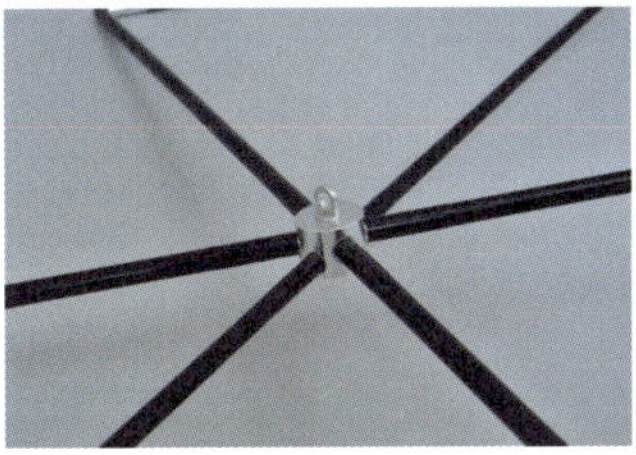

上）スリーブ内のポールでテントを持ち上げるスリーブ式。中・左下）フックでテントを吊り下げる吊り下げ式。右下）ポールをテントの内部に入れて立ち上げるインナーポール式

ポンプで入れる圧縮空気がポール代わりになるエアビーム型

テントの主要名称とパーツ（吊り下げ式の場合）

フック

インナーテントの各部に取り付けられており、1つずつポールに引っかけ、インナーテントを持ち上げて立体化する。スリーブ式テントには付いていないパーツだ

ポール

軽くて丈夫なジュラルミンなどの金属が主流。最近はカーボン製で、より軽量化を目指したものも登場した。ハブ部分で数本がひとつながりになったタイプも増えている

ハブ

ポール同士を結合する基点となる部分。単純な結合のためのもの、ポール内部のコードとつながってポールと一体化したもの、テントを吊り下げる働きを持つものとさまざま

インナーテント

薄手のナイロン生地が多いが、メッシュ素材やそれら両者のコンビネーションも。フライのあるモデルは透湿性と軽さを、フライのないモデルは防水性を重視している

出入口

他の部分は1枚の布でも、出入り口のみはメッシュとの2重構造にして、換気性を向上させたテントも多い。地面からの高さがある程度ないと、土や水が入りやすい

ボトムシート

テントのボトムシート（床）は傷みやすい。別売りのグラウンドシートを地面に敷くと穴があかず、防水性が長持ちする

グロメット

ポール末端を差し込むハト目。この付近には短いロープやテープのループが取り付けられ、ペグでテントにテンションをかけて固定するときにボトムを引っ張る役割を果たす

ペグ

テントを地面に固定する杭。安価なプラスチック製もあるが、山岳用には丈夫で軽いアルミなどの金属製がほとんどだ

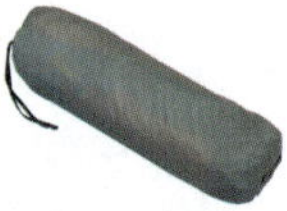

スタッフバッグ

テントを入れる袋は、メーカーによって圧縮してギリギリに入れられる大きさから、ゆるめに収納するものまでいろいろ

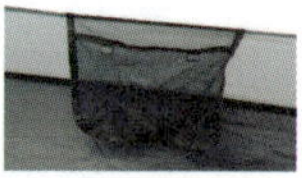

ポケット

多くのテントの内部には、小型〜大型のポケットが付属している。小物や失くしやすいものを収納するには便利

張り綱

ガイラインとも呼ばれる細いロープ。「自在」というパーツで長さを調整し、テントにテンションを加え地面に固定する

ファスナー

フライシートのファスナー部分には、雨除けのフラップが付く。止水ファスナーを採用したテントも現れ、フライの構造と見た目がシンプルになっている

フライシート

テントの屋根となる防水性生地。大半のモデルは裏側のコーティング加工で防水機能を持たせているが、そのために結露しやすく、雨漏りしたと誤解する人も多い

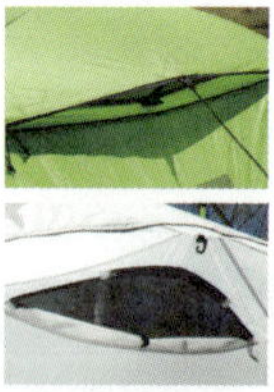

ベンチレーター

テントの換気口として湿気と熱気を逃がす。フライのみ、テント本体のみ、フライとテント本体の連動と、付き方は多様

前室

土間として使用できるインナーテントとフライシートの間のスペース。広いほど雨の吹き込みを防ぎ、物置や調理場として使いやすいが、風の影響を受けやすい

先のページで説明したように、テントの主要パーツは「インナーテント」、「フライシート」、「ポール」「ペグ」の4つ。これらを組み合わせることでテントは設営されていく。

簡単にいえばインナーテントをポールで立ち上がらせ、その表面を雨よけのフライシートで覆い、杭となるペグで固定するという仕組みだ。そしてインナーテントとフライシートの間のスペースは、「前室」と呼ばれる。

インナーテントに防水性があれば、主要パーツでありながらフライシートは必須のパーツではなくなる。つまり、シングルウォールテントだが、フライシートをかぶせない時点で、すでに「インナー」テントではない。少々紛らわしい表現ではあるが、シングルウォールテントの居住スペースを作っているのは、インナーテントとフライシートが一体となったものだと考えると、理解しやすい。

/// Point /// 前室の用途

前室の広さと高さは、予想以上にテントの使い勝手を左右する。広いほど作業や物置のスペースに使えるが、ある程度の高さもなければ、実際の使用には不向きだ。とはいえ、前室内部が高いということは外から見ると壁が直角気味に立ち上がっていることになり、風の圧力を受けてテントがゆがみ、ひどいときにはつぶれる可能性もある。煮炊きとブーツが置けるほどの必要最低限のスペースがあれば、充分だ。

広くて高さもある前室。これだけのスペースがあれば、悪天候でも安心して調理できる

雨の日はバーナーを前室に出して調理。換気できて安全だがフライを焦がさないように

土間としてテント内部と使い分け、土の付いたブーツや濡れた鍋や食器を置ける

/// Point /// 換気性の向上

狭いテント内には、湿気と熱気がこもるが、ベンチレーターが付いていると涼しい風が吹き込み、快適度が増す。山岳テントでよく見られるトンネル風の吹流し型は簡素だが、上部にこもる熱気を排出し、雨が降ったときはすぐに閉められる。ただし、いつのまにか形がつぶれて効力を発揮しないこともよくある。生地に隙間を空けるタイプのベンチレーターには、つっかえ棒のようなバーが付いていて、その点の心配がない。

ベンチレーターの例

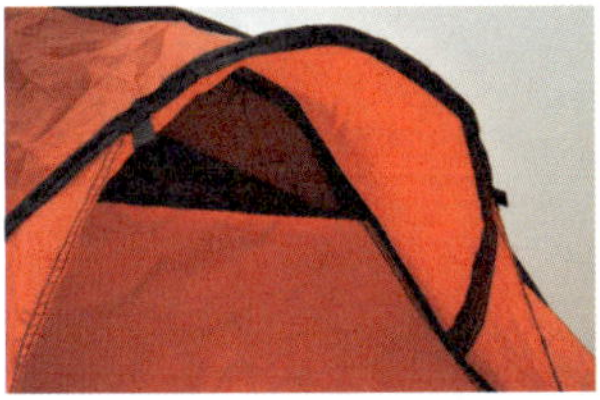

テント上部のすき間から換気。通気性は充分だが、横殴りの雨には注意が必要

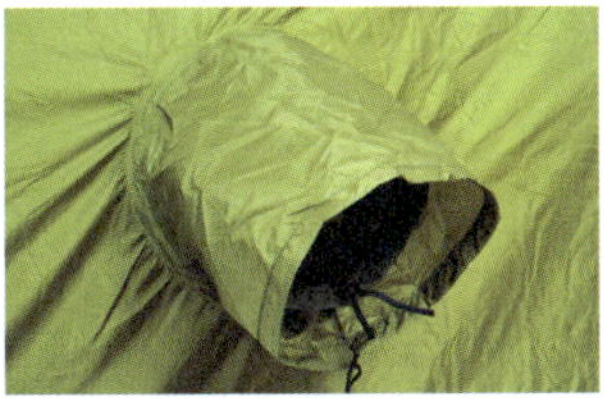

インナーテントとフライのベンチレーターが同型だと、こんな形で換気ができる

フライの内側でインナーテントのベンチレーターが開くタイプ。雨に強い

/// Point ///
出入口のメッシュパネルとファスナー

高温多湿になる日本の夏では、テントの通気性は重要事項。開けっ放しでは蚊に刺されるので、入口がメッシュパネルになるものがいい。その入り口のファスナーはどれも大きく開くが、モデルによって、すべてを開けたときに出入口のパネルがテントの下部に残るか、横に残るかの違いがある。下に残るタイプは土に触れて汚れやすいが開けやすく、横に残るタイプは垂れ下がって邪魔だが汚れにくい。

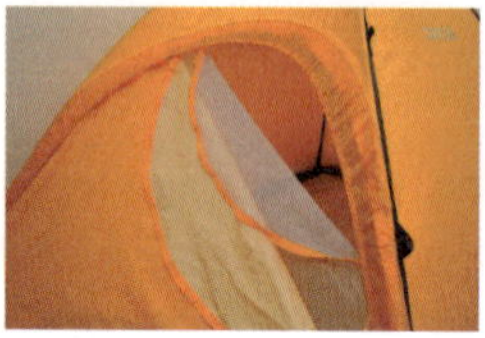

メッシュとの2重構造ならば、暑いときはメッシュのみで、雨のときはすべて閉めて、と使い分けが可能に

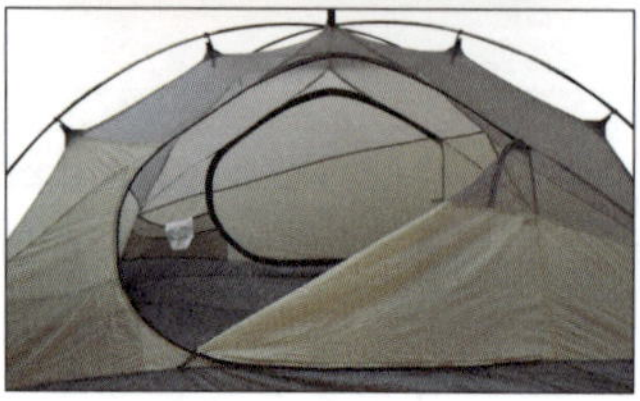

出入口が1カ所だと換気性は弱いが、2カ所以上、しかもメッシュ素材ならば、通気性はよすぎるほどだ

/// Point ///
各パーツの素材

軽量にすれば弱くなり、強くすれば重くなる。軽量性と強靭性の両立を目指してテントは進化してきた。高価でも長持ちする素材、修理がしやすい素材は、結果的に安上がりになる。ペグ1つでも、ひどく曲がるが粘りがあって折れないもの、曲がらないが突然折れるものなど、個性が強い。UVカット効果のあるフライなどにも注目したい。

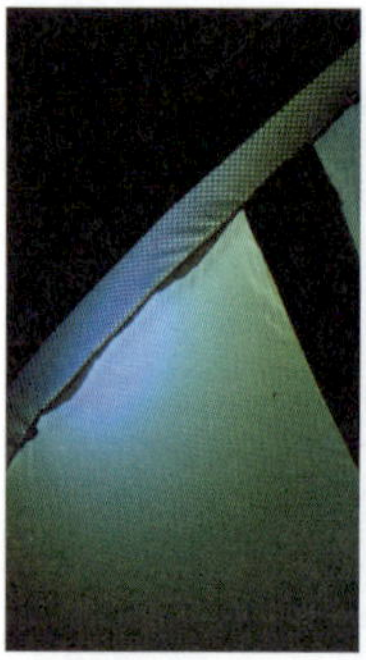

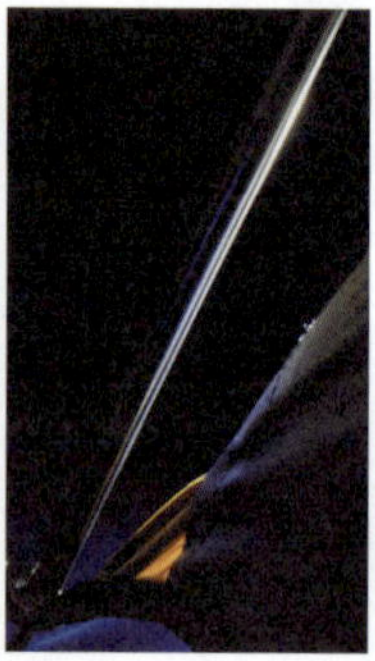

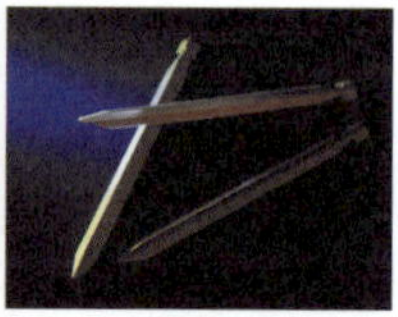

テントの素材に必要な要素は、軽量さと丈夫さ。そのためにメッシュ素材やシルナイロン、アルミやジュラルミンなどさまざまな素材が使われてきた

/// Point ///
張り綱の効力

張り綱（ガイライン）の最大の役目は、テントが強風へ対応できるようにすることだ。そのためにテントからは何本もの張り綱が延び、テンションをかけてしっかりと地面に固定する。また、フライシートに付けられたものは、インナーテントとの間を広げ、それらの間の通気性を向上させたり、フライシートの水分がインナーテントに移ってくることを防いだりする役割も担っている。

　テントの機能を最大限に発揮させるには、すべての張り綱をきちんと張らねばならない。これをおろそかにしていると、強風や豪雨のときにつらい目に合う。

テンションが強ければ、フライに付いた雨水や結露でインナーテントが濡れない

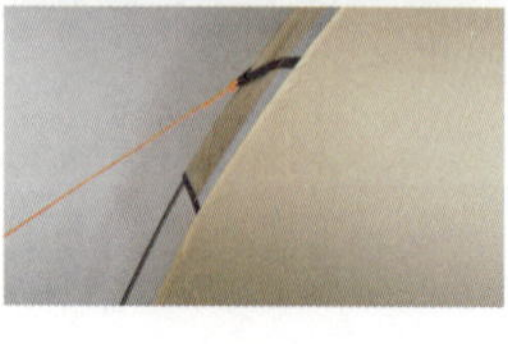

テントから張り綱が延びると、ポールにもテンションがかかって強度が増す

3

/// Select ///

選択法＝状況や用途によるセレクト

人によって使い方や好みが分かれるテント。高価な買い物なので、後で後悔しないためにセレクトの際はいくつかのポイントを押さえたい。

「分類」のページで説明したように、テントの性質とそれに伴う扱いやすさや使える場所は「シングルウォールか、ダブルウォールか」「自立か、非自立か」が、最大のポイントになる。テント選びのときは、第一にこの2つの選択肢を考えよう。

その後に、どのくらいの広さのテントを何人で使うのか、居住性のためにスペースの余裕をどこまでとるのか、を考えていく。テントの軽量化という視点でいえば、テントそのものの重量も重要だが、何人で分担して運ぶのかも大きな問題だ。2kgの1人用テントを1人で使えば、重量は1人あたり2kgだが、4kgの4人用テントに4人で寝れば、1人あたり1kgにすぎない。とはいえ、重いイン

/// Point /// 使用人数の考え方

1人用、2人用などといっても、テントのサイズはモデルによって大きく違う。日本のメーカーならばJIS規格で、1人あたり180×55cmと収容人数が決まっているが、海外メーカーには当てはまらないからだ。だがJIS規格をもとに考えてみても、180×55cmの空間に1人ずつ横たわり、荷物まで置くのはかなり狭い。快適さを求めるならば2人で3人用ほどのテントを使うべきだが、軽量な荷物で歩きたい人は2人用に2人と収容人数どおりに使うとよい。

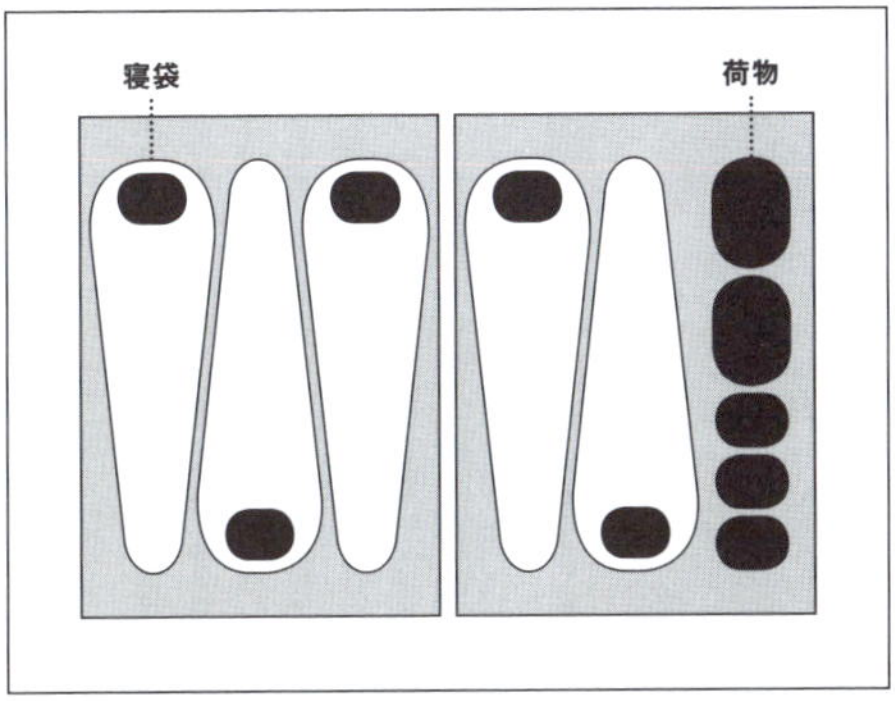

狭いテントの中では、頭と足を互い違いにして寝転ぶと、少しはスペースの節約になる。人数が少ないときも同様で、スペースを広く開けられれば、余った場所に荷物を広げて置くことができる

/// Point /// 居住性と軽量化

内部スペースが広く、高さもあるテントは広々と使えるが、どうしても重くなる。さらにベンチレーターがいくつも付いていたり、耐風性を高めるために多すぎるほどの張り綱が付けられていたりするモデルは、それらのパーツの重量も加わる。快適なテントほど重量がかさむのは避けられない。だが、荷物を外に置くことにして居住スペースを最低限にとどめれば、小さなテントですませることも可能だ。2人で行動する場合は、ソロ用テントを2つ用意するよりも、2人用を1つ持つほうが重量は軽くなる。1人で眠るほうが気楽ではあるが、快適性と重量のバランスを考えたい。

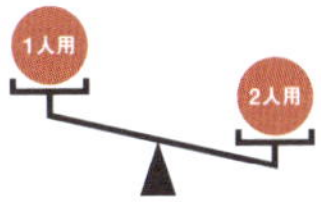

同じモデルの1人用、2人用を比べれば、当然2人用が重い。しかしメーカーが異なれば、一概にそうとはいえない

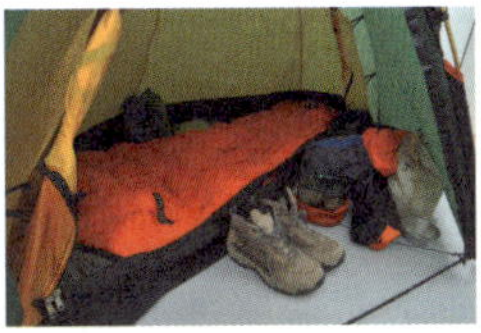

最低限の大きさにすればテントは軽いが、荷物を収容できず、前室に置かなければならない

余裕があるサイズは多少重くなるが、内部で荷物の整理もしやすく、居住性がよい。ゆっくりと眠れるだろう

ナーテント、フライシート、ポールを3人で分担すると、1人だけ荷物の軽い人が出てくるが、軽量になることは間違いない。

　入口の付け方や色も大切だが、後から少々使いにくいと思っても多少不便さを感じるだけで、荷物の重さを骨身に感じたり、現場で立てられなかったりという、根本的なツラさまでには至らないだろう。

　実際に選ぶ際は、そのテントがどんな状況を想定して各メーカーにデザインされたのかも調べるといい。あまり歩かずに行ける低山のキャンプ場を想定したものは、重くても耐久性と居住性がよい。体力勝負の高山ならば、居住性がイマひとつでも徹底して軽い。登る山、季節、人数などにより最適なテントは違う。自分の目的に合わせつつ、可能な限り応用して使えるものを選びたい。

/// Point ///
シングルウォールとダブルウォール

軽量ではシングルウォール、居住性ではダブルウォールに軍配が上がる。言い方を変えれば、ダブルは重量がある反面どんな場所でも活躍するが、シングルは軽いとはいえ用途を選ぶ。シングルはかなり山慣れしているか、天気のよいときに限らないと扱いにくく、初心者はツラい思いをするだろう。はじめに買うのは失敗が少ないダブルを選び、テントに慣れた2つめ以降はシングルに挑戦するのも一手だ。

ダブルウォールには、収納時にもテント本体をフライにフックで留めておくタイプがあり、こちらも短時間で立てられる

シングルウォールのよさは軽量性と、シンプルな構造。荷物が軽いため歩行の際に体への負担が減り、設営も短時間だ

/// Point ///
自立と非自立

ペグ打ちが完全ならば非自律型は風に強く、居住性も上々だ。雪山や森の柔らかい土では安心して使える。だが、森林限界を超えて岩と石だらけの高山ではペグが地面に刺さりにくく、ペグ代わりに岩で重しをしても強風に太刀打ちできない。自立型もペグを打たなければ同様だが、自身が立体化しているために強風下でも非自立型よりは内部の空間を保ちやすい。夏のアルプスなどに行くなら、自立型がよい。

自立型ならどんな場所でもOK。初めてテントを立てたとしても、それなりに泊まれる程度の形にはなるので安心だ

ペグを打たないと、非自立型のテントはこのような状態でしかない。このタイプはペグが打てる場所を前提として使おう

/// Point ///
3シーズンと4シーズン

3シーズン用は「春夏秋」、4シーズン用は「春夏秋冬」ということになっているが、4シーズン用は寒い冬山に対応すべく、生地は厚く、ディテールには工夫が多いため、かなり重く、雪山で使われるのが現実の「冬用」テントだ。これをわざわざ夏山に持っていくなら、体力の消耗を覚悟しなければならない。通気性よりも保温性を考えているため、内部の暑さもこたえるだろう。反対に3シーズン用は雪山でも使えないことはない。ただし4シーズン用よりは華奢な構造になっているので寒さや吹雪には弱く、やはり4シーズン用が間違いない。

3シーズン用のテントの下部。フライシートの裾が地面と大きく離れ、風通しがよい構造だ。フライシート内側には結露が付きにくく、夏は内部の熱気も逃げやすい

4シーズンに対応するテントの下部。フライシートの裾がぴったりと地面につき、内側に風雪が吹きこまないように工夫されている。冬以外でも大雨のときに実力を発揮する

黒い部分は、フライの裾に付けられたスノースカート。設営後、この上に雪をかけておけば、雪の吹き込みを防げる

/// Point /// カラー_派手系と地味系

色には人の好みが出る。だが、人が少ない山で張るテントには、もう少し別の視点で色選びをする必要がある。天気が悪いときにテントを離れることが多いようならば、赤やオレンジ。白いガスがかかっていてもどこに自分のテントがあるかすぐに認識でき、安全度は高い。だがグリーンのように目立たない色という選択肢もある。人工物らしさを抑えた雰囲気は他人の目にも邪魔にならず、自然に溶け込むような気分になれる。各社の人気モデルにはカラーバリエーションが揃い、ときには白や黒のテントも。海外のハンター用には、カモフラ柄もある。

テントに見る「目立ち度」の例

グリーン

森の中のキャンプ地ではテントを張った場所が分かりにくい。天気が悪いときは、見失う恐れもあるだろう。だが、山の中でひっそりとすごすには適している

イエロー

発色がよく、森の中でも岩場でも目立つため、安全度は高い。だが、内部にいると朝は明るさが気になることもある。遅くまでゆっくりしたい人には向いていない

オレンジ

オレンジは、霧や雪の中にあっても視認性が高く、例え雪崩に巻き込まれたとしても見つけやすい。派手な色が嫌いでなければ、テントには適当だ

/// Point /// 出入口_長辺と短辺

テントへの入口の取り付け方は2つに分かれる。悪天候に強いのは、狭い入り口を短辺に付けたもの。風が強いときは風下にこの入り口を向けておけば、テント内に空気が吹き込みにくいからだ。飾り気のない本格的山岳テントには、このタイプが中心だ。居住性では入口が長辺。強風には弱いが換気がラクで、テント内への進入もスムーズだ。なにかと便利な前室のスペースも必然的に広くなる。

長辺に付けられた入口は荷物の出し入れがしやすく、居住性が高まる。しかし、強風のときの出入りには注意がいる

短辺に入り口があると、人の出入りはしにくいが、同時にテント内に雨や風が吹き込みにくく、悪天候に耐えやすい

/// Point /// スタッフバッグ_小さめと大きめ

大きなテントが小さなスタッフバッグにキッチリと収納できると気持ちがよく、バックパック内でも収まりがいい。だがスタッフバッグは必ずしも小型がいいわけでもない。大型のものはザックリたたんだだけでも収納できるので、すばやい撤収が可能だ。そして大型スタッフバッグはバックパック内部に収めれば他の荷物で圧縮され予想以上にコンパクトになる。ストラップを引いてコンプレッションできる大きめのスタッフバッグもある。気に入らなければ、別の小さな袋を用意して移し換えればいい。

日本のメーカーのスタッフバッグは、おおむねコンパクト。このテントもさらに押しこんでドローコードで絞れば、より小さくなる

欧米メーカーのスタッフバッグには余裕がある。左のようにかなり適当に押しこんだとしても、最後にしっかりとコンプレッションストラップで締め付ければ、結局かなりコンパクトになる

4

/// Know-how ///

= 使用法 =

設営と撤収の基本と考え方

すばらしいテントを手に入れても、使い方が中途半端ではその価値を発揮しない。基本テクニックの復習に加え、応用力を養おう。

晴天のときはゆっくり作業すればいいが、悪天のときほどテント設営・撤収の時間は早いほうがいい。普段からすみやかな方法に慣れておこう。下に示した設営方法は吊り下げ式の一例に過ぎず、スリーブ式ではポールの扱いが変わるなど、テントそれぞれによってディテールは異なる。説明書を読んで、特徴を把握したい。

設営方法に対して、撤収方法はあまり説明書に書かれていないが、基本的には設営の反対の順に行なう。ただしポイントはいくつかあり、その点は左の写真でチェックを。海外メーカーの大きいスタッフバッグはたたまずに押し込む、もしくは適当にたたんで収納することも想定したサイズだ。

設営

テントを設営する場所を決めたら、その下に転がっている石や小枝などをできるだけ取り除く

テントを大きく広げ、改めて設営位置を微調整。地面に凹凸がある場合は、テント内でマットを敷いて寝転ぶ場所も見定めておく

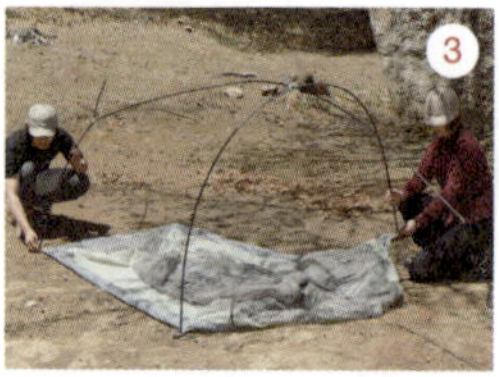

ポールの先端をインナーテントのグロメットにかけていく。2人以上で同時に行なうと、湾曲したポールが跳ねず、作業しやすい

ポールの先端をすべてグロメットに取り付けたら、インナーテントのフックを1つずつポールにかけて、吊り下げていく

すべてのフックをポールにかけ終わったら、次にフライシートを広げて、インナーテントの上にかけていく

フライシートの末端にあるループをインナーテントの4隅に連結する。これでインナーテント、ポール、フライシートが一体になった

ペグでテントを固定する。ペグを打つ順番は、テントの4隅（長方形型の場合）が最初。その後、各部の張り綱や前室部分に移る

ペグをすべて打ち終わったら、最後にベンチレーターの調整をする。暑いときは大きく開き、悪天候時はしっかりと閉めておく

撤収

1 はじめにペグを抜く。風が強いときは、風上の一部のペグを残しておくと、吹き飛ばされる心配が少なくなる。張り綱もまとめておく

2 フライシートを外し、テントから離す。2人以上いれば汚さないように地面につけず、空中で半分に折る。1人なら、地面に広げてもいい

3 半分に折ったフライシートを縦に延ばし、そのまま横の方向にどんどん折りたたんでいく。フライシートの裾は、すべて地面側にある状態

4 横方向にたたみ終わったら、次に上のほうから順に折っていく。こうすると内部の空気がすみやかに抜けていき、撤収作業がラクに行なえる

5 次にインナーテントの撤収に入る。はじめにすべてのフックをポールから外し、その後にグロメットからポールの末端を取り外してしまう

6 ポールをたたむ。末端ではなく中央でいったん半分にし、それから短くする。ポール内部の伸縮性のコードが伸びきらないようにするためだ

7 インナーテントはフライシートと同様に小さくたたんでいく。フライシート以上に空気が抜けにくいので、空気の逃げ道を確保しながら行なおう

8 最後にスタッフバッグに入れる。大きめのテントはかさばると同時に重量もあり、1人では入れにくい。数人で協力して作業を進めたい

/// Column /// 撤収のポイント

スリーブ式の場合、設営時・撤収時ともにポールは「押して」出し入れする。一方から引っ張ってしまうと、ポール同士の接続部分が外れてしまい、スムーズに作業できない

テントのボトムが重なるように折りたたむと、泥汚れが他の場所に付きにくい。地面に付かないように作業すれば、さらによい

テントをたたむときは、付属のスタッフバッグの大きさを意識する。短いと直径が太くなって入りにくくなり、長いとあふれ出てしまう

インナーテントからポールを抜く前、つまり自立しているうちに、テント内のゴミを外に出す。念入りに行なうと、後の手入れがラク

スタッフバッグが大型なら、たたまず大胆に直接突っ込むのもOK。バックパック内では他の荷物に押しつぶされ、意外と小さくなる

/// Column /// 設営（1ポールタイプ）の手順

はじめに行なうのは、ペグを打つこと。テントをできるだけ大きく広げたら、まずは適当な場所に仮に打っておけばいい

まだつぶれたままの状態のテントの入り口を開けて、内部に入り、ポールの先端部分をテントの頂点部分にあてがう

そのままポールを延ばし、テントを上に持ち上げていく。テントの裾と地面の距離が適度になったら、ポールを地面に立てて、外に出る

ポールを立てた場所を中心に、先ほど仮打ちしておいたペグをテントの生地が伸びきる場所に打ち直し、テントにテンションを与える

/// Point /// ペグの種類と使い方

どんなペグを使うかで、強風時のテントの耐久力は大きく変わる。メーカーによっては付属のペグに力を入れていないので、余裕があれば買いなおしたほうがいい。低山はおおむね土の地面でペグが刺さりやすく、風も弱いので心配は少ないが、森林限界以上の場所では岩や石の地面も多いので硬い素材や細いタイプが使いやすい。ペグがまったく地面に刺さらないことも想定し、「その他」の効果的方法も頭に入れておくとよいだろう。

ペグの種類

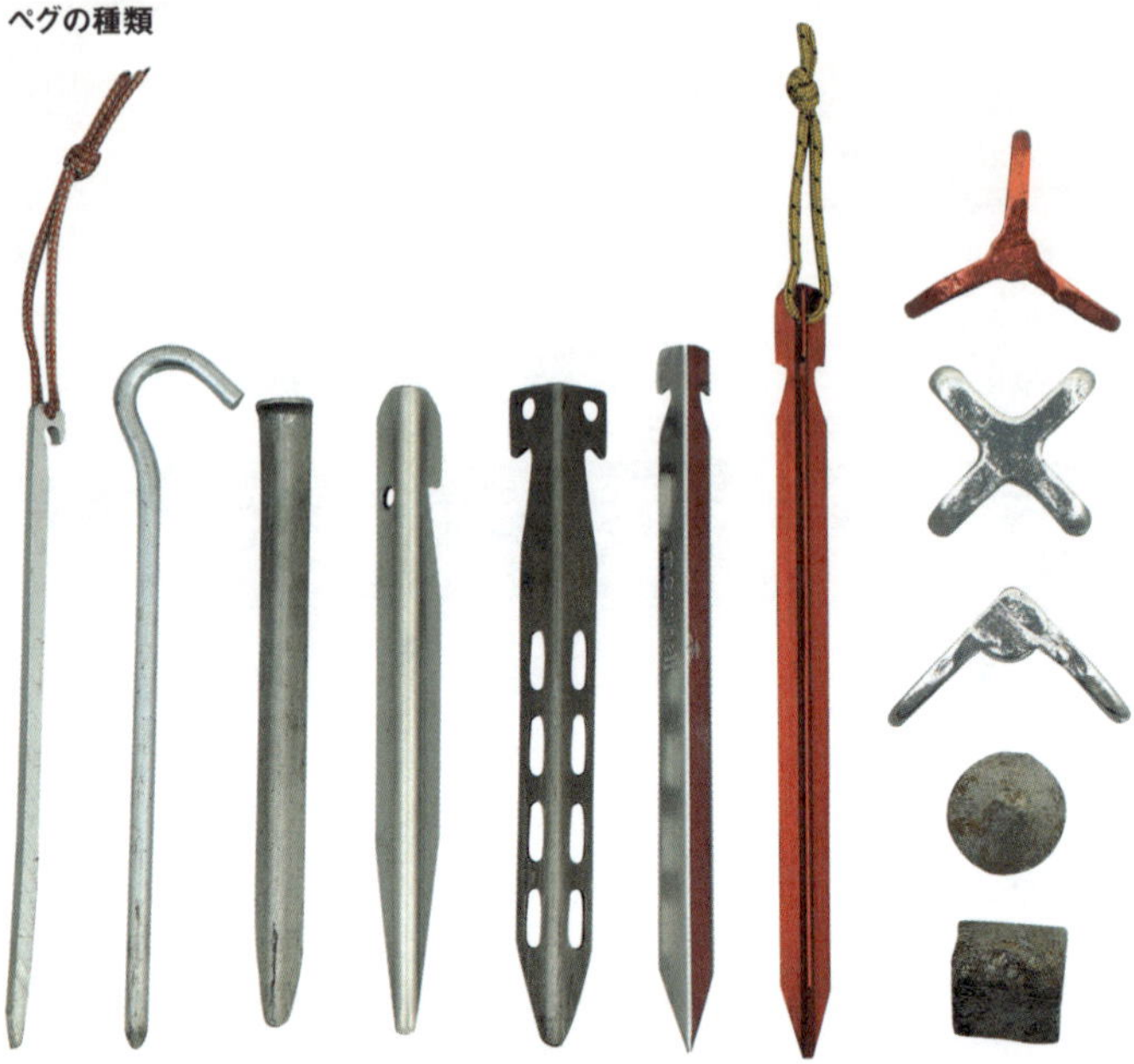

張り綱をペグに巻いて岩を置く方法もある。大きな岩を置き、さらに上に他の岩を乗せると効果的だ

本来は雪用のスノーアンカーを岩にかぶせてペグ代わりにする。どんな形の岩でも重石になり、しかもズレにくいので、強度は確実だ

ペグを打つ角度の基本は、張り綱に対して90度。これがいちばん風に対してテントの強度が出る角度になる。テントのフロアで考えれば、ペグをかけるループが真横から延びているので、地面に対して直角になる

ペグが地面に強く刺さりすぎてすぐに抜けないときは、別のペグを引っかけて両手で引っこ抜く。素手では無理なものも、ラクに外れる

地面が固くてペグが刺さらないときは、周囲に落ちている岩などに張り綱を取り付ける。だが、それだけでは風を受けると張り綱に引っ張られて岩がずれるので、さらに左右にも大きな岩を置いて動きにくくするとよい

/// Point /// テントの設営場所

斜面や凹凸のある場所は、安眠の妨げになる。可能な限り、平らな場所を選ぶのは基本中の基本だ。だが、不快程度ならまだいい。山中のキャンプ地には、ときに危険なほどの強い風が吹く。例えば「西から東へ」など山域によって特徴的な風向きがあるので、その傾向を小屋の人に聞いたり、木の曲がり方を見たりして判断しよう。風上には出入り口を絶対に向けないようにするべきだ。雨水の流れ道や落石の恐れがある場所も避ける。

平らな地面がテント全体のスペースほどなくても、体を横たえる分があればいい。石や小枝は念入りに取り除く

/// Point /// 豪雨・暴風への対応

街では想像もできない強烈な風雨が山では襲いかかるが、テント内部でシートをバスタブ状に敷くと、浸水から荷物を守れる。それでも多少は濡れるだろうが、あとは我慢だ。だが風でテントが吹き飛ばされてはシャレにならない。テント付属の張り綱だけでは心配なときは、フライの内側のテント本体のポール交差点からロープを延ばし、テント全体を押さえつけるようにペグで固定すると、さらに強度が得られる。少々手間はかかるが、いざというときは試してもらいたい。

テント上部の交差したポールにロープを巻き、張り綱としてテントを地面に押しつけるようペグ打ちするとより風に強くなる

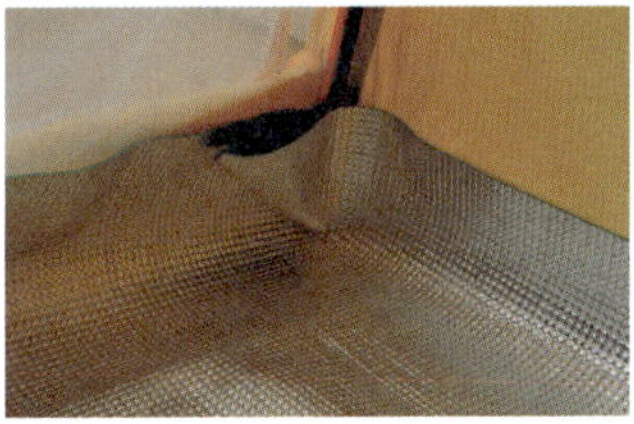

ボトムと上部の生地の縫い目が長時間濡れると浸水しやすい。低い壁を作るように内部にシートを敷くと、防水性が高まる

強風時にテントを撤収するには、ペグを打ったままポールを外し、テントをつぶして風の影響を減らすといい

/// Point /// 張り綱の効果的利用法

テントに付属する張り綱には、長さを調整する「自在」と呼ばれるパーツがある。ほとんどのものがテント側ではなくペグ側につけられており、張り綱を調節する際にはペグと張り綱との間で摩擦を引き起こす。だが、ペグを深く打ち込んだときや、岩をペグ代わりにしたときは、その摩擦が強すぎてまったく長さを調節できないこともあるのだ。そこで、張り綱を反対に付け直して自在をテント側に。摩擦が減り、長さ調節がラクになる。

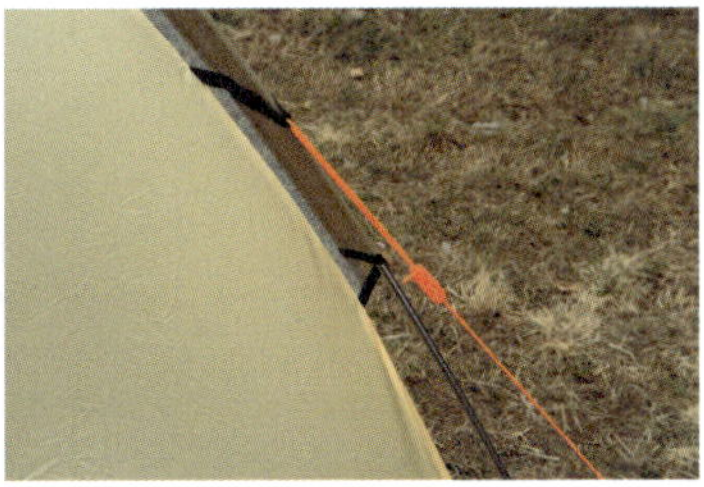

真ん中のオレンジ色のプラスチックが「自在」というパーツ。このようにテント側に付け直しておくと、張り綱の長さの調整もスムーズだ

自在を使って張り綱を調整する際は、いったん張り綱を緩ませてから自在を持った手を近づけ、緩んだ分を回収するように引いていく

/// Point /// ベンチレーターの使い方

空気がこもりがちなテントでは、通気のためのベンチレーターは重要な要素だ。狭い空間に人が多いと酸欠になりかねず、暑い時期は日が昇ると内部はサウナ状態と化す。だが、ベンチレーターが機能していれば、いくぶんかは涼しくなるはずだ。ベンチレーターはテントによってさまざまな種類があるが、どんなタイプでも注意すべきは悪天候時。とくに風も吹いているときは急いで閉めること。これを忘れていると、ベンチレーターから大量の水が流れ込み、痛い目にあう。

暑いときはインナーテントとフライシートの両方のベンチレーターを連動。テント内の熱気と湿気がスムーズに抜けていく

蚊のような害虫の侵入を遮断するには、インナーテントのメッシュのみ閉める。空気の流れは滞るが、虫だらけよりはマシだ

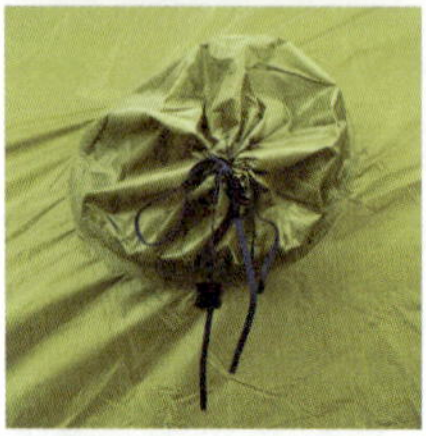

フライシートのベンチレーターをしっかり閉めれば、雨も吹き込まない。このとき、生地のたるみ部分は外側に出るように

張り綱を張らず、フライシートとインナーテントの生地が接していると、その間の空気の流れが悪くなる

ベンチレーターを短い棒状のパーツで強制的に開くタイプもある。確実に空気の通り道ができ、不必要なときは閉めることも

/// Column /// 生地が破れたときは

テントの生地は、風などによって過度のテンションがかかったり、周囲の木や岩に引っかかったりして、破れてしまうことは珍しくない。傷んだ部分からキズはいっそう大きくなっていくので、早めの処置を行ないたい。テント専用の補修シートを持っていると、現場でもスマートな修理ができる。ガムテープなどでも応急処置はできるが、後で本格的に直そうとしたときに粘着跡が残って美しくないことも。

どのブランドも数色のラインナップを揃えている。自分の補修キットに１枚入れておくと、なにかのときに安心だ

補修箇所の大きさに応じ、シートをカット。穴が開いた場所はその周囲も傷んでいる可能性があるので、大きめに

シートの裏紙をはがし、端からゆっくりと貼っていく。隙間が開くと浸水するので、丹念に押し付けて密着させる

これで完成。作業前に補修箇所の水気はふき取り、完全に乾いてから行なう。素材によっては貼りにくいものもある

/// Column /// 加水分解

ナイロン生地への防水処理で一般的なPU加工（ウレタン樹脂を塗り、皮膜を作る処理）をした素材は、完成時から水分や酸、カビなどの活動によって「加水分解」が始まり、ひどい臭いとともにベタついてくる。テントは以前からフライシートの裏に防水用PUコーティングを施しているものが多く、時間とともに機能を落としていく。この現象はていねいに使っていても確実に起こり、しかも現時点では避けられない。つまり、PU加工をしたフライシートはいずれダメになる。最近は分解速度が遅いものが開発されているが、これから手に入れるなら、PU処理を避けたフライシートもいいだろう。ただし高価なものも多いので、考えどころだ。

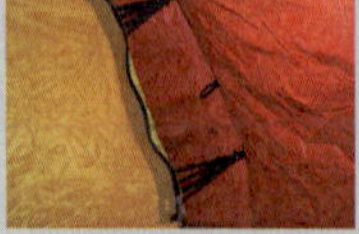

裏地にポリウレタンコーティング処理を施していないフライ。長い間使うことができる

/// Point /// 通気性と結露への対策

人が中に入っていると、テント内部と外部の温度差は大きくなり、内部の湿気がテントの壁面で冷やされて結露を起こす。山では避けられない現象である。少しでもテント内のコンディションを良好に保つためには、テント内に風を通して湿気を排出することだ。ベンチレーターを活用し、テント内に風の通り道を作りたい。

インナーテント内の結露が気になる人は、速乾性のタオルなどを利用して、こまめにふきとる。テント内のコンディションが上がる

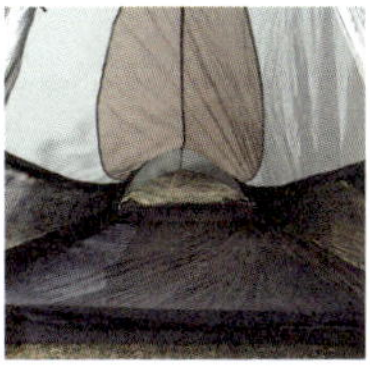

ベンチレーターは2カ所以上連動させて使うと、通気性が上がる。入り口がメッシュパネルになっているテントは、ここも大きなベンチレーターとして活用しよう

/// Point /// オプションのフライシート

テント泊を重ね、さまざまな気象条件を経験するにつれ、「前室」の大切さを思い知る。広くて高いほうが使いやすいのは間違いないが、一方で軽量化したいときは、その分の生地の重さが気になる。しかし、通常は付属のフライシートを使うとしても、オプションとして大きめのフライシートを持っていると山歩きの幅が広がり、悪天候が見込まれるときや人数が多くてテント内に荷物が収容できないときのサブとして有用だ。

前室が省かれたシングルウォールテントにも、前室ができるキャノピーをオプション販売しているものが多い。小さな屋根でしかないが重さは軽く、雨の吹込みがどうしても気になる人は重宝するはずだ。

広くて高い前室。通常のフライよりはかなり重くはなるが、雨の日や荷物が多いときはたっぷり活躍してくれることだろう

テントにポールを1本連結し、必要最低限のスペースを作るキャノピー。真上から降り注ぐ雨や雪を防ぎ、シングルウォールの弱点をカバーする

/// Column /// 使用後のメンテナンス

テントの働きの1つは、人間と荷物を水から守ること。テント自体は雨や結露で濡れることは避けられない。だが湿ったテントをそのまま保管すると、カビやコーティングの剥離といった大きなダメージが。テントを現場で完全乾燥できないときは、帰宅後に天日でよく乾かすこと。びしょ濡れのテントでも晴れていれば1時間程度で乾くので、わざわざ陰干しするよりも簡単・確実に乾燥させられる。もとよりアウトドアで使うものだから、このくらいの時間なら、紫外線による生地の劣化を気にすることもない。

天気がよければ、撤収前によく乾かしておく。とくに湿りやすいボトムは、横倒しにして念入りに。フライには定期的に撥水効果のあるスプレー剤を

/// Column /// ポール破損時の応急処置

手荒く扱ったり、強風でたわんだ結果、ポールが破損。テントの骨折は一大事だ。ペグといっしょに、常に応急処置用のパーツ（金属スリーブ）を持ち歩こう。忘れた場合や破損が複数に及んだときは、ガムテープやダクトテープのみの補修となる。このとき、ペグなどを当てると強度が高まる。テープはさまざまな補修に使えるので、小巻きのものを補修用具として絶対に持ち歩くべきだ。これすらも持っていかないと、ほぼアウトという状況になってしまう。

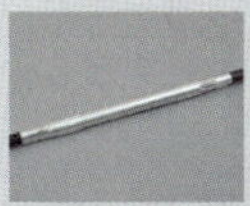

同色のテープを使ったためにわかりにくいが、右の金属パーツの使用状態。こんなときのためにテープを忘れずに

金属パーツがなければ、紙や布、枝などで補強し、ひたすらテープを巻く。太くなりすぎるとスリーブに入らない

多くのテントに備品として入っているポールの応急処置用パーツ。折れた部分をこの中に通し、両端をテープでとめれば、一時的にしのげる

怖い目にあってわかる。テントで大切なのはやはり風への対応だ。

山岳用テントだけでも、これまで30以上のモデルを僕は使ってきた。それも、あえて雪の上に風通しがよいメッシュテントを張ってみたり、いかにも風に弱そうな構造のものを嵐の中で使ってみたりと、「実験」と称して無茶なことも繰り返している。山岳／アウトドアライターという仕事柄、山という現場で実際にテントの性能を検証し、効果的に使う方法を試してみたいからだ。その結果、眠れないほど寒い夜を過ごしたり、いくつかのテントを派手にブチ壊わしたりしてきた。

そこで改めて思うのは、テントの性能とは結局、どれほどの風にまで耐えうるか、ということだ。

寒さはウェアを着込んで、スリーピングバッグにもぐりこめば対応できる。そもそも寒冷時はテント内と外気温との差はそれほど大きくない。そして現代のテントは設営さえしっかり行なえばどれも雨には強い。大雨でもいくらか水が吹き込んできたり、ボトムから少し浸水がある程度だ。

とはいえ、それは雨がただ上から降ってくるときの話。嵐となるとわけが違う。強風はサイドからテントに圧力をかけ、フライシート内に空気を吹き込んで地面から引き剥がそうとする。風であおられた雨が内部へと大量に吹き込むばかりか、ついには強風がポールをへし折ってテントをなぎ倒す。とくに日本アルプスの稜線のような森林限界を超えた場所では風に強い構造のテントを使い、しっかりとペグで固定しないと、悪天候時にひどい目に合うのだ。

とくに雪の稜線は危険だ。実際、僕は暴風雪でテントを押しつぶされ、あと数本のスノーアンカーが外れたら谷間に吹き飛ばされる状況に陥ったことがある。ポールが折れてひしゃげたテントが体にのしかかり、フライシートは破れてバタバタと異音を鳴らし続けた。本当に恐ろしかった。あんな目にはもう遭いたくない。

とはいえ夏のキャンプ指定地ならば極度には危険でないだろう。それでもサイドが垂直気味に立ち上がったモデルを稜線のテント場で使ったときは苦労した。

風の圧力をもろに受けるため、風上のペグがテントに引きずられてドンドン抜けていく。このときは数十分おきにペグを打ち直さねばならず、一晩中眠れなかった。翌日は睡眠不足で、始終フラフラと行動していた。

だがそんなテントは内部のスペースが広く、強い風が吹かない森の中では快適に過ごせる。ただ、稜線にテントを張ることが多い日本の山では、耐風力をしっかりと計算し、安全に嵐をやり過ごせるモデルが安心だ。悪天候時こそ、テントの性能の良し悪しがわかる。

いざというときに右往左往しないですむ、強靭なテントはすばらしい。

ビビィサック

スリーピングバッグのサイズで
山中の夜を過ごす道具、ビビィサック。
山に慣れてくれば、テントに代わる相棒になりえる。

ポールと本体の生地というテントのような構造を持ちながら、体を横たえる最小限のスペースで山中の宿を作るのが、ビビィサックだ。簡易的なシェルターの1種である。

そのスペースはスリーピングバッグとほぼ同じだ。ほとんどすべての荷物は外部に置くしかない。雨天時でも外で調理しなければならず、出入りの際には必ず濡れる。また晴れていても、狭い空間では内部の結露の問題が大きい。

だが、その代わりに非常に軽量だ。最近のモデルには５００ｇ程度のものもあり、荷物の軽量化に大きく貢献する。スペースを取らないので、混雑した場所でも有効だ。簡易的なシェルターの仲間ともいえるツエルトのように、ある程度の設営技術が必要でもなく、誰でも簡単に利用できる。

背の高いテントとは違い、目立たないのもいい。誰もいない静かな森の中で、ひっそりとひとりで眠る夜も悪くはない。

山旅小物学

ツエルト

テント代わりに使用する人も多い
日本的な簡易シェルターであるツエルト。
緊急時に備え、持っていたい山道具の1つだ。

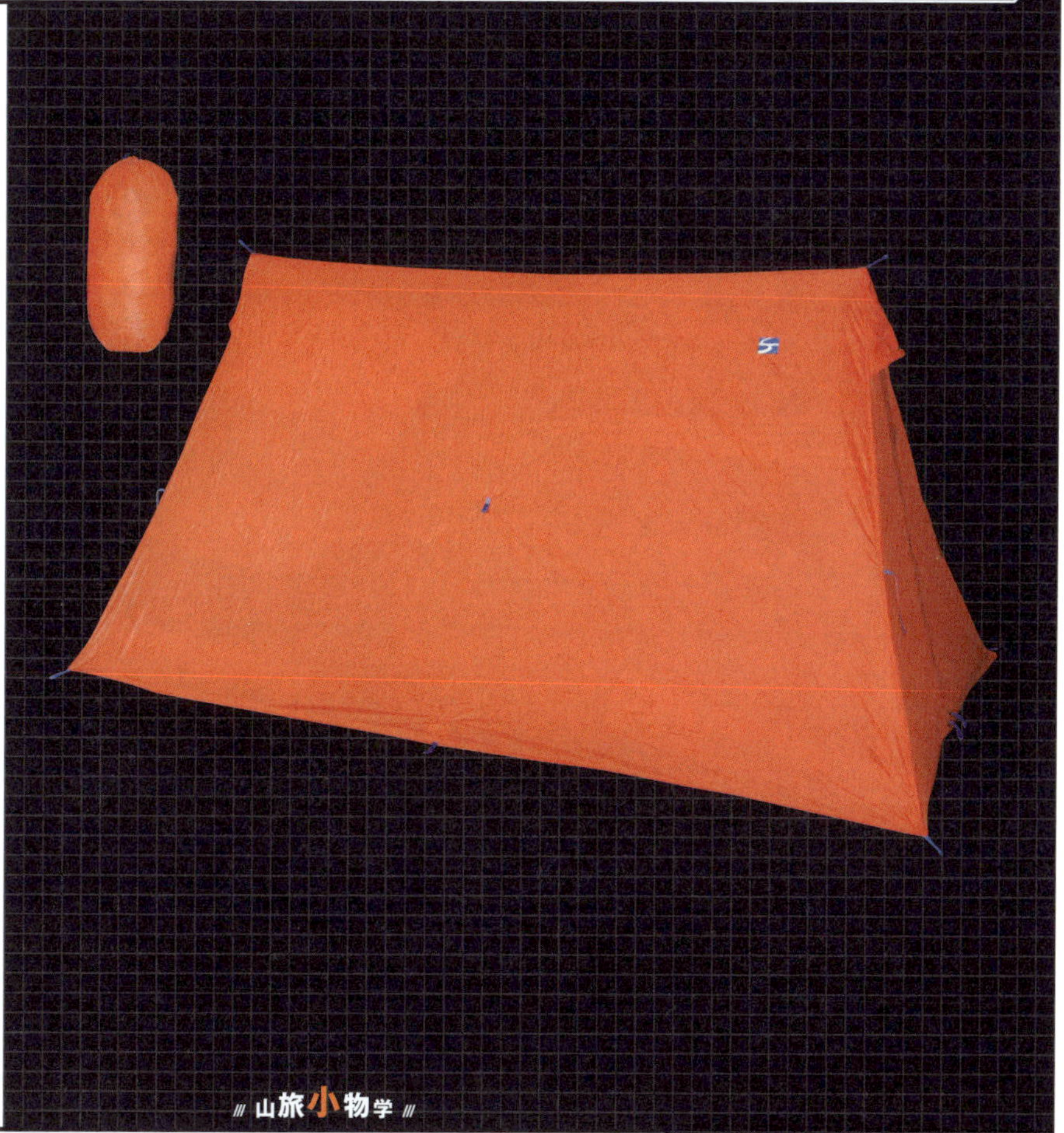

テントほどの居住性はない。だがそれなりの住空間は確保でき、手の平に乗るほどコンパクトで軽量だ。それがツエルトである。日本で独自に進化した簡易的なシェルターと考えればいいだろう。

ツエルトは大きく1枚に縫われた生地でできており、テントのように設営するには慣れがいる。設営方法もさまざまで、トレッキングポールを支えにしたり、細いロープで吊り上げたりと、設営する場所に合わせて工夫していく。

そもそもツエルトは、必ずしもテントのように立体的に設営する必要はない。悪天候時の休憩のときにシートのように広げ、体を包んで風雨をしのいだり、緊急ビバークの際はウェアを着こんで体を覆ったりと多様に使え、応用度も高い。

テントを持って歩いているときは必要ではないが、小屋泊や日帰り登山のときには持参すると安全性が高くなる。多目的な緊急避難道具なのである。

リペアキット

山中では道具の破損が大きなトラブルに結びつく。その場をなんとかしのぐために、リペアキットが必要だ。なかでも2つの小さな装備が有効である。

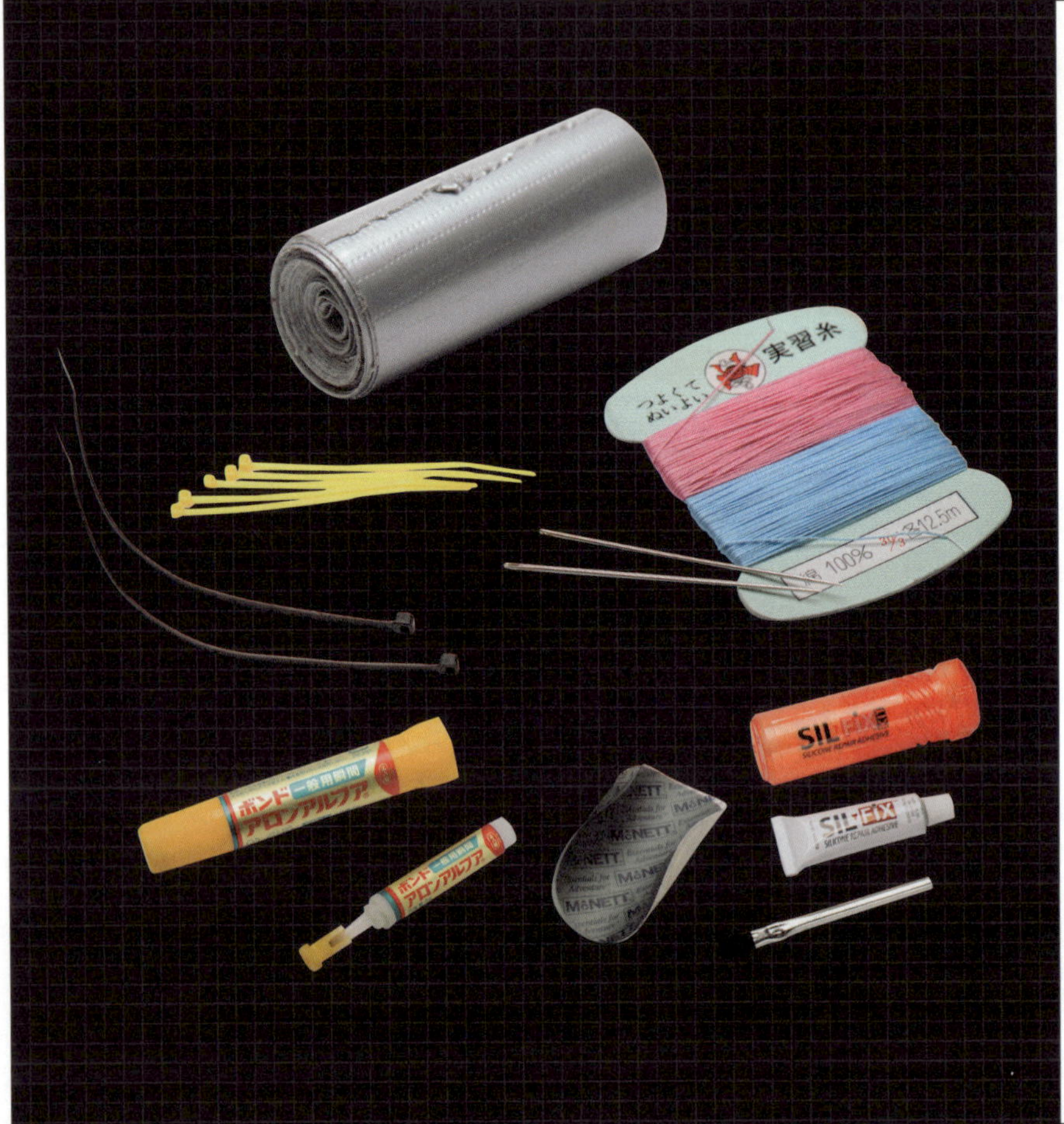

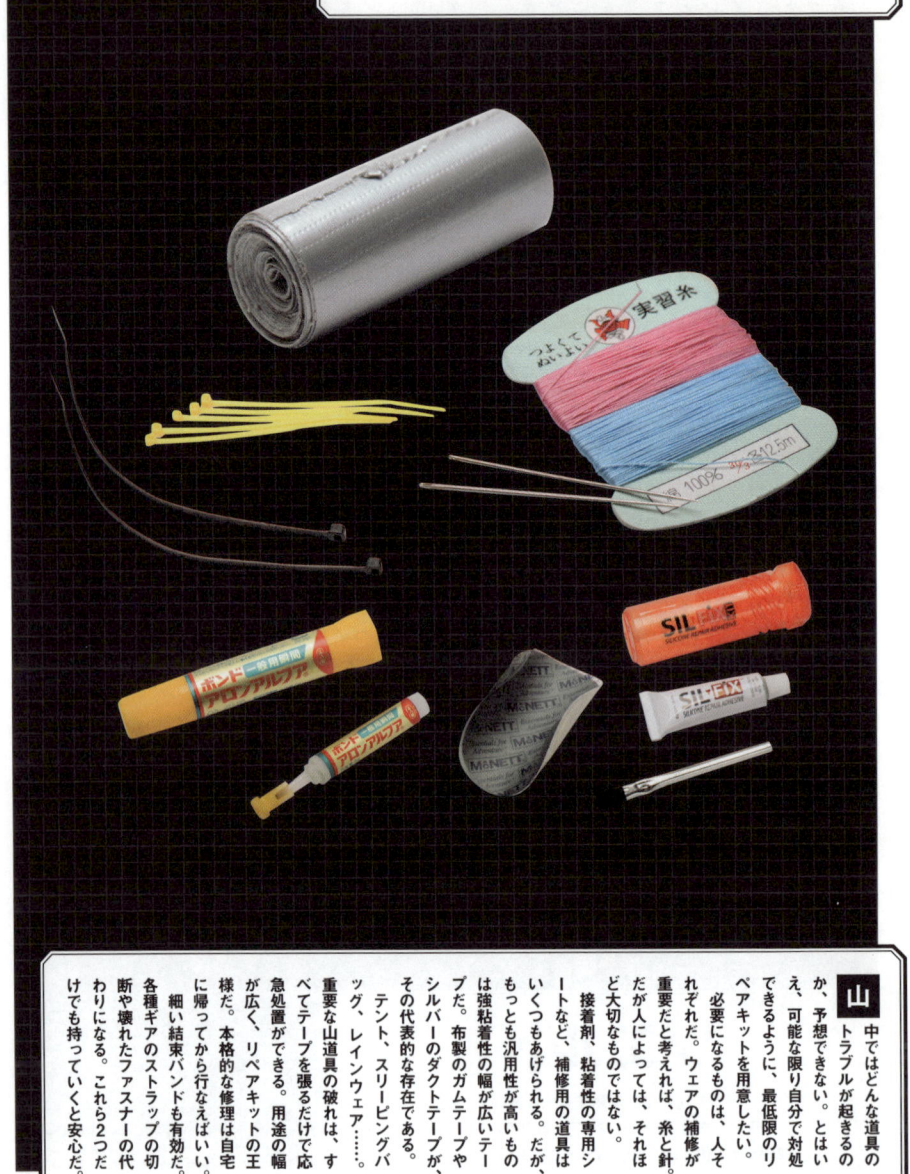

山中ではどんな道具のトラブルが起きるのか、予想できない。とはいえ、可能な限り自分で対処できるように、最低限のリペアキットを用意したい。

必要になるものは、人それぞれだ。ウェアの補修が重要だと考えれば、糸と針。だが人によっては、それほど大切なものではない。

接着剤、粘着性の専用シートなど、補修用の道具はいくつもあげられる。だが、もっとも汎用性が高いものは強粘着性の幅が広いテープだ。布製のガムテープやシルバーのダクトテープが、その代表的な存在である。

テント、スリーピングバッグ、レインウェア……。重要な山道具の破れは、すべてテープを張るだけで応急処置ができる。用途の幅が広く、リペアキットの王様だ。本格的な修理は自宅に帰ってから行なえばいい。

細い結束バンドも有効だ。各種ギアのストラップの切断や壊れたファスナーの代わりになる。これら2つだけでも持っていくと安心だ。

/// Part.3 ///

SLEEPING BAG

［スリーピングバッグ］

「シュラフ」という
呼び名でも知られる
「スリーピングバッグ」。
つまり「寝袋」は睡眠時の
体を保温し、明日の活動のために
心地よい休息をもたらす寝具だ。
テント泊山行には
なくてはならない
重要ギアである。

1

/// Category ///

＝分類＝ 用途に合わせて選ぶ形と中綿の種類

寝袋の種類を区分けするのは、外見の「形」と内部の「中綿の種類」。この2点によって、用途や使い勝手は大きく変わってくる。

「寝袋」は、英語では「スリーピングバック」、登山用語に多いドイツ語では「シュラフ」（正確にはシュラフザック）と呼ばれ、現在の日本では、この3語が混在している。いずれにせよ、表地と裏地のあいだに保温性の高い中綿を詰め込んだキャンプ用の寝具だ。外見上は「マミー型」と「レクタングラー型」に大別され、その中間の「セミレクタングラー型」も少数ながら存在する。

レクタングラー型は内部スペースに余裕があって寝心地はよいが、そのために収納時にはコンパクトさに欠ける。また、内部の容積が大きく、同時に入り口が広いために暖気が内側にたまりにくく、保温性は落ちる。マミー型は寝心地ではレクタン

/// Point /// マミー型（ダウン）

「マミー」とは「ミイラ」の意味。その名の通り、エジプトのミイラのように肩の部分は広く、足元はシェイプされており、横たわった体のラインに沿った過不足ないシルエットが特徴だ。

なかでも、内部の中綿にダウンを使用したタイプは、暖かいうえに収納時にはコンパクトにまとまり、バックパックへのパッキングもラクである。開発されているモデル数や対応温度帯も他のタイプよりも格段に多く、自分に合うものを選びやすい。現在の山岳用寝袋の主流はこの「マミー型×ダウン」だ。

- 軽量でコンパクト
- 多様なモデルから選べる
- ダウンの特性上、濡れには弱い

/// Point /// マミー型（化繊）

「マミー」型には中綿に化学繊維を用いたものもあり、ダウンにはない長所を持っている。

化学繊維はたとえ湿っていても一定以上の保温性を保つ。不用意に雨で濡らしてしまったり、テント内の結露を寝袋が吸収してしまっても、化繊の中綿のものはそれほど寒い思いをせずにすむのである。また、自宅では洗いにくいダウンと違い、手入れも簡単だ。

ただし、ダウンと同じ保温力を持たせようとすると、ダウンよりもかなりボリュームが出てしまう。つまり、かさばるうえに、重くなるのだ。その点が少々デメリットである。

- 湿っていても暖かい
- 少々重く、コンパクトではない
- ダウンほどのバリエーションはない

グラー型ほどではないが、必要最低限の面積と容積に抑えることで、収納時にはコンパクトになり、なによりも体に密着するために保温性では数段勝る。よって、山岳用途としてはコンパクトで軽量、しかも暖かいマミー型の人気が圧倒的である。

　内部の中綿の素材はダウンか、化学繊維。ダウンは湿気に弱く、濡れると保温性が激減する。だが、化繊は湿っていても暖かい長所を持つ。寝袋が徐々に湿っていきやすい長期山行や雨の多い時期は、活躍するだろう。とはいえ、圧縮率はダウンが上。「同じ保温力」ならば、ダウンのほうが軽量でいてコンパクトな形状にまとまるため、化繊よりも持ち運びしやすい。

　山で使うことを前提に結論を言えば、まず手に入れるべきは、コンパクト／軽量／保温性に富んだダウンの中綿入りのマミー型だ。他のタイプはその後に考えよう。

/// Point /// セミレクタングラー型

「レクタングラー」型を直訳すれば、「長方形」型。以前から「封筒」型としても知られる。

　この〝セミ〟レクタングラー型は、完全な長方形ではなく、いくぶん足元を狭くしてあり、マミー型に近いルックス。だがマミー型よりも足元が窮屈でなく、コンパクトさも目指したデザインになっている。写真のものはフード部分を省いたタイプだが、フードを設けたタイプもある。

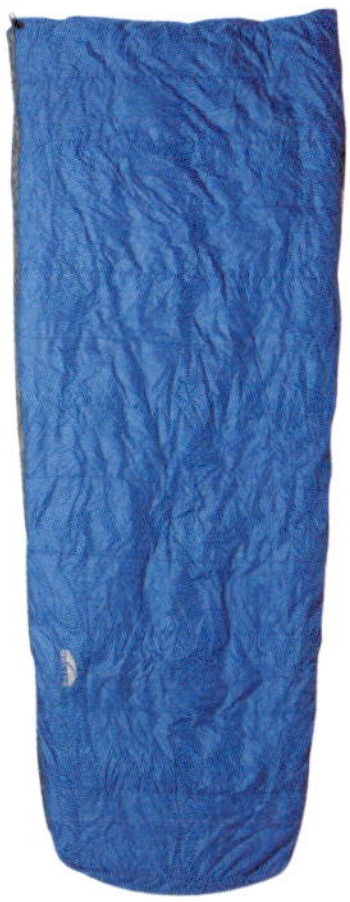

- マミー型よりも余裕のあるシルエット
- レクタングラー型よりもコンパクトな収納性

/// Point /// レクタングラー型

「完全に長方形のシルエットを持つのが、「レクタングラー」型だ。布団のような形で、体を締め付けず、ゆったりと眠ることができる。サイドから足元にかけてつけられたファスナーを開くと、ブランケットのように使えるのも利点だ。

　ただし、形に余裕がある分、収納時のコンパクトさは期待できない。小さめのバックパックを使っている人には、持ち運びしにくいだろう。

- スペースに余裕があり、のびのびと眠れる
- 面積が広いだけに、コンパクトさは不充分

/// Point /// 2種類の中綿

中綿は、寝袋の機能性を決定的に左右する最重要素材だ。

山岳用の中心となるダウンの性質は「フィルパワー」で表される。これは1オンス（約28g）のダウンを圧縮し、その後、何立方インチまで復元するかを一定の温度と湿度のもとで測定したもの。数値が高いものほど、ふっくらと復元して暖気をキープし、かつコンパクトに収納できるわけである。一般的に550フィルパワー以上が上質といわれ、現在では1000フィルパワーダウンも登場している。

一方、化繊の中綿も各国の繊維メーカーで性能の向上が計られており、ダウン並の保温力の繊維が開発されている。化繊はダウンよりも低価格で生産されることもあり、さらなる今後の進化が待ち望まれる。

ダウンとは「羽毛」のこと。なかでもアヒル（グース）やガチョウの羽毛のことを指す。「羽根」はフェザーとして区別されるが、ダウンのみではコシが出ないため、フェザーも混入される

寝袋に使われる化学繊維は、ポリエステルが主体。「綿」といっても、繊維が絡みあった数層構造のものが多い。かさばりは抑えられないが、単純な保温力ではダウンに劣らない製品も

「綿」ではなく、薄いシート状の化繊を数層に配置した新機軸の寝袋も登場。化繊の中綿と同様な性質だが、より収納性に優れている

/// Column /// 薄手でも活躍

寝袋には基本的に保温性の高い中綿が入っているが、薄いカバー状で中綿が入っていないタイプでも、内側にフリースを張ったり、裏地を起毛させたりして、保温性を持たせたものが販売されている。夏場のキャンプ地、とくに低山では中綿が必要なほど気温が低くならないことも多く、その際には保温性ウエアとこれらの薄手タイプを組み合わせれば、充分に夜を過ごせる。

本来は寝袋の外側で使う防水用カバーだが、内側を起毛させて肌触りを向上させ、汗ばんだ肌にも張り付かないタイプ。わずかながら保温力を持ち、風の侵入も防ぐので、暑い夏にはこれ1枚で

一面は化学繊維、もう一面はフリースというリバーシブルタイプ。寒いときはフリース面を内側に、暑いときは化繊面を内側にして使うと、それぞれに適度な保温力を発揮する。おもしろい工夫だ

2

/// Function ///

=機能= 保温力を上げる各種の工夫

明日への活力を生む「休息」は、山中ではとくに大切な〝行動〟だ。そのために快適に眠れる寝袋は必要不可欠。シンプルな見た目以上に、各部にはぐっすりと眠れる機能が搭載されている。

中綿

寝袋の内部はチューブのように仕切られ、偏りが少なく、暖かさが効率よくキープできるように中綿を挿入してある。この量によって、寝袋の対応温度が大きく変わる

ドローコード

寒いときには顔のみが露出するように、フードを巾着状に締め上げる。低温下で使うモデルは肩の上でもコードで絞れるものが多く、さらに暖気を逃がさない

フード

体温が逃げやすい頭部を覆う。寒冷地用モデルには、マフラー状のショルダーウォーマーが付き、内部の暖気を逃がさない構造になっている。一方、省略したモデルも販売されている

ポケット

胸元近く（多くは内側）に小ポケットが付属しているモデルも。アラーム機能の腕時計などを入れておけば音が聞こえやすく、目覚まし効果も高い

サイドファスナー

暑いときには開けて、内部温度を調整。反面、寒冷時は暖気が逃げる場所でもあり、フラップなどを取り付けて空気の出入りを遮断する工夫も。軽量化のために省略したタイプも多い

表面素材

撥水加工を施し、多少の濡れははね返すものがメイン。なかには防水素材を採用したり、縫い目にシームテープを貼って耐水性を高めたものも登場している

寝袋の保温性を語るうえで、中綿の性質は外せないが、とかくダウンのフィルパワーの数値ばかりが語られがちだ。だが、いくら内部の中綿が優れていても、その量や内部への封入方法を合わせて考えなければ意味がない。表面の素材やファスナーやフード部分の構造でも暖気のキープ力には大きな差が出てくるため、ディテールなどにも目を向けたい。

なかでも頭部から首もとの構造は、とくに大切だ。暖かい時期ならば、頭はフード外に出し、首もとのドローコードを絞らないでも暖かく眠れる。だが寒い冬になると、この部分の構造の差によって、体感温度が激変する。肩の上で寝袋内部からの暖気の逃げをシャットアウトするチューブ状のショルダーウォーマーは、寒冷な時期にこそ有用なパーツだ。

表面の素材は水が浸透し

Point 保温性の向上

寝袋内部の暖気が逃げるのは、第一に首もと。そしてサイドのファスナー部分だ。

首もとは窮屈でないほどに締め、空気の通り道を遮断することが肝要。マフラーのような形状のショルダーウォーマーは、血管が表面にあり、体温を発散しがちな首を直接保温するだけでなく、内部の暖気を閉じ込める。効果はバツグンだ。

夏期用の薄手のものには必ずしも必要ではないが、ファスナー部分はダウン入りのチューブで2重になっているものがベター。外部にフラップが付いているものは、いっそう効果がある。寝袋自体が伸縮し、体にフィットするタイプもおすすめだ。

ディテールに見る工夫

ショルダーウォーマーは付属していないが、肩の上にドローコードを取り付け、適度なフィット感をもたらす作りに

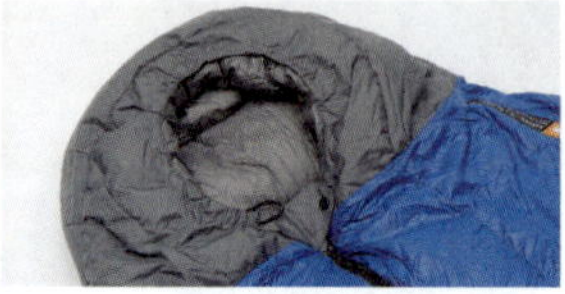

あらかじめ顔の部分を円状にデザイン。ドローコードをあまり締めなくても暖気が逃げにくい構造になっている

アゴから耳へかけて付けられたショルダーウォーマー。保温力を生かすためにダウンのロフト（かさ）をつぶさない工夫だ

巾着袋の口のように、首もとを完全にガード。肩口からの暖気の抜けを最低限にとどめ、保温性には間違いない

ダウン入りの細長いチューブをファスナー部分に取り付け、サイドからの暖気の漏れを防ぐ構造。この効果は高い

縫い糸には伸縮性の強いゴム。寝袋全体を体にフィットさせることで、内部に過剰な空気を残さず、暖かさを向上させる

Point ポケットの有無

なくてもいいが、あれば便利なのが、ポケットだ。腕時計やヘッドライトのほかに、雪上キャンプのときはナイフなども入れておくとよい。万が一、テント内で寝袋に入ったまま雪崩に巻き込まれたとしても、ナイフがあれば生地を破って脱出することができるからだ。

ポケットの位置

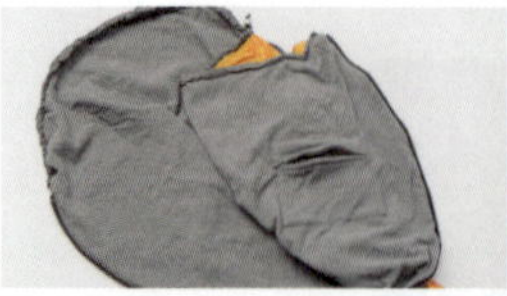

ポケットの多くは、内側の胸元に。寝袋から手を出さなくても、ポケット内部のものを取り出して、操作できる

ポケットの位置は、外側のお腹近く。サイドのファスナーを少し開ければ、寝たままでもすぐに手が届く

にくいように撥水性を持たせたものが主流である。しかし一歩先に踏み込んで、防水処理を行なっている生地ならば、中綿を湿らせることがなく、つねに高いパフォーマンスを実現してくれる。

夏期用の薄手ならば、冬期用ほど保温性を考えたディテールでなくても大きな問題はない。蒸し暑い日本の夏は、夜でも眠れないことは珍しくなく、とくに低山では朝ともなるとテント内はサウナのように気温が上昇する。むしろ換気性を考え、足元が開くタイプを選ぶと快適性が向上するはずだ。

ポケットの有無やかみこみ防止の処理も見逃せない。どちらもマストな機能ではないが、さまざまなシチュエーションで長く使っていると、次第にそのありがたみがわかってくるだろう。

/// Point /// 足元の構造

保温性だけが寝袋の機能ではない。ときにはいかに換気し、クールダウンさせるかも大切だ。

大半の寝袋のサイドファスナーはダブルになっていて、足元だけを開いての換気が可能になっている。暑い時期に使うことが多いなら、左のような仕組みの寝袋もいいだろう。

工夫あるシステム

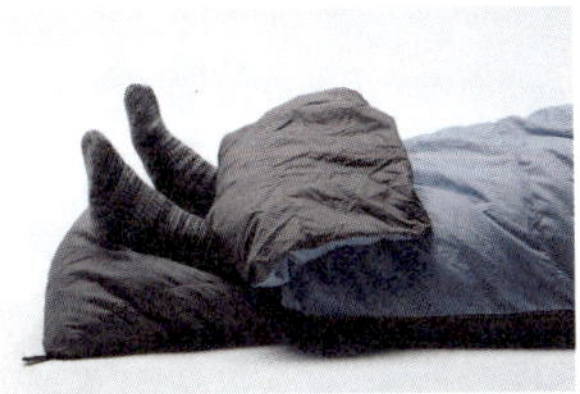

足元の３辺がファスナーで開き、足首から先を完全に露出できる仕組みのもの。足首は血管が表面にあって体温が逃げやすい部分であり、体感温度を下げる効果は高い

すねの部分が開いて換気できるほか、もっと暑いときには足を外に出すことも可能なモデル。足もとにボリュームを持たせた立体感の強いデザインになっている

/// Point /// かみこみ防止

軽量化のために、薄手の表地・裏地を使う寝袋は、とかくファスナーで生地をかみやすい。注意して上げ下げすれば防げるが、スムーズさには欠ける。かんだときに無理に外そうとすると生地が破け、中綿が流出する事態にもなりかねない。かみこみ防止の工夫も見逃せない。

細部の工夫

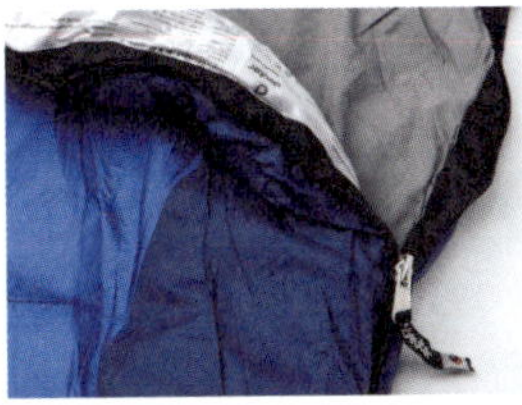

内側に厚みのあるナイロンテープを張り、かみこみを失くす工夫をしたもの。ファスナーの動きがストレスなく行なえる

ファスナーの長い“歯”を隠すように、わずかに表地で覆っているモデル。目立たないがさりげないアイデアだ

/// Column ///

内部の仕組み

多くの寝袋の内部はチューブ状に区分けされているが、その製法にはいくつかの種類がある。代表的なものは左の３タイプ。ボックスキルトのように製作工程の手間がかかる構造は寝袋の価格を上げることになるが、とくに冬期用寝袋の保温性の向上のためにはやむをえないだろう。

ボックスキルト構造

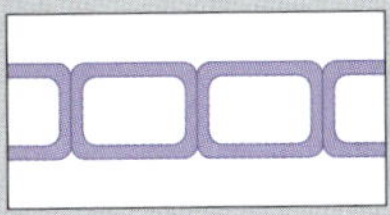

チューブが立体的になり、中綿のボリューム感を損なわず、縫い目からの暖気の逃げも防ぐ。もっとも暖かい

ダブルキルト構造

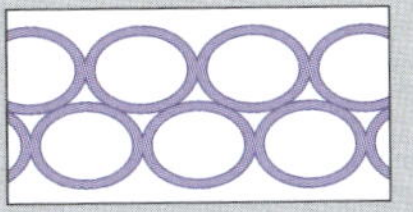

シングルキルトを２層に重ねたもの。厚みが増すことに加え、２つの縫い目をズラすことで、暖気が抜けにくい

シングルキルト構造

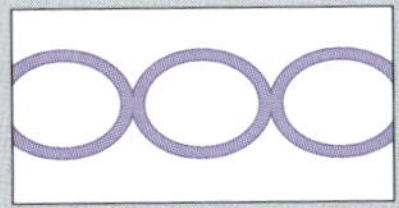

表地と裏地を直接縫い合わせた単純な構造。縫い目部分には中綿がなく、暖気も逃げやすいが夏用には充分だ

3

/// Select ///

＝選択法＝快適に眠るための「量」「質」「構造」

人によって快適な温度は違い、山に行く時期や天候で気温は変化する。寝袋のセレクトはなかなか難しいが、温度の微調整は使い方次第だ。だが、それ以前に自分にとって使いやすいモデルを選ばねばならない。

寝袋を選択する際に、もっとも気になるのは「使用温度帯」だろう。一般的には「快適温度」「限界温度」などと表記されている。しかし、実際に使ってみると実感とはそぐわないことが多く、あくまでも目安として考えるべきだ。寝袋の暖かさは、寝るときに着るウェア、テントの通気性、そのときの体調などで大きく変わり、なかでも寝袋の下に敷くマットの保温性の高低で激変する。

ダウンの性能を表すフィルパワーの表記も誤解されがちだ。いくら優れた〝質〟のダウンでも、その〝量〟が少なければ充分な保温力を持たない。ときに「世界最軽量」をうたう製品を見かけるが、なにを持って世界最軽量なのか、吟味する必要があ

下の写真の左から、EXP、＃0、＃1、＃3、＃5。左のスペック表からは数字が大きくなるに従って、フォルムは小さくなり、厚みも減ることが見てとれるが、体を入れる内部スペースの広さまで大きく変わるわけではない。一方、総重量に比例して、下着のままでも6時間以上眠れる「快適睡眠温度」や、ウェアを着込んだうえで疲労回復に必要な6時間程度眠れるという「使用可能限界温度」が数℃ずつ確実に上がっていくのが、よくわかる

/// Point ///

表面の素材

機能的な表地は保温力アップに貢献し、最大の効果を発揮する武器になる。生地の縫い目を防水処理しているものは、さらに有用だ。

左の各モデルのように特別な生地を使ったものは高価になりがちだ。だが、濡れを防ぐために別途カバー類を用意する費用や、テント内で濡れないようにする手間を考えれば、そう大きな金額ではないとも考えられる。

素材の例

表地には、防風性・撥水性・通気性に優れたゴアウィンドストッパー素材を採用。風が吹き抜けるような過酷なシチュエーションでも安定した保温力をキープする

る。これはダウンジャケットでも同様だ。

　また、表面の素材やフードの作り、前々ページで紹介した内部のチューブの仕組みなどにも目を向けたい。中綿の質が優れている寝袋は、もちろん保温性のポテンシャルは高いが、その形が暖気を逃がしやすいものであれば、あまり意味がない。中綿の質と量を活かす〝構造〟を持ってこそ、保温力の高い寝袋になるのだ。身長に対するサイズの長短も、大きな意味では構造上の違いといえる。

　山の気温は大きく変動し、出かける季節がいつも同じとは限らない。寝袋に関していえば「保温力の高いものは、低いものを兼ねる」。どんなに暑くてもファスナーを全開にすれば厚手の寝袋でも涼しく眠れるが、薄手のものは寒いときに対応しきれない。自分の予想よりも1ランク上の寝袋を買うと失敗が少ないだろう。

モンベルの製品に見るスペックの表示

	快適睡眠温度／使用可能限界温度	総重量	収納時の大きさ
EXP	-23℃／-40℃	1,610g	φ 22 × 44cm（13.4ℓ）
#0	-16℃／-31℃	1,270g	φ 19 × 38cm（8.6ℓ）
#1	-9℃／-22℃	1,050g	φ 18 × 36cm（7.3ℓ）
#3	0℃／-10℃	620g	φ 14 × 28cm（3.4ℓ）
#5	6℃／-2℃	460g	φ 12 × 24cm（2.2ℓ）

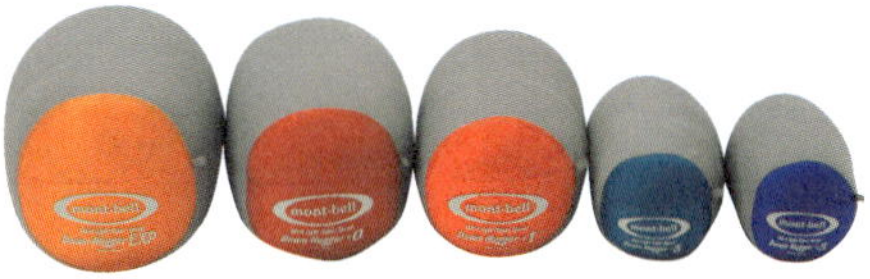

保温力の差によって、収納時の大きさも当然変わってくる。いちばん暖かいEXPと＃5では、体積の差が6倍以上になる

ポイントはフードと足元。この部分には防水性と通気性を備えたパーテックス素材を使い、テント内の結露でとくに濡れやすいそれらふたつの箇所の浸水を防いでいる

超撥水性と高透湿性を同時に実現した素材がドライロフト。文字通り、寝袋の表面や内部をドライに保ち、長期間の山行で使っていても快適性は変わりにくい

ポリウレタンにコーティングを施し、防水性と透湿性を高い次元で両立させたオーロラテックス素材。保温性を落とす寝袋内部の湿り気を排し、機能をいつまでも持続する

/// Point /// サイズのセレクト

寝袋の保温性を最大限に発揮するためには、内部のデッドスペースは少ないほうがいい。身長が低い人は足元の空間が余りがちだが、これでは余分な空気が多くなり、寝袋内部が暖まりにくい。

意外と知られていないが、一部の寝袋にはサイズ展開があり、女性の身長に合わせたショートタイプや子ども向けモデルも販売されている。ふたりいっしょに眠れる横幅が広いタイプもメンバー構成によっては使える。

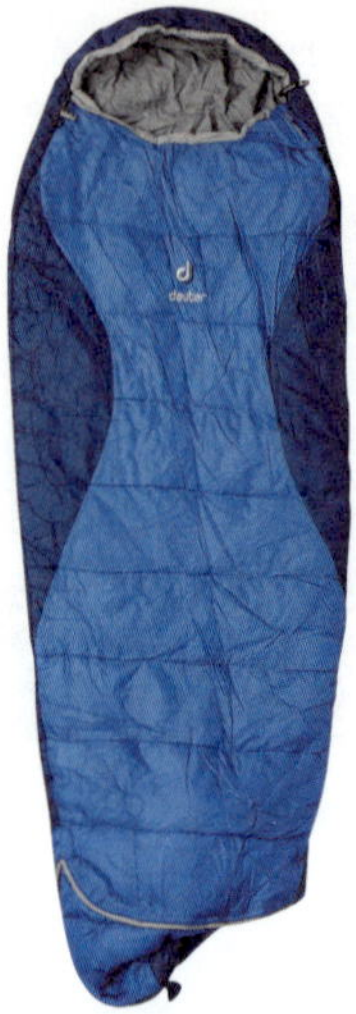

足元にファスナーがある子ども用のモデル。成長に応じて長さを2段階に変えられるが、内部に折りたたんでいる際には、中綿の厚みが倍増し、足元の保温力が増すという利点も

左がレギュラータイプ（全長207㎝）、右がショートタイプ（全長197㎝）。わずか10㎝の差だが、これが寝袋の保温力を大きく変える。ちなみに肩幅はどちらも79㎝と同じだ

女性用に作られたショートタイプ。とはいえ海外メーカーのものなので、165㎝程度の身長でも使える。足元には多めにダウンを封入し、足先が冷えやすい女性に配慮している

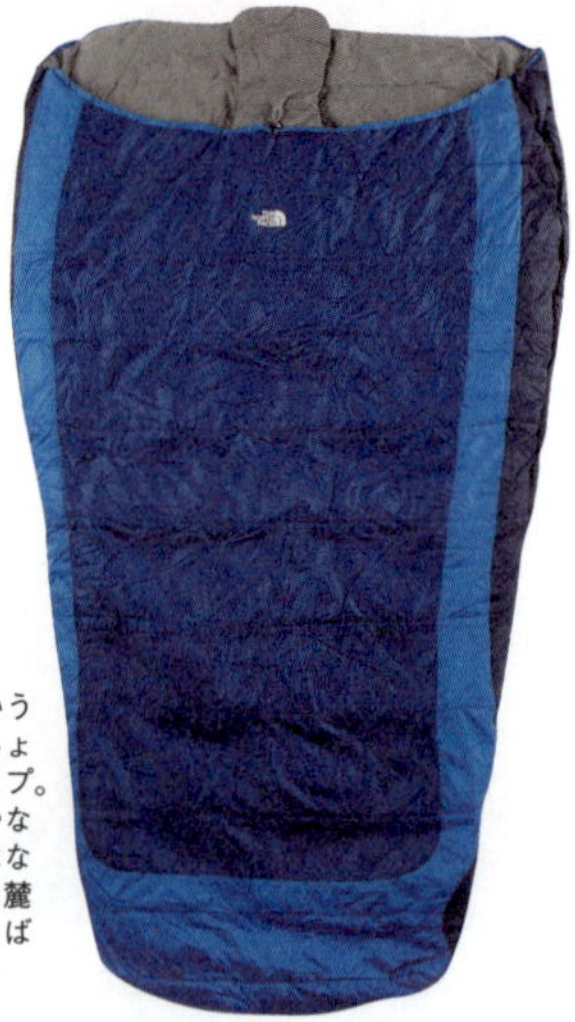

カップル向けともいうべきふたりでいっしょに入れるビッグタイプ。化繊を使っていてかなり重いが、縦走ではなくベースキャンプを麓に作っての登山ならば充分に使えるだろう

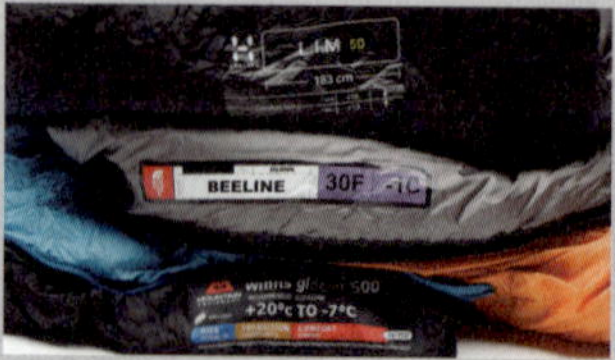

/// Column /// 使用温度帯

「使用温度帯」は、“ヨーロピアン・ノーム”など日米欧でいくつかの基準が混在している。メーカー各社で大きな違いがあるので、それぞれの製品性能を店頭で確認してから購入しよう。日本で多いのは「快適温度」「限界温度」といった表記だ。前者は薄着でも安眠できる温度であり、後者はその寝袋に適した季節に持参していくと想定されるウェア（夏なら薄手のフリース、冬なら厚手のダウンなど）をたっぷりと着込んだうえでなんとか眠れる温度であると考えるとよい。

4

/// Know-how ///

＝使用法＝使い心地を左右する多様なアイデア

機能的な寝袋を手に入れたら、あとはいかにその性能を発揮させ、長いあいだ快適に使うためのアイデアを身につけたい。他のオプションとの組み合わせや保管方法なども重要だ。

/// Point /// 保温力向上の工夫

簡単な保温力アップの方法は、左の写真のようにいくつかあるが、重要なのは寝袋のロフト（かさばり）をつぶさないこと。中綿はふんわりと膨らんでこそ保温性を発揮するが、ひと工夫加えたつもりで、保温力を損なうことは避けたい。

例えば、寝袋の2枚重ねはシンプルで有効な方法だが、少しでも形状に余裕のあるものを上にすること。ロフトのつぶれを最小限に食い止められ、暖かく眠れる。反対ではあまり暖かくない。

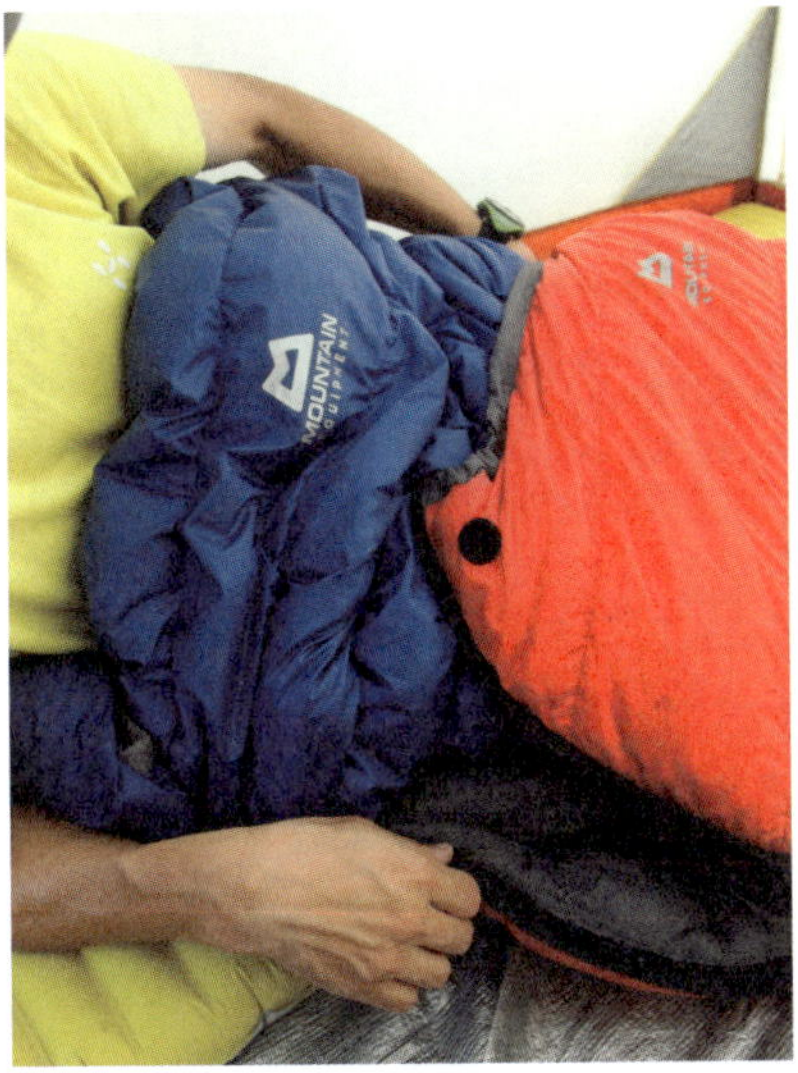

手持ちの寝袋が複数あれば、重ねて使うのも一手。ただし重ねて使うと内部が窮屈になってロフトが落ち、「1＋2＝3」とまでの保温性は発揮できない

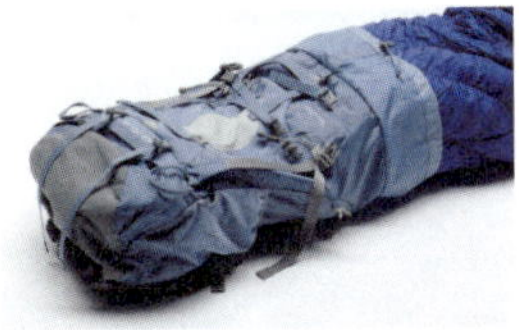

足先をバックパックに入れると保温力が向上。だが幅が狭い小型パックでは寝袋のロフトが落ちて逆効果。中型か大型で

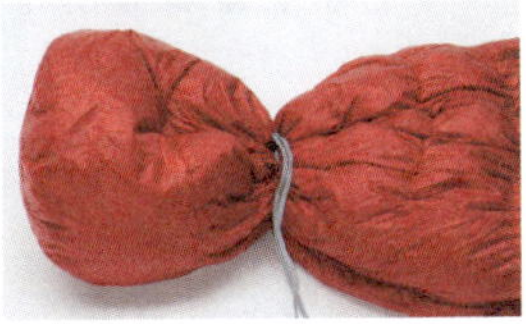

足元が余るほど身長が低い人は、ロープなどで適度な長さに絞ってみよう。無駄な空間がなくなり、暖かさが増すだろう

/// Point /// 保温力向上の工夫

テント内は湿気が多くて結露しやすい環境にあり、外部が冷える夜は内側の壁面がどうしても濡れてくる。この結露した水が寝袋を濡らし、保温性を落としていく。

とくに濡れやすいのは、寝返りを打っているうちにテントに接することが多い足元だ。この部分を保護するだけでも、寝袋の機能はかなり保たれる。大きめのシートをテント内部に敷き、その余剰部分でテントの壁を2重にするのも効果が高い。

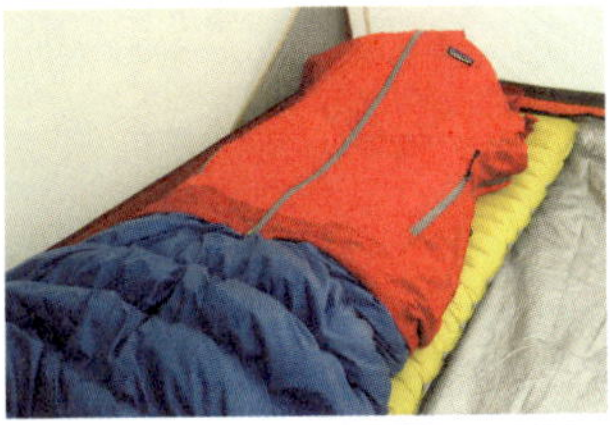

レインウェアのファスナーを閉じ、足先にかぶせる。発想ひとつで、ウェアの透湿防水性は、寝袋でも活かせるわけだ

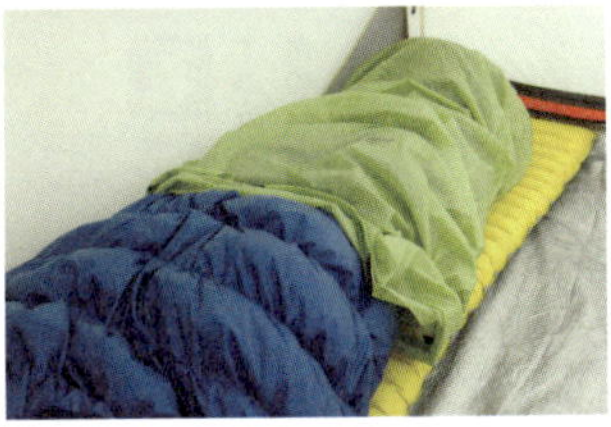

バックパック内で使う大型ドライバッグをカバー代わりに。透湿性はないが大きめなので、隙間から湿気が逃げやすい

バックパックに入れて持ち運ぶ寝袋は、できるだけ軽量でコンパクトなものがいい。自分の寝袋の保温力が足りなければ、まずは寝る前に防寒用ウェアを念入りに着込む。体の熱を放出しやすい頭部はニットキャップなどで覆い、冷えやすい足には暖かなソックスを履くと、それだけで1クラス上の暖かさが得られるはずだ。カバーやシーツを寝袋に加えるのも暖かさを増すひとつの方法であり、バックパックも簡易防寒に利用できる。

昔から寝袋の足元にくしゃくしゃにした新聞紙を入れると保温力が増すといわれているが、これは空気の層を増やすことになり、理にかなった方法だ。とはいえ、山の中にわざわざ新聞紙を持参する人は少ないが、同じ発想でウェア類を足元に押し込んでおくと、かなり暖かい。

また、寝る前にボトルにお

/// Point /// カバーの使用

寝袋の濡れを解決する最大の方法は、専用のカバーを使うこと。透湿防水性が高いものを選ぶことが大切だ。透湿性が劣るものを使うと体から発散された湿気でカバー内部が結露し、効果が薄い。

カバーは暖かさも向上させる。カバー自体に保温力はないが、冷たい空気を遮り、寝袋とのあいだに暖かな空気の層を生む。その結果として、保温性が上昇する。寝袋のロフトをつぶさないゆとりのあるサイズを選ぼう。

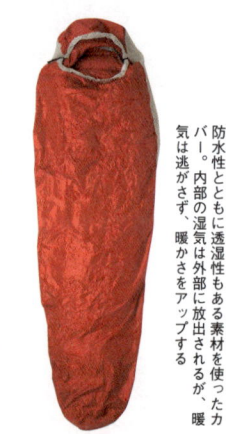

防水性とともに透湿性もある素材を使ったカバー。内部の湿気は外部に放出されるが、暖気は逃がさず、暖かさをアップする

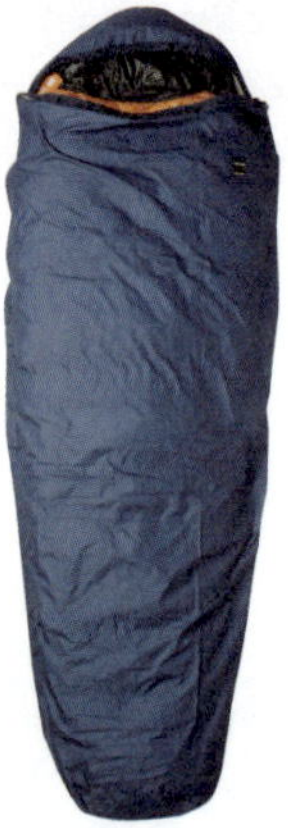

昔から使われてきた、いわゆる「シュラフカバー」。これは幅が広いワイドタイプで、寝袋のロフトをつぶすことがない

/// Point /// +αのシーツ類

余裕があれば、寝袋用のシーツも持っていきたい。体からの湿気を吸収して寝袋のコンディションを保つことに加え、保温力の向上にもつながるだろう。

素材は肌触りのよい化繊やシルクがベター。ウールはかさばりやすく、コットンは汗が乾きにくい。

肌触りがよい化繊を使い、湿り気にも強い軽量なシーツ。暑い時期ならば、寝袋内にはいれず、これだけでも就寝可能だ

/// Point /// 枕との相性

着て寝ないウェアをまとめて枕代わりにする方法が一般的だが、専用の枕があると安眠できる。しかしフード内にある頭は、枕からずれやすいのが難点だ。

枕は大きめを選ぶか、小型のものはフード内へ。ちょっとした使い方で夜の快適さが変わってくる。

寝袋のフードの下に枕を敷く。大きめのタイプは、寝返りを打っても頭から外れにくく、寝心地がよいだろう

小さめの枕は、フード内にイン。寝返りしにくい欠点もあるが、頭からずれない。寝相がよい人はこちらで

湯を入れ、足元に置いておくと湯たんぽ代わりになる。朝には冷えているが、寝袋内部にある以上、一定以下に低くなることはない。冷えてしまったボトルが体温を奪うという人もいるが、それはたんなる錯覚だ。

山中で寝袋のコンディションを落とす大きな原因は、結露による濡れである。濡れやすい足元だけでもガードしておくと、保温力の低下は気にならない程度に抑えられる。ドライバッグやレインウェアなど、使えるものはなんでも使おう。

行動中は寝袋を圧縮して持ち運ぶが、そのままでは中綿がつぶれ、ロフトが復活しにくくなる。テントを張ったらスタッフバッグから取り出してすぐに広げ、ロフトを回復させるとともに、乾燥させたい。自宅に帰ってからの保管時も同様だ。

/// Point /// 収納時のコンプレッション

ダウンの寝袋は、スタッフバッグに押し込んで圧縮するとかなり小さくなる。とくにコンプレッション機能を持つスタッフバッグならば、驚くべきコンパクトさだ。バックパックに収納するときには、この特性を利用し、最小サイズで持ち運びたい。しかし、長時間圧縮をかけたままだと、ダウンが傷んでくる。強い圧縮はパッキング中だけにとどめよう。

寝袋付属のスタッフバッグは大きめのものが多く、より小さく収納するならば他の袋に入れ替えるとよい。防水性のスタッフバッグは一度抜けた空気が戻らず、圧縮しやすい

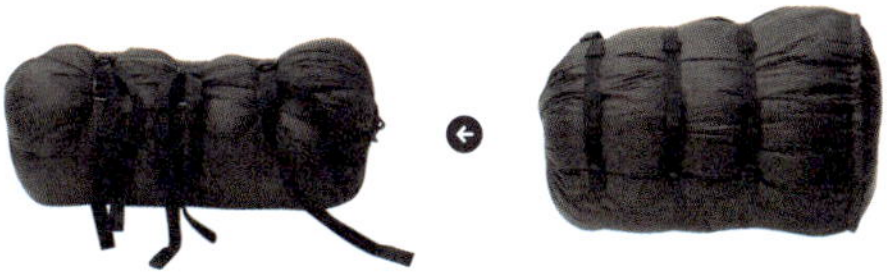

一部の寝袋にはコンプレッション機能を搭載したスタッフバッグを付属するものも。初めから無理に押し込まず、入れてから絞り上げるのが、コンパクトにする秘訣だ

/// Point /// リペアの方法

中綿がダウンの場合、寝袋に穴が空くと羽毛がどんどん外部に噴き出してきて、取り返しがつかない。すばやい応急処置が必要だ。

さまざまなギアの応急処置にも使える布製のガムテープなら貼るだけ。帰宅後、ナイロンのリペアテープで小さな穴もなくなるように修理する。

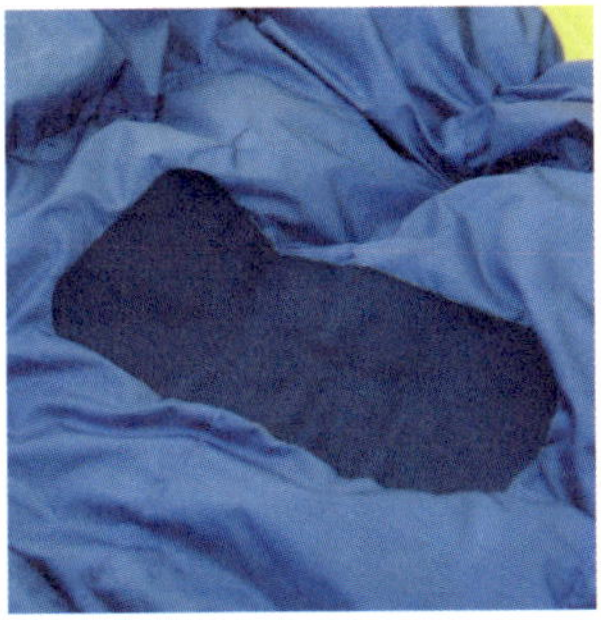

寝袋の表面素材には特殊な加工を施した素材もあり、自分では直しにくいものも。修理はメーカーに依頼すると間違いない

/// Column /// マットとのコンビネーション

寝袋とマットをセットで考えた新発想のスリーピングシステムもある。寝袋の背面に中綿を封入しても体重でロフトがつぶれ、保温力はそれほど上がらないので、背面部分の保温力を完全にマットに託し、一切の中綿を省いているわけだ。左のようなタイプは今後増えるだろう。

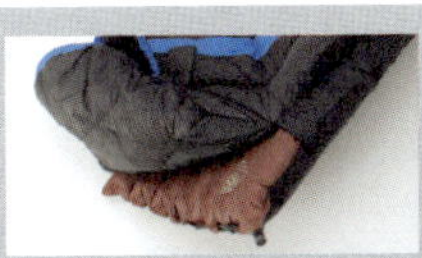

寝袋下のスリットにマットを入れられる構造。寝相の悪い人でもずり落ちることがない。マットの保温性を活かし、寝袋の背中側の中綿は省いて軽量コンパクト化にも努めている

背中側が完全に開いた寝袋を、付属のストラップでマットに固定する仕組みのもの。さまざまなマットと結合できるが、保温力の高いものにしないと背中が冷えてくるので注意しよう

スリーピングバッグを化繊からダウンに代え、再び寒い山へ。

寒さがとにかく苦手だ。僕は寒冷な東北の仙台で育ち、低温には耐性があるはずなのだが、少し寒さを感じるだけで体を動かしたくなくなり、気持ちも落ち込んでいく。

だが行動中は他の人よりも体感温度が高いようで、薄着でもあまり寒くない。しかし目的地に到着して行動を終えると、途端に寒さを感じ、体が震えるのだ。

だから、山では他の人よりも格段に防寒対策を考える。防寒着とともに、その中心となるのはスリーピングバッグだ。いくら気温が低くても、乾いたウェアに着替えて暖かなスリーピングバッグにもぐりこめば、天国の気分。そして、そのままの状態でテントの入り口を開け放ち、周囲の景色を眺める。それが山での至福のときだ。かたわらにコーヒーを置き、好きな本も用意しておくと最高である。

僕は必ず、想定される気温に十二分に対応できる用意を行なう。とはいえ、スリーピングバッグ単体で暖かさをキープしようというのではなく、防寒着を着て、ウールのソックスを履き、それらの総合力で保温性を保つ。暑過ぎるときは、ウエアを脱げばいい。寒くて眠れない夜を過ごすくらいなら、山には行きたくない。

高校時代に山歩きを始めたときに使っていたスリーピングバッグは中綿が化繊で、かさばるのに保温力がいまひとつだった。しかしその分だけ安価だったから、お金に余裕がない高校生は我慢するしかない。

そのスリーピングバッグで東北の残雪の山にも登った。スリーピングバッグに入る前に、お古のカシミアのセーターにウールのシャツを重ね、さらにウールの分厚いセーターを着込んだが、まったく眠れる状態ではない。今考えてみれば、とてもそんな環境で使えるスペックではなかったのだ。次第に体が芯から冷えていき、朝になるのをただ待つしかない。時計で何度、時間を確認したことか。

大学に入り、僕は山をやめた。理由は山の面白さよりも、つらい記憶が勝っていたからだ。もう、あんなに寒い思いは嫌だった。

結局、自然の中に入り込みたいという気持ちは抑えられず、再び山に行くようになった。ただし、雪がある寒い時期は、やはり行きたくなかった。

だが、少し後に暖かなスリーピングバッグをやっと手に入れた。軽くてコンパクトなのに、寒くない！ダウンのスリーピングバッグが、こんなに優れたものだったとは知らなかった。

それから僕の山歩きは、雪の時期も行なわれるようになった。暖かいスリーピングバッグを手に入れていなかったら、長い間、夏しか山には行かなかったかもしれない。暖かいということは、本当に偉大なことなのである。

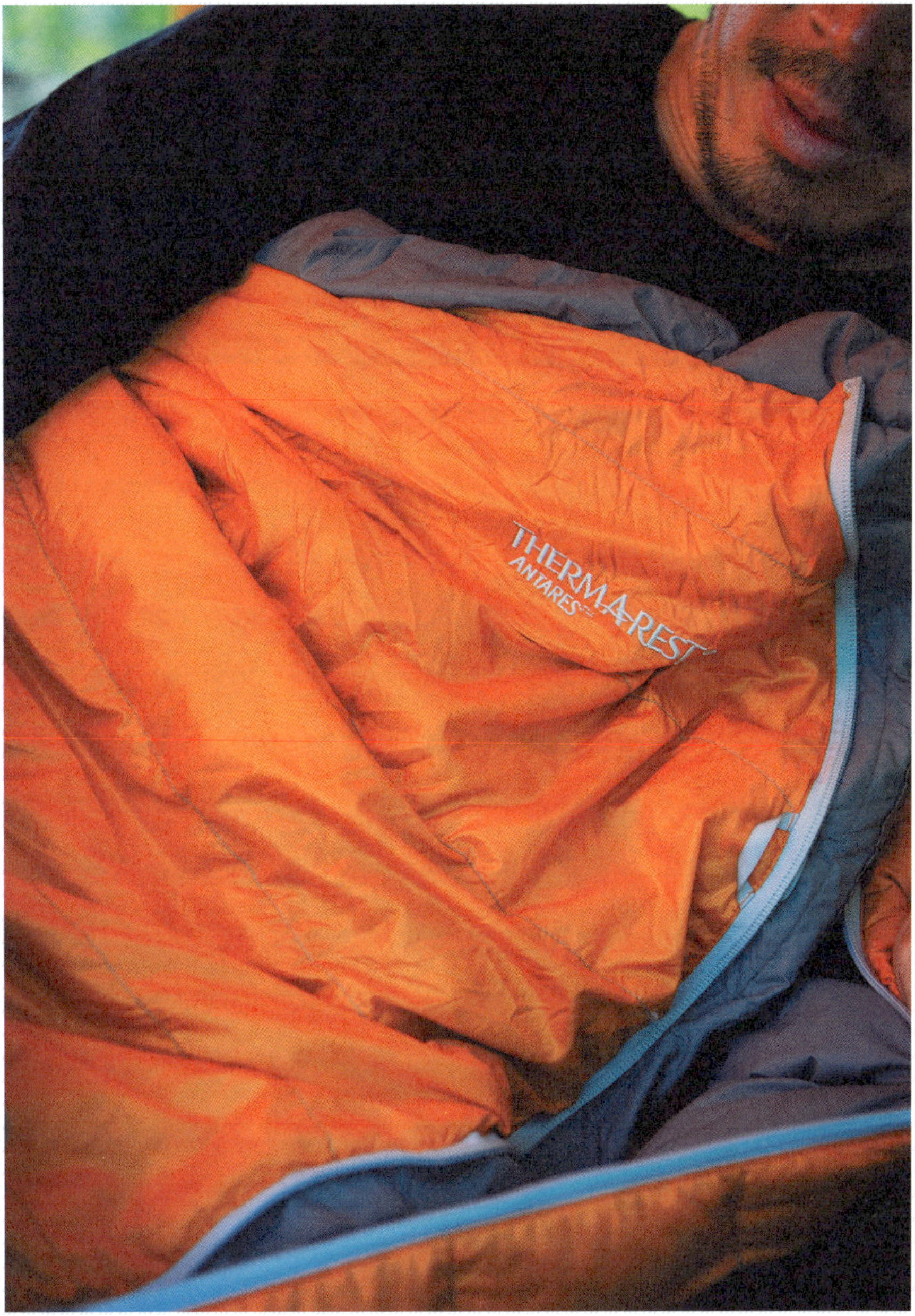
THERMAREST
ANTARES

ファーストエイド&エマージェンシーキット

**山中では、いつ緊急事態が起こるかわからない。
使わずにすむことに越したことはないが、
トラブルに備えて用意しておきたい2つのキット。**

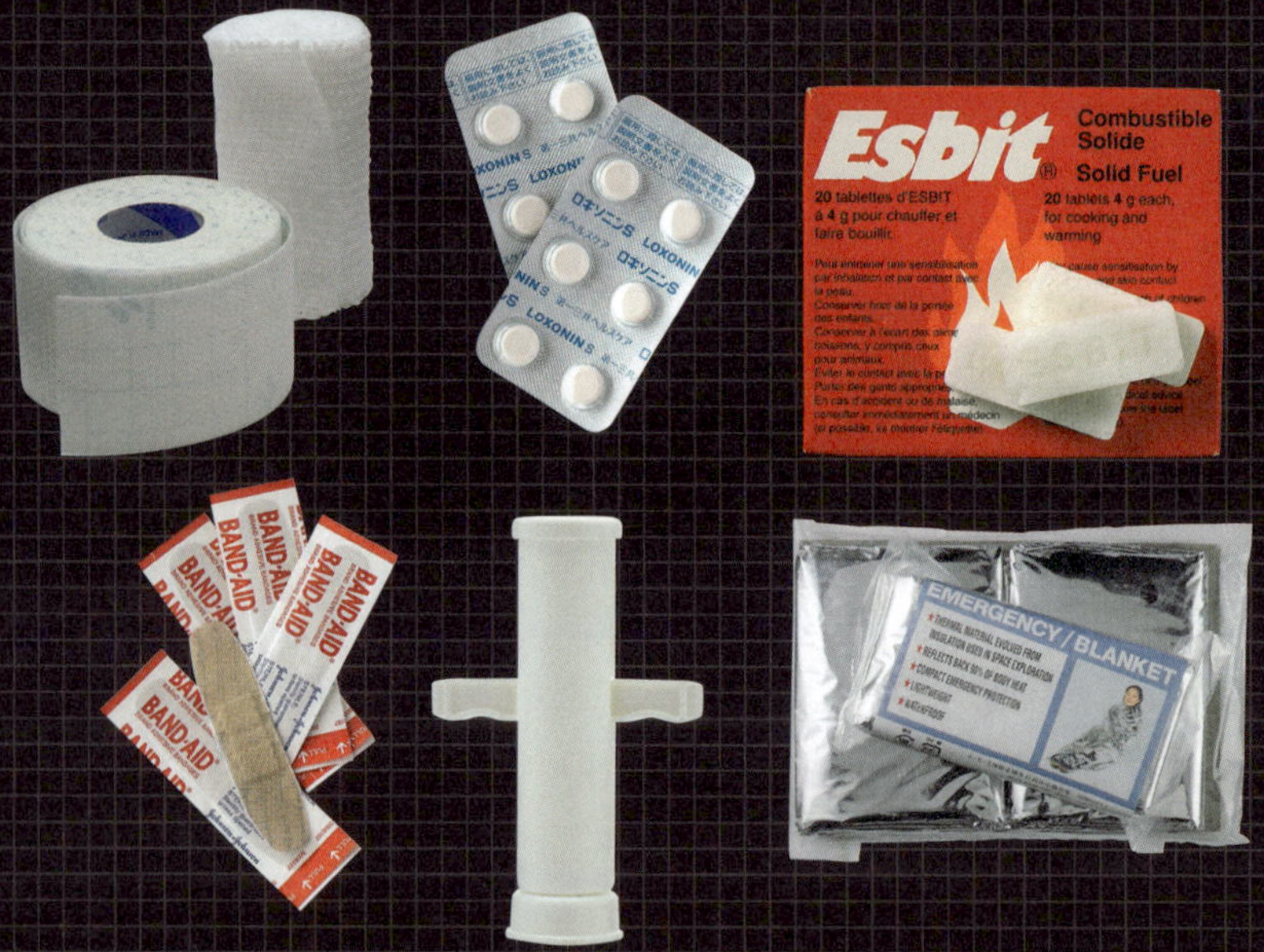

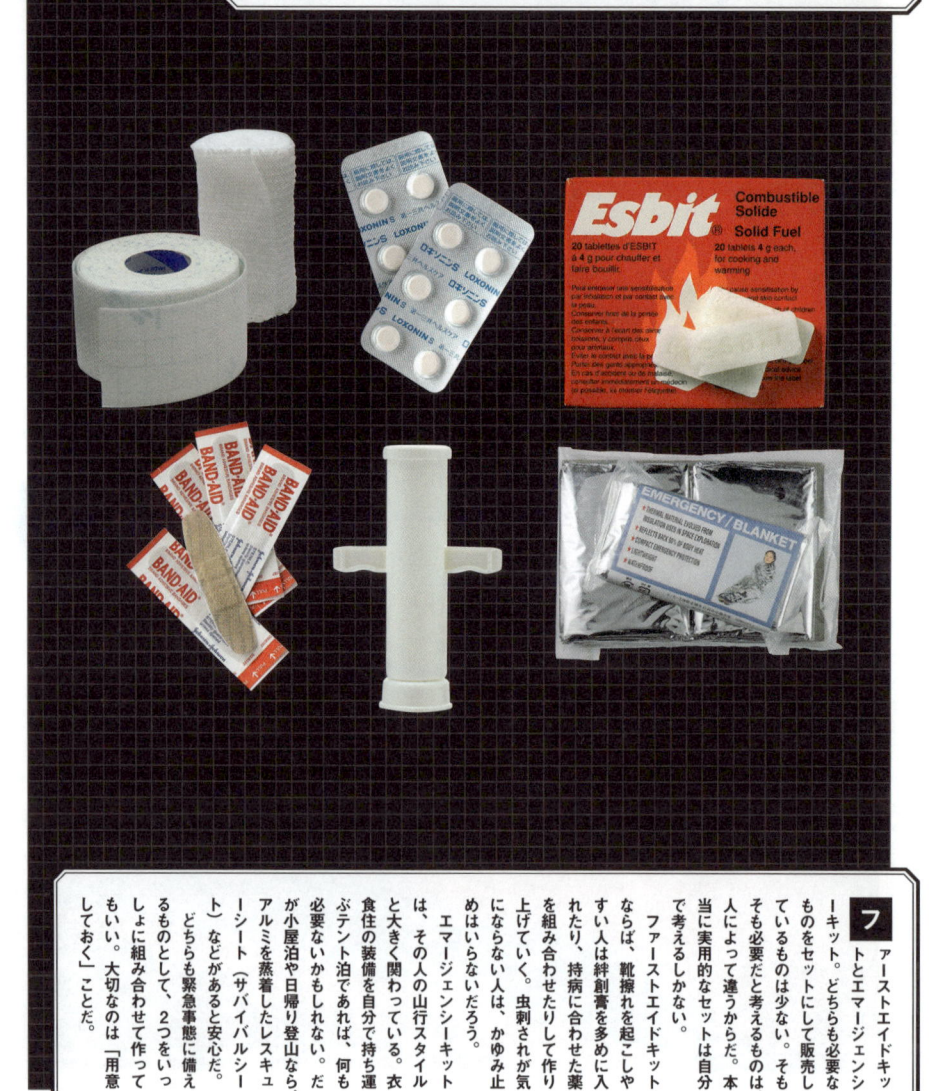

ファーストエイドキットとエマージェンシーキット。どちらも必要なものをセットにして販売しているものは少ない。そもそも必要だと考えるものは、人によって違うからだ。本当に実用的なセットは自分で考えるしかない。

　ファーストエイドキットならば、靴擦れを起こしやすい人は絆創膏を多めに入れたり、持病に合わせた薬を組み合わせたりして作り上げていく。虫刺されが気にならない人は、かゆみ止めはいらないだろう。

　エマージェンシーキットは、その人の山行スタイルと大きく関わっている。衣食住の装備を自分で持ち運ぶテント泊であれば、何も必要ないかもしれない。だが小屋泊や日帰り登山なら、アルミを蒸着したレスキューシート（サバイバルシート）などがあると安心だ。

　どちらも緊急事態に備えるものとして、2つをいっしょに組み合わせて作ってもいい。大切なのは「用意しておく」ことだ。

/// Part.4 ///

SLEEPING MAT

[スリーピングマット]

硬い地面でも凹凸を
感じさせず、
雪上では冷気もシャットアウト。
安眠に欠かせない山岳ギアが、
スリーピングマットだ。
外見はどれも同じように見えるが、
その構造には多種の工夫が
秘められている。

1

/// Category ///

= 分類 =

長所が異なる3つのタイプ

マットの弾力は素材自体だけではなく、注入する空気の量や内部構造によっても大きく変わる。現在の主流は、これらの3種だ。

山岳用のスリーピングマットは形状や厚み、サイズなどにさまざまなバリエーションを持つ。だが、タイプを分ける最大の違いは、クッション性をもたらすそれぞれの仕組みだ。

もっともシンプルなタイプは、弾力性が強いウレタンなどの発泡素材を使ったロールマット。いくぶん難しい言い方をすれば、「クローズド・セル」マットだ。後述する他のタイプとは異なり、内部に空気を入れる必要がなく、広げればそのまま使うことができる。

反対に、弾力性を持たせるために大量の空気を入れなければ使えないのが、「エア注入式」のマットだ。内部は過度の膨張を押さえ、フラットな形状に仕立てるために、

/// Point ///

エア注入式

内部は空洞で、空気を吹き入れて膨張させるタイプ。薄い表面素材の重量だけなので、面積と厚みのわりに軽量だ。冷気の遮断効果は低いが、対策として内部に中綿や熱反射板を封入したタイプもある。

- 使用素材が少ないため、装備の軽量化が可能
- 内部の空気量が多く、マット自体が暖まりにくい
- 厚みのあるタイプが多く、寝心地がよい

いくつかの壁で仕切られている。厚みのあるモデルが多く、寝心地はよい。

現代の主流は、スポンジなどの柔らかいフォーム材を適度に内部に入れつつ、さらに少量の空気を注入するタイプだ。フォーム材の反発力がポンプ的な役割を果たし、バルブを緩めると空気が勝手に入るため、「自動膨張式」と呼ばれる。なお、自動膨張といえども完全に膨らむわけではなく、最終的には少量の息を吹き込み、内部圧力を高める必要がある。

これら3つのタイプは一長一短だ。その特徴をあげると、保温力と簡便性ではクローズド・セル、自動膨張式、エア注入式の順。クッション性と携帯時のコンパクトさは、ちょうどその反対の順番になる。どの点からもバランスがよく、多くのシチュエーションに対応する自動膨張式が人気であるのも道理だ。

/// Point ///

自動膨張式

内部には弾力があるクッション性のフォーム。圧縮した状態からバルブを開けると、その反発力によって自動的に空気がマット内部へ入る仕組みだ。現在の主流でバリエーションが豊富。

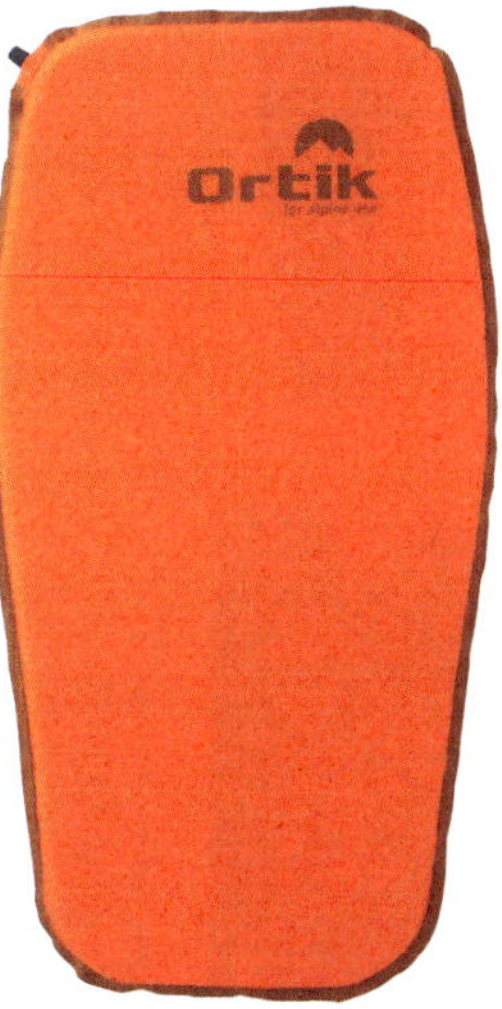

- 大部分の空気が自動的に入るので、使用が簡単
- 空気が抜けても最低限度のクッション性を保つ
- 各種タイプが揃い、さまざまな種類から選べる

/// Point ///

クローズド・セル

写真のものは折りたたみ式だが、一般には「ロールマット」ともいわれる丸めて収納可能な1枚板のようなマット。断熱素材のみで内部に空気は入っていないが、保温力は高い。

- 冷却されやすい空気を使わず、保温性が高い
- 圧縮して小さくできず、かさばってしまう
- 作りが簡単なので、値段は比較的安価

2

/// Function ///

＝機能＝ 快適睡眠を導くアイデア

熟睡は翌日の安全度を高め、気持ちよい登山をするための必須条件。そのためのキーになるマットには、保温性や弾力性などを生かすさりげない工夫が秘められている。

温暖な時期は、クッション性さえ高ければ、どんなマットでもそれなりの寝心地が得られる。だが、春や秋の寒い山では、保温力こそが大切だ。人間は多少デコボコした場所でも眠れないわけではないが、地面からの冷気を遮断しなければ、体が冷えてほとんど眠ることはできない。

　マットの保温力には誤解がある。マットは厚ければ厚いほど断熱性が高いと思っている人は多いが、それは内部にフォーム材が入っている自動膨張式のマットか、クローズド・セルのマットだけである。もっともボリューム感があるエア注入式マットはむしろ反対で、厚みがあるものほど体が冷える。簡単にいえば、内部の大量の空気は体温だけでは温まりきらな

/// Point /// 保温のための工夫

夏場は気づきにくいが、弾力性とともにマットが担う重要事項が保温力だ。エア注入式が寒い時期に向かないのは、内部で対流する空気量が多すぎ、体温で暖まりにくいから。フォーム材のために空気が対流しにくく、空気量自体も少ない自動膨張式はエア注入式より寒くない。さらに暖気をコントロールする特殊構造を持つものは高い保温性を実現する。

工夫の例

マット表面には体温を反射して保温力を高めるシルバーのシートをラミネート。水分を弾く効果もあり、濡れても拭けばOK

一方のバルブは上面、もう一方は下面を膨らますもの。内部では薄いフィルムの壁が上下を分け、下からの冷気を遮断する

エア注入式だが、内部に薄いプリマロフト（化繊の中綿）と薄手のフォームを入れたタイプ。少々重くなるが暖かい

スリーピングマットには、内部にダウンを封入したものもある。量は少なくても、保温力はかなり上昇する

いからだ。むしろ、夏には涼しく眠れるタイプである。

　とはいえ、最近ではその断熱性が低いという弱点を克服したモデルも登場している。内部に化繊の中綿やダウンを封入し、あたかも防寒着やスリーピングバッグのように保温性を高めたものだ。また内部を数層に仕切り、空気の対流を抑える構造のモデルも数を増やしている。いちばん下の層の空気は地面の冷たさで温度が低くなるが、反対にいちばん上の層の空気は体温で温まる。だが、それらの空気は内部の薄い壁で仕切られているので、混じり合わない。だからエア注入式マットでも保温力が生まれるのだ。従来のエア注入式マットならば断熱性が低いことに間違いはないが、実際には内部構造まで考えてみないと、本当の保温力はわからない。エア注入式は、従来のタイプと最新のタイプを区別して考えなければ、機能性を比較できないのだ。

/// Point /// 快適性をつかさどる内部構造

全体が弾力のある断熱材でできているクローズド・セル以外は、マット内部は空洞。その空洞部にフォームを入れた自動膨張式は、フォームが厚いほど弾力があって快適ではあるが、一方で重量が増す。自分で荷物を持ち運ぶ山岳用としては軽量化も大切なので、フォームから適度な肉抜きを行なっているものがよいだろう。エア注入式は基本的に空気のみなので冷たさを感じやすいが、近年は隔壁を作ったり、わずかな中綿を入れて保温性を向上させたものが、続々登場している。

内部構造の例

空気量が多いエア注入式は内部で対流が起こり、空気が体温で暖まらない。しかし、内部に細かい隔壁を作ることで対流を最小限にしたものも

ポリウレタンのフォームから肉を丸く抜き、軽量化。クッション性は少々落ちるが、寝心地が悪くなるほどではないという絶妙さだ

かなり大きめにフォームを削って軽量化を行なっているタイプ。だが、表面生地の張力とのバランスで、デコボコした感覚や過度の体の沈みこみを感じさせない

フォームに肉抜きの穴を空けるのではなく、内部のスポンジ自体を軽量なものに変え、軽量化を実現。これによって、マット全面が均一のクッション性を持つ

/// Point /// 表面素材の各種処理

マット表面の生地は、強靭な厚手のものだと穴が空きにくいが、程度が過ぎると重くなり、収納もしにくい。ハードな環境で使うことが多い人以外は薄い生地のタイプを使うのが現実的だ。またマットだけでなく、その上で使う寝袋も表面素材は化学繊維。化繊同士は滑りやすいので、寝相が悪い人は滑り止め加工を施しているものがよい。

穴が空きにくい強靭な素材にドット状の滑り止めをつけたもの。テントのフロアにマットが固定される

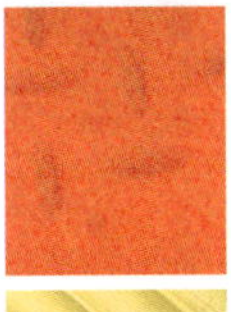

表面に無数の滑り止めを点状に配置した素材。寝ているうちに寝袋がサイドにズレていくのを抑える

手に吸い付くような肌触りの表面素材。斜面で寝ていても、体がサイドにズレていかない

/// Point /// 使いやすいバルブの形状

厚みのある自動膨張式、そしてエア注入式の場合、空気の出し入れには予想以上の体力を使う。口径が大きいバルブほどラクに空気を吹き込めるが、ふくらんでもすばやく閉じなければ、空気が抜けてしまう。その点の改良も進みつつある。

もっとも多いタイプ。空気を入れてから舌でバルブの上の穴を押さえ、漏れを抑えながら閉める

注入後にバルブを押し、半回転させると閉じられるもの。抜くときは反対に半回転させて引く

バルブを上下2つに分けてあり、別々に回転。注入口を押さえたまま確実にバルブを閉められる

3

/// Select ///

=選択法= 重要な3大要素「長さ」「形」「厚み」

マットのセレクトの重要点は、自分の身長と体型に充分なサイズ。寝心地アップのためには、フォルムと厚みも検討すべき要点だ。

不必要なもの・不必要な部分はできるだけ省きたいのが、山岳用ギアだ。マットでいえば、寝袋に入れた体の面積をカバーできるサイズ(「長さ」と「形状」)、安眠を妨げないほどの「厚み」があれば充分ということになる。

サイズは多くのメーカーで、レギュラーとショートタイプを用意している。身長に合わせて選べることはいうまでもないが、使い方によってもセレクトを検討できる。

例えば、それほどクッション性や保温性がなくても眠れる足元の部分はマットなしで眠るという考え方や、ウエアなどを敷き詰めてマット代わりにする方法を取れば、平均的な身長の人でもショートタイプを使える。

形状は長方形型がメイン

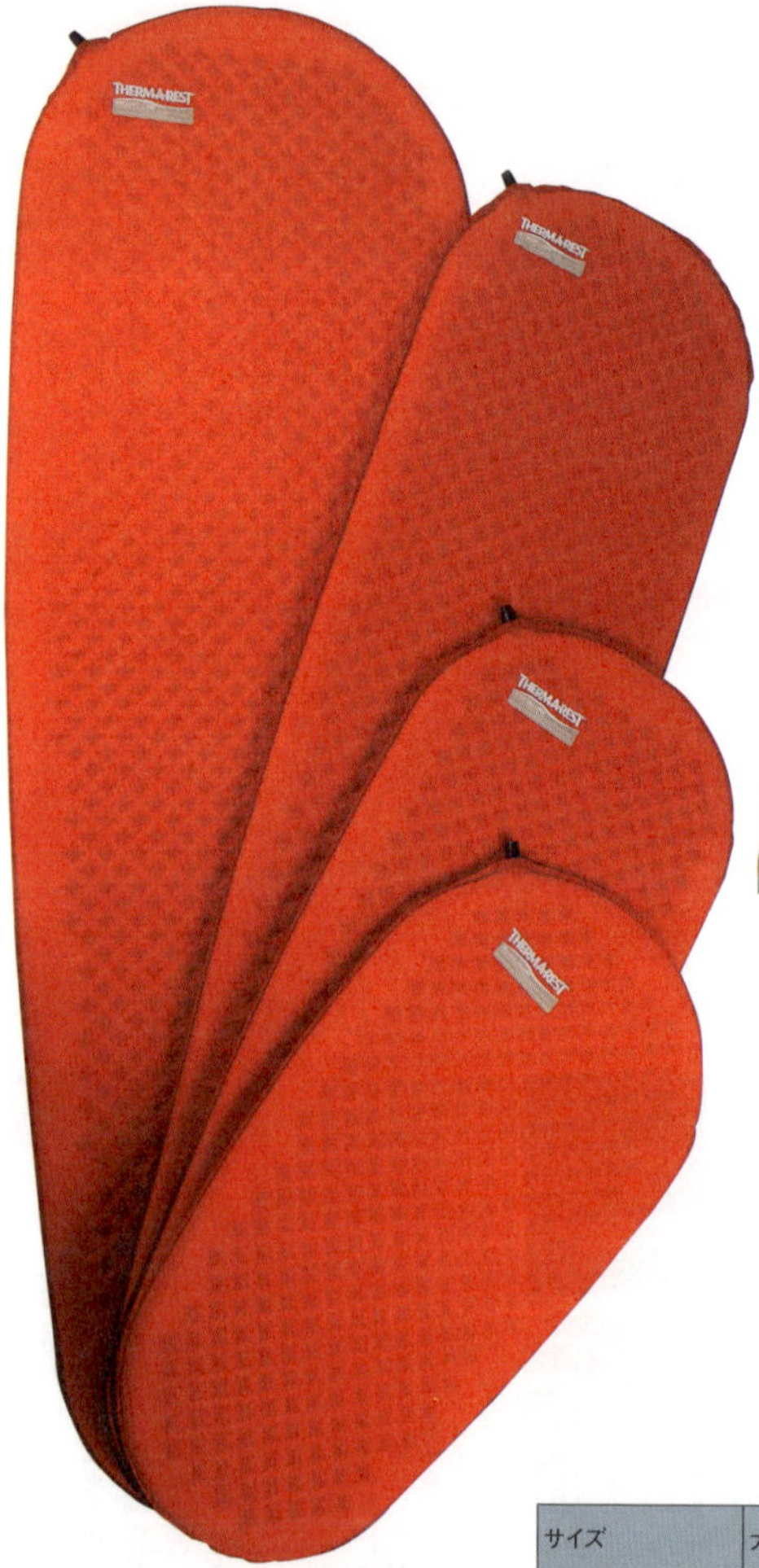

サイズ展開が豊富なサーマレスト社のプロライトシリーズ。厚みはどれも2.5㎝だが、下の表のように、大きさに比例して重量と収納サイズが増える。例外は女性用。小型なのに通常のレギュラーサイズと同じ重量だが、その分だけ保温力を増している

右がラージサイズ、左がエクストラショートサイズ。空気を抜いて圧縮した収納時の大きさを比較すると、これだけ違う。大きいほうが寝心地はよいが、工夫次第でカバーできる

サイズ	大きさ	重量	収納サイズ(長さ×直径)
エクストラスモール	51×91cm	230g	28×9cm
スモール	51×119cm	310g	28×9cm
レギュラー	51×183cm	480g	28×10cm
ラージ	63×196cm	640g	33×11cm
ウィメンズ	51×168cm	480g	28×10cm

だが、使用時に面積が余りがちな頭部と足元をシェイプしたマミー型も増えている。寝返りを打つと体がマット外にはみ出しやすいが、軽量コンパクトを目指す人は選択肢に入れるとよいだろう。

厚みのチョイスはなかなか難しい。温暖な時期は従来のエア注入式の厚みとクッション性がいちばんだが、空気を入れるのにはかなりの肺活量が必要で、思わぬ体力を奪われる。反面、雪上では暖かさを感じられず、よほど寒さに強い人でなければ凍えてしまうだろう。断熱材の塊ともいえるクローズド・セルマットは暖かいが、薄いものでもエアマットに比べれば2〜3倍以上にかさばる。自動膨張式は内部のフォームの性質に左右されるが、通常は厚みがあるもののほうが保温性は高い。

自分に必要な保温性、弾力性、軽量性はどれほどのものか？　これらの3要素を中心に、よく考えよう。

/// Point /// 好みで選ぶ“形”

軽量さを考えれば、面積が少ないマミー型、セミレクタングラー型、レクタングラー（長方形）型の順。マミー型は軽量コンパクトさを追求する人向けだ。しかし、シェイプされたマミー型マットの上から、一晩中足をはみ出させないで眠れるほど寝相がよい人はあまりいない。少々の快適さと引き換えての軽量性であるわけだ。快適に眠りたいならば、やはり長方形型。とくに冬や雪上、テント内が湿っているときには、この若干の余裕によって寒気を感じにくくなる。

とはいえ、どのタイプでも幅は広い部分でせいぜい50〜55㎝が大半。肩幅＋数㎝程度しかなく、成人にはギリギリの大きさだが、重量の増大を避けるためには仕方ないだろう。

チューブ型

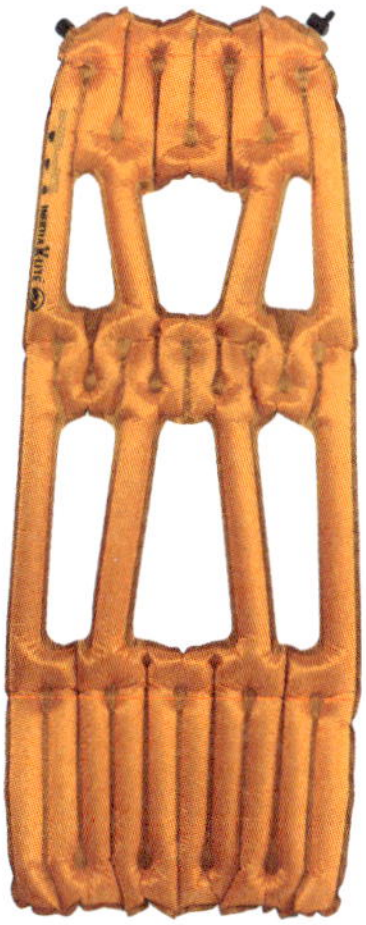

変り種としてあげられるのが、こんなチューブ型。断熱性はほとんど考慮せず、軽量化のみを追求した形状になっている

マミー型

最低限のスペースに面積をそぎ落としたタイプ。長方形型よりも軽量化は進んでいるが、体がマットから落ちやすい面も

セミレクタングラー型

長方形型とマミー型の中間タイプで、上半身よりも下半身部分がスマートに。その分だけ軽量化を実現している

レクタングラー（長方形）型

いちばん一般的なタイプ。他のタイプと比べると若干重いが、頭部と足元に余裕があり、いつでもリラックスして眠れる

/// Point /// 携行時のコンパクトさ

コンパクトなマットは、パッキングをラクにする。多少大きくても、自動膨張式とエア注入式はバックパック内に収まるが、問題はかさばるクローズド・セル。外付けが一般的だが、不用意に取り付けると周囲の岩や枝に引っかかり、トラブルの原因になる。

サイズや厚みで変わる、自動膨張式とエア注入式の収納サイズ。コンパクトさ、重量、快適さ、重視する点は人それぞれ

どうしてもかさばるクローズド・セルのマット。低価格でいて暖かさは間違いないが、この問題だけは解決しようがない

/// Point ///

寝心地を左右する"厚み"

保温力は、タイプによって大きく異なる。クローズド・セルと自動膨張式は基本的に厚みがあるほうが暖かい。反面、内部にそれほど工夫がないシンプルなエア注入式は、厚みとはほぼ関係がなく、冬は常に冷たく感じる。暖かい時期の使用に限定したほうがよいだろう。だが、最新のエア注入式ならば、保温力が高く、話は別だ。

　どのタイプであってもマットの厚みは、クッション性の良し悪しに直結する。当然分厚いほうが地面の凹凸を打ち消してくれて寝心地はよく、とがった岩に接しても弾力性が強いので破損しにくい。

　いずれにせよ、厚みのあるものが快適だ。あとは重量との相談になる。

サーマレスト社のクローズド・セル（上／2cm）、自動膨張式（中央／2.5cm、3.8cm）、エア注入式（下／6.3cm）の厚みの違い。このなかでもっとも暖かいのは、中厚の自動膨張式（グリーン）だ

左右に中央部分よりも厚いエアチューブを配したモデル。体のズリ落ちを防止する

どちらも同じメーカーで、フォーム材が内蔵されたエアーマットレスということも変わりないが、グレーの厚みは2.5cm、グリーンは3.8cm。通常は薄いタイプで充分だが、凹凸の多い場所や寒冷な時期は、厚みのあるモデルが力を発揮する

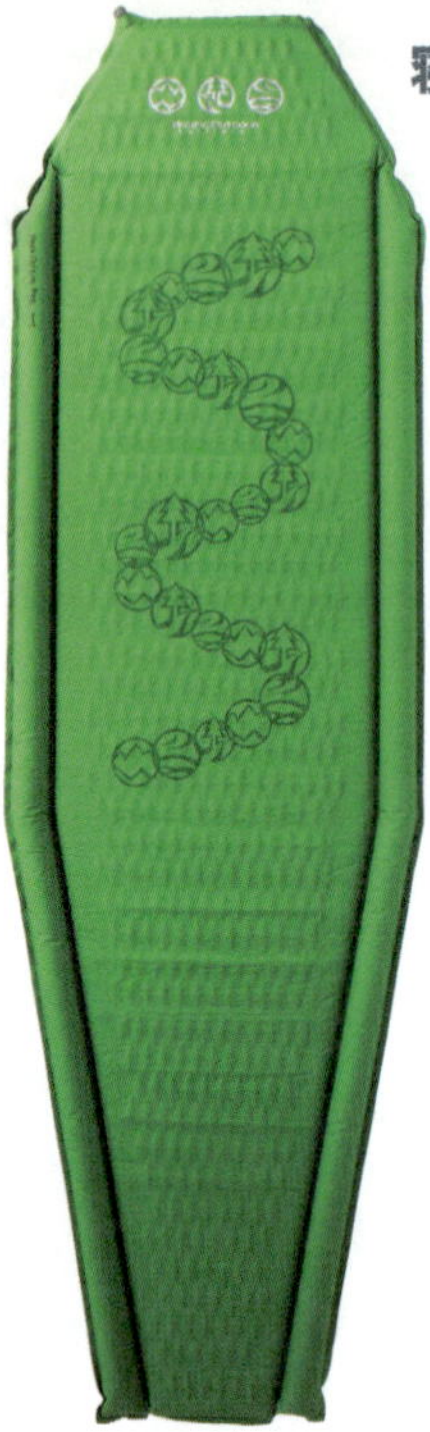

/// Point ///

ポンプ付き

最近のエア注入式マットには、ポンプが内蔵されたモデルが増えてきている。軽量なフォーム材の弾力性を利用した構造で、ポンプがついてもそれほど重さがプラスされるわけではなく、なかなか優れたシステムである。

　使用方法は足で踏んだり、手で押したり。息を吹き込むよりも、体力を使わず、すばやく膨らむ。

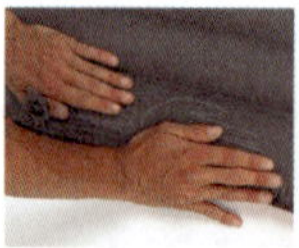

ポンプの場所はマットのサイド。内部のポンプは自動でふくらむので、その後に注入孔をふさいで手で押せば、空気が入っていく

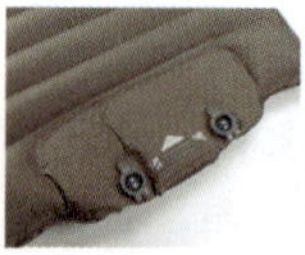

マットの裏側につけられたポンプ部分。足で踏みつけることで、少しずつ空気が入っていく。力を使わずに済み、かなりラクができる

/// Column ///

女性用という視点

内部フォームのパターンを変え、冷えやすい腰元を重点的に保温。重量は少々重くなるが、うれしい配慮だ

女性の体は男性よりも冷えやすい。そこで女性用として保温性を考慮して開発されたものも発売されている。サイズも女性に合わせて、少々短めだ。短くした分だけ断熱性のフォームの肉抜きする量を減らし、重量を相殺しているわけである。もちろん寒がりの男性にも効果がある有用なタイプだ。

4

/// Know-how ///

＝使用法＝ 使い勝手を左右するいくつかの＋α

手持ちのマットを最大限に利用するためには、他のグッズを含めたシステム化が1つの手だ。クッション性と保温性を兼ねた方法を自分なりに考案してもおもしろい。

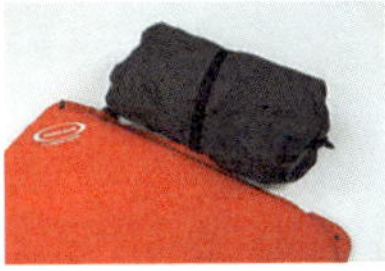

スタッフバッグにウエアを入れて枕を作り、マット付属のストラップを利用してズレないように固定。短いマットに長さを足す効果もある

基本となるマット。写真のものは長さ150㎝だが、このシリーズには、30～180㎝まで計5種類が揃っていて、多様な組み合わせができる

マットの頭部側にピロー、足元側に薄いパッドを組み合わせたシステムの一例。これで2m以上の長さとなり、かなりの高身長でもカバーできる。無論、ピローやパッドを使わず、マットをより小さなものにすれば、さまざまな身長に対応可能になるわけである

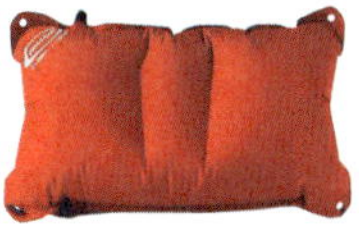

空気を入れてふくらませる枕。四隅にトグルと穴が付けられていて、マットやパッドと連結できる仕組み

同様にトグルと穴が設けられたパッド。収納時には折りたたむだけで、取り出せばすぐに座布団代わりにも

/// Point /// 効率的な空気注入

分厚いマットほど、空気の注入は体力勝負だ。だが、これをラクにする“袋”も販売されている。一端をマットのノズルに取り付けてから膨らませた袋を押し、圧縮した空気をポンプのように送り込む仕組みである。この袋は防水性スタッフバッグとしても使え、非常に便利な存在だ。

メーカー純正のマットのノズルに、袋のホール部分をはめる付属スタッフバッグ。空気の漏れがない

ノズルには伸縮性のコードで取り付ける単純さ。しかし、このシンプルさのために他メーカのマットにも使える

身長分の長さのあるマットは、やはり寝心地がよい。だが他のものとの組み合わせれば、自分の身長よりも短いものも充分に使える。バックパック背面のパッドを利用して長さを継ぎ足すのはよく知られた方法で、たたんだレインウェア内に他のウエアを入れてテント内に敷いてもよい。クッション性と保温性がある代用品を併用すれば、短いマットで荷物の軽量化ができるだろう。

そんなアイデアのヒントになるのが、前のページの写真。モンベルの「U.L.コンフォートシステム」だ。

このシリーズを買い揃えれば簡単だが、同様の考え方を応用すれば、厚みのある枕を手持ちのウェアで作ってマット外に置き、短いマットで済ませるという方法も想像できる。足元のパッドの延長は、先に書いたようにバックパックの背面パッドでも

/// Point /// バックパックとのコンビ

バックパックの背面にはパッドがあり、マットとはなにかとおたがいに補完できる関係だ。左の写真のように、短いマットにバックパックのパッドでクッション部分の長さを補充する方法、バックパックの中に丸めたマットを入れて背面パッドとしても利用する方法は代表的な例だ。また、マットの保温性が足りず、夜半に背中から冷えてきたら、バックパックをマットの上に重ねて敷くとよい。寝心地は悪くなるが、想像以上に地面の冷たさを遮断し、なんとか眠れるようになるだろう。

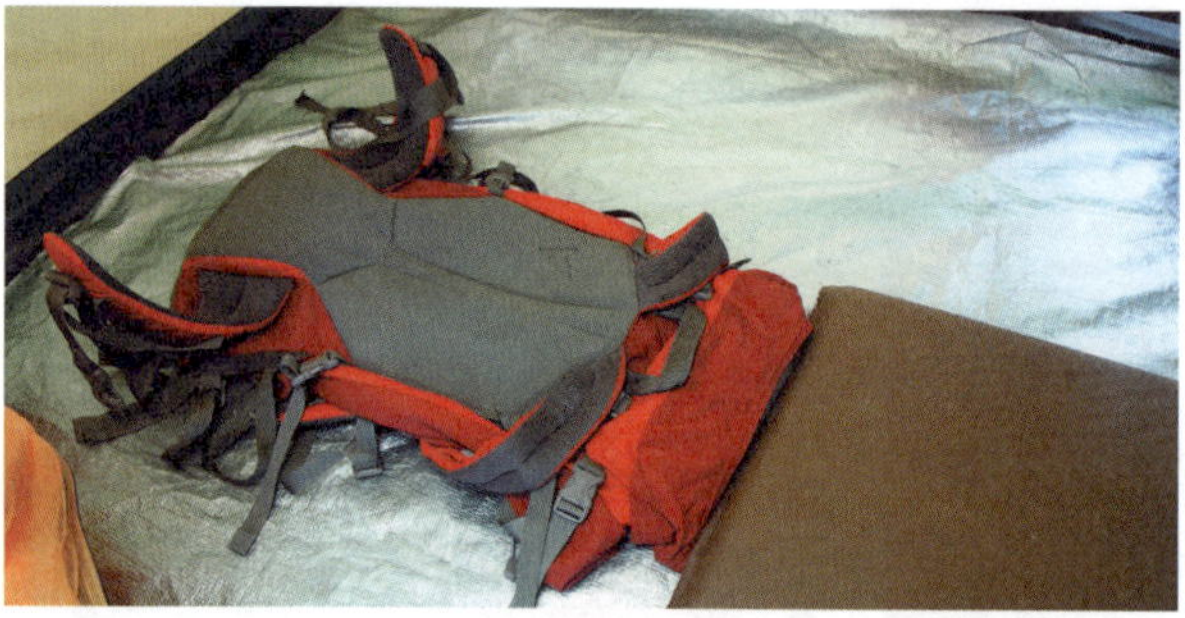

バックパックのパッドを使用して、マットを延長。汗や雨で濡れているときは、水をあまり含んでいないフロント側を上に

パッドが薄い超軽量仕様のバックパックには、丸めたマットを内部に入れると背中のクッション性が増す。よく知られた方法だ

応用可能だ。小型バックパックの背面を合わせて利用する人は長めのマット、大型を愛用している人はもっと短めのマットでも、睡眠のために必要充分な面積を得られるわけである。

マットは寝袋とのコンビで使うものだ。いくら高機能の寝袋を持っていても、その下に柔らかいマットがないと硬い地面とのあいだで中綿がつぶれ、保温性が充分に発揮できない。また地面の冷気がシャットアウトされず、じかに低温が伝わってくる。寒冷期は断熱材としてのマットの性能を無駄なく発揮させ、寝袋の保温力を生かしたい。

ところで、寒いときにはウエアを着込んでから寝袋に入ることばかり考えがちだ。だがマットの上にウェアを敷くと、マットと寝袋のあいだで低温が遮断され、むしろ暖かくなることも多い。場合によっては試してみてほしい。

/// Point /// 携帯したいリペアキット

構造上、パンク知らずのクローズド・セルは別だが、他のタイプのマットは必ずリペア用のキットを持ち歩こう。エア注入式は空気が抜けるとたんなるシートでしかなく、自動膨張式は内部にフォームが入っているとはいえ、著しく寝心地を損なう。現在はマットの備品として同梱しているメーカーが多い。

修理具は超軽量で作業は簡単。生地を切り取り、補修箇所に接着剤で貼り付けるだけだ

/// Column /// NGな使い方

マットは睡眠時だけではなく、テント周りでリラックスするときにも使いたい。だが本来は鋭利なものや高温にはさらされないテント内で使うものだけに、外部の岩や木のトゲには意外なほど弱いので、注意が必要だ。

外で寛ぐときも、岩の上には置かない。体重をかけるとすぐに穴が空いてしまう

長時間、直射日光に当てていると、内部の空気が膨張し、破裂することも

近くで火を使用すると、熱で溶けたり、引火する恐れが。絶対にやめておこう

/// Column /// イスとしても活用

一度使うと病みつきになる人が続出するのが、マットをイス代わりに使えるようにするチェアスリーブ。細い骨組みだが体をしっかりと支え、ストラップで角度の調整も可能だ。テント内に快適なイスがある野営スタイルが実現し、食事や読書のときにはじつに重宝する。

左は収納時のチェアスリーブ。空気を適度に抜き、折りたたんだマットをホルダー内に入れるだけで立派な座イスになる。弾力性が高く、座り心地がよい

寝心地に限らず、行動中の収納も考え、適材適所のマットを。

山登りを始めた当初、厚いスリーピングマットは持っていなかった。お金に余裕がなく、他のものを優先したからである。

テントの下に敷いていたのは、厚みが3〜4㎜しかない薄いマットのみ。いわゆる銀マットだ。固い土の上では、ないよりはまし、という程度だったが、我慢して使い続けていた。

しかし、その後にロールマットを購入した。表面にアルミの蒸着すらなされていない安価なものだったが、厚みは1㎝ほどもあり、寝心地は格段に向上した。銀マットに比べ、なんと快適なのか。これがあれば山でも熟睡できる。問題はかさばることで、ときどき登山道近くの木の枝に引っかかり、発泡性のウレタン素材は次第にボロボロになっていった。

ウレタンなどの素材を使ったロールマット、折りたたみ式のマットの問題は、かさばることだ。バックパックの中に収納できないこともないが、多くの人は外側に取り付けることになる。

これが非常に危ない。周囲の枝に引っかかって歩きにくいだけならまだしも、体のバランスを崩して転倒や滑落の原因になる。

あるとき、北アルプスの岩場で滑落事故を起こした登山者のバックパックを見た。そこに外付けされていたのが、折りたたみ式のマットで、サイズは45×10×10㎝くらいだろう。

もしかしたら、これが岩に引っかかって滑落したのではないか？ この事故に限らず、僕はこれまでに何度もマットが引っかかって転倒しそうになった登山者を山で見ている。いつ事故が起きても不思議ではない。

この種のマットは、ただ広げるだけで使え、値段も安いなどメリットも多い。また、アメリカなどの海外のトレイルでは、この種のマットを外付けし、気持ちよさそうに歩いているハイカーが多い。その姿に憧れてバックパックにさまざまなものを取り付けて山を歩いている人もいるようだ。

海外のトレイルでは、谷を歩き、峠を越えていくことが多く、稜線を進んでいくコースはそれほど多くはない。トレイルの道幅も広めだ。その点、稜線や尾根沿いにつけられる日本の登山道はかなり特殊だといえるだろう。とくに森林限界を超えた高山は岩ばかりで、道幅も狭い。だから、外付けしたマットが周囲に引っかかりやすいのである。

もちろん日本にもマットを外付けしたままでも安全に歩ける場所はいくらでもある。ただ、岩山では危険な場所も多いということだ。

そのあたりを考えて、難易度が高い登山道ではコンパクトに収納できるもののほうがいいだろう。収納性まで含めて、山道具は適材適所なのだ。マットはテント内で使うときの性能だけで選ばないほうがいい。

NeoAir

シート

正直なところ、それほど重要ではない装備がシートだ。だが、「ブランケット」という名の多目的シートが1枚あれば、山中での行動に幅が出る。

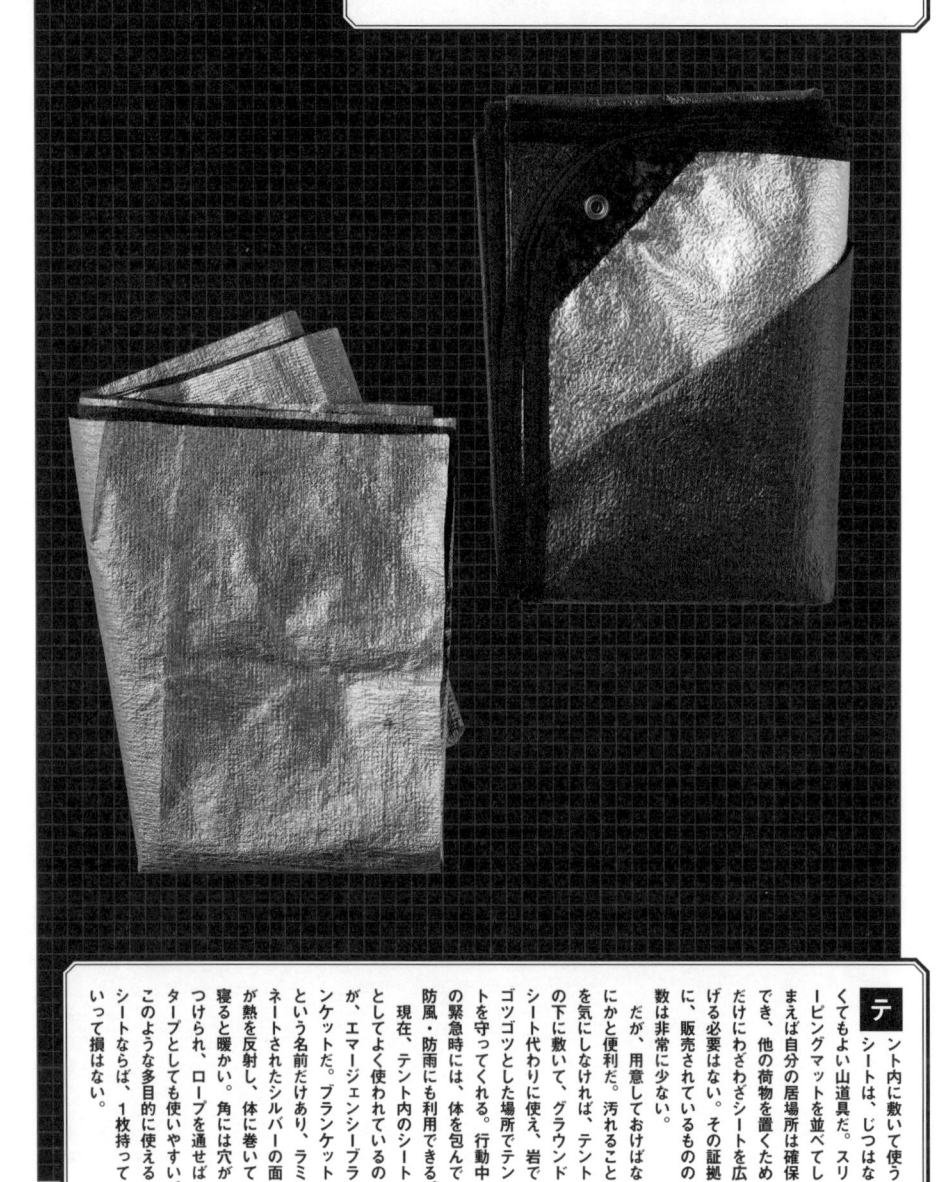

テント内に敷いて使うシートは、じつはなくてもよい山道具だ。スリーピングマットを並べてしまえば自分の居場所は確保でき、他の荷物を置くためだけにわざわざシートを広げる必要はない。その証拠に、販売されているものの数は非常に少ない。

だが、用意しておけばなにかと便利だ。汚れることを気にしなければ、テントの下に敷いて、グラウンドシート代わりに使え、岩でゴツゴツとした場所でテントを守ってくれる。行動中の緊急時には、体を包んで防風・防雨にも利用できる。

現在、テント内のシートとしてよく使われているのが、エマージェンシーブランケットだ。ブランケットという名前だけあり、ラミネートされたシルバーの面が熱を反射し、体に巻いて寝ると暖かい。角には穴がつけられ、ロープを通せばタープとしても使いやすい。このような多目的に使えるシートならば、1枚持っていって損はない。

Part.5

SINGLE BURNER

［シングルバーナー］

ガスカートリッジ式と
液体燃料式に大きく分かれる
シングルバーナー。
火は1つしか使えないが、
コンパクトでいて
調理には充分だ。

自分の山歩きの
スタイルに合わせ、
必要十分なものを
選びたい。

1 /// Category ///

分類 ＝「燃料」で分かれる主要2タイプ

シングルバーナーの基本的な燃料は「ガス」とガソリンに代表される「液体」のふたつ。それぞれに持ち味は異なる。

/// Point /// ガスカートリッジ式

ガスといっても気体のままではなく、高圧をかけて液化し、体積を減らして金属のカートリッジに封入されている。このカートリッジにバーナー本体を組み合わせ、空気中で再び気体化したガスに空気を混合して燃やす仕組みだ。バーナー本体は小型化を追求したものが多いが、火力のアップのために大型のものも作られている。とはいえ、山岳用として使いやすいのは、あまり重くない中型以下のものだ。

ゴトク

鍋を乗せる台の部分。大きいほど安定するが、バーナー自体も大きくなるデメリットもあり、工夫を凝らした折りたたみ式を各社が考案している

バーナーヘッド

火口。カートリッジから気化したガスを導き、空気と混同させて燃焼させる。どのような炎を作り出すかの違いで、多様な形が開発されている

火力調整ダイヤル

火力調整用のつまみはガスカートリッジ式には必ず付いている。わずかな調整で大きく火力が変わるものも、かなり回しても変わらないものもある

ガスカートリッジ

ガスを液体化して封入した金属缶。バーナーとの接点になる口金は、現在のモデルではほとんどがネジのように回して結合する方式になっている

シングルバーナーは、燃料の種類で分類するのが一般的だ。メインは2種。「ガス」と「液体」である。

ガスというからには常温で圧力がかかっていない状況では気体である。だが実際にバーナーに用いられるのは、液化ガスだ。バーナーに用いられるLPガスなどは圧力をかけたり、冷却すると簡単に液体になり、体積が約250分の1程度に抑えられる。これによってカートリッジに入れて携行しやすくなる。

一方、液体の石油系燃料にはガソリンや灯油があげられる。こちらは常温でも液体であるために扱いが楽であり、ガスカートリッジほど頑丈なボトルを必要としない。

ほかにもメタノールなどをゲル化剤で固めた固形燃料などもあるが、重さや体積のわりには燃焼効率が悪く、実際の山ではあまり実用的ではない。山岳用途としては、高燃焼の「ガス」と「液体燃料」が現実的だ。

どちらの燃料も、気化させて空気中の酸素と混合することで効率のよい燃焼が可能になる。ガスの場合、液化のためにカートリッジ内で圧力がかかっているので、バルブを緩めて外に出すだけで再び気化する。だが液体燃料はボトルから外に出ても液体のままだ。そのためにバーナーの使用前にボトル内に圧力をかけ、さらにバーナーヘッドやホースに熱を与えて気化させねばならない。

バーナーヘッドには小さなノズルがあるが、燃焼時にはここから気化した燃料と空気の混合ガスが高圧力で噴射されている状態であることは、ガスも液体燃料も結局ほぼ同じなのである。

風防

風の影響で炎が消えたり、火力が下がったりするのを防ぐ風除け。ゴトクと一体になっているものも多いが、分離して効率を上げたものもある

点火装置

指で押すと電気が発生して、ガスに点火。機能上、気圧の低い場所や低温下では点火できないこともあり、ライターも準備しておかねばならない

/// Column ///

バーナー&クッカー一体型

ここ数年で人気が高まっているのが、バーナーと鍋を一体化させ熱効率を飛躍的に向上させたタイプ。熱のエネルギーを効果的に鍋に与えるヒートエクスチェンジャーを内蔵し、従来のバーナーよりもすばやくお湯を沸かすことを可能にしている。鍋の中にバーナーを収納でき、コンパクトに持ち運べるのもうれしい。

ガスカートリッジは分離し、風防で覆ったバーナー本体とヒートエクスチェンジャーで鍋へと効率よく熱を伝えるモデル。一般的なバーナーよりも2倍近い熱効率を実現している

1ℓの鍋の中に、バーナー、ガスカートリッジ、スタビライザーなどを収納できるモデル。使用時にはバーナーと鍋が完全に結合され、この状態のままでお湯をカップに注ぐことも可能だ

/// Point /// 液体燃料式

ガソリンや灯油などの常温でも液体の燃料を使用する。効率のよい燃焼のためには燃料の温度を上げて気化させる必要があり、一般モデルにはバーナーヘッドを燃焼前にあらかじめ熱する「プレヒート」という作業が必要だ。ガスカートリッジ式よりもバーナーヘッドは大きくなるが、火力は比較的強く、火力に対しての燃費もいい。つまり燃料費が安くすむのが大きな魅力だ。

フューエルホース

ボトルからバーナーまで燃料を通すホース。傷ついて燃料漏れが起きないように、金属のメッシュで覆われている。これが硬いと収納しにくい

ポンプ

つまみを持って何度もピストン運動を行なってボトル内に空気を送り込み、内部の圧力を高める。この圧力が低いと、燃焼がうまくいかない

火力調整ノブ

ボトルから導かれる燃料の量を調整し、火力をコントロール。しかし液体燃料式には必ずしも付属するわけではなく、火力調整ができないものも

バーナーヘッド

燃料をノズルから噴射させ、空気と混ぜ合わせて燃焼させる部分。特殊構造のもの以外は点火前にプレヒートなどの作業が必要だ

ゴトク

ガスカートリッジ式に比べて大きめ。長時間の調理がしやすい液体燃料式には大型の鍋を組み合わせる場合が多く、重い調理器具でも安定する

燃料ボトル

ガソリンなどの燃料を補充する気密性の缶。ガスカートリッジと違い、燃料を買ってくれば、何度も使えるのがメリットだ。大きさも選べる

/// Column /// アルコールストーブ

ほとんどのアルコールストーブにはゴトク（グリッド）が付属せず、それだけでは鍋を置いて使用できない。ゴトクは別途購入する必要があるが、自作する人も多い

これもまた液体燃料ではあるが、使用するのは変性アルコール。薬局でも入手可能な燃料で、金属製のボトルがなくても持ち運べる。

　圧力をかけず、燃料をそのまま燃やすために、ほぼ無音。しかもバーナーの構造はシンプルで故障がなく、軽いものでは30～40g程度だ。火力はそれなりだが、根強いファンが多い。

2

/// Function ///

＝機能＝

燃料を効率よく熱に変える

炎のエネルギーをいかに無駄にせず調理用に使えるかが、バーナーの性能の差。細かな工夫も使い勝手を左右する。

/// Point /// ガスカートリッジ式

ガスカートリッジ式は、本来は扱いにくい気体のガスを頑丈な金属の缶に封入することで、手軽に使えるようにした。しかし、カートリッジは使用時間が長くなるほど、ガスが気化する際に熱を奪う、いわゆる「気化熱」の効果でカートリッジ自身が冷却する。すると気化の効率が落ち、火力が徐々に下がるという問題が生じる。唯一の弱点だ。

ガスカートリッジ式で最近増えてきているのが、炎を広げずに上一方向に噴出するタイプ。弱火でも熱効率がよい

ガスカートリッジ式は最大火力の状態が長くは続かない。だが最近はこの問題をクリアした上のような製品も開発されている

/// Point /// 液体燃料式

液体燃料は自分でボトルへの詰め替えができ、カートリッジ式のように「使い捨て」の感覚がなく、経済的でもある。また液体を気化させるといっても、ガスとは違って加熱によるものであり、気化熱の冷却作用によって火力が落ちるという問題は生じない。常に安定した火力で調理ができるのが液体燃料の強みだ。

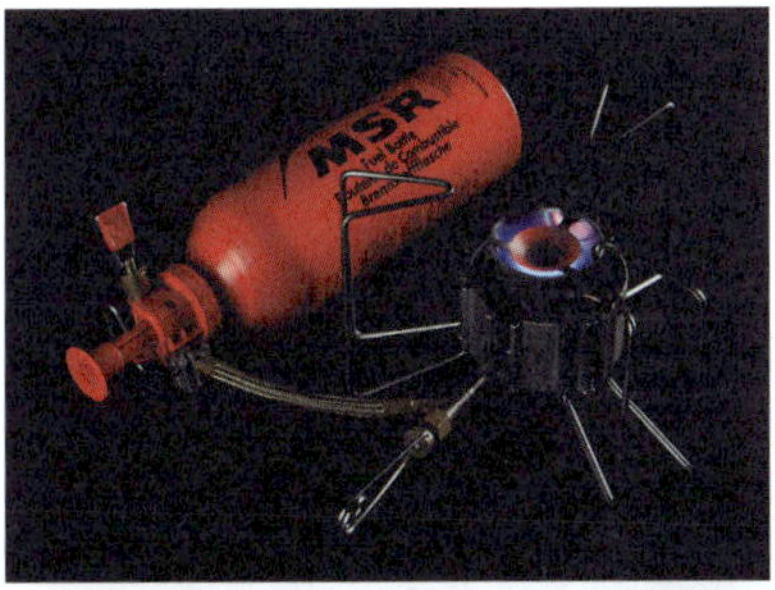

液体燃料式のバーナーには、火力調整ができないものもある。しかし、これくらいのトロ火が使えると調理には便利だ

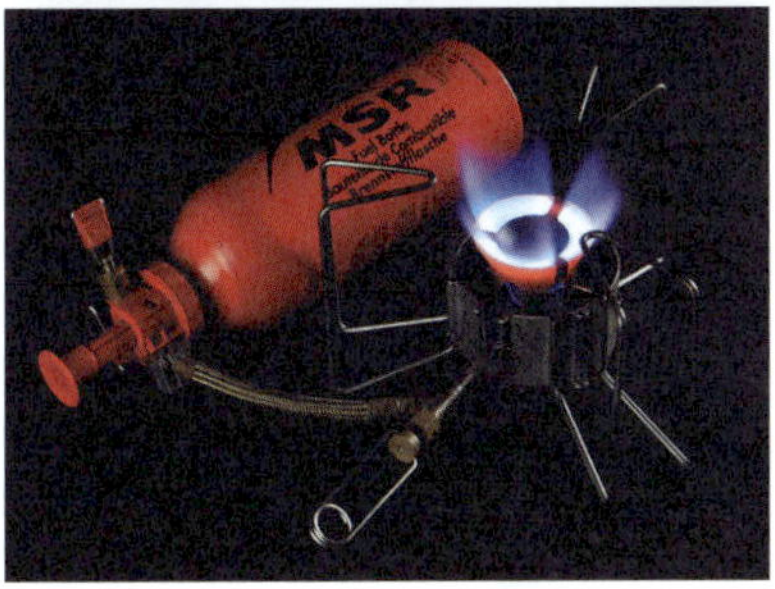

最大火力の状態。液体燃料式バーナーは外部やボトルの温度にあまり関係なく、常にこれくらいの火力を維持することが可能だ

「ガスカートリッジ式」と「液体燃料式」では、どちらのほうが機能的に優れているのか？ 以前は、液体燃料式のほうが大火力といわれていたが、ガスカートリッジ式の進化によって、バーナーの性能にはいまや大きな違いはないといえるだろう。

下の表は一例でしかないが、参考に見てほしい。「ガス」「液体燃料」の違いだけではなく、後ほど紹介するマルチフューエルタイプ（下の表では「ドラゴンフライ」）を見ればわかるように、液体燃料の違いによっても差が出るのがわかる。表にはないがガスカートリッジ式にも同じことがいえ、中身のガスの種類によって、火力に強弱がつく。

しかし、これは同一条件で数値を測定したスペックの話だ。実際の山では使用条件がさまざまに異なる。なかでも低温時には「ガス」「液体

/// Point /// 各バーナーの火力比較の一例

左の表は、バーナーのメーカーと製品の燃焼性能にかかわるスペックの一例だ。

出力カロリーとお湯が沸くまでの時間はほぼ比例しており、バーナーヘッドの構造の違いなどで微妙な差が生まれる。

ただしこれは無風時の比較だ。実際のフィールドでは風の影響を大きく受けるので、これらの数値だけではなく、風防などのディテールにも目を向ける必要がある。

ガスカートリッジ式／スノーピークの場合

製品	最大出力	湯沸かしテスト	サイズ		重量	材質
ギガパワーストーブ「地」	2,500 kcal	1ℓ 4分48秒	使用時 106×67.5 mm	収納サイズケース46×35×82mm	88g	ステンレス・アルミ・ブラス
ギガパワーマイクロマックス	2,800 kcal	1ℓ 4分25秒	使用時 125/67×38 ×81mm	収納サイズケース66×38×80mm	106g	ステンレス・アルミ・ブラス
ギガパワーLIストーブメタルクラブ	2,500 kcal	1ℓ 5分17秒	使用時 142×125×118mm	収納サイズケース90×70mm	305g	ステンレス・ブラス・プラスチック

液体燃料式／MSRの場合

製品	液体燃料	燃焼時間（600ml液体燃料あたり）	湯沸し時間	最高出力	最低重量
ウィスパーライト	ホワイトガソリン	136分	1ℓ 3.9分	約2,772 Kcal/h	327g/446g
ドラゴンフライ	ホワイトガソリン	126分	1ℓ 3.5分	約2,192 Kcal/h	401g/534g
	灯油	153分	1ℓ 3.9分		
	ディーゼル	136分	1ℓ 3.5分		

※データ出展元:スノーピーク、MSR

/// Point /// 風防の性能

屋外で使うことが多いバーナーは確実に風の影響を受ける。風防となる部分の構造は、炎の熱をしっかりとクッカーに与えるためには重要な要素だ。軽量化を目指したものには風防を省略したものが多く、強風下で使用すると燃費が一気に悪くなる。この問題によって使用する燃料が増え、バーナーで軽量化した以上の重量増になっては本末転倒なのである。

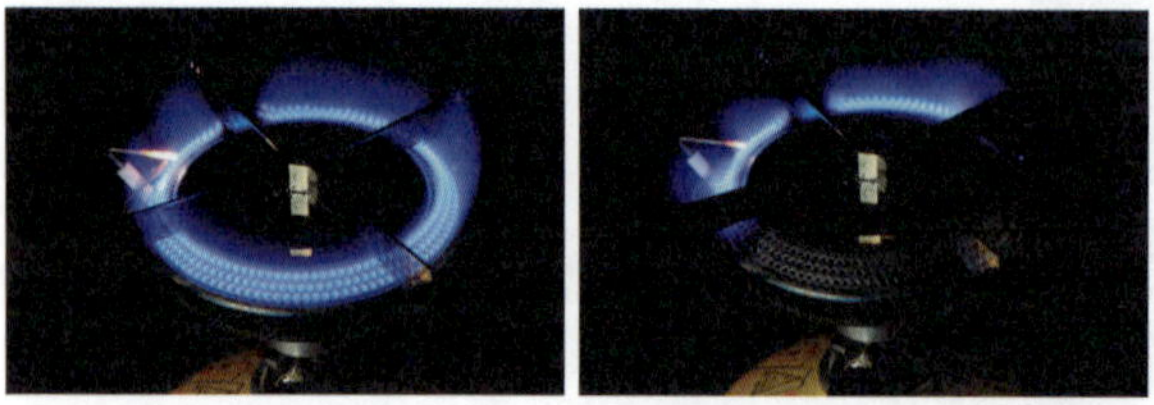

左は無風状態。右は風を当てたとき。上から見てX型の風防は、風を受けた部分は火が消えるが、他の部分はついたまま。風が収まれば、再びすべての部分に火が戻る

大型の風防付きのバーナーは形状の大きさと重さが問題。熱効率とのバランスが難しい

燃料」の違いが大きく現れる。
ひと口に言えば、ガスカートリッジ式は低温に弱い。ガスが気化しにくくなり、火力が落ちるのだ。暖かい時期でも、使用する時間が長引けばガスの気化熱でカートリッジが冷え、同様に火力が低くなる。使用後のカートリッジが冷え、結露や霜が降りているのを見た人は多いだろう。プレヒート作業がいらない、軽量でコンパクトであるなど使い勝手では液体燃料式に大きく勝るガスカートリッジ式の、数少ない弱点だ。だが「マイクロレギュレーター」「液出し式」などの新システムで、その弱点を克服したモデルも登場している。

屋外での調理で忘れててはならないのが、風の影響だ。燃料の種類にこだわるよりも、風防がしっかりとしたものを選んだり、防風対策を考えたほうが、燃料を無駄にせず、手早く調理ができることも多いのである。

/// Point /// 使用効率を高める工夫

気化熱によってカートリッジが冷却し、火力が低下するのは、ガスカートリッジ式の最大の問題だ。しかし、この解決策を見つけたモデルがいくつか存在する。

ひとつは「マイクロレギュレーター」装置。これはカートリッジ自体が冷えていても、バーナーヘッドの工夫によって火力を落とさない仕組みだ。

もう1つが「液出し式」。こちらはバーナーヘッドまで液のままガスを導き、気化は燃焼の直前に行なう。カートリッジには気化熱の冷却作用がおよばないために、いつまでも高い火力を保つことができる。

「マイクロレギュレーター」を搭載したモデル。低温でも安定した火力を保つ、近年の画期的なシステムである

見た目にもインパクトがある「液出し方式」。カートリッジ自体でガスを気化させないので、冷却問題が起きない

/// Point /// 点火装置は便利?

ガスカートリッジ式の多くには、点火装置が付属している。ボタンを押すだけで電気の火花が発生し、点火できるので便利な機能だ。

だが、この装置は気圧が低い高所や低温時には点火しにくい。点火装置が働かないことを想定し、予備にライターを持っていかねばならないが、電子式ライターでは同じ不調に陥る危険がある。その点、石で火花を起こす一般的なフリント式ライターやマッチならば安心だ。

電子式の点火装置は安定して使えないため、便利に使える場所は限られているといえるだろう。

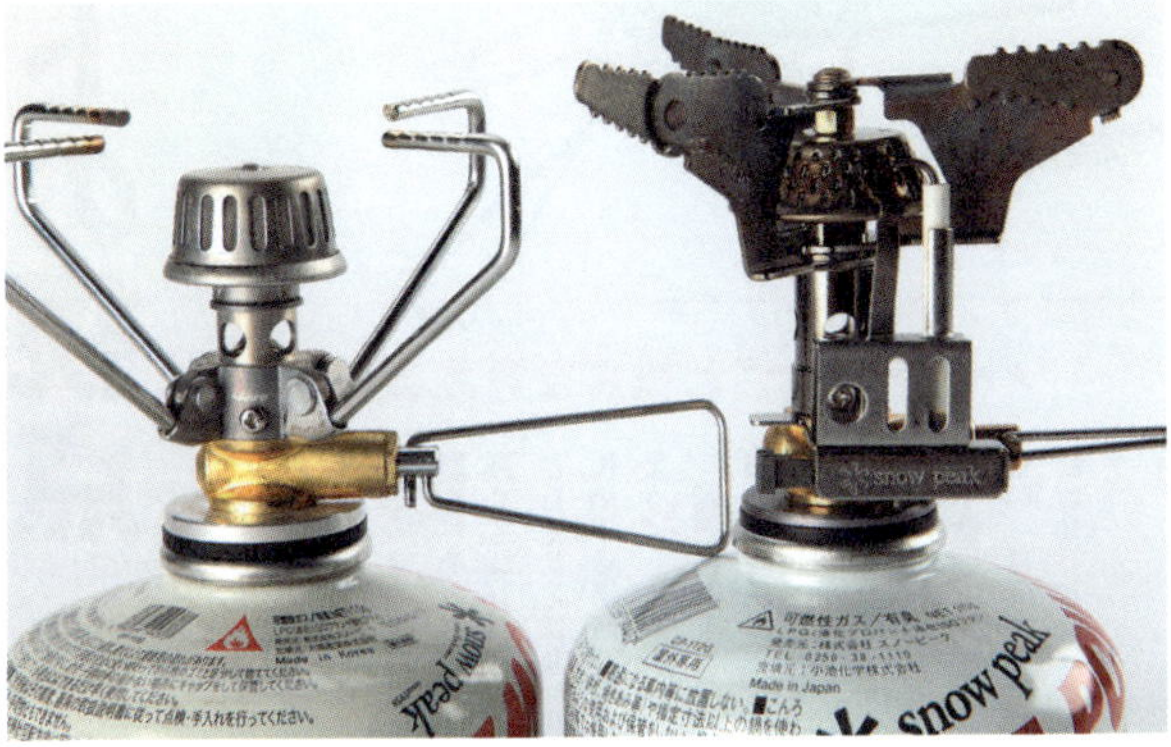

右は点火装置が付属、左は付属しないタイプ。一概に付属タイプがよいわけではなく、どちらを選ぶかは自分の好みだろう

3

/// Select ///

＝選択法＝長く使うためのセレクトの視点

アウトドアギアのなかでも耐久性があり、もっとも長く使い続けられるのがバーナーだ。それだけに確実なものを探したい。

カートリッジにバーナーヘッドを固定し、ダイヤルを回して火をつけるだけでいいガスカートリッジ式は、液体燃料式に勝る使いやすさで人気だ。低温下の問題はあるが、燃料式のように使用前にプレヒート作業がいらず、現在の主流である。バーナーと鍋の一体化モデルも進化し、幅広いラインナップも揃う。初めに買うべきはガスカートリッジ式だ。

しかし低温でも高出力の液体燃料式は、高地や雪山でも確実に能力を発揮する。とくに雪を溶かして水を作らねばならない冬期は長時間強い火力が必要になるだけに、ガスカートリッジ式は効率が悪く、液体燃料式の出番がぐっと増える。

また燃費のよさも魅力で、

ガスカートリッジ式

ラインナップの幅広さもガスカートリッジ式のよさ。安定感があるバーナーヘッド／カートリッジ分離型の人気も根強い

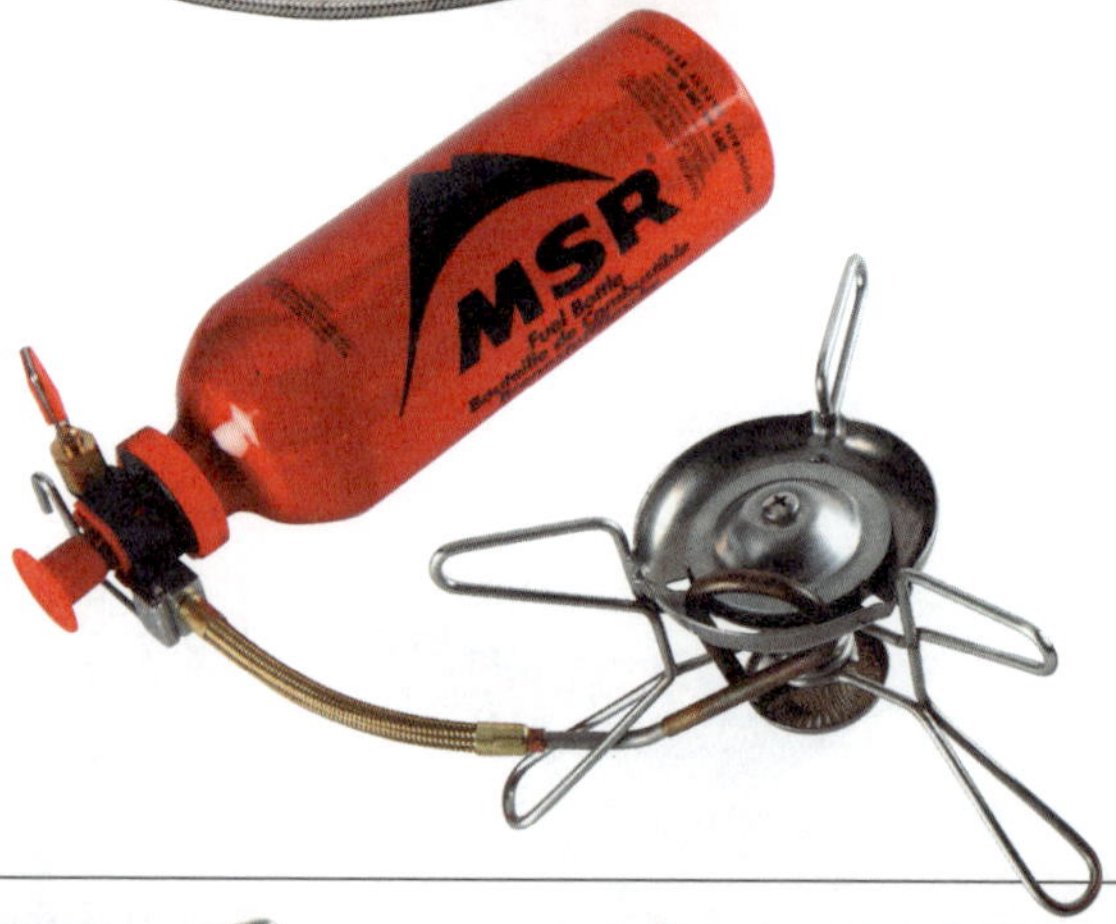

液体燃料式

低温下でも安定した火力が液体燃料式の売り。極地遠征にも充分耐えうるほどの機能性を誇るモデルもあるほどだ

/// Point /// **大きさと重さを考える**

世界最小レベルのモデルには、50g台のものも

荷物の軽量化を図るためにも、バーナーは軽くてコンパクトなものにこしたことはない。しかし、使用する場所のことも考えよう。

周囲に遮るもののない高山では強風にさらされることも珍しくない。こんな場合は、風防を省略したモデルは不利だ。だが、小屋の中や低山では大きな問題はない。自分のよく行く山に合わせると失敗がないだろう。

ガスに比べて液体燃料は安い。状況によって使用できる時間は変わるが、たとえば最大出力で約1時間使える250サイズのガスカートリッジは400〜500円。一方、自動車用のガソリンならば約1時間の燃焼で300〜400㎖、値段は40〜50円で済む。つまり、10倍程度の価格差になる。灯油はもっと安い。ホワイトガソリンは普通のガソリンの5〜6倍の価格になるが、それでもガスカートリッジよりは安価だ。

ディテールも重要で、コンパクトさや重量はタイプやモデルによって大きな差がある。多少重くても大きな風防を持つものや安定性がよい分離型にするか、とにかく軽量化のために超小型を選ぶかが問題だ。だがガスカートリッジのサイズや数、燃料ボトルの大きさは、総重量と体積を大きく変える。燃費も含めて総合的に判断したい。

分離型のうえに、3本の脚の長さをそれぞれ1本ずつ調節できるモデル。傾斜のある場所でも水平になるように微調整でき、鍋がゴトクからズリ落ちる心配が減らせる

/// Point /// 分離式の安定性とゴトク

ガスカートリッジとバーナーヘッドが分離したタイプは、脚を広げれば安定感が増し、ゴトクの大きさもアップする。鍋の位置も低くなって調理が格段にしやすい。鍋をひっくり返す恐れが激減するだろう。

ただしバーナーヘッドをガスカートリッジに直結するタイプよりも必然的に全体の体積や重量は増えてしまう。安定性をとるか、コンパクトさをとるか、悩ましいところだ。

/// Point /// 燃料缶の大きさや種類

液体燃料のボトルの大きさは多様にそろう。ガスカートリッジにも数種のサイズがあり、ガスの種類には一般的なノーマル（ブタン）ガス、低温下でもパワーがあるイソブタンガス、より強力なプロパンガスなど。これらを混同して効果的なガスカートリッジが作られている。どちらの「缶」も必要な分量と重さを吟味し、軽量化を目指そう。

ガスカートリッジ式/EPIの場合

製品	総重量	内容量	缶重量	ガスの種類	推奨使用時期	使用最低気温
230レギュラーカートリッジ	376g	230g	146g	標準タイプガス	春〜秋	10℃以上
230パワープラスカートリッジ	378g	225g	153g	高効率ガス	秋〜春 ※通年可	−15℃以上
190エクスペディションカートリッジ	365g	190g	175g	特別仕様ガス	冬、極寒冷地	−25℃前後

ガスカートリッジは、内容量の重さで、「110」「250」「500」などの大きさに分けて販売。カセットガスのサイズは別

液体燃料用のボトルは、ここにあるだけでも325㎖から1.5ℓまでさまざま。山歩きの日数や料理によって使いわけたい

/// Point /// 収納ケースの種類

左は液体燃料式バーナーで、ナイロンのスタッフバッグ付き。その他はガスカートリッジ式。ハードケース付属のものも

金属製で丈夫なバーナーだが、ガスカートリッジ式のゴトクなどはパーツが細く、破損の恐れもある。そこでハードケース付属のモデルも多いが、バックパックの中で邪魔になることも。収納を考えればソフトな他の袋に入れなおすのもよい。いずれにせよ、バーナーの熱が冷めてから収納しないと、溶ける恐れがあるので、ご注意。

/// Point /// マルチフューエルタイプ

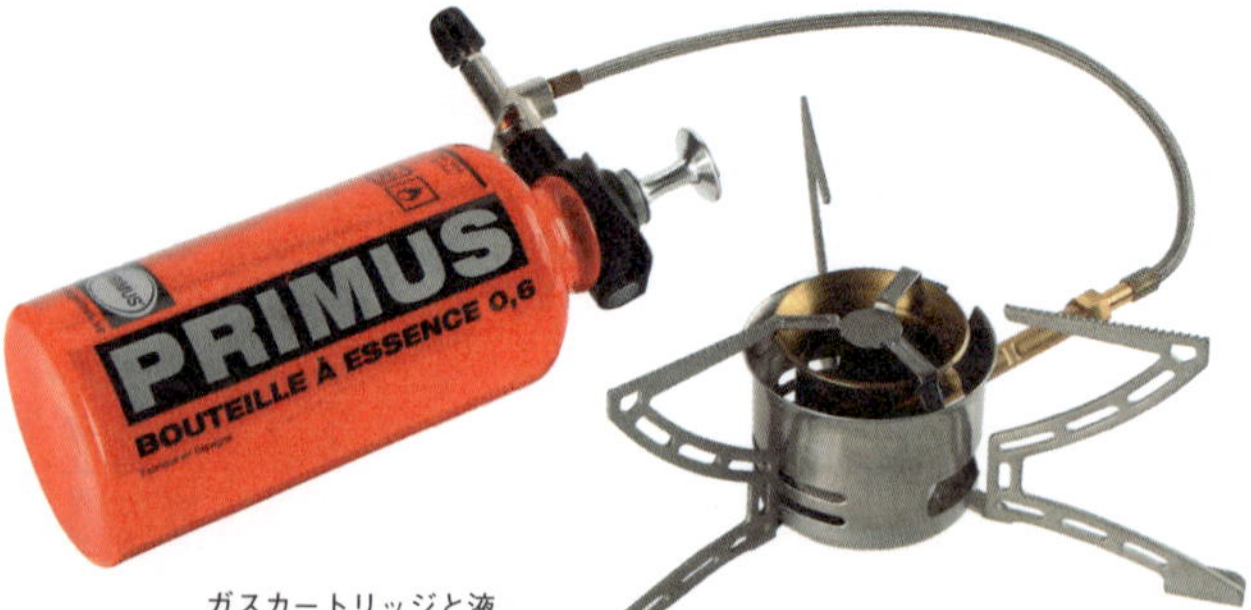

ガスカートリッジと液体燃料の両者を使える貴重なモデル。写真は液体燃料用のボトルを取り付けた状態だ

ガソリンや灯油、ジェット燃料など数種の液体燃料を使えるのがマルチフューエルタイプ。そのときに手に入った燃料を使うことができて便利だ。だがノズルのパーツ変更やこまめなメンテナンスが必要でもある。

また、液体燃料とガスの両者を使えるタイプも市販されていて、より幅の広い使い方が考えられる。これもまた、ノズル変更の手間はあるが、ひとつの選択肢だ。

/// Point /// 手に入りやすいカセットガス

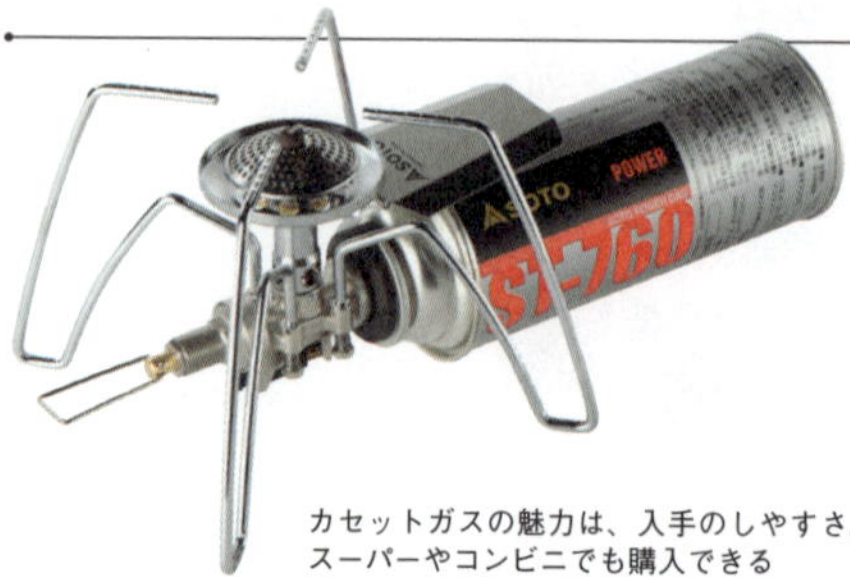

カセットガスの魅力は、入手のしやすさ。スーパーやコンビニでも購入できる

ドーム型の一般的ガスカートリッジよりも火力は控えめだが、カセットガスを使うバーナーも有用だ。わざわざアウトドア専門店に出向く必要がなく、生活雑貨の店などでも手に入りやすい。家庭用として普及し大量生産されているので、値段も手ごろだ。とはいえ、低温には弱いので、高山には向いていない。

4

/// Know-how ///

＝使用法＝効率を考えてどう使うべきか？

バーナーは炎という危険な存在を扱うため、使用には細心の注意が必要だ。また、持参する燃料を節約すれば、費用や環境への負荷も減らせる。

バーナーはアウトドアギアのなかではもっとも危険性が高い。まずは説明書を熟読して適切な使用方法をマスターしよう。自己流の使い方は燃料を爆発させる危険を高めるうえに、液漏れした燃料に火がついて火傷をすることも珍しくない。山中での治療は難しく、注意は怠れない。

行程が進むにつれて燃料は減り、重量は軽くなっていく。もともと可能な限り少なめの燃料を持っていくと荷物が軽くなるが、熱効率のよい使い方を知れば、ガスカートリッジの数や燃料ボトルの大きさを減少させられて、さらに荷物を減らせるだろう。持参するガスカートリッジをひとつで済ませられれば、ふたつ持つよりも荷物が数百gも軽くなってしまう

/// Point /// かさをとらないパッキング

丸くて硬いガスカートリッジは、バックパックの中でパッキングしにくいもののひとつだ。同時にクッカーは内部にデッドスペースがあり、この空間は収納に使える。そこで最近のクッカーにはガスカートリッジの大きさに合わせたサイズ展開が増え、内部にカートリッジを収納できるものが多い。調理用の器具をひとつにまとめて運べるメリットもあり、バーナーとクッカーのコンビネーションは意外と重要だ。

ガスカートリッジのサイズに合わせたクッカーの開発が各メーカーで進んでいる。写真のように口径がピッタリなうえに、バーナーヘッドも収納できる

/// Point /// 風防を用意する

バーナーヘッドの風防に加え、別途スクリーンタイプの風防を使うと、バーナーの熱効率は大きく高まる。ただし、ガスカートリッジに予想外の熱が加わると爆発の危険があり、注意が必要だ。

風防を使うならば、風下を広げ気味に立て、風であおられてバーナーと接触しないようにしっかりと固定する。小さく囲んではいけない。

熱がこもりにくいアルミを使い、ピンで地面に固定できる風防。写真の状態は少々せまく囲みすぎだが、もっと広げて使えば熱がこもらず、より安全

のである。

　メーカーからはさまざまなオプション製品が販売されている。あまりに使用しすぎると重量が増えてしまうが、安全性を高めたり、調理時間の短縮のためには、自分に必要なものを見つくろって手に入れておくとよい。想像以上の効果があるはずだ。

　帰宅したら、しっかりとメンテナンスを行ないたい。とくに塩分のある食事を作ると、金属でできているバーナーはすぐにさびてくる。軽く湿らせたタオルでふき取るだけでも充分な効果があるが、細部はブラシでこすって汚れを落としておこう。

　ノズルのつまりは最大の問題だ。バーナーが故障すると温かい食事ができず、非常に苦労する。少しでも不調を感じたら、自分でつまりを解消し、できないものはメーカーに発注して早めに復調させてやりたい。

/// Point /// カートリッジの持ち運び方

長期間の縦走や人数が多くて食事の量が増えるときは、いくつものカートリッジが必要になる。すると、バックパックの中でますます邪魔なうえに、硬い金属なので不意に扱うと他のものを傷つけることもある。そんなときはウエアなどの間に挟めば気にならない。実際には4～5個を同時に持つ状況はあまりないとはいえ、専用の大型ホルダーを使うのも一手だろう。

カートリッジの直径に合わせたスタッフバッグ。複数あるとまとめにくいカートリッジがひとつに

/// Point /// 安定性の向上

バーナーヘッドをカートリッジに直結するタイプは重心が上になり、鍋をひっくり返す大きな原因になる。地面を平らにならすか、カートリッジを石などで固定できればいいが、状況によってはそうもいかない。そんなときに備えて、ホルダーやトレーを持参すると失敗がない。

左は三脚型ホルダー。右はカートリッジの下部に合わせてミゾを彫ってあるトレー型。安定感が確実に上がる

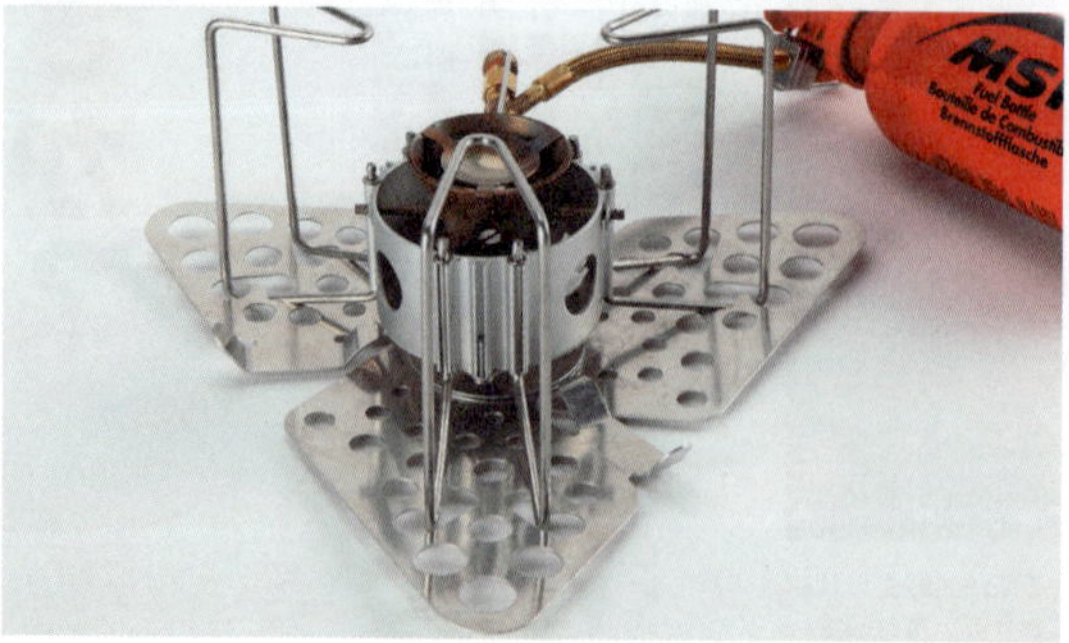

こちらは液体燃料用。ゴトクの下部がベースにはまって固定できる。短時間なら雪上でもこのまま使える

/// Point ///
カートリッジの冷却防止

ガスカートリッジの冷却問題には先にふれたが、バーナーの熱をなんらかの形でカートリッジに循環させれば、火力低下は起こりにくい。そこで専用のヒートパイプでバーナーの熱をカートリッジに伝え、パワーを継続させる「チャージャー」も販売されている。これは予想以上に効果があるものだ。カートリッジが高温になりすぎないようインジケーターが付いており、熱が高まると注意の言葉が表示される。

マグネットでカートリッジのサイドに張り付けて使用するだけ。非常にシンプル

/// Point ///
ヒートリフレクター

メーカーによっては、オプションとしてヒートリフレクターを販売している。これは鍋の底に当たった炎のエネルギーを鍋の側面に効率よく回し、短時間の調理を可能にするもの。かさばるのが難点だが、時間と燃料の節約になる。

直径を変えられ、鍋を巻き込む形で使用。きつめに巻かないと調理中に落ちてくるので注意したい

/// Point ///
メンテナンス

バーナーの不調の多くは、燃料が噴射されるノズルの詰まりだ。その原因は不完全燃焼によるススの発生や、調理中の吹きこぼしなど。髪の毛のように細いワイヤーを差し入れて詰まりを取れば解消できる。メーカーによっては専用のメンテナンスキットを販売している。

液体燃料式バーナーのノズル（正式名称はジェット）。中央に極細の穴があり、ここから燃料が出る。だがススで詰まりやすい

ガスカートリッジ式バーナーの同じくノズル部分。このように分解して露出できるとは限らず、詰まったら修理に出すしかない

液体燃料式バーナーのメーカー専用品。ポンプの換えリングや潤滑液なども同封

/// Column ///
クラシックタイプの魅力

国内生産されている灯油用。かつてはバーナーの代名詞ともいうべき存在で、いま見てもよい雰囲気だ。200mlの灯油で1時間半ほども燃焼する

バーナーというギアにはファンが多く、あまり使わないのにいくつも集めている人も。火にはそれだけの魅力があるのだろう。ゆったりとした時間を楽しむには燃料効率がすべてではなく、見て美しく、使って楽しいモデルも継続人気。次に手に入れるのは、こんなオールドスタイルも悪くない。

シングルバーナーにまつわるこぼれ話

手早い調理と時間をかけた調理、それぞれのよさ。

アウトドアの苛酷な環境で使うことを想定し、山道具はどれもある程度の耐久性を持つ。なかでも金属製のバーナーとクッカーは腐食にさえ気をつければ何十年でも使える。僕が高校時代に手に入れたバーナーもいまだ現役だ。

それに対し、なくなるたびに買いなおさねばならないのが、ガスカートリッジだ。山道具の中では珍しい消耗品である。

いったい、ひとつのバーナーは、いくつのガスカートリッジと組み合わされて使われていくのだろうか。バーナーは古くてもガスカートリッジはいつも新しい。

僕は夏の2泊3日程度の山行で、250サイズのガスカートリッジを1つ程度使う。僕は調理以外に何度もコーヒーを飲んだりするので、多くの人は同じサイズをもっと長時間使えるかもしれない。

だが以前は、2泊3日で1つでは足りなかった。調理の仕方が今とはまったく異なっていたのである。

以前の僕は、昔ながらの方法で、時間をかけて生米を炊き、ジャガイモやニンジンを煮込んで具沢山のシチューなどを作ることが多かった。仲間といっしょのときに限らず、ソロのときも同様なので、やたらと調理時間がかかり、燃料も消費したわけだ。だが、それは楽しいひとときであった。

最近はそこまで調理に時間をかけない。山でメシを作る技術は上達したが、以前のようにゆっくりと火を使う時間が懐かしい。

日帰りや小屋泊はともかく、テント泊であれば、ライターやマッチは登山用具の基本だった。主目的はバーナーへの着火だ。

だがバーナーの多くに点火装置がついてからは、主要装備ではなくなった。しかしバーナーの電子式点火装置は寒冷な時期や高山では機能しない。とくにガスカートリッジが冷たくなっていると難しい。何度もカチカチしているうちに火が点けばいいが、どうにもならないことがある。

そこで念のために持っていったライターやマッチの出番がくる。なにかのトラブルの際にはバーナーに点火できないために危険な状況に陥る可能性もあるのだから、少々邪魔になっても持参するべきである。そして緊急時にもっとも確実なのは、ライターよりも防水加工を施されたマッチだ。

キャンドルも持っていく人が少なくなったが、ほのかで暖かな光は、静かな山にふさわしい。もう少し見直してもいい装備である。

山旅小物学

ライター＆マッチ

たとえタバコを吸わなくても、
ライターとマッチは持参しておきたい山の小物だ。
昔ながらのキャンドルの味も捨てがたい。

KNOW HOW

パッキングの基本と応用

**コンパクトで効率よく、しかも必要なものを取り出しやすい場所へ。
衣食住、無数にある道具をどのようにスタッフバッグにまとめ、
そしてどのようにバックパックにつめ込んでいくか。
パッキングのコツさえつかめば、山歩きは格段に安全で快適なものになる。**

他の人のバックパックの中は、なかなか見る機会がない。だがパッキングのテクニックは、人それぞれに駆使しているはずだ。その具体的なテクニックはわからなくても、「うまいかどうか」は外側からでも一目瞭然である。

ヘタな人はバックパックがいびつで容積ばかりが増え、それなのに持ってみると見た目より軽い。それに対して、うまい人は形がすっきりと整い、小型でもずっしりと重い。

ポイントは、装備ごとにコンパクトにまとめ、それらをいかに無駄なスペースをなくしてバックパック内に押し込んでいくか。同時に重要アイテムを防水し、壊れやすいものは確実に守る。また、緊急時に必要なものは取り出しやすい場所に配置したい。バックパックの表側への荷物の外付けをできるだけ避けることは、歩行時の安全に大きく貢献する。さまざまな要素を同時に実現しようとするパッキングは、非常に頭を使う行為なのである。

方法は1つではなく、装備に合わせて臨機応変に行なう。例えば、状況によってレインウェアはたたむのか、バックパックの隙間に差し入れるのか、方法は何通りもある。

ここで紹介するのはあくまでも一例だが、基本技から応用編まで含まれる。試行錯誤のうえ、自分にとって便利な方法を見つけ出してほしい。

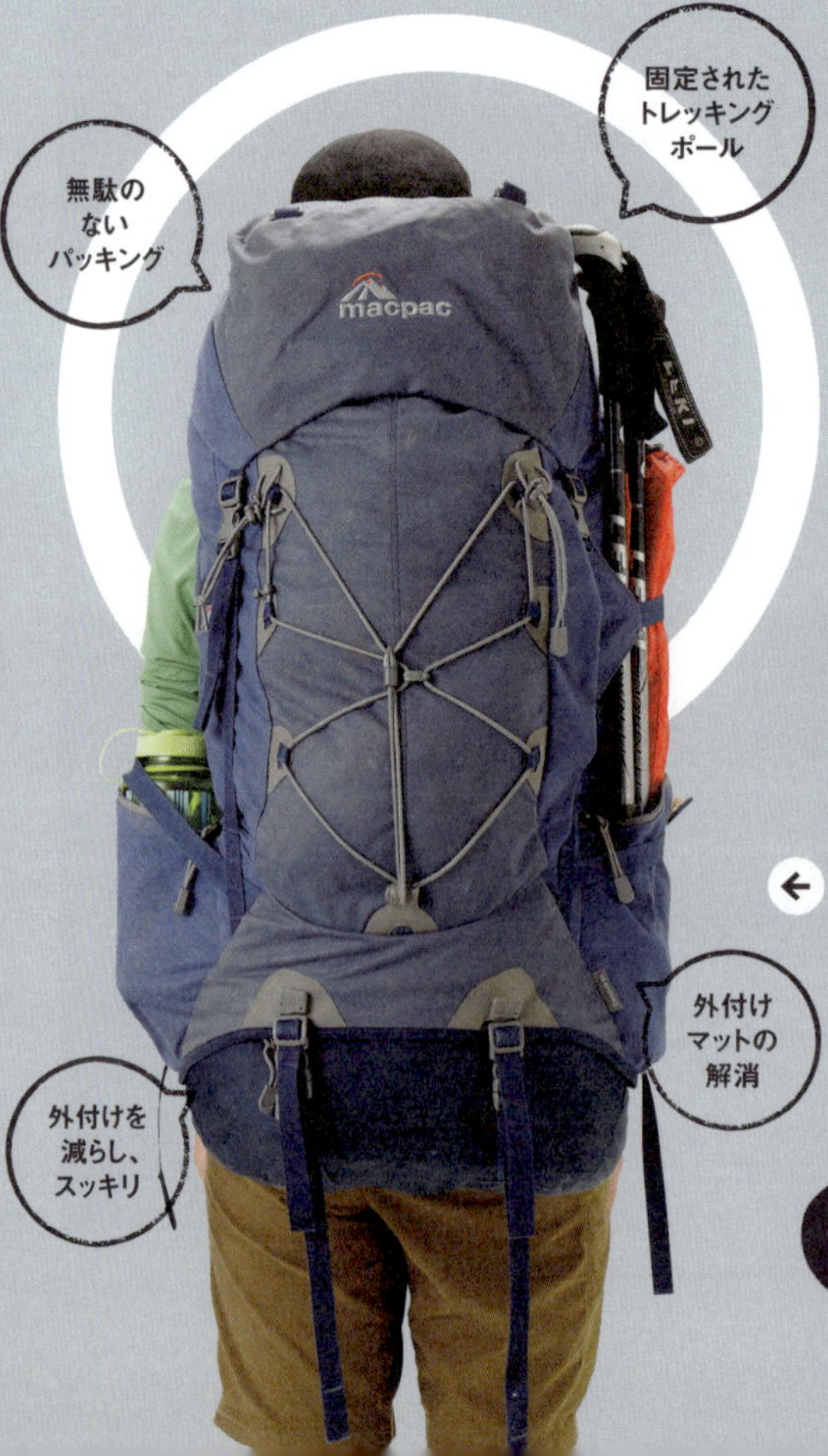

大事なものを
濡らさず
汚さず壊さず

/// Know How.1 ///

小さな工夫が大きな差を生む

重要ギアは安全に間違いなく保管したい。

そのためにいくつかの方法を覚えよう。

/// Point /// ウェアは第一に“水対策”

着替えの濡れの防止はドライバッグを使うと簡単だ。ただしウェアをきれいにたたんでから入れないと、いびつにふくらんだドライバッグが圧縮しにくくなるので注意したい。とくにかさばるインシュレーションと他のウェアは、別のドライバッグに入れたほうが効率よく圧縮できる。

　レインウェアはなにかと失くしやすい付属のスタッフバッグを使わずに、下のようにたたんでもいい。たとえレインウェアが降雨後の濡れた状態であっても、これならば大半の水はフード内にたまり、他のものに雨水の濡れが移る量が非常に少なくなる。

レインウエアのたたみ方。1）最初にジャケットを縦1/3くらいの幅に折る。腕も伸ばしたまま揃えて並べる。2）その上にたたんだパンツを置き、裾からグルグルと巻いていく。3）そしてフードの中に押し込む。4）フードのドローコードを引けば、内部のウェアが絞られ、フード外に広がることはない

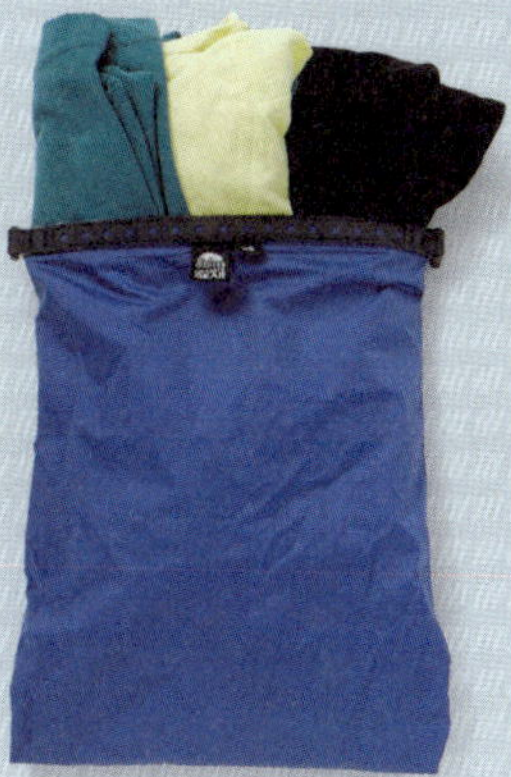

着替えは絶対にドライバッグへ。ウェアは大きさを揃え、厚みを均一にしてたたむとコンパクトに圧縮しやすい

/// Point /// 機能的なトイレセットを用意

トイレットペーパーは非常に濡れに弱い。そこで表面にガムテープを巻いて防水し、ペーパーは中央から引き出して使うようにする。一方の底面にもガムテープを張っておくと、少々湿った場所に置いても水が浸みてくることはなく、さらに便利だ。

　このペーパーを中心に、小型ショベルと携帯トイレをドライバッグに入れて、トイレ用セットを1つ作っておく。すると、どんな場所や状況でもこのセットさえバックパックから取り出せば、安心して用を足すことができる。

ペーパーは食器を拭くなど、多目的に使う。土が付くショベルは、さらに薄い袋に入れるとより衛生的になる

/// Point /// 重要なものは派手な袋に

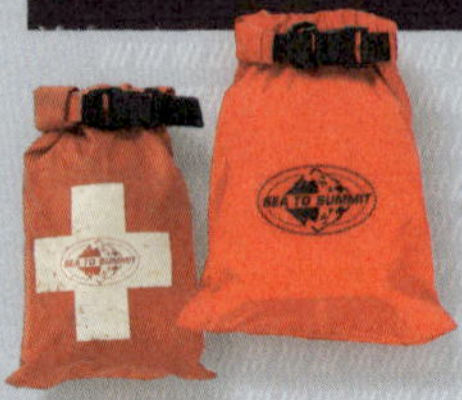

左はファーストエイドのセット。右はカギやクレジットカードなどで、山では使わない貴重品をまとめて入れておく

スマートフォンは専用ケースを使ってもいいが、文庫本にはさみ、ドライバッグに入れると、破損と濡れを同時に防げる

人間の目が瞬間的に認識できるのは、形や素材ではなく、「色」だ。そこで、緊急時にすぐに取り出したいファーストエイドキットなどは、すぐに目に飛び込んでくる赤い色のスタッフバッグに入れておくとよい。このときドライバッグであれば、絆創膏や薬などの濡れると困るものを水から守れる。サイフや身分証明書などの貴重品も派手な色のドライバッグに入れるとよいだろう。スマートフォンなどは本やメモ帳に挟むと専用ケースを使わなくても破損から守れる。

/// Point /// 雨の日のテント

悪天時、テントはたたんでいるうちにドンドン濡れる。ならばいっそたたまず、袋にすばやく入れたほうがいい

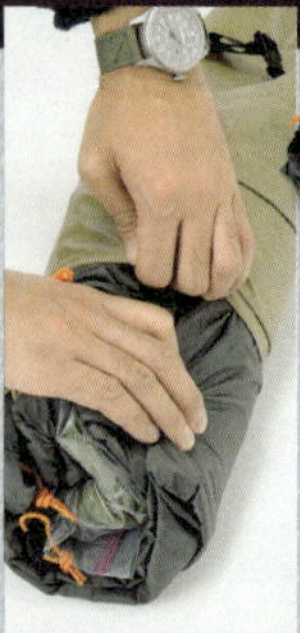

濡れたフライはビニール袋に入れ、インナーテントと別に。その後スタッフバッグに入れると、濡れが移らない

山中のテントは、雨や結露で絶対に濡れるものだ。しかし大半の濡れは雨除けとなるフライシートである。そこで収納時にはフライシートのみを防水性の袋に入れ、水分がインナーテントに移らないように分離する。

だが、撤収時が大雨ならば、結局インナーテントも濡れてしまう。悪天候時はすばやく行動したいので、このときはコンパクトさよりもスピードを重視し、思い切ってたたむのをやめる。そのためにスタッフバッグはあらかじめ大きめがよい。

/// Point /// シューズ系は超軽量トートへ

布を縫製しただけの超軽量トート。テント周りや小屋でもバッグに使え、テント内では小物の整理にも役立つ

行動中にテント場用のサンダルをバックパックに外付けする人は多いが、これは後ろのページで説明するように危険だ。それほど大きいものではないのだから、バックパック内部に収納したい。

その際にスタッフバッグの代わりとして収納に使うものは「薄い生地で洗える」素材の軽量なトートバッグがおすすめだ。行き帰りにもサンダルを履くとすれば、クルマやバスの中で履き替えた大きなブーツも入れることができ、汚れても簡単に洗うことができる。

圧縮、束ねる、
つめ込む、
重ねる……

/// Know How.2 ///

無駄なスペースを排除する

パッキングの基本は「コンパクト化」だ。
細かなことの積み重ねが、大きな差になる。

/// Point /// クッカーの内部を最大限に活用

装備としては大きめのものなのに、金属でできたクッカーはまったく圧縮できない。パッキング時、扱いに困るものの1つだ。しかし、内部の大きな空洞部分はパッキング用のスペースとして有効に使うことができる。

ここにはなにを入れてもよいが、調理する際、同時に使用するバーナーヘッドやカトラリーなどの「食」に関係するものは相性がいい。左の写真はその一例だ。

だが、食関係にこだわらず、硬い金属でできた形状をハードケースとして利用し、壊れやすいサングラスやラジオ、スマートフォンなどの電子機器などを入れる手もある。こんなアイデア以外にも、いろいろと考えてみるとよいだろう。

基本的なソロセット例

縦に深いクッカーのいちばん下にはガスカートリッジ、底面のくぼみも利用するために上下を反対にしている。その上にバーナーヘッドとナイフがついたマルチツールと調味料を入れた

調理重視のソロセット例

口径が広いクッカー。ガスを入れると活用しにくい空きスペースが生まれるので、バーナーヘッドの上にハンドル、カトラリー、調味料などの食事関係をつめ、スペースを効率化する

複数人用のセット例

グループで使うクッカーは大きく、数も多めだ。自分用の小型カップも内部に入れたうえで、2つのハンドルや調味料などを入れる。これだけのスペースがあると多様な方法が考えられる

ガスカートリッジを複数持つ場合、ガムテープで固定するとパッキングしやすい。このガムテープは道具の補修にも役立つので、ガス使用時は缶に巻き直し、きれいな状態で残しておきたい

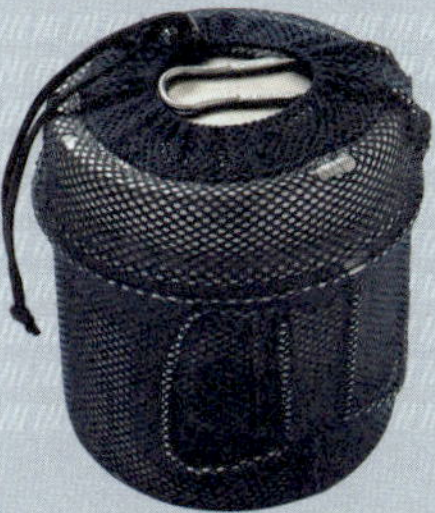

クッカーの硬いフタは外れやすく、バックパック内で収納しにくいばかりか他の道具を傷つけることも。付属品ではなく、伸縮性のメッシュ素材の袋に変えると外れにくい

/// Point /// 寝袋&マットを簡単に圧縮

寝袋は山道具のなかで、もっともかさばる装備だ。一方で、中綿のダウンや化繊は小さく圧縮できる素材でもある。そして、絶対に濡らしたくない道具の代表格だ。

パッキングする際は、コンプレッションバッグで圧縮するのもいい。だがその多くは防水性が低いので、一般的なドライバッグによる圧縮をすすめたい。

その方法は左の通りだ。ドライバッグはすべりがいいシルナイロン製よりも、内側にコーティングを施した厚手のほうがやりやすい。

ドライバッグは水とともに空気も通さないので、しっかり圧縮してから口をきつく閉じれば、再び空気が入ってふくらむことはない。

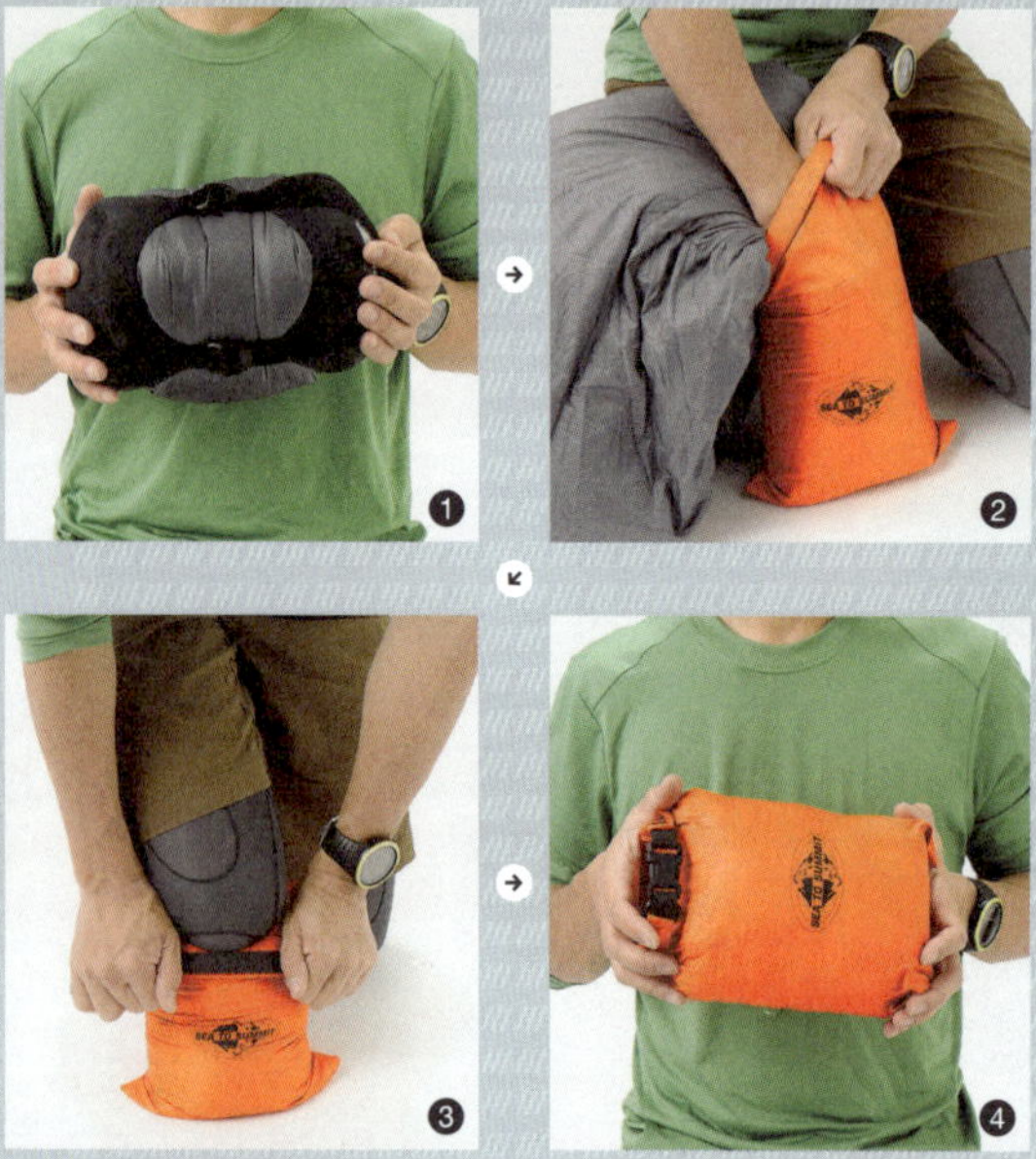

1）当初のサイズ。この寝袋はコンプレッションバッグが付属し、もともとかなり圧縮してある。だが、より防水力を高めるため、ドライバッグに入れ直す。2）まずは奥まで寝袋の一端を入れる。あとはただ押し込むのではなく、周囲の壁に沿うように手を差し込む。すると壁と寝袋表地の摩擦により、圧縮性が高まる。3）入れ終えたら体重をかけてさらに圧縮。空気を抜いて口を閉じる。4）3シーズン用寝袋が4ℓの袋に。コンプレッションバッグを使わなくても、当初とほぼ同じ大きさだ

丸めて収納するマットは、スタッフバッグの中で巻きが緩むとかさばる。だがストラップで束ねるだけで、収納性はアップする

/// Point /// 効率よく水を運ぶ

大量の飲料水を持ち歩くために、複数のボトルを使う人は多い。だが、どうしてもかさばる。

カップも持っていくのなら、ボトルとの相性を考え、組み合わせて収納することで少しでもかさばりを抑えたい。両者の口径を合わせると、きれいに収まる。

一方、フィルム状の水筒は少々飲みにくいが、飲んだ分だけ、かさが減るのがメリットだ。飲むほどにバックパックが小さくなる。ただし、しっかりとフタを閉めないと、バックパック内で他の荷物とともに圧縮されたときに水が吹き出してくるので、注意しよう。

大きい水筒でも形状が変わるものは収納しやすい。また小型を複数使うと、バックパック内の隙間に押し込むことも簡単だ。パッキングの仕方と好みによって考えよう

カップとボトルの口径がピッタリと合っていると、パッキングに無駄をなくせる。収納性でいえば、カップの持ち手は邪魔なだけだ。ないものか、折りたためるものがいい

/// Point /// 食材選びのキーワードは"縦長"

食材はかさばるうえに、重量も重くなりがちだ。フリーズドライ食品は軽くて便利だがいくぶん高価で、食べ続けると味気なさを感じてくる。だが生ものを持っていくと、バックパック内部でつぶれたり、暖かい時期は高温による鮮度低下が心配だ。

そこで、まずは少しくらいつぶれたり、カットしても日持ちする食材を吟味する。野菜ならば硬い根菜は腐りにくいが、丸いものが多く、パッキングには難がある。その点、細長い形状のものは束ねて収納できるので便利だ。ネギやニンニクの芽などはパッキングしやすいうえに、カットしても少しは日持ちする。高温になりがちな雨蓋部分などには入れないようにしたい。

食材をつぶすのがどうしても嫌ならば、ボトルの中に入れる方法も。クッション材をはさめば、タマゴも持っていける

野菜は細長いものに絞り、長さを揃えてカット。ショウガやニンニクの欠片を入れるとより鮮度をキープでき、薬味としても使える。袋には縦につめておくと取り出しやすい

カットした野菜と棒状のメンは、上の写真のようにいっしょに束ねる。こうしてまとめると食材の折れやつぶれ防止に役立ち、なにより収納もしやすくなる。一石二鳥の方法だ

パッキングしやすいのは、棒ラーメンやパスタなどの直線状の短いメン。長いパスタならば事前に半分に折っておくと、収納が簡単なうえに、小型クッカーでも茹でやすくなる

食材は調理中やテント内でなにかと濡れたり、湿りがちだ。乾きやすいナイロンなどの袋に入れるのがベターだろう

/// Column ///

スタッフバッグは小さめで揃える

各種スタッフバッグを使えば細かな荷物の整理ができ、コンパクトなパッキングを目指すにも便利だ。ただし大きいものは内部の荷物が安定しないので、小型のものをたくさん用意する。バックパック内では容量2～7ℓほどが使いやすく、大きくても15ℓ程度があれば充分だ。それぞれの防水性、通気性などの持ち味も考えて選びたい。

ナイロンやメッシュ

一般的で安価なスタッフバッグはナイロンやポリエステル製。メッシュ製は中身が見えやすく、濡れたものを入れるのにも適している。値段や素材の特性で使い分けをするといい

防水性

ドライバッグの数々。丈夫な素材のほうが確実に防水性を発揮する。中央は圧縮すると空気が抜けて便利なタイプだが、少々高価だ。シルナイロン製は傷みやすいが薄くて軽い

/// Know How.3 ///

最後はパッキング

便利で安全、そしてコンパクトさを追求

小分けした道具が揃ったら、バックパックへの最終パッキングを行なう。
いかに隙間なく収納するかが、勝負のポイントだ。

/// Point /// パッキングは「縦」に

バックパックへのパッキングは、スタッフバッグに入れて小分けにしたものを横にして積み重ねていくのが一般的な方法だ。だが、1度試してみてもらいたいのが、縦に束ねるようにしてつめ込んでいく方法である。

このとき、最重要な場所はバックパック内のもっとも下の部分だ。この部分を「大きな輪」だと考え、縦方向にテント、寝袋、マット、着替えなど比較的柔らかいものをぎゅうぎゅう押し込み、目に付いた隙間にも細いペグなどをさらに差し込んでいく。スタッフバッグに入れられた装備の多くは細長い形状なので、つめ込みやすいはずだ。

そして、つめればつめるだけ「輪」の中で圧縮が進み、省スペース化が進む。横に積み重ねると圧縮できないばかりか、装備間の隙間がどこにあるかわからない。その結果、デッドスペースが生まれ、必要以上にかさばってしまうのである。

最下部を安定させたあとは、その上に順次荷物を重ねていくが、これもできるだけ縦方向にしていく。ただし、細長いものばかりではないので、パズルのように形を組み合わせて、無駄なスペースを減らす。

重いものは背中に近い場所や上のほうに入れると重心バランスがよい。反対に軽いものは外側か下のほうにつめることを心がけると、より荷物が軽く感じられる。

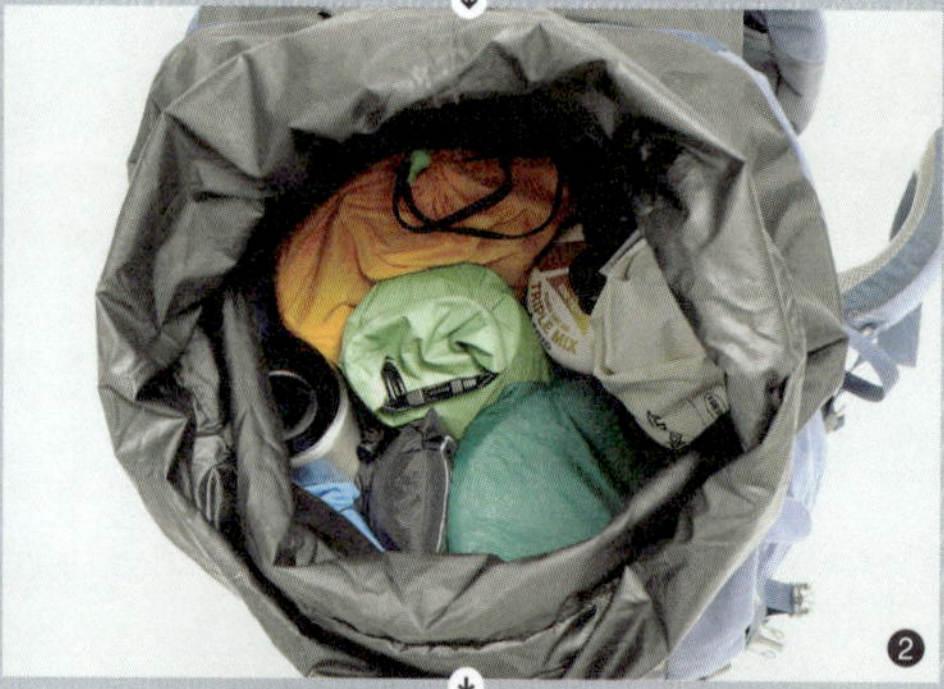

1）1段目となるいちばん下には、細長いものをとにかくつめ込む。1本の指さえ差し込めないほど押し込むと、装備同士で圧迫され、より圧縮が進む。2）2段目も同様。硬いクッカーやガスは圧縮できないが、できるだけ隙間がなくなるように工夫する。隙間には防寒着などを入れてもよい。3）いちばん上には重い食材や水、すぐにとり出したいものなどを

これが「縦詰め」パッキングのイメージ。つめ込みやすいだけではなく、上からは多くの装備を確認しやすく、必要物を取り出しやすいのも大きなメリット

/// Point /// 重要ギアはアクセサリーポケットへ

地図やカメラ、メモ帳など、行動中に立ったままで何度も使うものは、各種のアクセサリーポケットに入れると便利だ。

水に強い構造のポケットもあるが、止水ファスナーを使ったものは開け閉めが面倒なものが多い。だが、防水ではないカメラなどは濡らしたくない。それならばポケット内に防水性の袋をたたんで忍ばせておき、降雨時には急いで取り出して収納するほうが実用的だ。

バックパックのオプション的小物は数多い。積極的に活用してもらいたい。

腰のポケットには地図やGPSなどを。マップケースを使わず、柔らかな防水性の袋に地図を入れ、小さめに折りたたんで入れておくのもよい方法だ

細長いマップケースは持ち歩きにくい。そこで腰のポケットに半分だけ入れ、体の前面に固定し、いつでも見られる状態に。これもストラップで落下防止

バックパックにとりつけるアクセサリーは、行動中の体にぶつからない場所のみに。この写真では腕に干渉しているように見えるが、実際に歩くときには当たらない

胸のアクセサリーポケットにはカメラを入れると使いやすい。利き手の反対側につけるとラクに手が伸ばせ、すぐに取り出せる。脱落防止にストラップで固定し、雨に備え、防水性の袋をプラス

/// Point /// ポケットとファスナー部分の有効活用

目的地に到着するまで使わないものは奥に、行動中に使うものや緊急時に必要なものは、取り出しやすい場所に。これがパッキングの大前提だ。

だが、バックパックはモデルよってディテールに大きな違いがある。左の写真はあくまでも一例だ。

雨蓋（トップリッド）をはじめとする各部のポケットや、バックパックの表側につけられたファスナーの部分を有効的に利用したい。

また、雨蓋をバックパック本体から外さなくても必要物が取り出せるようパッキングすると手間がかからず、時間も無駄にしない。

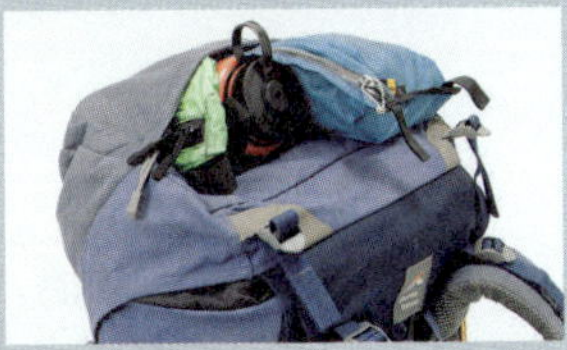

雨蓋には行動食や飲料水が入ったボトルといった休憩中に必要なものを。小屋での受け付けに必要なサイフなども、ここにしまうとよい

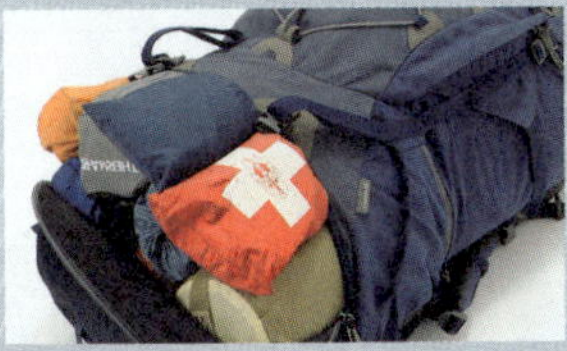

下部にファスナーがあれば、出番は少なくても重要なファーストエイドセットなど、緊急を要する道具を手前側に入れる

フロントのポケットにはレインウェア、ゲイター、バックパックカバーなどの急な天候変化に備えたものをまとめて

/// Point /// 「外付け」はやめる

まるでバックパックを飾り付けるかのように、さまざまな装備を外付けする人もいるが、とくに理由がないならば避けておきたい行為だ。体の感覚よりも過度に出っ張ったものは周囲に引っかかりやすく、危険箇所では非常に厄介だからである。

なかでもかさばるスリーピングマットには注意したい。持参するならば、あまり危険ではない取り付け方にするとよいだろう。サンダルは袋に入れてバックパック内に収納し、ボトルでもせいぜいサイドポケットに収めたい。また、小さなカップ類を取り付けている人も多いが、歩いているうちに汚れて不衛生なだけだ。

テントポールやトレッキングポールをサイドポケットに取り付ける場合は、脱落に注意しよう。カラビナなどで固定するとよい。

定番人気の折りたたみ式マットは手軽で安価だが、収納性は低い。バックパックのボトムに取り付けると下り道で岩にぶつかって滑落の原因になったり、木の枝が茂る場所でも引っかかって体力を消耗する。これはサイドにつけても同様で、とても危険だ。登山道が広い山や傾斜が緩い山ではいいが、岩場やヤブが深い山ではほかのタイプがいい

安全な取り付け方は、バックパックの幅に合わせて広げ、フロントに。これなら岩や木の枝に引っかかりにくい

トレッキングポールをバックパックのループに掛けて持つ人は多いが、緩んで落下しがちだ。紛失防止にはサイドポケットを利用する。鋭い先端にはキャップを付け、周囲の安全にも注意。雪面用のスノーバスケットは、すぐに使えるようにサイドにつけると便利だ。ポールやボトルはカラビナで固定するか、ヒモを結んで落下の防止をする

サイドのポケットに入れたテントのポールやボトルも、岩場などではよく引っかかる。落下させて紛失するならまだしも、バランスを崩して自分自身が滑落する危険もある。そこで岩壁がサイドに続く場所では、モノは反対側のポケットに移す。スペースに余裕があれば、危険な場所ではすべてバックパック内に収納したい

/// Column ///

パックライナーという選択肢

バックパック防水のもっともポピュラーな方法は、全体をカバーで覆うこと。だがどこからかの浸水は避けられず、カバーが破れることも多い。その点、巨大ドライバッグとして内部のものすべてを防水するパックライナーなら、防水は完璧だ。ただ大きな生地が邪魔になり、パッキングにはコツがいる。

パックライナーを使った際の内部イメージ。レインウエアやゲイターはライナーの外に出しておくと、必要なときにすぐに取り出せる

大きめのパックライナーならパッキングはスムーズ。上部に余裕があれば、わざわざ丁寧に口を閉じなくても、丸めるだけで防水性は充分だ

購入の際は自分のバックパックよりもひとまわり大きいものを選ぶ。内部でどうしてもシワがより、ジャストサイズではパッキングに時間がかかるからだ

/// Part.6 ///

COOKER

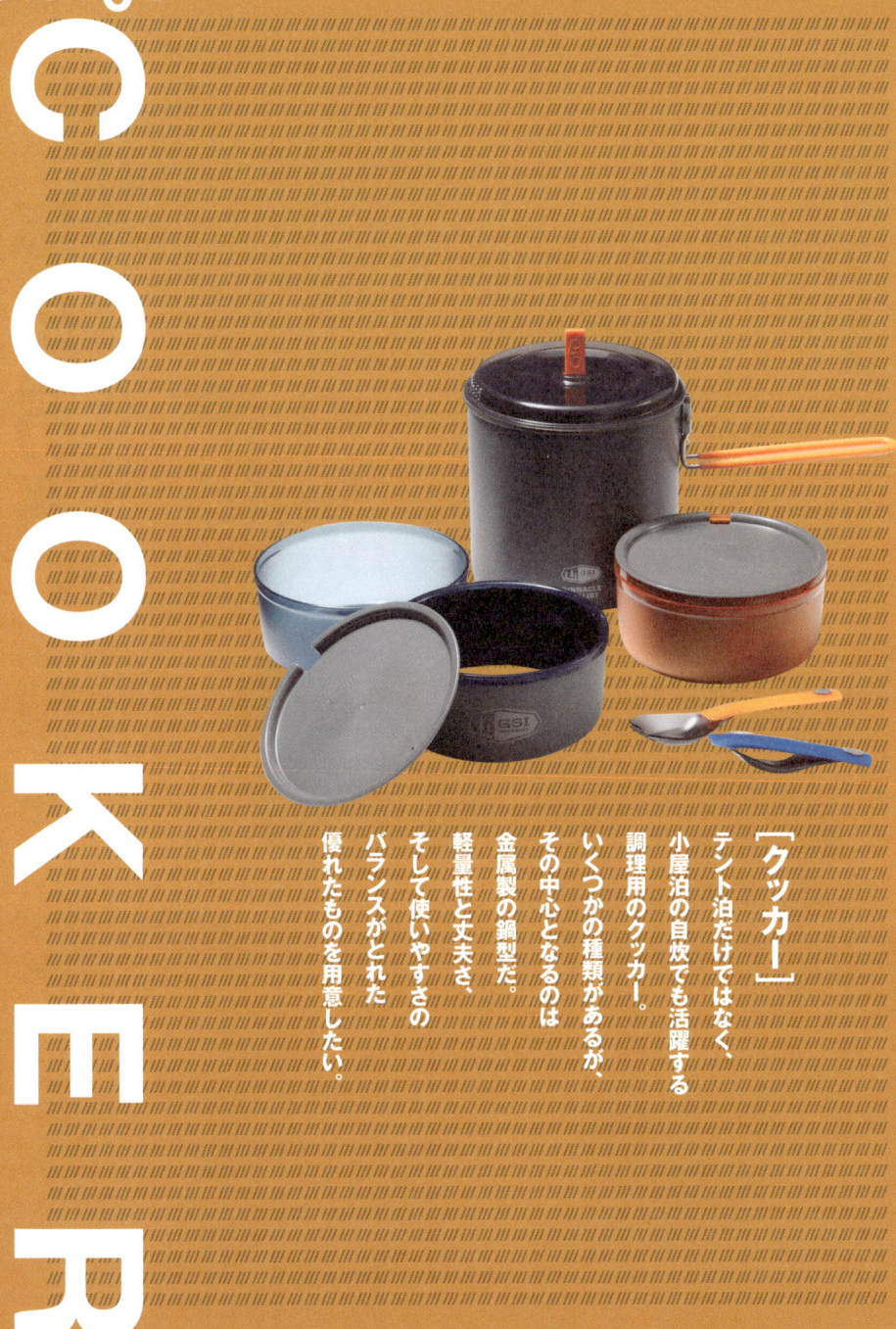

［クッカー］

テント泊だけではなく、
小屋泊の自炊でも活躍する
調理用のクッカー。
いくつかの種類があるが、
その中心となるのは
金属製の鍋型だ。
軽量性と丈夫さ、
そして使いやすさの
バランスがとれた
優れたものを用意したい。

1

/// Category ///

＝分類＝ 応用度の高い鍋型と他の形状

荷物の重量や分量が制限される山中では、用途を限定せずに使えるギアが便利である。調理用にまず揃えるべきは、オールマイティな小型の鍋だ。

山で食事用に使われる器具は、日本では古くから「コッフェル」と呼ばれてきた。これは山岳用語に多いドイツ語で携帯用の「調理用具」のことを指すが、実際には調理ではなく、たんに食事を取り分けて使う茶碗のような「食器」の意味も含まれている。最近になって主流になっている「クッカー」という呼び名は、この「コッフェル」と同様の意味の英語だ。

伝統的なコッフェルという言葉は〝鍋型〟の印象が強いのだが、クッカーという言葉なら焼き網（ロースター）やヤカン（ケトル）などもイメージしやすいだろう。

とはいえ、山岳用調理器具として第一に取り上げなければならないのは、やはり鍋型だ。ゴハン類、パスタ類と

/// Point /// 鍋型

キャンプ用の調理器具として、誰もが思いつくのが金属の鍋型。実際にもっとも汎用性が高く、水を沸騰させて食材を〝煮る〟だけではなく、使い方によっては〝蒸す〟〝炒める〟〝焼く〟などと、さまざまな使い方が可能だ。

素材はアルミ、チタン、ステンレスなど、どれも熱に強く、さびにくい金属である。それぞれに特性があり、熱効率や重量、そして価格とのバランスで選んでいきたい。どれもあまり変わらないように見えるフタやハンドルにもさりげない工夫があり、使い勝手を大きく左右している。

/// Point /// 大人数用

4〜5人分以上の食事を一度に作るには、大型の鍋の出番だ。昔から大学・高校の山岳部などではおなじみで、大量のカレーや鍋ものを作るには、やはり大鍋がいい。山だけではなく、焚き火料理にも使いやすく、広くアウトドア用途として活躍する。

いったボリュームのある主食系に加え、スープやラーメンなどの汁物やちょっとした炒めものも可能で、なんといっても応用力が高い。

市販されている鍋型の容量でもっとも多いのは、1〜3人程度で使いやすい0・5ℓ〜2ℓサイズ。多くの場合、微妙に大きさを変えた鍋が2〜3個、スタッキングできるようになっていて、フタは皿代わりになり、フライパンの役目を果たすものもある。大人数用の大型や、内部に専用の食器類を納められるシステム型は、その派生タイプだ。

素材にはアルミ、チタン、ステンレスなどがあり、円柱形の深型と浅型、または角型に分けられる。それぞれの特徴を把握し、自分にとって有用なタイプを選びたい。

/// Point /// システム型

最近になって人気を増しているのが、鍋の大きさに合わせ、セットになったカップや皿などを効率よく内側に収納できる一体システム型のクッカーだ。これ1つで数人分の調理と食事の道具すべてが足り、荷物もコンパクトな山旅ができる。

/// Point /// 網焼き用

山での料理の幅を広げるのが小さな網。鍋底面の鉄板での焼き料理は焦げやすく、網のほうがこんがりと焼けて、うまさが違う。ただし、メッシュを構成する針金は火でもろくなりやすく、そのために熱には強いがいくぶん重いステンレスが使われる。

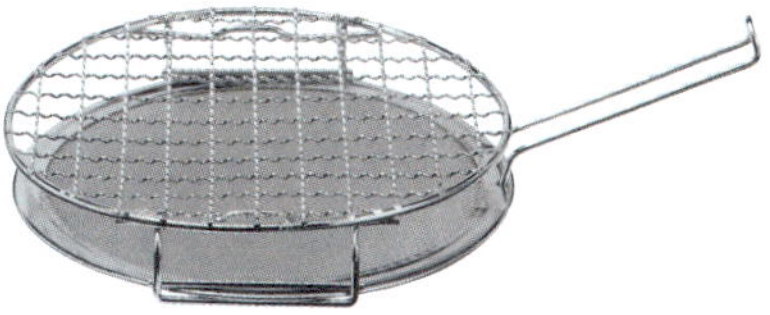

/// Point /// ヤカン

お湯を沸騰させるのに特化したヤカン型も便利だ。バーナーの熱を効果的に活かす構造で、本体やフタには注ぎ口が設けられ、お湯をこぼしにくい。鍋型クッカーの内部に収納できるサイズに設計されているものが多く、組み合わせて使うとよいだろう。

/// Column /// 小型鍋or食器?

伝統的な、“コッフェル”。大型の鍋から料理を取り分けて使う器だが、調理もできないことはない

アメリカの自然保護団体にルーツを持つ金属製食器の代名詞がシエラカップ。目いっぱい入れれば300mℓほどの容量で、少量の調理ならこれでも可能だ

“金属製の器”であれば、どんなものでも調理はできる。その大きさが、鍋として使いやすいか、それとも茶碗的な器として使いやすいかの違いだけだ。

荷物の軽量コンパクト化のため、超小型のシエラカップなどを鍋として使う人も多い。容量は少ないので作れるものは限られ、調理を数度に分ける必要があるが、これも一手だ。

2

/// Function ///

＝機能＝ 細部に施されたプラスαの工夫

クッカーは食材や水に熱を加えるために「火」という超高熱と接する。この熱をいかに効率よく安全に利用すべきか。そのために、クッカーの各部にはさまざまな工夫が加えられている。

クッカーはとてもシンプルな道具だ。金属の本体に、フタと手で持つためのハンドルが付いている程度である。とくに安価なものは金属を成形して組み合わせただけで、モデルによってはフタすら省略されている。最低限の調理にはそれでも充分だ。

だが、内面に異素材でコーティングを施しているものにはいくつかのメリットがある。例えば、サビやすいアルミ素材のクッカーであれば酸化を抑えて腐食の恐れを減らし、熱がまわりにくいチタンでは焦げ付きを減らす。油や水の切れがよく、食事の汚れも取りやすい。調理後の後始末がペーパーによる拭き取りが主になる山では、非常に手入れがラクだ。

底面にミゾをつけるなど

/// Point /// 焦げつき防止加工

鍋は使い続けることにより、次第に外側は高熱にさらされて酸化し、内側は食品による酸やアルカリによって腐食していく。いかに高品質の金属でも、ある程度は避けられないことだ。また、内側は作るものによっては非常に焦げやすい。

だが、表面を特殊加工してあれば、腐食はほとんど防止できる。とくに内側に焦げつき防止加工も施されているものは、ラフに調理しても味を損なわず、後処理もラクだ。

内面加工の例

アルミの上にセラミック焼付けのコーティングをしたもの。さらに上から着色して、カラフルな鍋に

内側にノンスティック加工、外側にはハードアノダイズド加工というタイプ。焦げつき防止と耐食性の向上を実現

アルミニウムの陽極酸化皮膜であるアルマイトを特殊加工で鍋の内側に施したタイプ。腐食や耐摩耗性をアップ

/// Point /// フタの工夫

フタの〝穴〟は、調理効率を大きく変える。蒸気抜きや湯切りがあれば過度な蒸気が逃げ、吹きこぼしの心配が減る。ただし、熱効率は少し下がる。一方、穴がないものは、上に重石を乗せると圧がかけられ、気圧の低い場所ではうまく煮炊きできる。

加工が施されたものは、熱効率を高めるだけではなく、バーナーの上に置いたときに滑り止めの効果ももたらし、クッカーをひっくり返す心配が減少する。とくに不整地での調理にはありがたい。

モデルによって形状が大きく変わるのが、ハンドルの部分だ。簡単にクッカーを固定でき、同時にすぐには外れないものが望ましい。もとからクッカー本体に連結されているものはパッキングの際に少々邪魔になることがあるが、紛失の心配はない。クッカーを持ち上げたときにも比較的安定している。取り外しが可能なリフター系のハンドルは紛失の可能性があり、いくぶんクッカーを持ち上げたときに力を緩めないように注意する必要があるが、パッキングの際には内部に収納できるために外面に凹凸がなくシンプルになる。一長一短があり、どちらを選ぶかは人それぞれの考え方次第だ。

/// Point /// 底面の加工方法

鍋のなかには、直接バーナーの火を受ける底面にさりげない工夫を加えたものも多い。

例えば、熱効率を上げるためのミゾや凹凸だ。底面が滑らかだと炎がすぐに外へと流れるが、ミゾや凹凸があれば表面積が増すだけでなく、炎の流れに抵抗ができ、熱を鍋の底にとどまらせてくれる。これにより、調理時間の短縮と燃料の節約になる。

難点は、底面の加工に手間がかかり、価格が高くなってしまうことだろう。長い目で見れば燃料代が減るのでいずれはモトがとれるのだが。

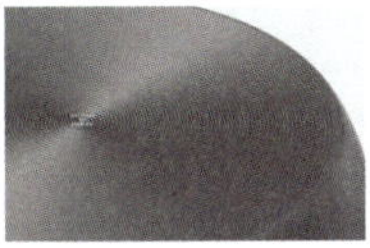

底に同心円状のミゾをつけたものも販売されている。熱効率が増すばかりか、バーナーの上で滑りにくい

どちらも同じメーカーの製品だが、一方の底には溶かしたアルミによる細かな凹凸があり、表面積が増えて熱効率が高い

/// Point /// さまざまなハンドル

ハンドルの良し悪しは、クッカーの使い勝手を大きく変える。ハンドルが熱の伝導性の高い素材であると、調理中や完成後には熱すぎて触ることもできなくなるが、長めのものはそれも抑えられる。表面をゴムやプラスチックなどの断熱性素材で覆ったものや調理中は外しておけるグリップ式ならより安心だ。

またハンドルは確実に固定できるものを選びたい。持ち上げたときに外れて火傷をする事故も多いからだ。使いすぎてバネが緩んだり、ロック部分が傷んだりしたものは、修理しておきたい。

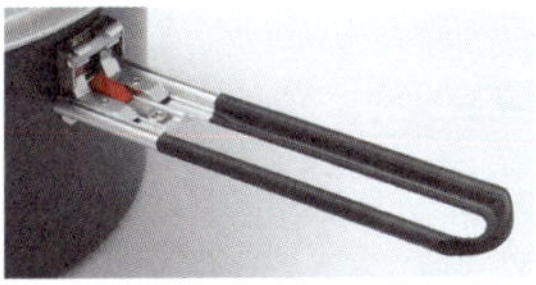

ハンドルを手前に倒すだけで自動的にロック。解除するときは赤いレバーを引かねばならず、安全性が高い

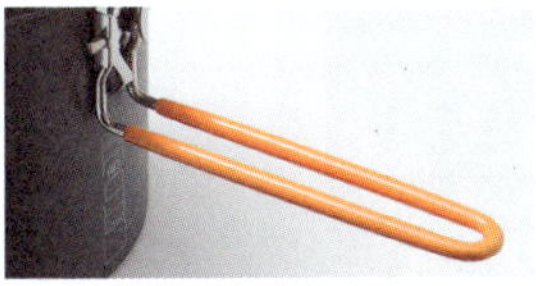

左右に開こうとするハンドルの弾力によって、固定するタイプ。シンプルで修理もしやすいが、強く握るのは避けたい

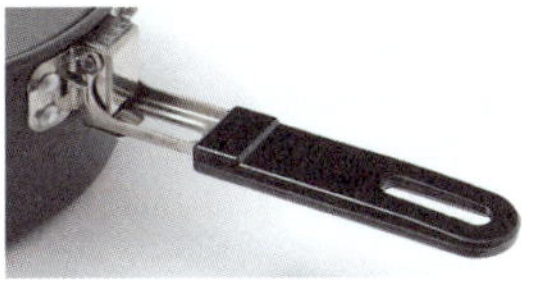

この状態からハンドルを上に折りたたむと、フタをロックできる仕組みになったもの。こんな工夫が収納時に役立つ

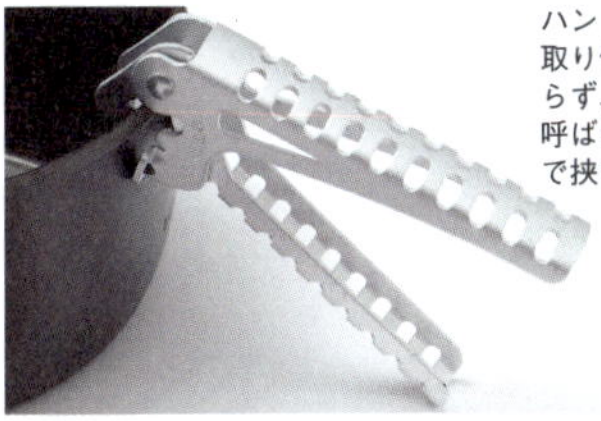

ハンドルがナベに取り付けられておらず、リフターと呼ばれるグリップで挟む方式

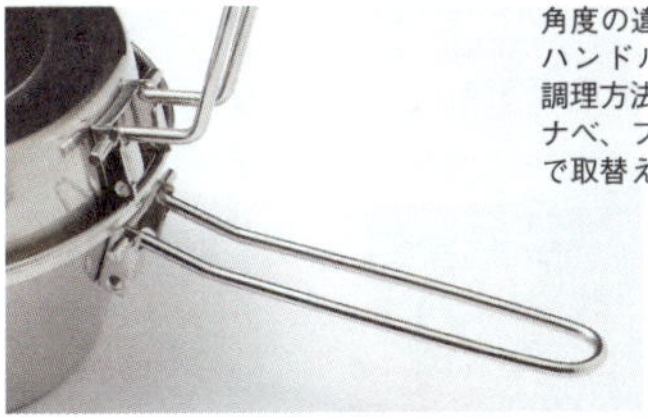

角度の違う2種のハンドルが付属。調理方法に合わせ、ナベ、フタの部分で取替え可能だ

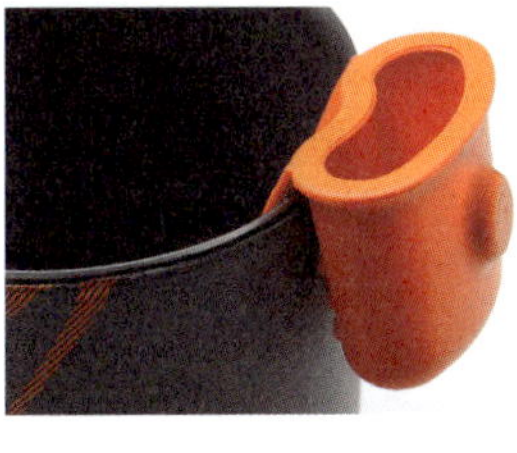

ゴム素材のグリッパー。断熱性なので、指で直接鍋の縁を持っても熱くない

3

/// Select ///

＝選択法＝セレクトの要は型、素材、サイズ

どんな「型」が使いやすく、どんな「素材」が調理しやすいか？ その山行は何人で行なわれ、調理にはどんな「サイズ」が必要なのか？ 山行スタイルは人によって異なり、クッカーの選択にも影響を与える。

クッカー選びは、「サイズ」から考える。「形」と「素材」は使い勝手の問題だが、サイズは山での調理の方法や人数と大きく関係する。

基本的には、大人数なら大型鍋がやはり便利だ。だが、中型のものを持参し、調理を繰り返して大人数が何回かに分けて食事をとる方法も考えられる。また主食とおかずや汁ものを別に作るときは、人数に対して少々小さめのクッカーでも足りるが、具材をたくさん入れたパスタなどを一度に作ると、茹で汁も多くなり、少なく作ったつもりでも沸騰するとお湯があふれがちだ。一方で、ソロならば小型の金属カップでも間に合わせられるだろう。

鍋型のクッカーには入れ子式でスタッキングでき、

/// Point ///

使いやすい「型」

鍋型クッカーのタイプは、大きく分けて3つ。円柱状の浅型、深型、そして角型だ。機能的にはそれほどの差はなく、どれを選ぶかは基本的には好みだ。

だが、それぞれの長所を上げるとすれば、調理しやすさと安定性では開口部の広い浅型。底面が広く、熱効率がよい。収納性では、口径が小さい深型。内側の径をガスカートリッジの大きさに合わせて設計しているものが多く、バックパックに収めやすい。現在のクッカーのメインは、このどちらかだ。

ただし、どちらにも共通する丸型のフタは沸騰すると吹きこぼれやすい。その点、角型のフタは少し角度をずらして乗せれば蒸気を自在に逃がせ、米や麺類を長時間煮こんでも吹きこぼれが少ない。

角型

パッキングがラクで、インスタントラーメンの型にピッタリだと、一部で根強い人気。ゆがみやすさが弱点

深型

立方体気味の円柱になる深型も、バックパック内で収納しやすい。内側にはガスカートリッジも収納

浅型

面積が広く、もっとも調理に便利なのが浅型。底面も広いので熱を無駄にせず、調理の効率を上げてくれる

大、中、小とサイズを揃えられる製品が多い。さまざまなメンバーで山に行く人は、メーカーを1つに決め、大きさのバリエーションを揃えると、どんな人数やメニューにも対応できるクッカーセットができあがる。
「型」と「素材」の特徴は、下で紹介したとおり。「型」の主流は熱が均一にまわる浅型と深型の2種で、角に低温部分が残りやすい角型は少ない。「素材」でいえば、自力で荷物を運ぶ山歩きには重いステンレスが選ばれることはあまりなく、費用をかけたくない人やベースキャンプでの使用にほとんどが限られる。
どんなクッカーでも〝食べられるもの〟は作れるだろうが、それがうまいものになるか、簡単に調理できるかは、また別の話だ。サイズ、型、素材の3要素はじっくりと吟味してほしい。

/// Point /// 一長一短の「素材」

クッカーの機能や性質にどんな点を期待するかで、素材の選択基準は変わってくる。

重量は、チタン⇒アルミ⇒ステンレスの順で重くなり、頑丈さでは、アルミ⇒チタン⇒ステンレス。だがチタンは硬すぎて、過度の圧力がかかると、突然割れる。その点、アルミは曲がっても破損はしない。ステンレスはもっとも安定している。

価格はステンレス⇒アルミ⇒チタンの順で高くなる。チタンは軽いが高価で、ステンレスは頑丈だが、重い。アルミはそれらの中間だ。

熱の伝導率がもっとも高いのはアルミである。燃料を効率よく使え、調理時間も早くなる。その点、チタンは伝導率が低く、クッカー全体に熱がまわりにくい。

それらの長所と短所を踏まえ、現在の現実的な選択肢は、アルミかチタンだろう。ステンレスにも長所はあるが、他の2つの金属に比べると、あまりにも重い。バックパックに詰め込んで人力で持ち運ぶには、かなり厳しい。

ステンレス

これらのなかで、いちばん重く、安価な金属。そのために製品も安くて買い求めやすく、傷つきにくく、さびにくいという長所も。だが熱伝導率はアルミに及ばず、チタン同様に焦げやすい。山岳用としては少々使いにくい

チタン

特筆すべきは、軽量さと硬さ。ただし加工が難しく、貴重な金属なので製品は高価だ。欠点は熱伝導率が低いために、火の当たる部分ばかりが熱くなり、焦げの原因になること。反面、ハンドルなどは熱くなりにくい

アルミ

クッカーの素材として、いちばんポピュラー。ヘコみやすいが焦げにくく、熱伝導率がよいのでバーナーの火力が無駄にならない。手入れを怠ると白いサビが浮かぶが、比較的安価であり、加工も簡単と長所は多い

/// Point /// サイズのセレクト

ソロ山行であれば、700㎖ほどのサイズの鍋が1つあれば、ラーメン程度は作れる。いつも大盛りで作る人でも1ℓサイズ、2人で行くときは1・5ℓもあればよいだろう。それ以上の大きさは、メンバーの人数で検討する。

あまり大きいクッカーを持っていきたくないならば、食事を2〜3回に分けて作るという考えもある。時間はかかるが、荷物が軽量コンパクトになり、行動はラクになるはずだ。

4

/// Know-how ///

=使用法= 効率よく機能的に使うアイデア

自分好みのクッカーを見つけたら、あとはどう実際に使用するか。一度手に入れればいつまでも使えるものだけに、できるだけ快適に使える自分なりのスタイルを身につけていきたい。

金属製のクッカーは非常に硬く、山中で破損する心配はあまりない。むしろバックパック内へのパッキングの際には、他の壊れやすいものを圧迫してつぶさないように注意したい。

いうまでもなく、クッカーの内側は金属に囲まれた空洞である。この空間を有効的に活用し、いかに細かなものを詰め込むかは、パッキングの腕の見せ所だ。ナイフやカトラリーなど自分が使いやすければなにを入れてもいい。

食事を作るための道具なので、使うたびに料理で汚れるのは仕方がない。だが汚れたまま放置しておくと砂や土が付着しやすく、後でひどい思いをする。こまめにペーパーでふき取るのもひとつの方法だが、使い終わったら

/// Point /// サイズの組み合わせとスタッキング

大半のクッカーは、設計をミリ単位で厳密に行ない、鍋、ヤカン、フライパンに至るまで多様にスタッキングできるようにシステム化している。クッカーが円形であれば、他社のものもスタッキングは可能だ。むしろ同じブランド以上にピッタリと重ねられることもあり、追加で買うときは口径のサイズのチェックを行ないたい。

クッカーは大小2~3揃えたほうが山では便利だ。食事用とお茶用に分けるだけでもいちいち汚れをふき取る手間が減る。だが徹底して軽量化に努めたい人は、必要最低限のサイズを1つだけ持てばよい。お湯を注ぐだけのフリーズドライ食品を中心にする人は、ヤカンとカップだけという選択肢もあるだろう。

クッカーとボウル、カトラリーがスタッキングできるシステム型。山行によっては不必要なボウルは家に置いておき、軽量化を図るのもよいだろう

某メーカーのスタッキングの例。極大は径23㎝（5.8ℓ）から極小は径11㎝（0.31㎖）のシエラカップまで、8つの鍋型クッカーが次々と入れ子式に収納できる。自分の基本となるサイズを1つ決め、人数が多いときはそれにより大きめのものを、少ないときは小さめのものを組み合わせ、まとめて持っていくと便利だ

きちんとフタで閉じておくだけでも汚れは防げる。

　金属製のクッカーは自分好みに少しはカスタムできる。一部の縁をつぶして角を作り、湯を注ぎやすくしたり、フタにドリルで湯切り用の穴を開けることも可能だ。火にかけたときにバーナーヘッドの上から滑り落ちにくくするために、わざと底をへこませる人もいる。ハンドルが熱くなりやすいものには、不燃性の糸などを巻く方法もある。

　クッカー、なかでも中心となる鍋型のクッカーは、正しくケアすれば一生使える。ただし山岳用のギアとして金属の厚みをギリギリに抑えて軽量化しており、食品に含まれる酸で腐食したり、過度に焦がしたりすると、金属の厚みが少しずつ薄くなり、いずれ破損する。山では汚れをペーパーでふき取るだけであって、帰宅したらきれいに洗い、乾燥させて保存しておきたい。

/// Point /// 収納袋の素材

クッカーの多くには収納袋が付属する。主にナイロン素材で、なかには裏地に防水コーティングをしたものや強靭なメッシュも多い。

　しかし付属品にこだわらず、自分なりに使いやすいものに取り替えたい。乾きは遅いがコットンならば汚れを吸い取りやすい。着古した速乾性ウェアで袋を自作すると、濡れていたクッカーも運んでいるうちに乾燥する。

ナイロンを中心とした付属のスタッフバッグ。濡れた状態で収納することも多いクッカーには、メッシュも有用だ

/// Point /// 内部への収納

硬いクッカーは圧縮できず、内部空間が無駄になる。収納スペースとして積極活用したい。

　同じ調理系の器具であるガスカートリッジやバーナーヘッドを入れると便利だが、調理のときに使うナイフやフォークなどを入れておいても、作業時に探し出す手間が省けるだろう。

　クッカー内部は、壊れやすいものを入れるのにも使える。卵やトマトを布や紙に包んでから収納すれば、割れにくい。食事の幅も広がるだろう。

/// Column /// アクセサリーの使用

メーカーによっては、スパイス入れやレードルなどがセットになった調理用アクセサリーも販売している。クッカー内部に収納しやすいサイズにまとまっていて、わざわざ別に買って集めるよりもラクだ。

内部スペース活用の例

深型クッカーを3つ重ね、内側には110サイズのガスカートリッジ。その上にはバーナーヘッドも収納できる

ガスカートリッジも入るサイズだが、代わりにスポンジ、ハシやスプーン、ナイフなど、「食」に関わる小モノを

山でもカップラーメンという人には、それ専用のサイズに径・高さをピッタリ合わせたクッカーもある

アルコールバーナーをクッカーの中に。金属同士で傷つかないように、布を1枚噛ませるとよい

/// Point /// 清潔に使うテクニック

山中では食器を洗えるほど水が豊かで、しかも環境に負荷を与えないような場所は少ない。食器の汚れは多くの場合、ペーパーでふき取って持ち帰ることになる。

味が混じるのが嫌でなければ、食事ごとにふき取る必要はない。春や秋は朝の撤収前に一度拭くだけでも充分だが、夏場は食中毒の危険もあるので、こまめにふき取ろう。食事後に汚れを水やお茶で溶かして飲み干す山の〝流儀〟もある。

汚れが完全には取りきれず、濡れたままにもなりやすいクッカーには薄手のタオルを間に挟む。少々の汚れはこれでふき取り、帰宅後に洗う。移動中もガタガタと音が鳴らず、快調だ

水を捨てる場所があれば、ごく少量の水で汚れを溶かして流す方法も。お茶を作った後のお湯を使うと、油汚れもすっきり落ちる。最後にペーパーに吸い取らせてもよいだろう

昔からポピュラーなのが、トイレットペーパーでのふき取り。少ないペーパーで美しくふき取るテクを磨きたい。粘性の高い食事のときは破れて内側に張り付くので、注意して作業を

/// Column /// サブとして使う食器

ひとりの山歩きならば、作った料理は小型クッカーからそのまま食べれば済む。だが数人で山に行くときは、それぞれボウルや皿を用意し、クッカーから取り分ける必要がある。

こんなとき、山では以前からアルミ製のコッフェルが主流だった。しかしこれは熱が逃げやすく、気温が低い時期は食事中に料理が冷えてしまう。温かい食事をゆっくりと楽しむためには、プラスチックや木製の容器や、金属でも断熱性の高いものを選んだほうがよい。

ケヤキの木材を使い、職人が手をかけて作ったお椀のセット。3つの椀がスタッキングでき、皿としても使えるフタで閉じられる。保温性が高く、どんな料理もうまく感じられる

三角形の大きめの器の中に、小型カップ、マナイタ、スプーンとフォークの一体型である“スポーク”が付属。山用としては少々かさばるが、軽量で使いやすい

サイドの壁を蛇腹状にすることで、円盤型に小さくつぶして持ち運べるようにしたボウル、皿、カップのセット。柔軟性の強い素材で、手に持ったときにも柔らかくて心地よい

チタンの壁を2重にすることで保温性を上げたハンドルなしのマグカップ。径が広く食事用にも充分に使えるサイズだ。壁2枚という構造上、金属でも火にはかけられない

クッカーにまつわるこぼれ話

山で食べるマズいメシ。それをどうしたらましにできるのか？

山で自炊する食事はマズい。それはいい過ぎとしても、うまくはない。おいしいと感じるとすれば、山中にいるという雰囲気の問題か、激しい行動を続けて空腹になっているからだろう。その面は否定しないが、冷静に味だけを考えれば、街で食べる食事に敵うわけがない。山中では食材はもちろん、調理器具、水、燃料、すべてにおいて制限があり、標高が高ければ気圧の関係でお湯は100℃まで上がらない。その範囲内で可能なおいしさを目指すしかないのだ。

山でひとり分の食事を作った場合、調理後にはわざわざ別の食器に取り分ける必要はなく、クッカーはそのまま食器になる。だが、金属のクッカーは熱をすぐに放出し、食事はどんどん冷めていく。小さな器に取り分けたところで、それが金属製ならば同じことだ。だから、一気に食べないと、食事はますますマズくなっていく。山でゆっくりと食事を楽しむには、味がマズくなることも受け入れなければならない。

僕が最近よく行なっているのは、調理後に火を止めず、ごく弱火にしてクッカーをかけたまま食事を取ることだ。使用する燃料が少し多くなり、メニューはラーメンや鍋のようなメニューに限られるが、常に温かい食事を取ることができる。安全面でいささか問題があることも事実だが、晩秋から春にかけての時期は、体が温まる食事になり、やめられなくなっている。

トイレキット

**人間は食べれば、出す。山の自然を守り、
他の登山者に不快な思いをさせないように
トイレ問題に対処する道具も用意する。**

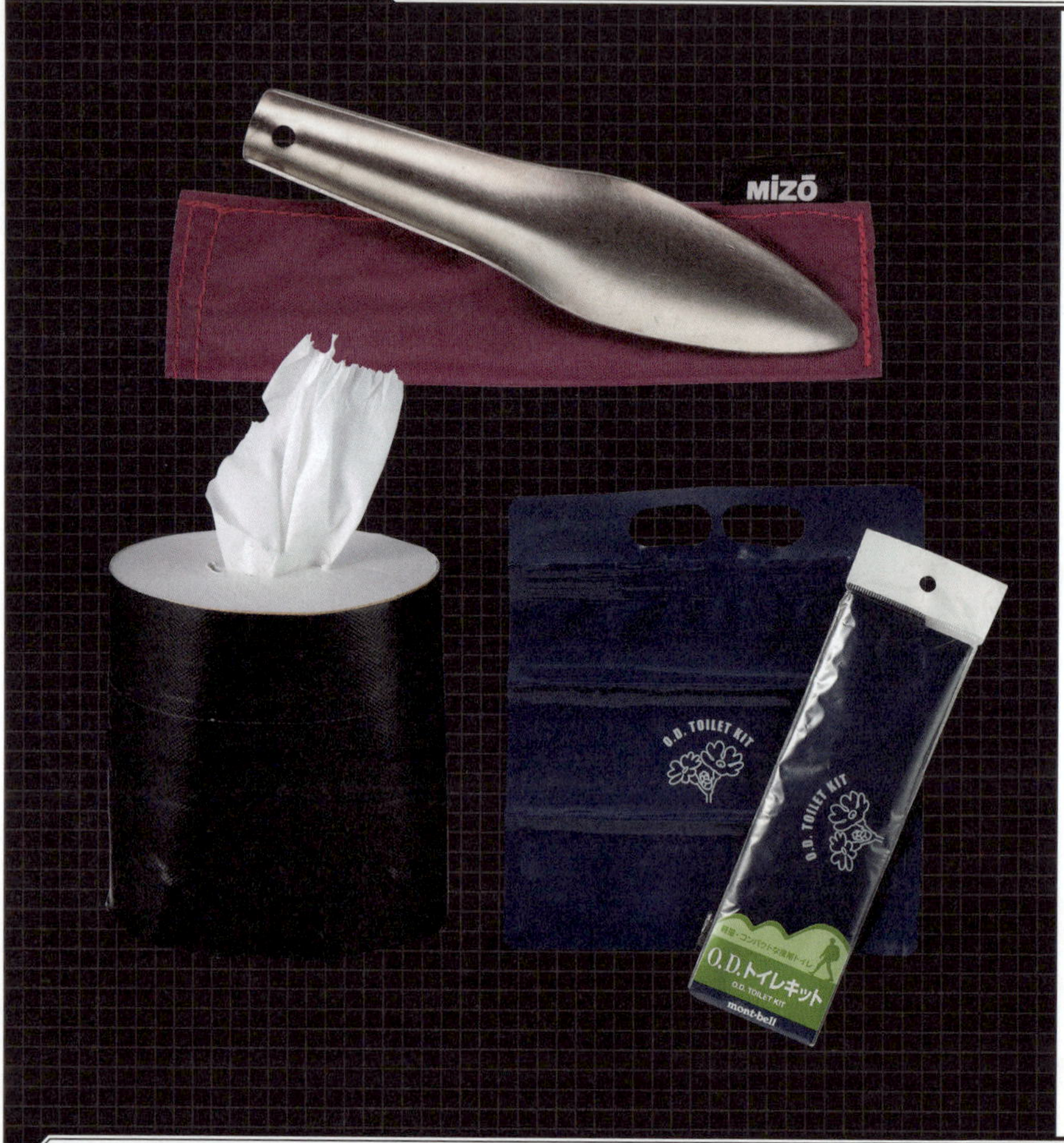

山では食べることばかりに焦点が当てられるが、「その後」の問題も少し考えてみたい。

山小屋が近くにあればトイレは借りることができる。ただしペーパーは置かれていないことも多いので、自分で用意する必要があるだろう。専用のホルダーも市販されているが、ガムテープをペーパーの周囲に巻いておけば、濡れると絶望的なペーパーの簡易的な防水ができる。これをドライバッグに入れておけば完璧だ。

トイレがない場所や行動中は問題である。森の中であれば小型ショベルで穴を掘り、用を足せばいい。ただし周囲に気を配り、植物を傷めたり、水場を汚染したりしないように配慮しなければならない。だが防水性で防臭機能も高い携帯トイレを持っていれば、気持ちはラクだ。あとは体を隠せる場所を探すのみである。

汚物を持ち歩くことに抵抗がある人は多いだろう。しかし、山の環境を考えれば我慢するしかないのだ。

/// Part.7 ///

MULTITOOL & CUTLERY

[マルチツール&カトラリー]

ナイフやハサミなど
使用用途が多岐にわたるパーツを備え、
さまざまな場面で活躍するマルチツール、
そして食事のためのカトラリー。
どちらも小さな
ギアではあるが、
山には欠かせないアイテムだ。

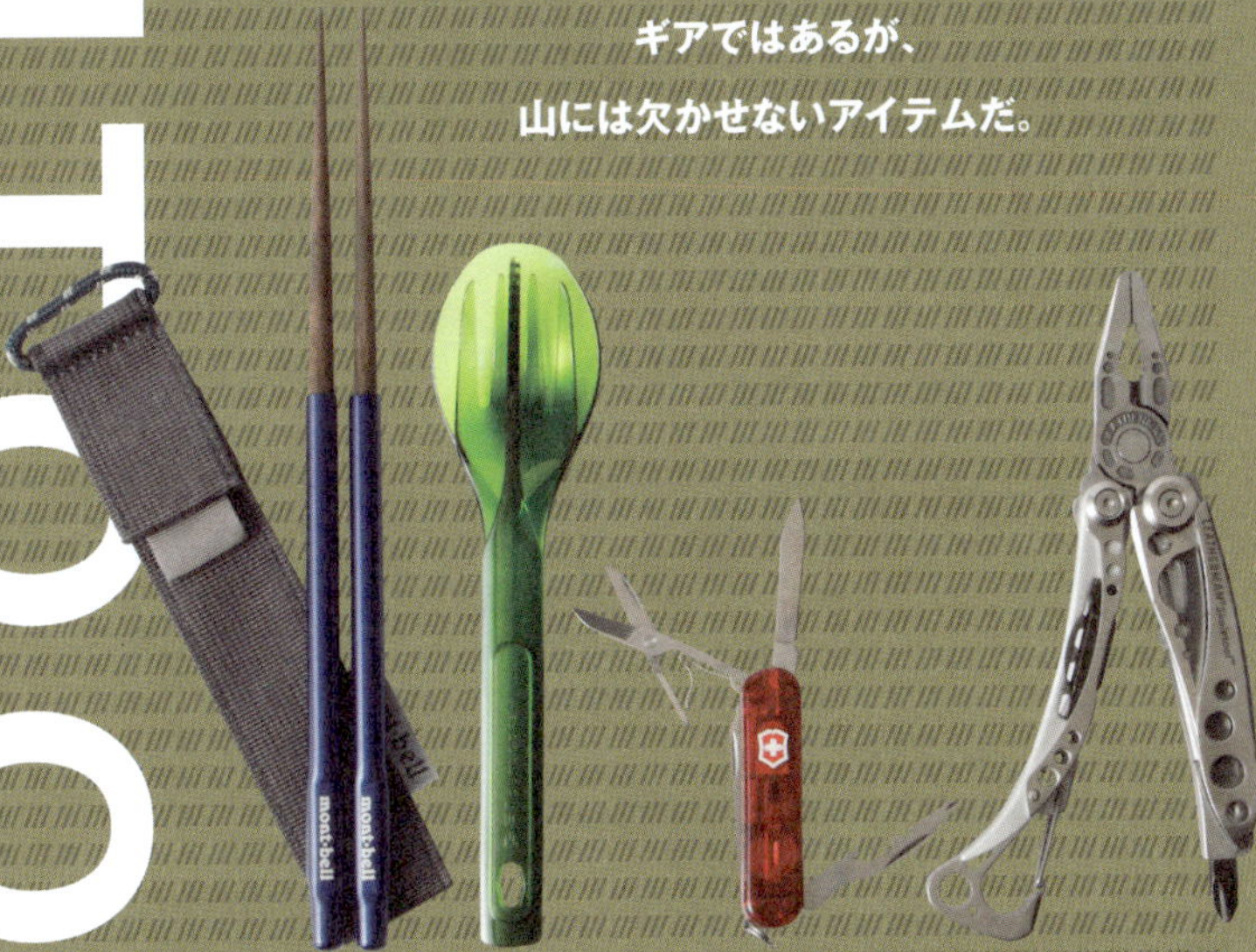

1

/// Category ///

＝分類＝ 多様なバリエーションと形状

マルチツールとカトラリーは多様なディテールをもつ。ここでは重要な機能を中心に、おおまかに分類する。

マルチツールには、それぞれが特別な機能を持つ多様なパーツが集約されている。グリップの構造とパーツの組み合わせで数え切れないほどのバリエーションが揃い、単純には分類しにくいが、山で活躍するポピュラーなタイプを考えれば、大きく2つに分けられる。

1つは大きめのブレードを中心とし、さらに缶切りやドライバー、ハサミなどを加えたアーミーナイフタイプ。もう1つはプライヤー（ペンチ）をメインにすえ、そこにナイフなどをプラスしたものだ。

アーミーナイフタイプはブレードとその他のパーツを収納するグリップ部分が1つで分離していないが、プライヤーがメインのものは

/// Point /// アーミーナイフ

いわゆるアーミーナイフはマルチツールの1種であるが、その存在と名称はマルチツールという呼び名以上に、一般的にポピュラーだ。名前の通り、ナイフを主体としており、そこにプラスして多くの機能的なパーツが付いている。

/// Point /// プライヤー付き

マルチツールのさまざまな機能のなかで、ナイフよりもプライヤー（ペンチ）機能を優先したタイプ。縦に2つに分かれたグリップを開いていくと、バタフライナイフのようにプライヤーが飛び出してきて、通常のペンチとして使える。

/// Column /// カトラリー＋α

金属でできたスプーンやフォークの柄の部分を利用し、マルチツール的に他の用途を持たせたカトラリーもある。写真の右はスプーン＆フォークにナイフ、缶切り、ボトルオープナーが付いたモデル。左はバーナーのメンテナンスや修理ができるように柄が特殊形状にくり抜かれている。

グリップが2分割され、プライヤーの使用時に力を入れやすい構造になっている。アーミーナイフタイプにもプライヤー付きはあるが、プライヤー用のグリップは本体のグリップに収納可能なサイズの簡易的なものになる。

マルチツールにはナイフや栓抜きの他に、スプーンやフォークなどのカトラリー機能を付けたものもある。このようなタイプの大半は調理と食事の用途に特化しており、工具的なドライバーなどの機能は思い切って省かれていることが多い。

カトラリー類にはスプーン、フォーク、ハシ、テーブルナイフがあり、山の食事の中心をどんなものにするのかで、人によって使いやすいものは異なる。単体の販売はもちろん、数本をセットにして販売しているものも多く、必要に応じて買い揃えられるようになっている。

/// Point /// カトラリー付き

ナイフや缶切りといったマルチツールの調理用パーツに、スプーンやフォークのカトラリーが付いたタイプ。修理などの他の目的には使いにくいが、食事に必要なパーツだけに絞ってあるために、マルチツールのなかでは軽量でコンパクトだ。

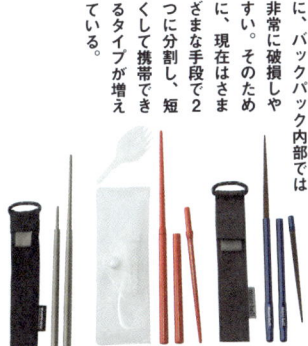

/// Point /// ナイフ

可能な限り荷物を減らしたい山では、たんなるナイフよりもマルチツールのほうが有用だ。だが、多少手の込んだ料理をする際には、やはり大きめのブレードを持つナイフがあると便利である。余裕のあるときには、1つ持っていくとよいだろう。

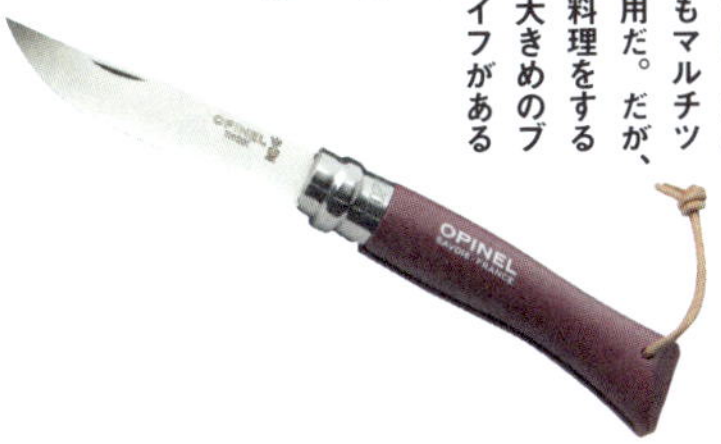

/// Point /// カトラリー（ハシ）

日本人ならば、フォークよりも使いやすいのがハシだろう。しかし、形状が細く尖っているために、バックパック内部では非常に破損しやすい。そのために、現在はさまざまな手段で2つに分割し、短くして携帯できるタイプが増えている。

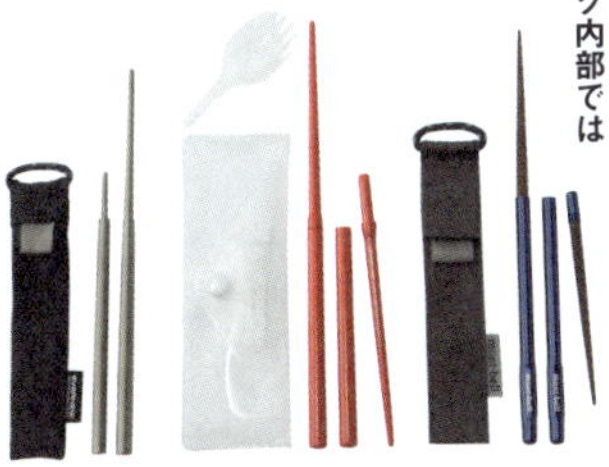

/// Point /// カトラリー（スプーン&フォーク）

スプーンとフォークのセットは、アウトドア用として売られているカトラリーのなかでもっともよく見られるタイプだ。このペアを組み合わせて持ち運べるように工夫したものも多く、海外メーカーのなかにはさらにナイフがついているものもある。

/// Column /// 大人数なら調理用具セット

大人数で山に入り、大きめの鍋を使って共同で食事の用意をする際には、調理用のカトラリー類も大きめのほうがよい。左は柔軟なマナイタに大きなレードルやフライ返し、各種の調味料入れなどが付いたキッチンセット。専用ケースにはスペースの余裕があり、個人用カトラリーもまとめて入れることができる。

2

/// Function ///

＝分類＝ 用途別のパーツと機能性

パーツ自体の機能はもちろん、ディテールの工夫も山では重要だ。とくにマルチツールは、自分にとって使いやすいタイプを把握しておきたい。

マルチツールの機能はタイプによってさまざまだが、基本となるのは刃物だ。ほとんどのマルチツールにナイフが付き、モデルによっては大小のブレードが2つ付いている。またブレードにも直刃と波刃があり、それぞれにカットが得意な素材が異なり、使い勝手も大きく違ってくる。

　ナイフの使用時には強い力を入れる状況も想定され、このときブレードを確実にロックさせる仕組みになっているものは安全度が高い。ロック機能がないタイプであっても、固めに留まるものを選ぶべきだ。

　同じ刃物でもハサミはナイフと違い、細かな作業にも向いている。食品のパッケージの開封や道具の修繕、怪我

マルチツールの基本仕様

マルチツールのなかでも非常にポピュラーな機能を押さえたタイプが、左の2つのモデル。上は滑りにくいグリップとナイフが主体で、下はプライヤー付きという点が最大の特徴だ。写真では主要パーツをそれぞれ引き出してある。通常の山行に使うなら、これくらいの機能が付いているもので充分に間に合うだろう。

マルチツール

ナイフ

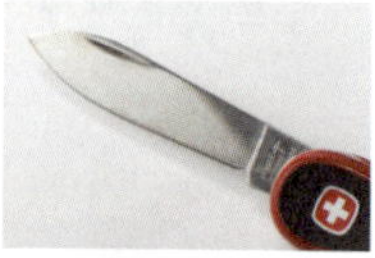

コルク栓抜き

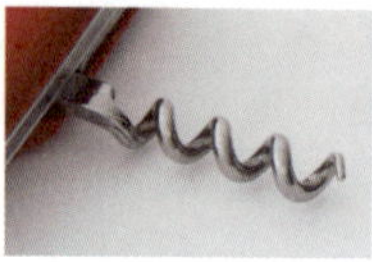

栓抜き

缶切り

ピンセットと爪楊枝

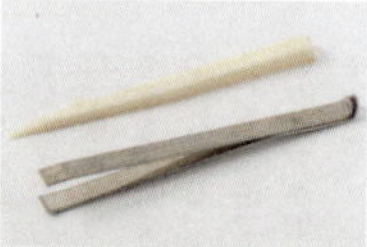

ハサミ

爪やすり

プライヤー付き

ナイフ

マイナスドライバー
栓抜き

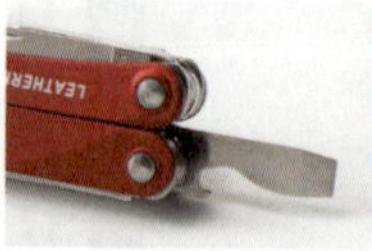

フラット
プラスドライバー

プライヤー

ハサミ

ヤスリ

をした際の応急処置などのときには、ナイフをはるかに超えて使いやすい。予想以上に活躍の場がある。

同様に細かな作業に適した機能がプライヤーだ。普段はあまり使うことがなくても、突然の道具の破損や修理など、本当に困ったときにこそ力を発揮してくれる重要な存在である。

バックパックへ荷物を詰めるときに扱いにくいものの筆頭が、細長いカトラリー類。硬い金属製は他のギアやウェアを傷つける原因となり、プラスチックや木製はカトラリー自身が破損し、折れたり割れたりといったトラブルが生じる恐れも高い。

そのため、2つに分割できたり、またはスライドして短縮できたりと、コンパクトに収納できる仕組みのものはパッキングに適している。硬めの素材の収納ケースが付属されているものも有用だ。専用ケース内への保管は衛生面でも安心である。

/// Point /// 安全性を増すロック機能

フォールディング式で折りたためるタイプのナイフは、ブレードがすぐには元に戻らないように、ストッパー的な機能を持たせている。だが強い力をかければブレードを戻せるものが多く、力を入れて作業をするときには、少々不安が残る。その点、ブレードを確実に固定するロック機能を持つものは安全度が高い。

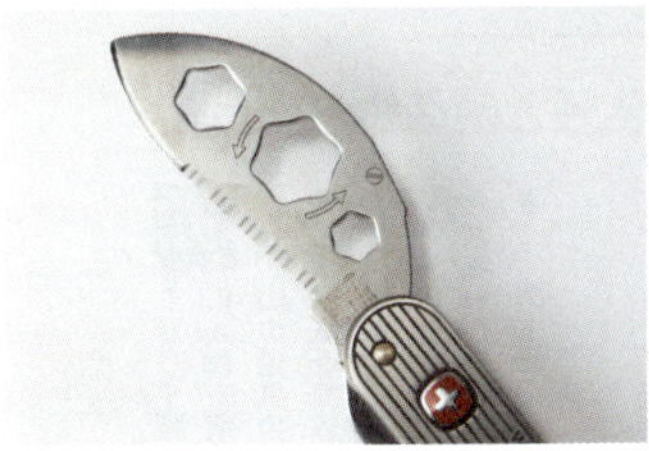

グリップの赤ボタンがロック。ここを押さないとブレードが折りたためない

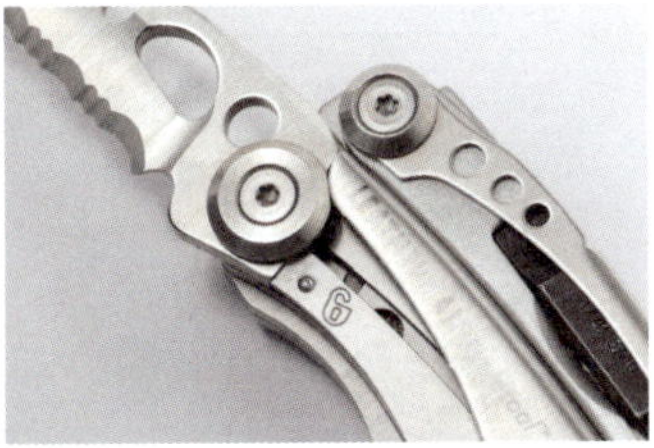

丸い部分の下にバネ状のロックがあるタイプ。この部分を押して収納する

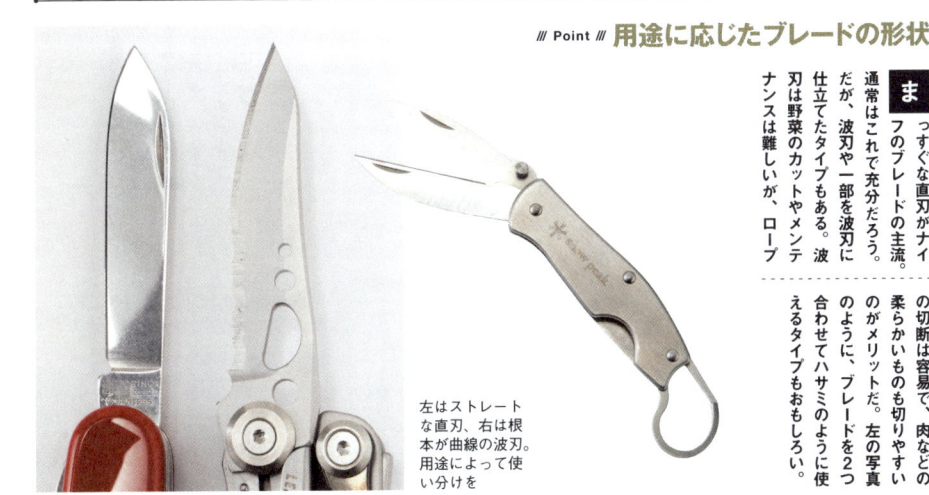

/// Point /// 用途に応じたブレードの形状

まっすぐな直刃がナイフのブレードの主流。通常はこれで充分だろう。だが、波刃や一部を波刃に仕立てたタイプもある。波刃は野菜のカットやメンテナンスは難しいが、ロープの切断は容易で、肉などの柔らかいものも切りやすいのがメリットだ。左の写真のように、ブレードを2つ合わせてハサミのように使えるタイプもおもしろい。

左はストレートな直刃、右は根本が曲線の波刃。用途によって使い分けを

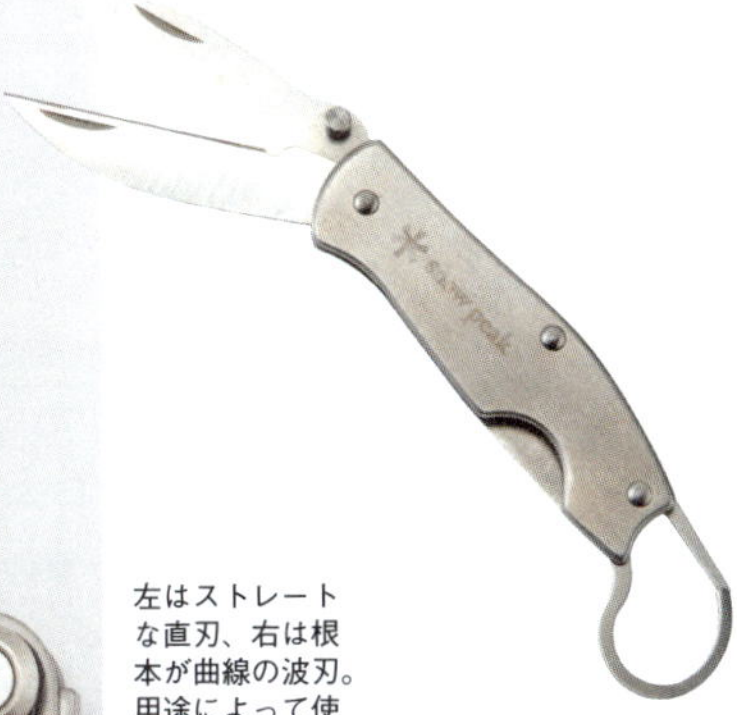

/// Point /// コンパクト性の追求

P119のハシと同様に、細長い形状のスプーンやフォークも破損の恐れは高く、なによりも持ち運びがしにくい。そのためにスライド式や折りたたみ式のカトラリーが増えており、手の平サイズに収まるように作られている。しかし食事の際に力を入れすぎると外れることもあるので、使用時は注意したい。

/// Point /// 衛生性と耐久性を上げる

カトラリー類は直接口に入れて使うものであり、山の道具のなかでも衛生性に気をつけたいものだ。付属のケースが付いているものが便利で、なかでも水洗いしやすい素材がベター。カトラリーを包みこむケースは破損防止にもひと役買い、プラスチックや木製のカトラリーにはとくに有用である。ケースに余裕があれば、マルチツールもいっしょに収納するとよいだろう。

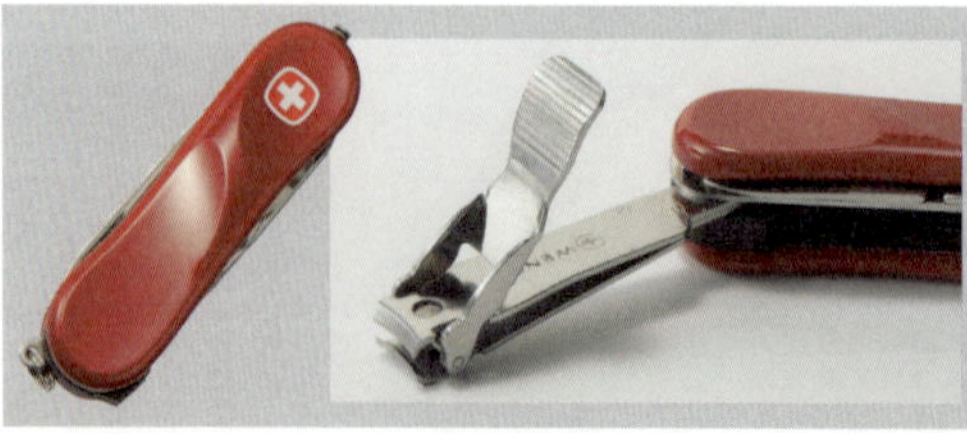

/// Column /// 想像以上に便利 ネイルクリッパー

手作業が多い山の中では、爪が割れたり、欠けたりするトラブルが多い。自宅で短く切っておくのが鉄則だが、それでも爪きりが欲しくなる場面が出てくる。マルチツールのハサミとやすりも充分に使えるとはいえ、専用の爪きりが付いていれば安心して使える。手先が気になる女性には、なおさらおすすめだ。

3

/// Select ///

＝選択法＝ 場面に応じたサイズとパーツ

使用目的を増やすほど、大型で重くなり、かさばってしまう2つのギア。使う人それぞれの重要性を見極め、過不足ないタイプを探したい。

マルチツール選びでもっとも大切なことは、シンプルさだ。不必要な機能を省いた小型で軽量なものが手の平にほどよく収まって使いやすい。山でとくに有用なのは、ナイフとハサミである。道具の修理などの用途にも備えたい人にはプライヤー付きがおすすめだ。その他の機能は、人それぞれ。たとえば、山でワインを飲むのが楽しみという人ならば、コルク栓抜きが必要になり、サブの照明として、LEDライト付きツールを選ぶという考え方もあるだろう。

カトラリーは家にあるものでも間に合う。だがアウトドア用に開発された持ち運びが楽なタイプやクッカーや食器に合わせて使いやすいサイズは、やはり便利だ。

/// Point ///

重さと大きさ、機能のバランス

ボールペンやライトまで網羅したタイプすらあるマルチツールだが、機能が増えるだけ大型になり、重量も増す。自分は使わないと思われる機能は省き、必要充分で軽量なモデルを探すべきだ。シンプルなものほど価格も手ごろである。左の写真はモデルごとの大きさと機能の比較。ナイフやハサミといった主要パーツの使いやすさを考え、あとは好みで選ぶ。なお、缶切りや栓抜きはかつての重要パーツだが、現在の食品の多くはワンタッチで開封でき、必要性が低下した。

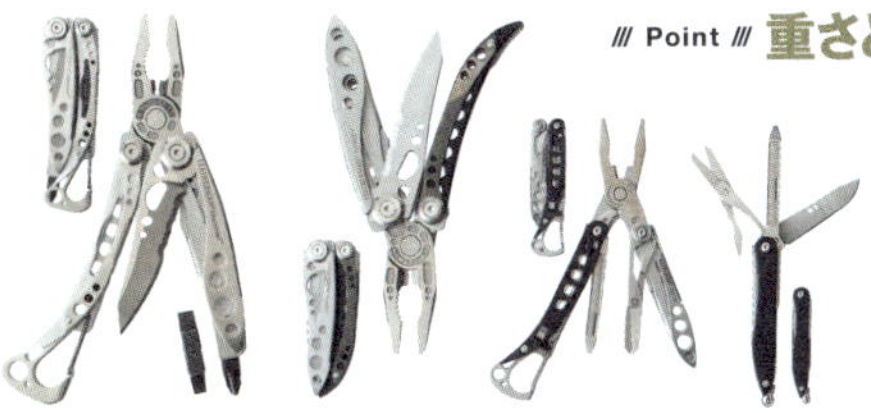

小型モデルでは省かれているものもあるが、レザーマンのマルチツールはプライヤー付きが売り。普段はほとんど使わなくても、なにかのトラブルのときには大いに活躍するだろう

アーミーナイフの代名詞がビクトリノックス。80以上の機能を持つものも販売されるが、山で実用性が高いのは10ほどの機能だ。ハサミ、ナイフ、やすり程度の超小型タイプも携帯に便利

/// Point ///

使いやすい素材とディテール

丈夫なのは金属だが、寒冷な季節は口当たりが冷たい。一方、プラスチックや木製は冷たくないとはいえ、破損の恐れも。また、一端がスプーン、もう一端がフォークになったタイプは両端を同時に使うと手が汚れやすいが、携帯性がよくて大人気だ。麺類が好きな人には、ハシ先にミゾがついているものが使いやすい。

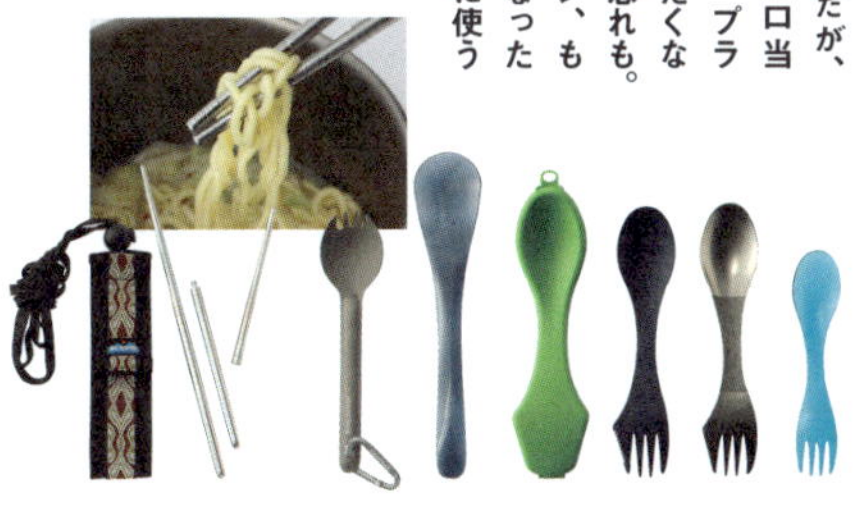

/// Point ///

カトラリーの柄の長さ

クッカーや食器との相性もカトラリー選びには忘れてはならない。縦に長い深型や大型のクッカーを使う際に、短い柄のカトラリーでは底まで届かず、調理や食事がしにくくなるからだ。携帯性も考えつつ、適度なサイズを選びたい。

4
/// Know-how ///

＝使用法＝有効に使える収納の場所

山中ではマルチツールの出番は多い。紛失防止のためにも収納場所を決めておき、いつでもすぐに使えるようにしておきたい。

マルチツールは「マルチ」というだけあり、用途は限りない。いつ、どんなときに使う機会が訪れるのかもわからないので、常に収納する場所を決め、すぐに取り出せるようにしておくとよい。

カトラリーと一体化しているタイプならば、調理用具であるクッカーに収納しておくと便利である。行動中にも頻繁に使う人は、バックパックのトップリッドのポケットも適した収納場所になるだろう。

1つおすすめしたいのが、ハサミとナイフがついた超小型のマルチツールをファーストエイドキットの中に入れておくことだ。応急処置具を切るなどの緊急時の細かな作業に備え、通常使うものとは別に用意しておくといい。重量はわずかなものである。

/// Point /// スペースを有効活用する収納方法

鍋などのクッカーには、いっしょに使うカトラリーやマルチツールを収納すると、使用時に同時に取り出すことができて便利だ。だが細長いカトラリーはサイズが合わず、入りきらないことも多い。こんなとき、金属性のカトラリーならば、思い切って若干曲げれば収納することができる。プラスチックや木製のものは、短くカットしてもよいだろう。

/// Point /// プライヤーとハサミの重要性

実際に山で使い続けていると、マルチツールの多様な機能のなかでもナイフ以上に有用だと感じるのが、プライヤーとハサミだ。プライヤーがあれば道具の修理やメンテナンスが容易で、熱くて手で触れられないものの処理もラクになり、ハサミを使うと食品の開封も簡単だ。いざというときの応急処置や爪きりにも活躍する。

熱いクッカーの移動にもプライヤーが使える。ヤケドをしないですむ

ハシやフォークで温めたレトルト食品を取り出すのは困難。プライヤーが活躍

ケガをしてガーゼなどで応急処置をするときは、ハサミでの細かな作業が不可欠

固く結びついてしまったロープ類も、プライヤーがあれば簡単に解ける

/// Column /// 切れ味を上げるシャープナー

アウトドアで使うマルチツールのブレードは、使い続けていると切れ味が落ちる。だが、砥石のような効果がある専用のシャープナーが販売されている。左のものはスティック状とV字型の2つのセラミックシャープナーが付き、刃に当ててこするだけ。見違えるように切れ味が増す。

どの機能が必要なのか？マルチツールなりのシンプルさを考える。

道具はシンプルなほうが壊れにくく、簡単に使える。だが、その真理に真っ向から立ち向かう存在が、マルチツールである。

切るだけの用途なら単純なナイフ、またはハサミのほうが便利だ。だが、マルチツールにはさまざまな他の機能が付加されている。不必要なパーツが重要パーツと組み合わされたモデルが多く、選択時には困る。

僕が山で必要としている機能を重要順に並べれば、ハサミ、プライヤー、ナイフ、ヤスリ、ピンセットとなるだろう。マイナスの小型ドライバーも意外と大切だが、なんといっても重視しているのが、はじめの3つのパーツだ。

初めて買ったマルチツールは、ビクトリノックス。厚みは1㎝ほどで、それほど多くの機能は付いていない比較的シンプルなものだった。本当はもっと機能満載のモデルが欲しかったが、値段の問題で諦めざるを得なかったのだ。

それを何年も使い続けた。

そして次第にわかってきたのは、それで充分だったということだ。偶然にも現在必要だと思っている機能のうち、プライヤー以外は入っていたのである。

今は装備の修理用にプライヤーが必要だと考え、他のものを使っている。だが初めてのビクトリノックスは、マルチツールにおけるシンプルさとはどういうことなのか、僕に教えてくれた。缶切りは折れてしまっているが、思い出の装備として現在も手元にある。

コンパス＆マップケース

自分の正確な居場所を知らずして、
安全に山を歩くことはできない。
必携すべきは詳細な地図とコンパスだ。

すべての山の装備のなかで、もっとも重要なものの1つは地図だろう。これがなくては、山歩きは始まらない。道迷いを起こして遭難してしまったら、山歩きが始まるどころか終わりもしない。

市販されている登山地図には防水紙を使っているものもあり、わざわざマップケースに入れる必要はない。だが国土地理院発行の地形図は水に弱く、ともすると読めなくなってくる。やはり防水性のケースに入れて持ち歩くことが安全な登山につながる。丁寧に使えば、安価な食品保存袋でも充分間に合うはずだ。

地図と合わせて使うのは、コンパスである。使いこなすには勉強をしなければならないが、いつも持ち歩いて山中で実地訓練を行なうのが手っ取り早い。アウトドア用の多機能時計にもコンパスの機能はあるが、電池切れや故障の恐れもある。シンプルゆえに壊れにくいコンパスは、やはり山の重要装備なのである。

Part.8

WATER BOTTLE

［ウォーターボトル］

登山中は大量の汗をかき、こまめな水分補給が欠かせない。そこで必要となるのがボトルを中心とする飲料水を運ぶための水筒類だ。行動中に破損しない耐久性を持ち、使いやすいものを用意したい。

1 Category

分類 水分を効率よく運ぶ性能

ボトルや水筒類でなにより大切なのは、行動中に水がこぼれないという基本的なこと。そのうえで、使いやすい形状を選び、季節によっては保温力も考慮する。

山中で脱水症状に陥ることは、ときに死の危険すらある大きなトラブルだ。行動中に飲むものとは別に、充分な飲み水を持ち歩くのは山歩きのセオリーである。

使いやすいのは、シンプルなボトルだ。アルミや合成樹脂製で、形状やデザインが豊富にあり、耐久性にも優れている。容量はさまざまだが、登山用に便利なのは0・6～1ℓサイズだろう。それ以上の大きさはかさばるので、少し扱いにくいかもしれない。

その点、大容量でも水を入れていなければコンパクトで軽量なのが、フィルム状の水筒である。10ℓ以上の大型もあり、ボトルのサブとして持っていくのもいいだろう。

保温ボトルについては、後のページで改めて説明する。

Point

ウォーターボトル

アルミや合成樹脂を使って作られたボトルは、昔からの定番だ。以前は筒型の他に平型や箱型の形状のものも多く見られたが、現在ではシンプルで耐久性が高く、携行性にも優れた筒型のものが主流になっている。とくに保温性はないが飲料水を運ぶには充分で、比較的購入しやすい価格帯に商品が揃っている。

Point

フィルム状水筒

数層にラミネートされたフィルムなどの合成樹脂を使った水筒。非常に軽量で、水を入れていないときは小さく収納できるなどのメリットがあり、現在では人気のタイプ。ただし耐久性はそれなりで、長く使い続けていると素材が劣化して水漏れを起こす。しかし値段は安めなので、ときどき買い換えるといい。

Point

保温ボトル

ボトルの壁を2重にしたうえで、そのあいだの空間を真空にしたものが主流。熱の伝導率を低くすることで断熱性を上げ、お湯を保温するだけではなく、冷水を保冷する効果もある。保温性の向上のために使われる素材やパーツが多く、また容量のわりに重量はかさむが、この点は仕方がないことだろう。

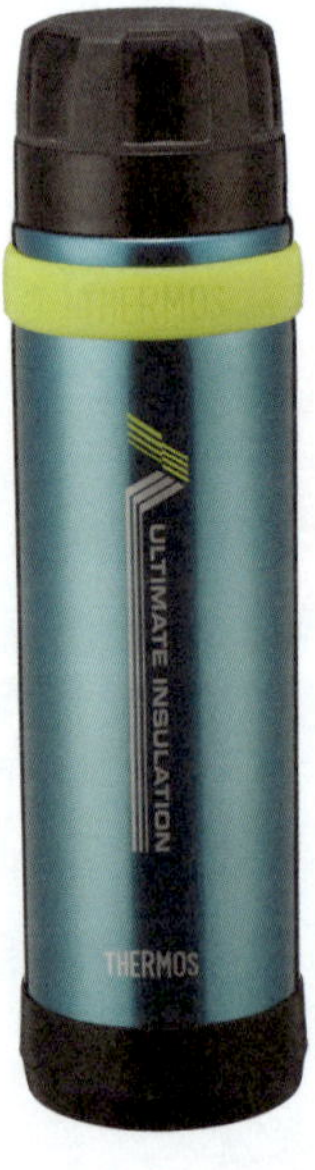

2

/// Function ///

＝機能＝ 使いやすいディテール

水筒類は基本的にはシンプルな構造のものが大半だ。だが使いやすさを考えて、細かな工夫もプラスされている。

/// Point /// ハイドレーションシステム

今ではポピュラーな存在になったのが、ハイドレーションシステム。これはバックパック内部に入れた水筒にチューブを取り付け、口元まで飲み口のバルブを延ばしたもの。歩きながらいつでも水を飲むことができ、体の水分不足を予防しやすい。水漏れや補給のしやすさを考え、各部にアイデアを盛り込んださまざまなモデルが登場している。一般的に多いのはフィルムなどを使った柔軟な水筒とチューブの組み合わせだ。

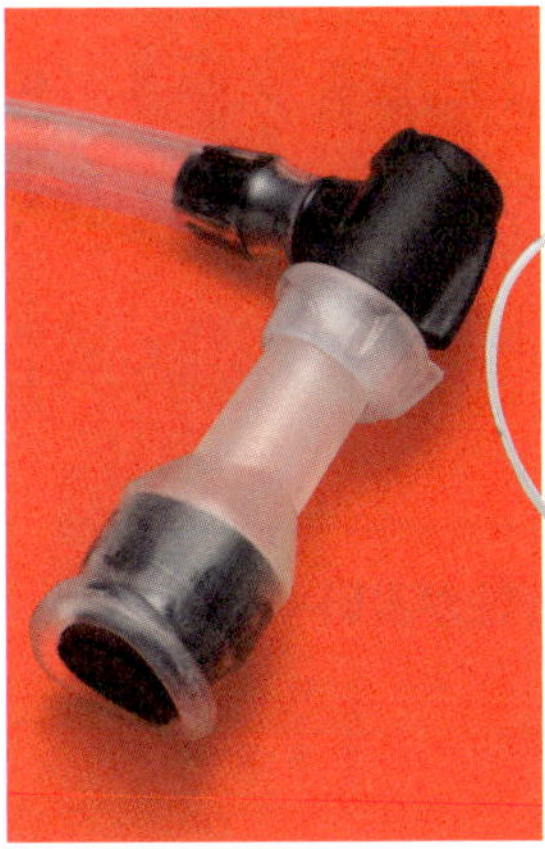

口をつけるバルブからは水が漏れやすいため、バルブをまわすことで水の流れを遮断するパーツを採用。大切な水を減らす心配がない

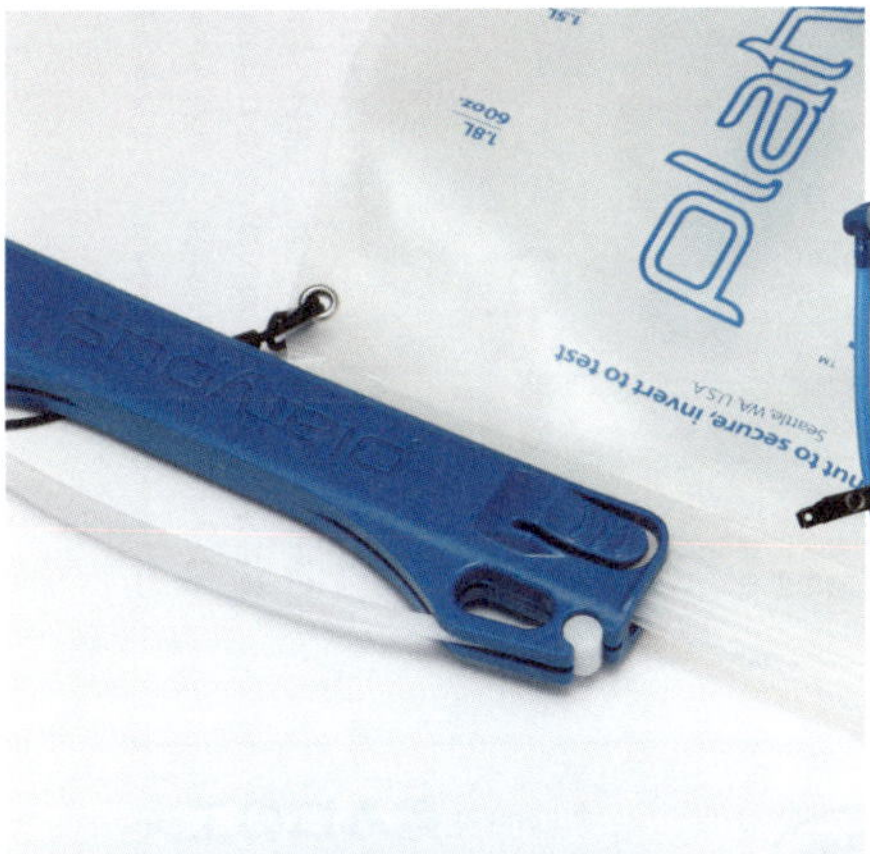

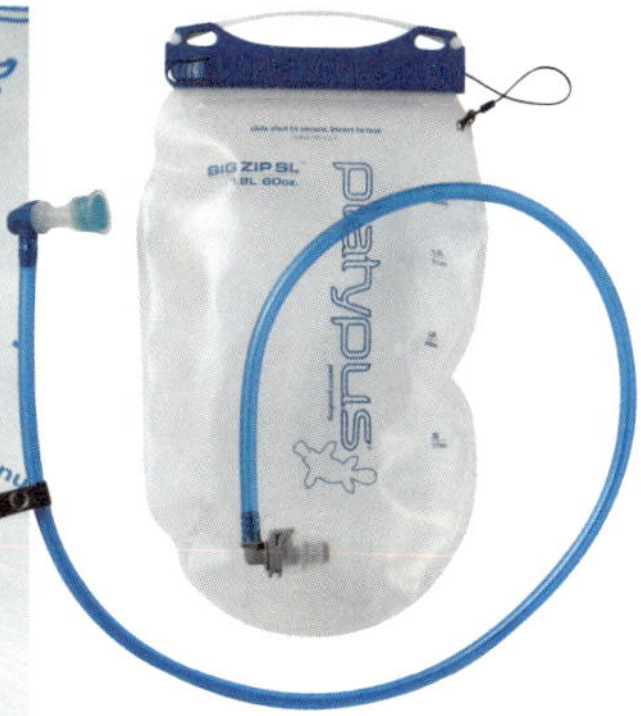

水の入れ口が大きく、内部の掃除もしやすいタイプ。水を汲みにくい沢などの流水からも簡単に補給可能だ

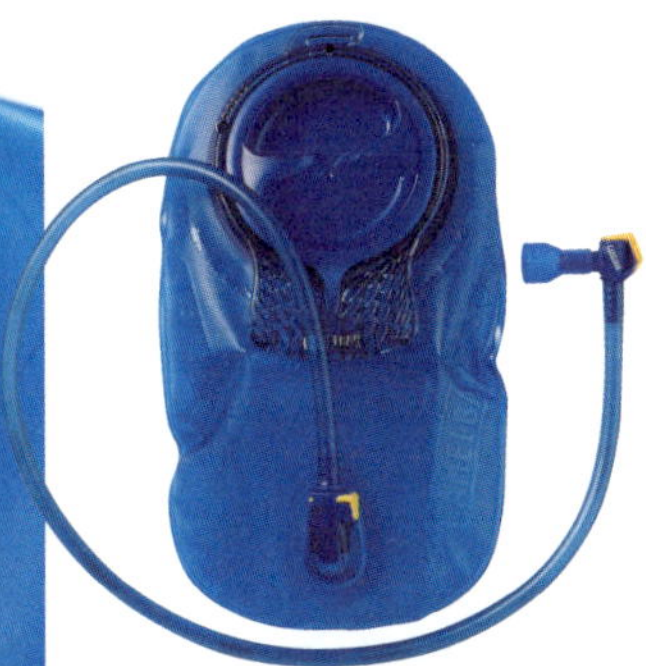

行動中以外、チューブは邪魔になりやすい。本体から外せるタイプは、水の補給の際や宿泊地などで使い勝手がいい

　もはや定番となっている飲料水関係のギアの1つが、ハイドレーションシステムだ。合成樹脂製のフィルム状水筒、もしくは大型のウォータータンクにチューブを取り付けたもので、歩きながら水分補給ができる。ボトルに取り付けられるチューブも市販されており、誰もが手軽に使えるようになっている。

　ただし、行動中は使いやすいが、テント場や小屋の中ではチューブが邪魔になり、少々やっかいだ。水タンクとチューブが取り外せないタイプよりも、分離できるものがいいだろう。水の入れ口は大きいほうがラクに水を補給することができ、掃除も簡単だ。

　夏を中心とした温暖な時期は、空になったペットボトルも充分に使える。サブの水筒として持ち運び、水の量を調整するのにも便利だ。ペットボトルがあれば、わざわざ他のボトルを購入する必然性は

/// Point /// 携行性がよいキャップ

一部のモデルのキャップにはカラビナなどが付属し、ストラップにかけて落下や紛失を防ぐ工夫がなされている。またキャップをきつく締めすぎたり、気圧の問題で開かなくなったときには、穴の部分に棒などを入れてまわすとよい。

リングに加え、カラビナが付属したモデル。カラビナが動くので固定する場所の自由度が高く、邪魔ならば外せる

キャップをカラビナのように仕立てたモデル。ストラップなどに簡単に引っかけられ、紛失を予防できる

/// Point /// 飲み口の工夫

飲み口の形状は、水筒の使いやすさを大きく左右する部分だ。単純にキャップを回して外すだけのものが多いが、なかには口に含みやすい小さな飲み口を別途つけたものや、別売りパーツに取り替えられるものもある。自分好みを探したい。

キャップ上のさらに小さな赤いキャップ。これを半回転するだけで水が飲める。一気にたくさん飲むには大きなキャップ自体を開けばいい

キャップ内のリングを回すと口に入れやすい形状の飲み口が簡単に開くタイプ。それを覆うカバーも付属しているので、汚れも気にならない

ほとんどないとさえいえる。

だが熱には弱いので、温かい飲み物を入れて使うことはできない。その点、同じ合成樹脂でもアウトドア用のボトルはある程度の耐熱加工が施され、温かい飲み物もキープできる。夜は湯たんぽ代わりに使ってもいい。金属製ならば熱湯すら入れられるのだから、やはり専用のボトルを手に入れておきたい。

飲み物の温度を長い時間保つには、保温ボトルが必要だ。温かい飲み物は心身に活を与えてくれる。とくに冬期は通常の水筒では凍結の恐れがあり、フタが開かなくなることも珍しくない。水が飲めなくなるばかりか、フタが開いたとしても氷のように冷たい水は飲むと体が冷え行動能力を低下させる。

保温ボトルは保冷効果も同様に高い。飲み物の冷たさも一定時間キープできるので、夏場にも重宝する。少々重いのが難点だが、装備のなかに1つは揃えておきたい。

/// Point /// 保温性と保冷性の向上

冷水やお湯の温度を保つ簡単な方法は、水筒の周囲を断熱性素材で覆うことだ。またボトルの壁が2重構造／真空タイプの場合、飲み物の熱が逃げていくのは内部のフタの部分からだ。この部分が長く、かつ細いものほど断熱性は向上する。

工夫の例

内部の注ぎ口の長さと太さに注目。この部分がこのモデルのように長く、かつ細いものほど内部の熱が外に伝わらず、保温力が高い

飲み口が広いものは若干熱が逃げやすい。だが大きな氷を入れることもでき、掃除もラクだ。保温性よりも使いやすさ重視での選択だ

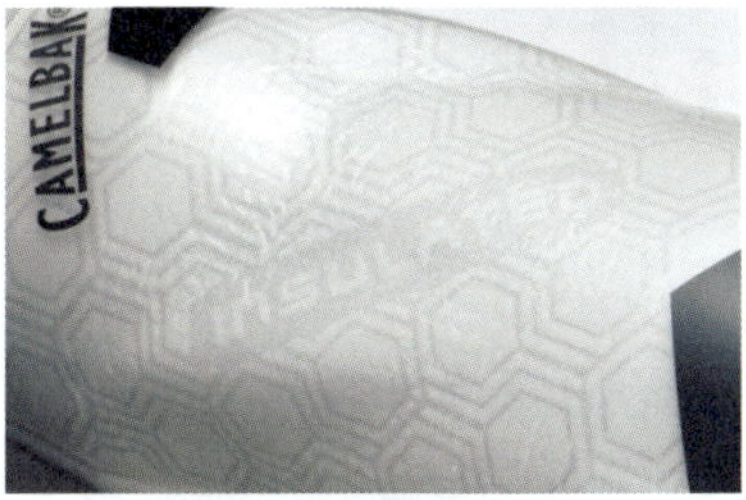

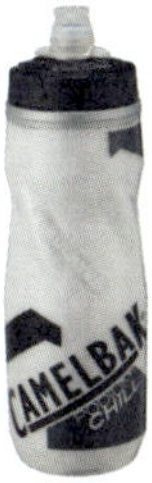

ソフトなボトルの壁を2重にし、そのあいだに保冷性が高いフォーム材のシートを封入。簡易的な構造だが、水の冷たさが長持ちする

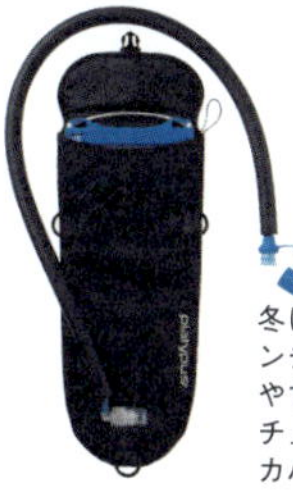

冬はハイドレーションチューブが凍結しやすい。水筒に加えチューブも断熱材でカバーしたモデル

フィルム状の水筒に断熱性のカバーが付属。水の冷たさを保つことに加え、冷水によって生じる水筒表面の結露も抑えられ、周囲を水で濡らさない効果も

3

/// Select ///

＝選択法＝使いやすさと強度のバランス

水は山でもっとも大切なものだ。だからこそ水筒類は確実に必要な量を運べ、使いやすいものを選びたい。

大きいもの1つで間に合わせるのか、それとも小型のものをいくつか組み合わせるのか。飲料水用の水筒を買う際に、はじめに考えなければならないのが、容量だろう。

大型のもの1つにすれば、荷物の軽量化につながる。だが、大量の水を入れると重くなり、口をつけて飲むたびに持ち上げるのが億劫になる。小型のものを複数用意した場合、水筒ごとに違うものを入れられるというメリットがある。普通の水は一定量キープしつつ、別の水筒にはドリンク剤を溶かしたものを入れ、味の違いを楽しむのも悪くない。しかし、荷物が少し重くなるのは避けられない。

ともあれ、必要十分な量が確実に持てれば、あとは使い勝手の問題だ。

/// Point /// ボトルを形成する素材

昔ながらの金属製の水筒は金属臭が鼻についたが、現在主流のアルミやステンレス製はほぼ無臭だ。また、合成樹脂製の水筒の一部には水を長く入れていると素材が溶け出すものがあったので、古いものを使っている人は体に無害な素材か確認しよう。

同一メーカーであっても、耐久性に富んだアルミ、軽量性に優れる合成樹脂など、素材違いのボトルが販売されている。値段の差も考え、自分の使い方に合うものを選択したい

/// Point /// 飲みやすい口径の大きさ

飲み口の口径は使用感を大きく変える。水の補充がラクでストレスなく多くの水が口に入るのは広口で、帰宅後は掃除もしやすい。一方、少しずつ水が飲めるのは細口で、不注意で倒しても水があまりこぼれずに済む。

写真右は細口で、左が広口。飲みやすさ、水の補充のしやすさ、掃除の簡単さなど、どのポイントを重視するかで選択は変わる

/// Point /// 水を入れられる容量

山域の状況や水場の場所、気温などにもよるが、夏の山では脱水状態に陥らないように最低でも1～2ℓの水を持ち歩くべきだ。水場がない山では、それ以上の水を用意しよう。そのために3～10ℓの大型の水筒類も用意しておくと便利だ。

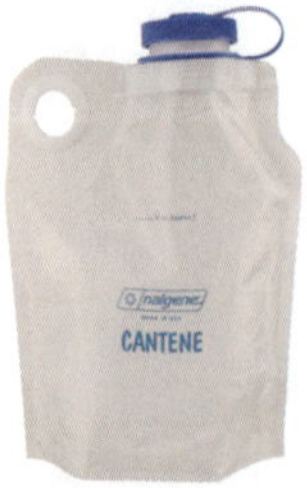

広口タイプのキャップで、水の補給がラク。水筒を地面に立てた状態で保管でき、土がつきにくい

上部は水を入れやすく、圧力がかかっても開きにくいジッパー式に。大量の水が簡単にキープできる

飲み口の形状は大きめのものと、小さめのものがある。大きめのものは掃除がしやすく、一度にたくさんの水を口に入れることもでき、いかにも水分を補給した気分になれる。小さめのものは一気に水を飲むことはできないが、目的地に着くまで水を飲みきらないように心がけている人には、その少しずつしか飲めない点が、むしろ好まれている。

ところで、水筒は行動中だけ使うものではない。テント場などでは調理用の水を運ぶためにも必要だ。このとき、小さなボトルでは必要分を運びきれないので不便だ。とくに大人数でいっしょに調理を行なう場合は、グループ内の共同装備として使う大型のウォータータンクをひとつ用意しておくと、何度も水場へと往復したり、小屋に購入しに行ったりする手間が省ける。

/// Point /// 使い勝手がいいボトルの形状

バックパックのボトルホルダーは筒型のボトルを入れる想定でデザインされているが、人によっては他の形のほうが便利だろう。例えば昔からあった

ホルスター型は容量のわりに薄く、手になじむと同時にバックパックのポケットにも収めやすい。

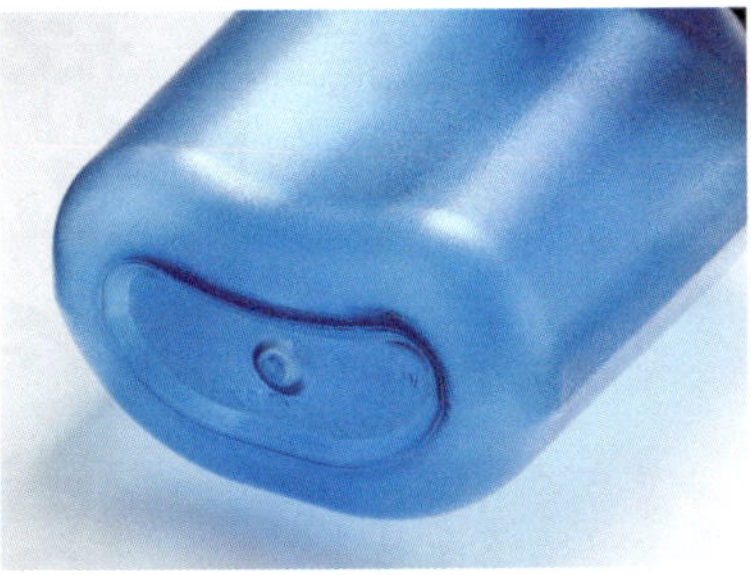

丸みをおびた、人体にもフィットする形状。面積は広くなるが筒型よりも薄く、バックパックの雨蓋部分やサイドポケットにもすんなりと収納できる

ボトルの中央にくぼみがつき、指をかけやすい形状になっているタイプ。グローブをはめたままでも滑り落ちることがなく、寒い時期にも使いやすい

/// Column /// ワイン専用

アルコールを山でも楽しみたい人の問題は、いかに風味を落とさずに持ち運ぶかだ。飲料水用ボトルを使ってもいいが、飲んだ分だけ空気が入り、酸化によって味が落ちる。フィルム状の水筒なら空気を抜くことができ、ワイン用もある。

フィルム状の水筒はもともと軽量なばかりか、飲むほどに容積が減らせる長所がある。これはワイン用だが、日本酒やウイスキーでも同様に使える

/// Point /// 水漏れを抑える強度

金属や合成樹脂のボトルであれば、山中での破損はめったにない。だが問題はフィルム状の水筒で、圧力には強くても突起物が刺さると破れかねず、経年劣化の問題も大きい。しかし表面素材にナイロンを使ったタイプは非常に強靭で劣化も少ない。

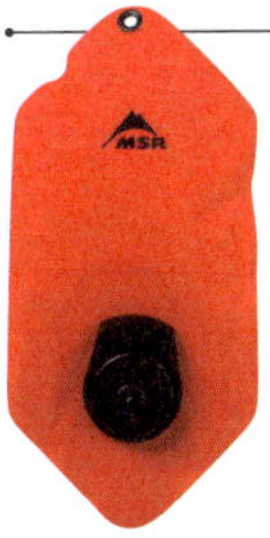

薄手のコーデュラナイロンの内側をポリウレタンコーティング。より厚みがある素材を採用したタイプや容量違いも販売されている

4

/// Know-how ///

＝使用法＝自分好みで使うためのパーツ類

水筒類を使いやすくするのは、別売りのアクセサリー類だ。ほんのわずかなプラスαで、使用感が格段に変わってくる。

水筒というものは、使っているうちに愛着が生まれやすいアイテムだ。かわいらしいデザインやカラフルな色使い、奇抜な模様など、無骨なものが多い山道具のなかでは、デザインに遊びがあるものだからだろう。とくにボトル類にはおもしろいルックスのものが多い。

そんなボトルをさらに自分好みのものにして使うには、各メーカーから販売されているアクセサリーを利用するとよい。とくに飲み口の形状を変えられるオプション品が豊富で、広口を細口に替えることもできる。フタを回すことなく、引っ張るだけで飲めるようにするキャップなども便利な存在だ。

バックパックのサイドポケットに入れて持ち運ぶこと

/// Point /// 飲み口のパーツの変更

買ったままの状態で水筒類を使っている人が多いが、オプションのパーツを加えると、使い心地はさらに向上する。とくに飲み口の形状を変えるパーツには種類が多い。また飲み口のキャップと交換して付けるハイドレーションシステム用のチューブも便利だ。ただし水筒の上部に付けるものになるため、ハイドレーションとして使用する際には水筒の天地をひっくり返して使わないと、水が出にくいので注意しなければならない。

上の写真の左下は別売りのキャップ。出っ張りが少ない形でボトルを使用できる。他は通常の付属物で、あらかじめ飲み口が2つ用意されている

広口のキャップを小口に変えるオプション。リング付きのストラップもついており、紛失防止に役立っている

ボトルの口にはめるだけで、広口の飲み口を小さくできる。流量の調整ができ、水がこぼれにくい

付属のキャップはたんなるフタだが、このオプションのキャップなら引き出すだけで水を飲める

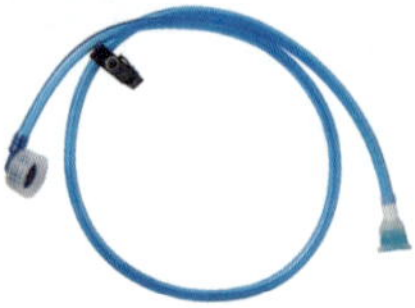

フィルム状の水筒をハイドレーションシステムに変えるキット。すでに水筒だけ持っている人におすすめだ

キャップの紛失防止のために作られたコード付きのリング。指を引っかけることもでき、持ちやすさもアップする

ハイドレーションのチューブの飲み口のカバー。飲み口は露出していて汚れやすいだけに、気になる人には有用だ

が多いボトル類は、行動中に落としやすいものの筆頭である。実際、山中で寂しげに転がっている姿をよく見かける。紛失防止には、カラビナなどでバックパックのストラップなどに引っかけておくことだ。水分補給のたびにひと手間かかるが、お気に入りを失くすよりはいいだろう。

水筒類はその構造上、大半のものは掃除しにくい形状だ。帰宅後に洗うことも忘れがちで、気づいたらカビだらけになっていたという話もよく聞く。さらに乾燥させにくい形状なので、せっかく洗っても再び嫌な臭いを発することは珍しくない。

熱に強いタイプの水筒ならば、熱湯消毒すれば殺菌できる。だが汚れは完全には落ちきらない。キッチン用の洗剤を使ってもいいが、ハイドレーションシステムのチューブなどは専用のブラシを使うほうが確実だ。衛生的に長い間使いたいならば、1つ用意しておくといい。

/// Point /// 内部のクリーニング

水筒類は使用後の洗浄がやっかいだ。広口のボトルでも手を底まで入れて洗うことは難しく、次第に汚れが蓄積していく。ときどき熱湯で殺菌するといいが、素材によっては高温には耐えられない。専用の器具や薬剤を使うと効果的だろう。

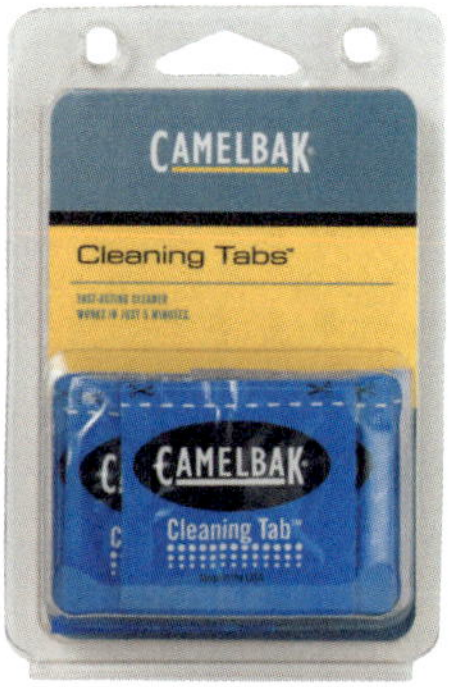

水筒内を洗浄するタブレット。内部を洗いにくいフィルム状の水筒や細口のボトルに使えば、清潔さをキープできる。1つずつ小分けにされており使いやすい

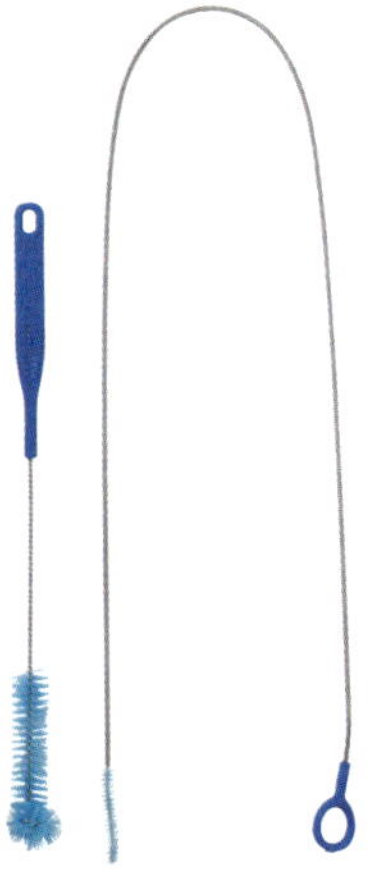

内部に水分が残り、不衛生になりがちなハイドレーションのチューブを洗うブラシ。きれいな状態で長く使用するためには持っておいたほうがいいだろう

/// Column /// 浄水器という選択

水がきれいな日本の山中では浄水器の出番は少ない。北海道にはエキノコックスという寄生虫がはびこり、ほかの場所でもときに細菌の問題はあるが、多くの場合は煮沸すればこと足りる。だが浄水器があれば、山の水を冷たいままで飲むことが可能だ。現在は化学物質の除去ができるモデルも売られている。

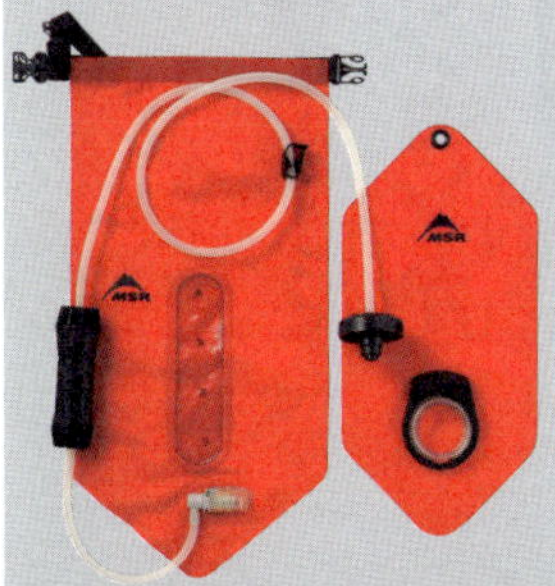

水タンクとつなげ、1分で約1.7ℓを浄化する浄水器。中空糸膜技術で浄水された水はチューブを通り、ほかの水筒やボトルへ移っていく

抗菌効果がある銀を使った0.2ミクロンのセラミックフィルター。210gと超軽量だ。1分間に0.5ℓ浄水でき、バクテリアなどを除外する

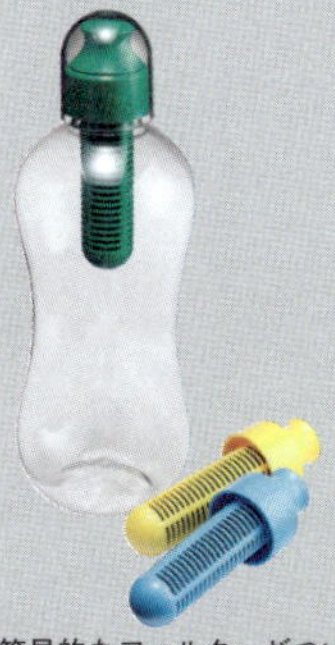

活性炭の簡易的なフィルターがついた軽量ボトル。病原体までは排除できないが、流水中の枯葉や石などの異物は充分に除去でき、手軽に使える

便利ではあるが……。ハイドレーションからボトルへの回帰。

以前の僕はハイドレーションシステムをよく利用していた。歩きながらでも水分補給ができるのは画期的なことで、行動中にチューブの先をくわえてチビチビ水を飲んでいれば、たしかにノドの渇きを感じない。便利なものが登場したものだと感心した。

ハイドレーションシステムに対応していないバックパックを改造し、わざわざチューブを通す穴をあけたこともある。だが、今はあまり使用することがない。歩き方と休憩の取り方が少し変わったからだ。

ひとりでばかり歩いていたころは、休憩時間は数分で済ませ、バックパックを下ろさないことも多かった。行動食も歩きながらせわしなく摂っていたので、口の中に潤いをもたらすためにもハイドレーションシステムが便利だったのだ。

だが今は、1回の休憩ごとにしっかりと時間をとるようになった。そして風景を眺めながら行動食を落ち着いて味わう。そんなとき、ボトルのキャップを開け、一気にゴクゴクと飲み干す水のおいしさといったら。スムーズで絶え間ない水分補給にはハイドレーションシステムがよいのは間違いないが、水を飲む喜びを考えれば、ハイドレーションシステムではなく、やはりボトルのほうが適している。

一時期、なぜかボトルに凝ったことがあり、形状や飲み口の大きさなどが異なるものを、いくつも買い集めた。昔のように樹脂製だからといって嫌な臭いがするわけではないが、金属のものとはやはり風味が変わるのがおもしろい。飲み口が広口か細口かは、より風味に影響する。とくに粉末ドリンクを水に溶かしたときは、広口のほうがおいしく感じる。飲み口からドリンクの香りが立ち上がり、鼻でも飲み物の風味を感じられるからだ。いわば広口のボトルは、ワイングラスのような効果を持っている。

今欲しいのは、寒い時期に使う大型の保温ボトルだ。現在市販されているアウトドア用モデルの大半はどれも小型で、大きくても700㎖程度。1ℓには満たない。内部を2重構造にしたり、熱が逃げにくいキャップをつけたりと、保温ボトルは構造上もともと重いため、容量の大きいものを作っても、あまり売れないのだろう。

だが、空気が乾いている晩秋や冬は予想以上に喉が渇き、小型では行動中に飲み切ってしまう。サブのボトルを持っていっても、そこに入っている水は冷たく、保温ボトルを2本にすると重量がかさむ。アウトドア用以外の大型は寒冷な屋外で使うことを想定していないから、すぐに温度が下がっていく。なかなか欲しいものが見つからない。せめて1ℓサイズのアウトドア用を、どこかのメーカーが作ってくれるとありがたい。

多機能時計

**多機能時計は、ベーシックな山の情報ツールだ。
安全に、快適に行動するためには
基本機能を正しく使いこなさねばならない。**

本当は山では時間なぞ気にしたくはない。しかし予定通りの時間に起床し、行動時間を把握して歩行ペースを知るためにも、時計は必要なものだ。

山で使うなら、やはりアウトドア専用の多機能時計である。モデルによりさまざまな機能を搭載しているが、山で重要なのはアラーム、高度計、気圧計、温度計、コンパス機能などだ。使い方によっては、ストップウォッチやタイマーの機能も大切だろう。行動記録をとるにはGPS機能が便利で、心拍数を計れるものは体調管理の手助けになる。そして防水であることが、すべての前提である。

多機能時計はマルチツールと似ていて、モデルによって持っている機能が大きく違う。幸い、多機能だからといって重くなるわけではないのが、マルチツールと異なる点だ。だが多くの機能を搭載すれば、値段が高くなる。自分に必要な機能を見極め、リーズナブルなものを探したい。

/// Part.9 ///

HEADLIGHT

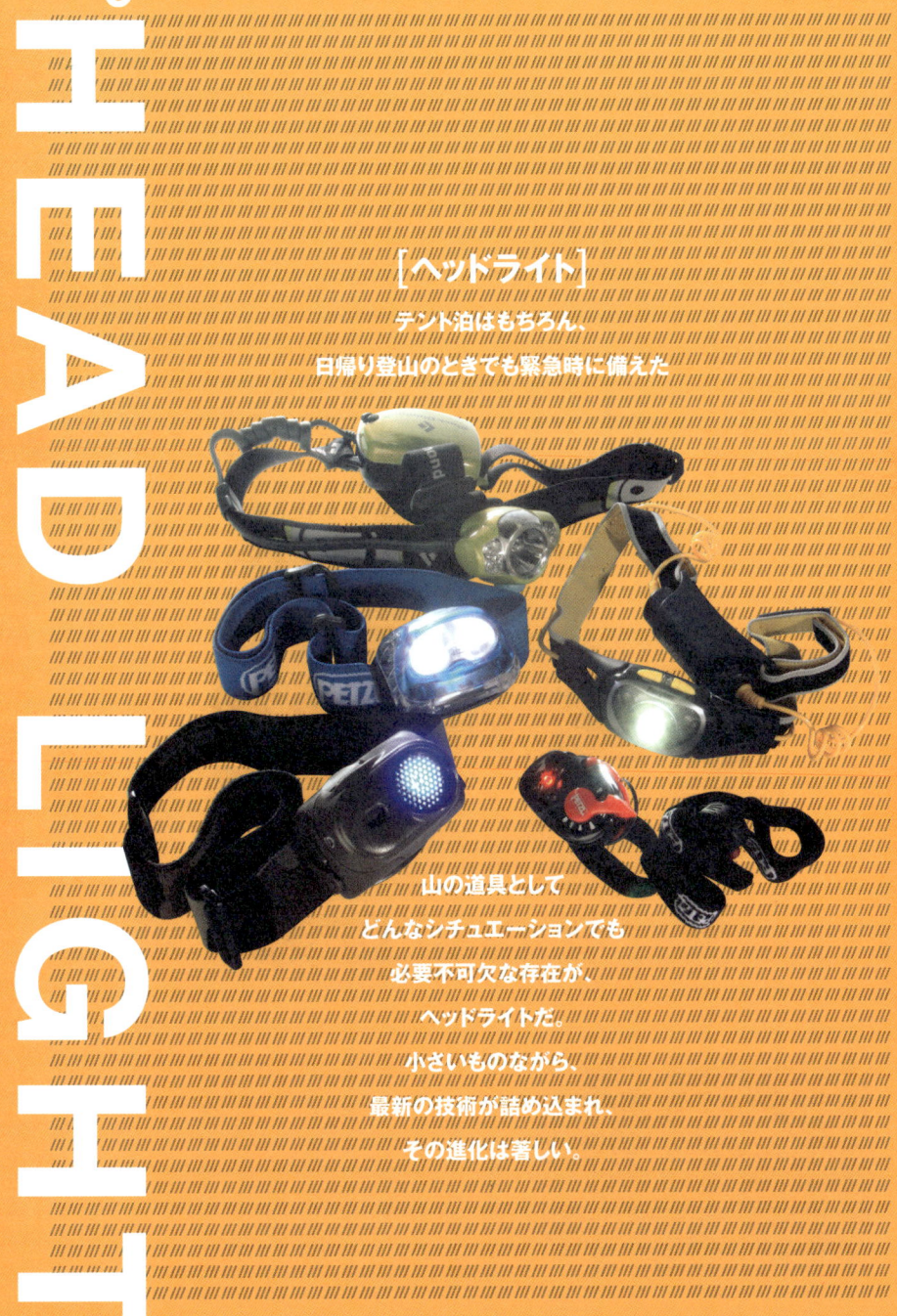

[ヘッドライト]

テント泊はもちろん、
日帰り登山のときでも緊急時に備えた

山の道具として
どんなシチュエーションでも
必要不可欠な存在が、
ヘッドライトだ。
小さいものながら、
最新の技術が詰め込まれ、
その進化は著しい。

1

/// Category ///

＝分類＝

照射距離で別れる主目的

LEDが当たり前になったヘッドライトは、それぞれに個性を持つ。なかでも最大の違いは、どんな場所でなにを照らすかだ。

現在の一般的な登山用ヘッドライトは、どれも手の平に乗るほどの大きさで、外見も似ている。だが、それらを大きく2分する要素がある。それが、光を照射するＬＥＤの機能だ。簡単に言えば、主な目的が近距離を照らすタイプか、遠距離を照らすタイプかの違いによるものだ。

小型ＬＥＤをいくつか配置したタイプは近距離を広範囲に明るく照らし、キャンプ地や山小屋の内部で活躍する。一定の視界内が同じような明るさで照らされるために目に負担を与えず、長時間使っていても苦にならない。だが、光量を最大にしても遠方にはあまり光が届かない欠点がある。

一方、大型ＬＥＤを内蔵したものは遠い場所まで光

/// Point /// 近距離向けタイプ

本体に小型のＬＥＤが数個並んだタイプは、広範囲に柔らかな光を照射する。照らしたいものの場所が近い場合に有用で、テントの周囲で食事を作ったり内部で本を読んだりするときや、消灯後の山小屋内でも使いやすい。ＬＥＤはボディを小型化できるうえに消費電力も少なく、長時間にわたって使えるのもメリットである。ＬＥＤの数が多いものほど広い範囲を照らせるため、ヘッドライトをつけた頭をあまり動かさなくても、広い範囲を確認することが可能だ。

- 小型でも照射範囲が広い
- 消費電力が少なく、バッテリーが長持ちする
- 光量は低いが、光が柔らかく、目に優しい

/// Column /// LEDとは

超小型で明るく、昼のように白い光を発するLED。この発明は、ヘッドライトの世界を革新した

LED（Light Emitting Diode）とは、日本語にすれば発光ダイオード。電圧を加えると発光する半導体素子のことだ。電球に比べて寿命は長く、以前のヘッドライトで使われていた豆電球のように、突然の玉切れの心配は少ない。しかも消費電量は格段に少ないのでバッテリーが長持ちし、製造も簡単で低コスト。発熱量も少なくて、頭につけてもあまり熱さを感じることもないと、いいこと尽くめだ。いまやLED以外のヘッドライトは考えられないほど、定番の存在である。

が届く。夜間や夜明け前の行動の際に登山道をしっかりと照らし、近距離タイプよりも安全度を格段に高めてくれる。しかし近くを照らすときには光が強すぎて目に負担を与え、光量を下げたとしても今度は狭い範囲しか照らせなくなってしまうのだ。

小型と大型のLEDを組み合わせたものは両者の欠点を補うが、使用方法がいくぶん複雑になり、わずらわしさを覚えることもある。ルックスも大きめになりがちだ。これ1つがあれば多目的に使えるのだが、シンプルな使い心地を追求する人には敬遠されがちでもある。

使用するバッテリーは単4、単3型の電池を2~4本ほど使うものが多い。電力を消費しやすい遠距離タイプのものほど、大量の電池を必要とする。いうまでもなく、大きめの電池をたくさん使うほど長時間点灯するが、その分だけ重くなることは避けられない。使用する際は、

/// Point /// 遠距離向けタイプ

遠距離を照射するのに特化したモデルは、大きめのLEDが1つのみ付属したタイプが一般的だ。LEDの数が少ない分、その光は強力で、スポットライトのような光で遠くまで照らす。現在のモデルは光量の調節が可能なものが大半だが、最大光量で使うとすぐにバッテリー切れを起こすのがデメリットだ。だが、まだ日が昇らない早朝や日没後の行動のときも登山道の先まで照らすことができ、道迷いの防止になる。足元も明るく照らせるので、事故の防止にもつながる。

- 暗いときも周囲の状況がわかり、道迷いの防止に
- 足元を強力に照らし、転倒の恐れを減らせる
- 光量が高いだけに、電池の寿命が短くなる

/// Point /// 遠近両用タイプ

小型と大型、2種類のLEDを備えるモデルもある。近距離を照らしたい場合は小型LED、長距離を照らしたい場合は大型LEDと使い分けが可能だ。なかには小型と大型のLEDを同時に点灯でき、最高度の光量を実現しているモデルもある。必要な光量にするためには何度もボタンを押して細かな調整をする必要があるが、その手間さえ面倒でなければ、1つで2つの目的に使用でき、とても便利な存在だ。ただし、価格は比較的高価になり、またボディも大きめの傾向にある。

- 1つで2通りの照射距離を選べるハイブリッド
- 構造が複雑になるので、値段が高め
- 光量の調整のために、使用方法が少々複雑

ヘッドライト本体の重量だけではなく、バッテリーを含めた総重量が問題だ。ヘッドライトの総重量が重いと行動中に頭部からずれやすくなり、安全度が低くなる。同時に疲れの原因にもなってしまう。そのため、各メーカーはヘッドライトの軽量化とともに、バッテリーの重量を各部に拡散させるなどの工夫を凝らしている。

ヘッドライトは夜間の活動を容易にするだけではなく、遭難などの緊急時には身を守るためのもっとも大切なツールとなる。たとえ日帰り登山のときであっても、必ずバックパックの中に入れておいて欲しい。

/// Point /// ヘッドライト以外のライト

山では両手が空くヘッドライトの優位性は揺るがないが、ハンドライトやネックライトも便利だ。また、キャンプ地での居住性を高めたいときには、小型ランタンを持っていくのも悪くない。

いずれにせよ、点灯するのはLED。昔の豆電球タイプに比べて省電力なので、予備のバッテリーをたくさん持つ必要がなく、軽量で小型だ。ヘッドライトとともに持っても、それほど苦にはならないだろう。

ネックライト

必要時に手で持たねばならないが、ベルトによる頭部への圧迫感がない。紛失の恐れを減らせるのも長所だ

ハンドライト

ハンドライトなら頭を動かさずに目的の場所を照らしだせる。片手はふさがるが、ヘッドライトと併用すると歩きやすい

ランタン

手の平に包み込めそうなほど小さいLEDタイプ。無段階で光量を調節でき、テント内で使うのにちょうどよい

電池とともにUSB端子からも電気を引けるLEDランタンもある。自宅でも使えるデザイン性を有している

2

/// Function ///

機能＝快適に使うための基本的な性能

先に述べたように、ヘッドライトのポイントはLEDの機能性。明るさとバッテリーの寿命はおおむね反比例する。その他の要素も含め、ここでもう少し細かく見てみよう。

ヘッドライトは山道具にはあまりない電池を使う装備である。そのために、バッテリーがどれくらいの時間使えるのか、自分のモデルの性能を把握しておかねばならない。取扱説明書を読み、少なくても使用可能時間のスペックは頭に入れておこう。ただし、照射する光量によって最大使用可能時間は変化するので、その点も考慮に入れて、バッテリーが山中であとどれくらい持続するのかを判断する必要がある。

また、防水性も重要だ。山中では大雨のときに行動しなければいけないこともあり、防水性を考慮していないモデルは使いにくい。簡易的な構造であれ、ある程度は水に強いものを選んでおいたほうがいいだろう。

/// Point /// LEDライトの数

一般的な登山に使用する場合、大きめのLEDが複数付いたヘッドライトは、オーバースペックになるうえに無駄に重く、現実的な選択肢ではない。複数のLEDが内蔵されるときは、左の例のようにいずれも小型になる。このとき、数が多いほど広範囲を照らすが、バッテリーを多く消費する。光量を調整できるものは暗くするだけバッテリーが持つが、快適に使うためにはその加減が重要になってくる。視界を均一に照らすために、LEDの配置は一列に並んだものが多くなっている。

正面から見た様子

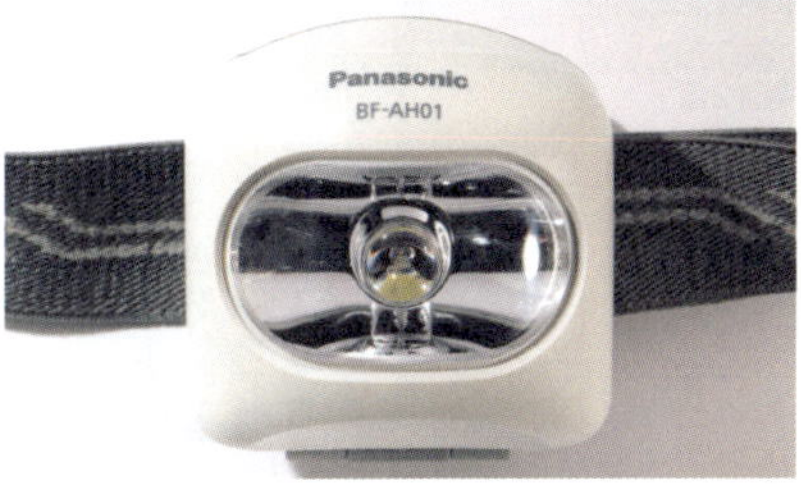

中心にLEDが1つのタイプ。その周囲を大きめの反射板で囲むことにより、単一のLEDながら広い範囲をカバーできる仕組みだ

小型LEDが2つあり、それらの間を離して、照射面積を広める工夫をしたタイプ。遠くを照らすと中心が薄暗いが、近距離なら問題ない

4つのLEDをきれいに並べたタイプ。視界が均等に明るくなり、目の疲れが減らせる。もっとも汎用性の高いシステムだ

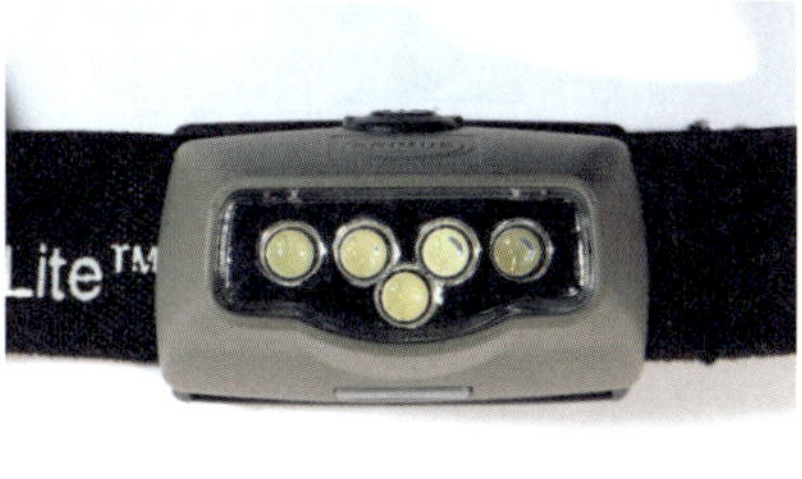

4つ並んだLEDの下に、もう1つプラスしたタイプ。横だけでなく縦方向の光の広がりにも配慮した配置になっている

/// Point /// 明るさとバッテリーの関係

ヘッドライトの性質は、照射距離と光量、それに伴うバッテリーの数とパワー、そして使用可能時間のバランスで決定される。

左下の表は、ペツルの製品の性能を表す一例だ。使用する電池の種類と数が同じであっても、明るさによって使用可能時間が増減し、また電池が大型になると光量が上がったり、バッテリーの寿命が延びたりすることがわかる。

ヘッドライトは照射面積が広く、かつ明るいほど使いやすいが、電池の寿命は短くなる。電池が早くなくなるということは、予備電池を多く持つ必要があり、装備が重くなるということだ。電力を浪費しないように、自分に必要な機能を持ったモデルを見極めたい。

100m近くまで照らせる遠距離向けのモデル。最高照度では、これ以上の明るい光になる

ペツルの場合

		0　100　200	LEDの数	使用電池の種類と数
イーライト	16ルーメン		3LED	CR2032リチウム電池2個
	45時間			
ティキナ2	23ルーメン		2LED	単4アルカリ電池3本
	190時間			
ジプカ2	40ルーメン		4LED	単4アルカリ電池3本
	120時間			
タクティカXP	40ルーメン（ブースト）		ハイアウトプットLED	単4アルカリ電池3本
	120時間			
ティカプラス2アダプト	50ルーメン		ハイアウトプットLED	単4アルカリ電池3本
	140時間			
ティカXP2	60ルーメン		ハイアウトプットLED	単4アルカリ電池3本
	160時間			
ミオXPベルト	85ルーメン		ハイアウトプットLED	単3アルカリ電池3本
	180時間			
ミオRXP	140ルーメン（モードNo.10）		ハイアウトプットLED	単3アルカリ電池3本（リチウム電池使用可能）
	95時間（モードNo.1）			

■…光束（最大モード）　■…照射時間（エコノミーコード）

/// Point /// 防水機能の大切さ

現在の山岳用ヘッドライトの多くは、防水性になっている。豪雨の中で使うことも想定されるだけに、浸水して使えなくなるような構造では心配だ。

とはいえ、水中でも使えるほど高気密のモデルは少ない。ヘッドライトは電気の力に頼った数少ない山の道具だが、他のものと同様にラフに扱っていると故障の元となる。防水性があるとはいえ、濡らさないように扱い、濡れたら早めに拭き取ろう。

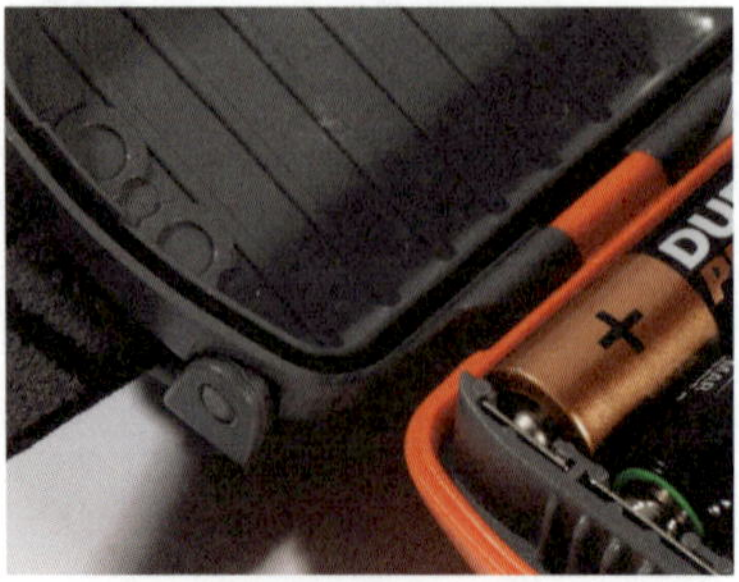

バッテリーケースを外すと、細いゴム製のパッキンが。これがズレていたり、しっかりハメ込まれていないと浸水する

3

/// Select ///

= 選択法 = 購入時に確認したいディテール

ヘッドライトの使い勝手は、ライトの基本性能以外にも左右される。より便利で使いやすいものを選べるように、細部までチェックしたい。

商品の選択の際には、自分の山の歩き方のスタイルを考える必要がある。山では真っ暗な早朝から行動することは珍しくない。こんなときに短距離しか照らせないタイプは歩きにくく、標識を見落としたりして事故や遭難の大きな原因になる。遠距離を照射できるモデルが、現実的で安心できるセレクトだ。

　だが余裕のあるスケジュールならば、短距離照射モデルでも充分だろう。バッテリーのもちもよく、いまや一度の電池交換で100時間以上使えるタイプも珍しくない。

　特殊なレンズで、光に色をつけられるタイプもある。赤や青い色は目に刺激が少なく、就寝中の真っ暗な山小屋内で使っても、周囲の人に迷惑をかけずにすむ。

/// Point /// バッテリーケースの位置

ヘッドライトの多くは、ライトとバッテリーケースが一体になり、他のパーツは頭部に固定するためのベルト程度だ。電池が小型で少ないモデルなら軽量なので、これで大きな問題はない。

　だが急な斜面を登り下りすると、頭部に振動が伝わり重量で前頭部からヘッドライトがズレ落ちやすくなり不都合だ。歩行中に使うことが多いならば、バッテリーと本体のセパレートタイプもよいだろう。

バッテリーケースを後ろにつけたタイプ。重量のバランスが前後で保たれ、激しく動いてもズレにくい

コードを長く伸ばせ、バックパックやポケットにバッテリーを入れられるタイプ。電池の重さが気にならず、行動がラクになるなる

/// Point /// 電池の数と種類

バッテリーの種類と使用する数は、山中でのヘッドライトの性能を大きく変える。常に明るさを保つために頻繁に交換できるよう、予備電池を忘れてはならない。

　電池式のラジオやカメラと同じ種類にしておくと、持ち歩くバッテリーを減らせる。1回の山行ごとに再チャージできる充電式電池も便利だが、電圧が少々低いので、薄暗く感じることもある。

さまざまなバッテリー

薄型ボタン電池を2枚重ねて付けるタイプ。軽量だが電池の値段は若干高価で、入手も難しい

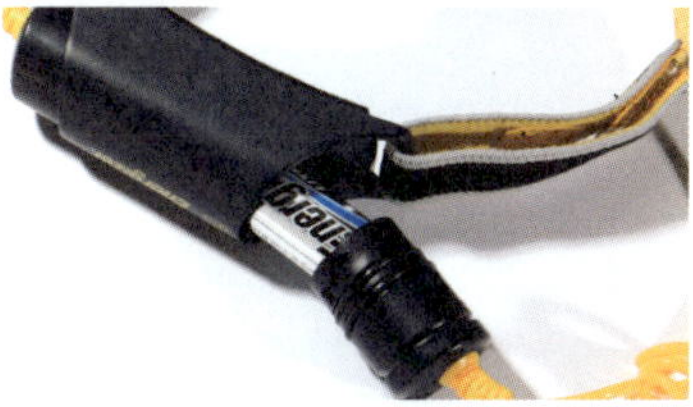

単3電池が1本のみ。長時間使える乾電池ならば、数泊の山行にも充分もつ

単4電池が3本。どんなコンビニでも買える乾電池としてはもっとも小型だ

/// Point /// 光の種類と使い分け

LEDの白い光は、直接目にすると一時視界が奪われるほど強力だ。モノに当たって反射した光でも、光量が強い場合は目が痛くなるほどだ。

その点、赤を代表とする色付きの光は目に負担を与えない。周囲に人がいるときや動物をこっそり観察したいときなどに活躍する。

光を拡散させる透明のレンズ付きもあり、使用方法の幅を広げてくれる。

赤色のライトは目に刺激を与えない。周囲に人が眠っているときに使っても、この色ならば迷惑をかけにくい

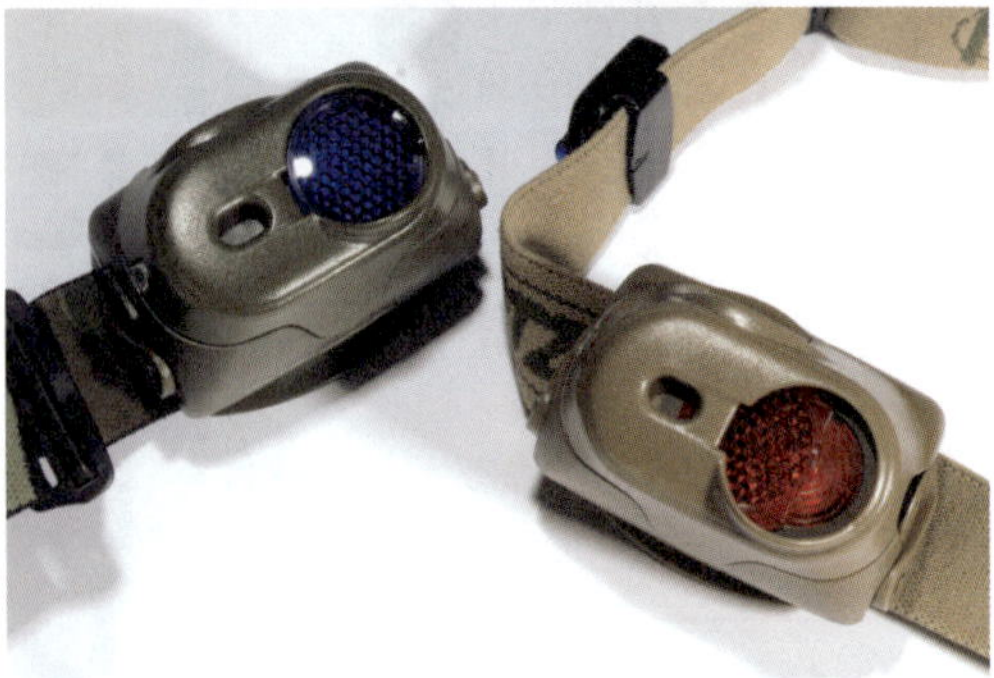

写真の2色の他に、緑のレンズも付属。暗闇で見たいものによって色を変え、視認性のよさを上げる

LED1つのスポット式ライト。だが、光を拡散させるカバーのようなレンズが付属し、近距離を見るときにも使いやすい構造に

/// Column /// 「充電式」バッテリー

後頭部に位置するリチウムポリマーバッテリーにACから充電。低照度ならば、これだけで数日間使える

ヘッドライトを使い続けるといずれ大量の乾電池を使い捨てることになり、ときには罪悪感さえ覚える。最近では高機能の充電式電池も普及しているが、ヘッドライトにはじめから充電池を内蔵したものも発売されている。山中で充電するのは困難だが、乾電池と併用できるタイプも登場しており、使用回数が高い人は購入を検討してもよいだろう。

4

/// Know-how ///

＝使用法＝よりストレスなく快適に使う方法

ただ点灯させるだけでは、ヘッドライト本来の機能は発揮しない。細部の工夫を最大限に利用すれば、暗いはずの山の中が、もっと明るく感じられてくる。

/// Point /// 頭部と、他の部分への取り付け方

ヘッドライトのライト部分は、伸縮性のベルトで頭部に固定するのが一般的である。しかし、下の例のようにクリップやマウント（固定具）などを利用して、他の部分にも取り付けられるモデルも便利だ。またベルトではなく巻き取り式のコードを用い、腕などに装着できるようにしたものもある。

シンプルに使うならばベルトがあれば充分だが、ライトをバックパックや帽子に付けられるメリットも捨てがたい。応用度を高めたい人はこんなモデルを選んでみよう。

取り付け方を変えられるモデル

わずか28gながら、さまざまな使い方ができる超小型。3段階の光の調節に加え、赤色ライト、点滅モードも備えている

頭に取り付けるときはベルトで。ライトが軽量なので、細いベルトでもあまりズレることはない

フタとなる部分は自在に動かせる。台座として使用すれば、このように置いて使用できる

フタに細いワイヤーのクリップ付き。これを帽子のツバに挟めば、頭にベルトをまわす必要がない

ライトがベルトから取り外せ、付属のマウントやクリップに付け替えられる。ヘルメットやバックパックにも取り付け可能

付属のベルトなどを外し、ライトだけにした状態。地面やテーブルの上に置きやすくなる

丸いマウントを取り付けた様子。マウントをヘルメットに貼れば、付属ベルトが不要になる

このマウントはクリップ式。バックパックのショルダーストラップに取り付けても便利だ

山中の生活用具であり、歩行用具でもあるヘッドライトは、アウトドアギアのなかでも最重要の存在だ。ワンデイハイキングのときでも必携の装備として数えられるのは、なにかのトラブルの際、暗い夜でも安全に行動でき、不安のない一夜を過ごすための道具として考えられているからだ。山を歩くときは、テント泊、山小屋泊、日帰りなどの山行スタイルに関係なく、常に携行すべきだ。

大切なのは、常にバックパック内部での収納場所や、テント内での置き場所を決めておくことだ。いざ暗くなってからヘッドライトを使おうとしても、探し出すのに苦労してはせっかく持ち歩いている意味が薄れる。持っていったのに、ヘッドライト自体を探すための明かりがないために、結局真っ暗闇のまま、次の朝を迎えてしまった、という笑い話もある。

/// Point /// 光が届く距離

ヘッドライトは近距離、または遠距離を得意とするものに大別されるが、光量の調節や付属レンズの使用によって、ある程度の機能的補足を行なっているものが増えている。左は遠距離向けと近距離向けのモデルで明るさの強弱を変えた様子。写真でもかなりの明るさの差を感じるが、実際に暗闇で使うと、さらに違いが体感できる。

光量の調整機能や付属レンズをあまり過信せず、やはり自分の使用目的に合わせたものを選ぼう。使いやすいものはストレスの少ない山の生活を保障する。

遠距離向けの場合　近距離では狭い範囲しか照らせないが、遠方には細く強い光を放つ。これで暗闇も歩きやすい

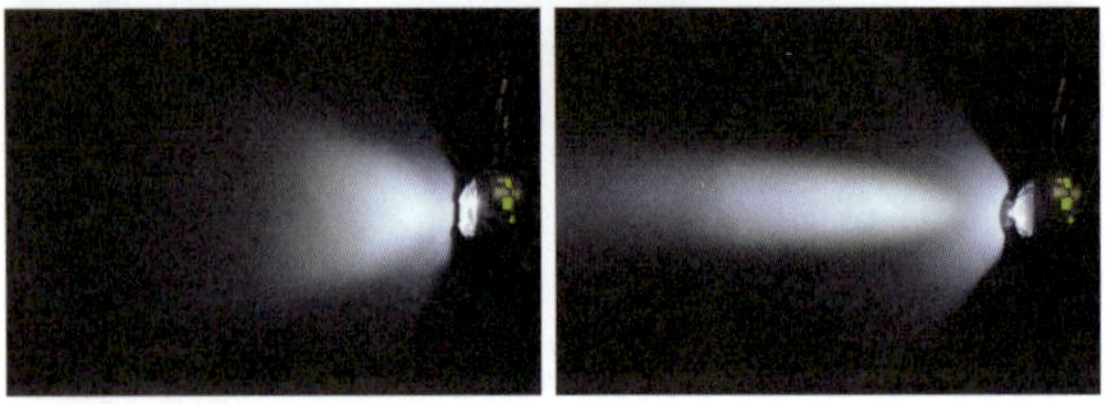

近距離向けの場合　近距離を広範囲に照らし、遠距離でも比較的広い範囲を明るくするが少し薄暗い。だが、テント内では充分だ

/// Point /// 角度の調整

ヘッドライトを多目的に使うためには、照射角度の変更の自由度が重要だ。歩くときは遠めを照らせるように視線と光が平行になる角度、本を読むときは至近距離に光が当たるように下向きに角度を調整する。面倒くさがってあまり角度を変えず、不必要な場所に光を向けている人も多いが、目に悪いだけではなく、周囲の人の迷惑にもなる。

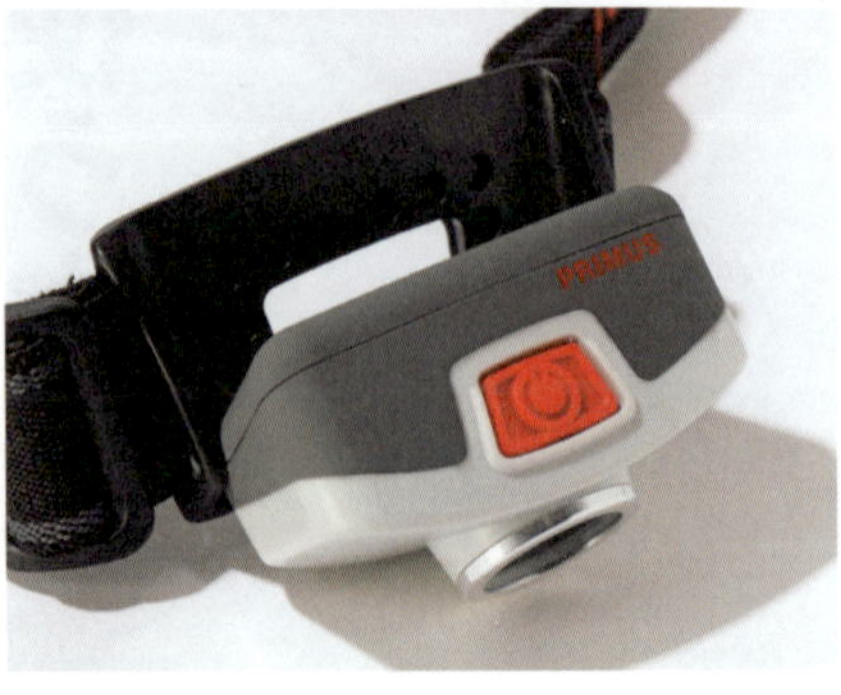

ストッパーがつけられ、カタカタと数段階に角度を変えられるタイプ。無段階で調整できるものよりも光の方向がズレにくくて便利だ

また、電気を必要とする道具だけに、故障したりバッテリー切れを起こしたりすると、無用の長物と化してしまう。なかでも多いトラブルは、長期間使わなかったためにヘッドライト内部で電池が液漏れを起こし、内部を腐食させてしまうことだ。こうなると修理に出すか、買いなおさねばならない。自宅で保管するときには、面倒でもバッテリーケースから電池をすべて取り出しておくことが望ましい。

バックパックに収納しているときに、なにかの拍子でスイッチが入ってしまい、バッテリーを無駄に消費してしまったというトラブルもありがちだ。現在のLEDヘッドライトは数時間くらいの点灯では電池切れを起こさないが、もともとバッテリー残量が低下していた場合は大問題に発展する。対策として、ロック機能が付いたモデルを選ぶか、専用ケースに入れて収納すれば失敗がない。

/// Point /// バッテリー寿命の問題

乾電池には数種類あるが、消費電力の高いヘッドライトに向いているのは、低価格のマンガンよりもアルカリだ。より長時間使える。

初期電圧の高いオキシライドも向いているが、古いモデルのヘッドライトには負荷がかかりすぎ、故障の原因になる。だが新型なら問題はないだろう。充電できるニッケル水素電池は電圧の問題で暗くなりやすい。なお、低温下では電池の減りが早いので、充分な予備を持とう。

高機能モデルに搭載された電池の残量を示すインジケーター。思いがけないバッテリー切れが減り、持参する予備電池の計算もできる

/// Point /// オプションの小物の使用

ヘッドライトは他のギアに比べると、オプション的な追加パーツが少ない。しかしいくつかの有用な小物も市販されている。

シンプルな構造にするために、スイッチを押すだけで点灯するタイプは収納時に明かりがついてしまい、バッテリーを減らすことがある。だが専用のセミハードケースに入れておけばそんな心配も減る。ランタンになるハウジングなどもおもしろい。

ヘッドライトがちょうど収まる専用ケース。弾力性があり、破損の心配が少ない

ライトの部分にかぶせるのは、ランタンでいえば“ホヤ”に当たるハウジング。光を拡散させ、周囲を照らす

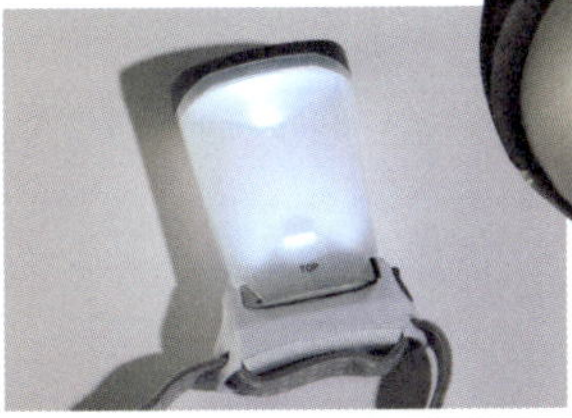

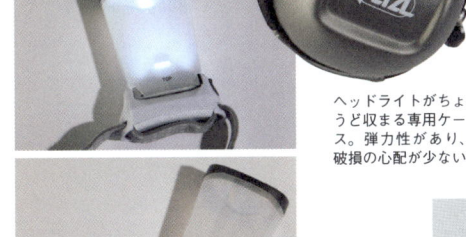

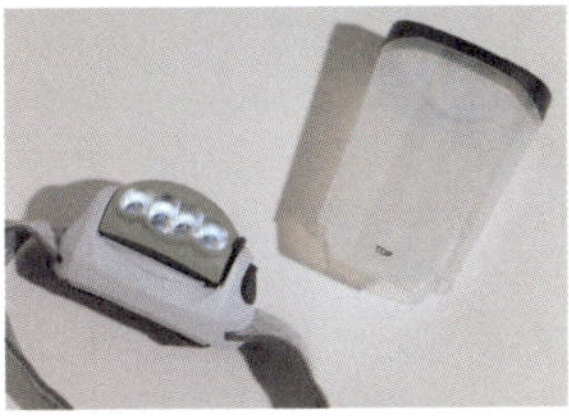

ハウジングを外せば、通常のヘッドライトとして機能する。明かりが柔らかく広がり、ランタンとしても優秀だ

/// Column /// 手回し充電型

電池を使わない手回し充電タイプは、災害時のライトとして一般に普及しつつあるが、アウトドアで利用するのもいい。充電には体力も必要だが、いざというときに電池が切れて困ることがない。

夜を徹して行動する山岳レースで知った、ライトの有効な使い方。

かつて「日本山岳耐久レース（長谷川恒男CUP）」に出場したことがある。総距離71・5㎞、累積標高差4800mという奥多摩の山中を24時間以内に走破する、日本の山岳系レースの草分けだ。大会の象徴とされている登山家の名前から、通称「ハセツネ」として知られている。

僕は普段からトレイルランニングなどを行なっているわけではない。だから、このときも「完走」ではなく「完歩」を目指していた。総距離71・5㎞を制限時間の24時間で割れば、時速3㎞も出さずにすむ。休憩を入れても、時速4㎞で歩けば完歩できるという計算だ。

もちろん夜も行動する前提である。開催は秋で日照時間が短く、途中で寝てしまうと体が冷えきる。その後に再び行動を起こすのは厳しいと事前に聞いていたため、徹夜で歩くことは織り込み済みだった。もとより24時間制限ということは、深夜行動は必然である。以前にも山中を夜間に歩く経験は何度もあったが、夕暮れから日の出まで行動することがあらかじめ決まっている状況は初めてだった。

僕は強力なヘッドライトを準備した。それに加えて用意したのが小型ハンドライトだった。

ヘッドライトの利点は両手が空き、顔を向けた場所が必ず照らされることである。だが、ハセツネのような長時間行動になると、暗闇の中でルートを確認するために、いちいち顔を動かさねばならないのは非常に面倒だ。体は疲れ、注意力も散漫になっている。そんなときは確認したい方向を手先の操作だけで照らせるハンドライトが有効とされる。だから、この種のレースには重要な装備なのだ。

昼間に出発し、約16時間後のゴール地点はちょうど明け方だった。ライトをつけて歩いていた時間は、そのうち10時間以上だ。これほど長時間、使い続けたことは後にも先にもない。

このときに認識したのが、ハンドライトの便利さだ。足元の確認はヘッドライトに任せるとしても、遠く前方まで確認して安全なルートで歩くには、ハンドライトのほうが適している。

その後、僕は通常の山歩きにも、この経験を応用し始めた。わざわざハンドライトを使わないとしても、ときにはヘッドライトを手に持って歩くのだ。とくに道迷いを起こしかねない森の中では、遠くの標識や踏み跡を探すのに有効。ライトを頭につけていると足元ばかりを照らしがちで、ルートを外すことがあるが、その心配が格段に減る。

目的地への到着が遅れたり、早朝から歩き始めたりと、通常の山歩きでもヘッドライトを頭につけて歩く場面はよくある。片手がふさがるというデメリットもあるが、状況に応じて手持ちライトも試して欲しい。

バッテリー&充電器

山では人工的な電子機器にはあまり頼りたくない。
だが安全のためには、最低限の機器は必要である。
そこで重要になってくるのが、バッテリーの存在だ。

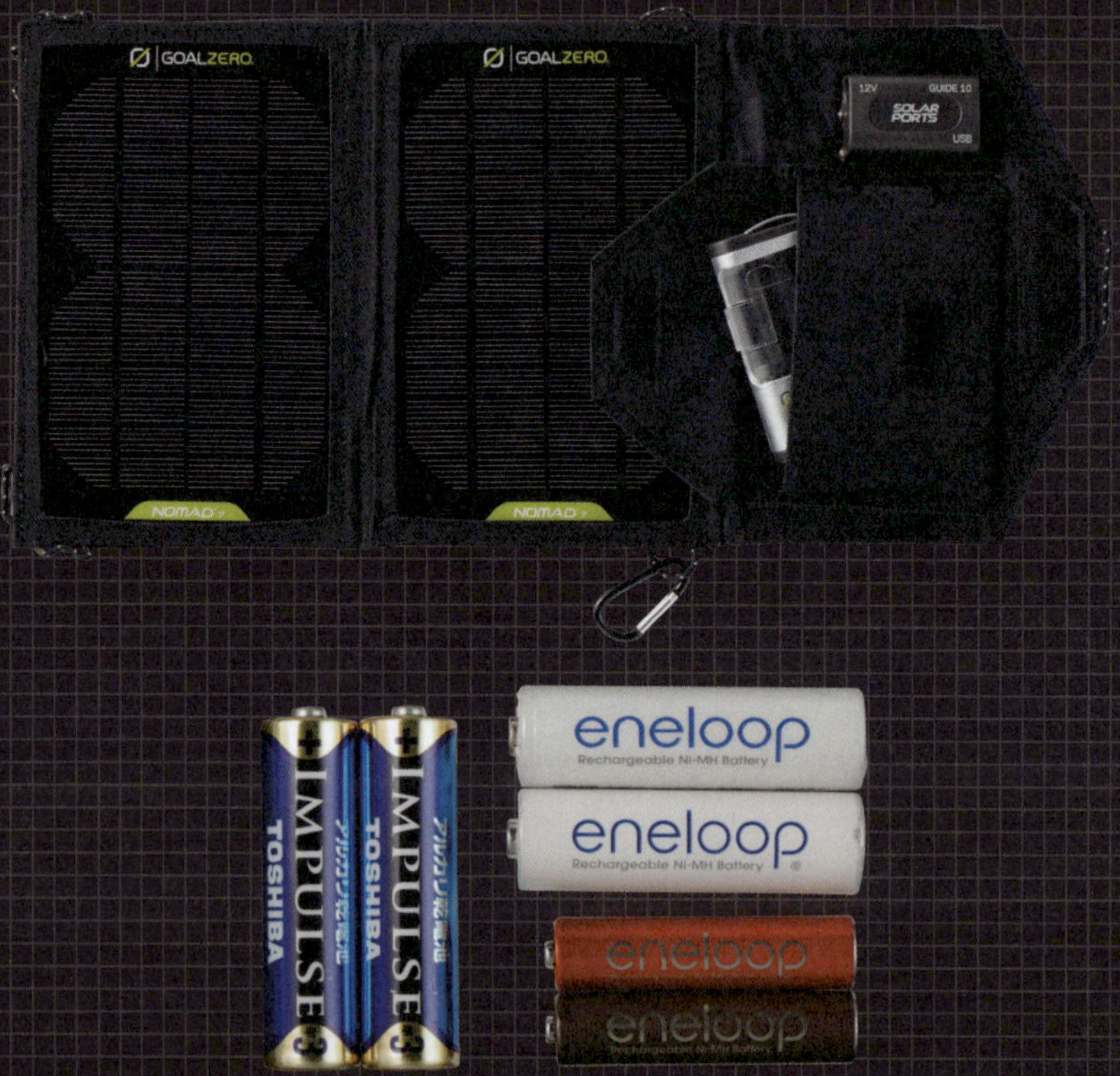

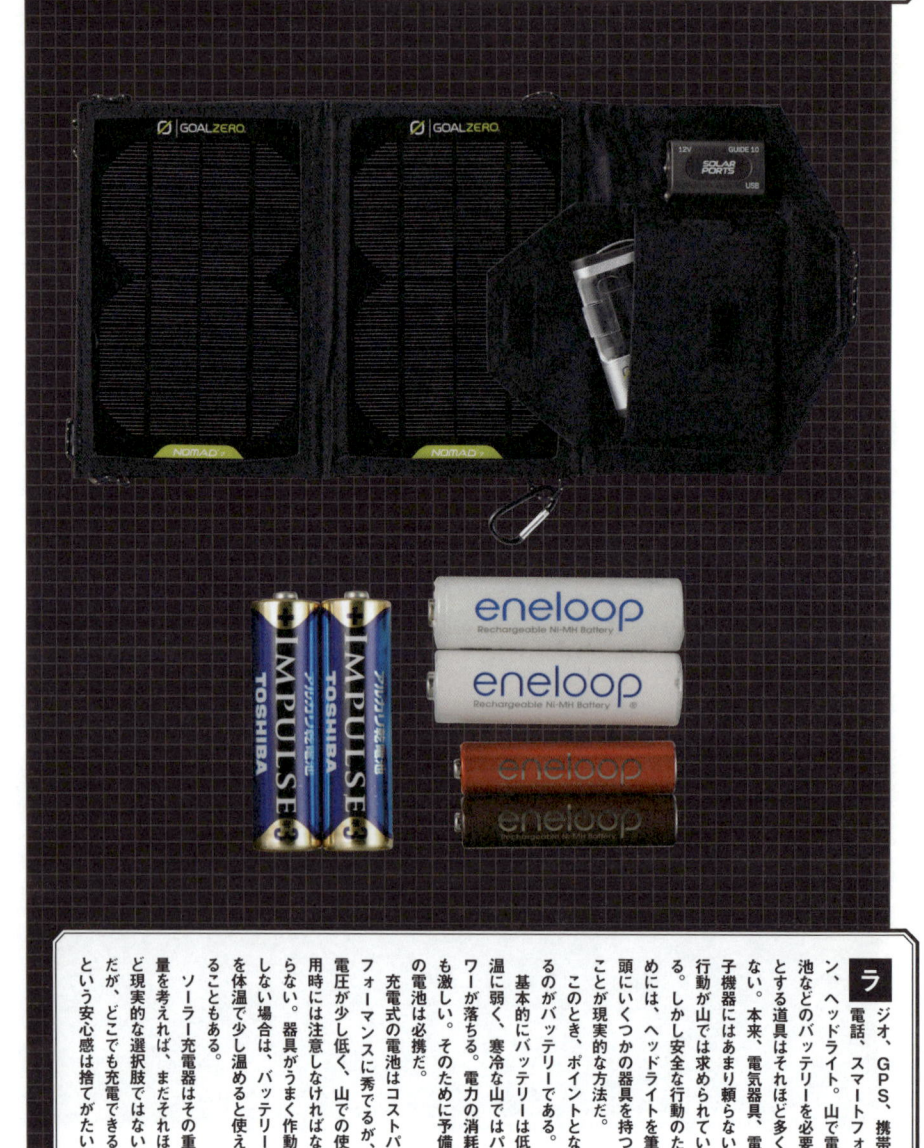

ラジオ、GPS、携帯電話、スマートフォン、ヘッドライト。山で電池などのバッテリーを必要とする道具はそれほど多くない。本来、電気器具、電子機器にはあまり頼らない行動が山では求められている。しかし安全な行動のためには、ヘッドライトを筆頭にいくつかの器具を持つことが現実的な方法だ。

このとき、ポイントとなるのがバッテリーである。

基本的にバッテリーは低温に弱く、寒冷な山ではパワーが落ちる。電力の消耗も激しい。そのために予備の電池は必携だ。

充電式の電池はコストパフォーマンスに秀でるが、電圧が少し低く、山での使用時には注意しなければならない。器具がうまく作動しない場合は、バッテリーを体温で少し温めると使えることもある。

ソーラー充電器はその重量を考えれば、まだそれほど現実的な選択肢ではない。だが、どこでも充電できるという安心感は捨てがたい。

GPS機器を利用する人が急速に増えている。だがディスプレイが小さくて山域の全体像がつかみにくく、バッテリー切れの心配もある。GSPはあくまでも本来の地図をサポートするものと考えたい。

GPSは山中で使うだけではなく、パソコンと連動することで、より実力を発揮する。出発前には詳細な計画を立てることができ、現場では自分が歩いたルートや時間を計測し、帰宅後には今後の山行の重要なヒントを得られる。

そして、いうまでもなく正確な位置を把握できる能力はすばらしい。濃いガスで周囲が見えなくなったり、深い森の中で道に迷ったりしたときは地形から地図を読むことができず、GPSの機能をありがたく感じるだろう。

だが、GPS自体が歩くわけではない。自分がどこにいるかわかっても、そこからどうすれば正しい場所に戻れるのか、判断するのは結局、登山者の能力だ。

山旅小物学

GPS

地図をサポートし、登山者を助けるGPS。どんなに優れた機能を持っていたとしても、最後は使いこなす人の力が試される。

ラジオ

昔からの伝統的な山の情報源。
軽量で小さく、バッテリーが長持ちする
ラジオの力を侮ってはいけない。

深い山まで電波が届くようになりつつある今、天気予報などの情報は、携帯電話やスマートフォンから得られる。わかりやすいビジュアルでさまざまな情報が入手できるのだから、便利なものだ。

そのために、情報ツールとしてのラジオの存在意義は薄れつつある。以前ならば、山中で最新の天気の情報を得るには、ラジオを聞かねばならなかったのだ。

しかしラジオはまだまだ重要だ。深い山まで携帯の電波が届くようになったといっても、それは障害物に遮られていない山頂や稜線、尾根の話だ。谷間のテント場や登山道では、いまだ圏外の場所が広く残っている。そんな場所では、やはりラジオの力は侮れない。

山専用のラジオも販売されている。ボタン1つで、その山域のラジオ局に周波数が合い、たしかに便利だ。だが軽量、小型で、しっかりと電波を受信するものならば他のものでもいい。ぜひラジオを見直してほしい。

/// Part. 10 ///

STUFF BAG

[スタッフバッグ]

バックパックの内部で、荷物を小分けして収納するスタッフバッグ。なかでも防水性のものや収納物を圧縮可能なタイプなどは、機能的で便利だ。これらのスタッフバッグを大いに利用して、有益なパッキングを行ないたい。

1

/// Category ///

= 分類 =

パッキングに有用な2つの機能

荷物をただ入れるだけなら、どんな袋でもいい。だが、アウトドア用はやはり機能的だ。その中心となるのが、「ドライバッグ」と「コンプレッションバッグ」である。

バックパック内のパッキングで、重要な役割を果たしているのが荷物を小分けするスタッフバッグだ。それもたんなる袋ではなく、機能的なものが使いやすい。代表的な2つの存在が、防水性のドライバッグや、かさばるものを圧縮できるコンプレッションバッグである。

雨が多い日本では、ドライバッグの利用が当たり前になってきた。バックパックカバーを使っての外側からの防水には限度があり、内部でドライバッグを使うと安全度は高い。着替えや寝袋が濡れると、ときには命の危険さえ生じるのだから、最低限のものだけでもドライバッグに入れて守るようにしておくべきだ。また反対に、濡れたものを入れておけば他のものまで濡らさ

/// Point ///

ドライバッグ

防水性の生地としっかりとした留め具を持ち、収納したものを水から守る。バックパック自体の防水も大切だが、このドライバッグを併用することで確実に荷物を守ることができる

/// Point ///

コンプレッションバッグ

上下から押さえ、内部のものを強く圧縮。有効に使えばバックパックの容量を1つ下のものに変えられる可能性すら出てくる。パッキングに慣れない人にはとくに効果的だ

ないで済む。

　コンプレッションバッグを最大に利用すると効率のよいパッキングが可能になり、大きなバックパックを使う必要が減る。かさばりを抑えるとバックパック内でのパッキングの際に重量バランスがとりやすくなり、その結果歩きやすさも増してくる。ボリュームのあるダウンの防寒着や寝袋などを入れるとよいだろう。

　ドライバッグ、コンプレッションバッグともに、とくに収納すべきはウェアに寝袋と共通している。濡らしたくないものと、かさばりを抑えたいものは山道具においては同じなのだ。そこで最近はそれらの機能を両立させたモデルも登場している。ただし、そういうタイプは構造が複雑になり、使い勝手が悪いものもあるので注意がいる。手間になることをできるだけ避けたい山では、これらを用途に応じて使い分けるとよいだろう。

その他の機能性スタッフバッグ

ドライバッグとコンプレッションバッグ以外にも、さまざまな特徴のあるスタッフバッグが登場している。なかでも軽量化を考え、ナイロン素材にシリコンを浸透させたシルナイロンが多く、超薄手で防水性も高い。とはいえ、これらのものは素材が防水でもドライバッグのように閉め口や縫い目が防水構造になっているわけでもないので、過度な機能を期待してはならない。メッシュ素材などを含め、あくまでも収納性の向上のために使うものだと考えよう。

入れ口が2つで仕分けが可能

ひとつのスタッフバッグをダブルで活用。一方にはきれいな着替えを入れておき、ウェアが汚れたら反対側に収納場所を変えるなどと、使い分けができる

通気性がよいメッシュ素材

ドライバッグとは反対に、内部のものが蒸れない。汗で湿ったウェアや食器、カップなどを入れていくと、乾燥させやすい。中身が見えるのもメリットだ

ファスナー式の四角い封筒型

防水素材と止水ファスナーを使った、濡れに強いタイプ。ファスナーで開け閉めが容易なので、サイフ代わりにしたり、地図を入れたりすると便利だ

枕にもなるアイデア製品

スタッフバッグにウェアをつめ、就寝時の枕にするのは、山の基本テク。表面にフリース生地が張ってあるタイプもあり、肌触りがよく、頭も滑らない

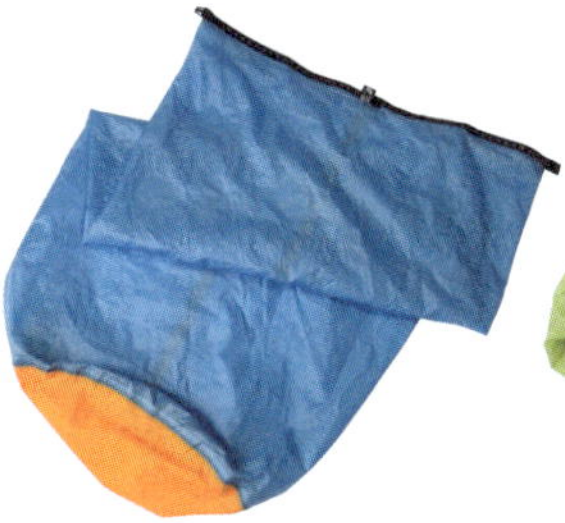

超大型のパックライナー

バックパック内部に入れて、この中に荷物をパッキング。数十ℓの容量を持ち、荷物を小分けにするのではなく、すべてまとめて防水するという発想

2

/// Function ///

＝機能＝ 細やかな差が出るディテール

荷物を確実に守り、ストレスなく使用できるようにアウトドア用のスタッフバッグは細部まで念入りに作られている。ちょっとした差が、使い勝手を大きく変えるのだ。

スタッフバッグはシンプルな装備である。例えばドライバッグは、防水素材が使われ、縫い目にも防水処理が施されていれば、それだけで充分な機能を発揮する。

だが、最近では生地の一部に通気性を持つ素材を使い、中身を入れた後に押しつぶすことでコンパクトな形状になるものが登場している。これまでは内部の空気を抜きながらでないと、ドライバッグに荷物が収めにくく、手間がかかった。地味に見えてじつに大きな進歩だ。

コンプレッションバッグにはストラップに滑車の原理を応用し、軽く引くだけで圧縮ができるタイプも生まれている。このようなスタッフバッグを使って、効率のよいパッキングを目指したい。

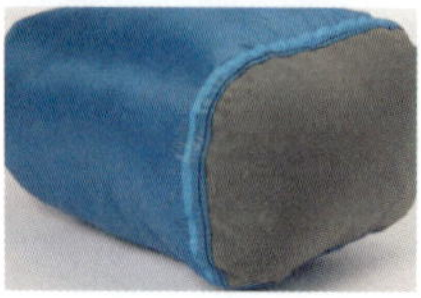

素材の一部に通気性の特殊生地を使ったタイプ。水は通さないので内部を濡らさず、圧縮しやすい

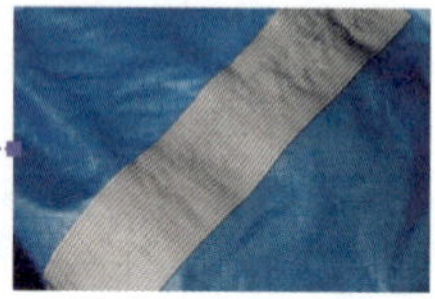

生地自体が防水性でも、縫い目からの浸水はありえる。防水テープでシームされているものが安心だ

ドライバッグは見た目はシンプルだが、要所はきちんと処理して防水性を高めている。パッキングの際に内部の空気を抜きやすいよう工夫されているものも各種登場している

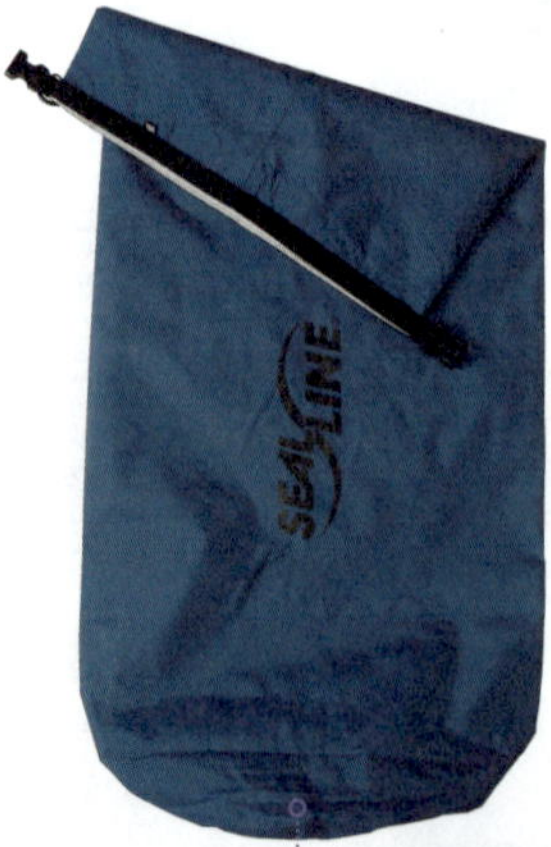

些細なディテールだが、意外と重宝するのが持ち手の存在。手をかけやすく、バックパックから取り出しやすくなり、持ち運びも楽になる

ボトムの部分に持ち手付き。バックパックの奥にしまいこんだときにも、引っ張り出すのが容易だ

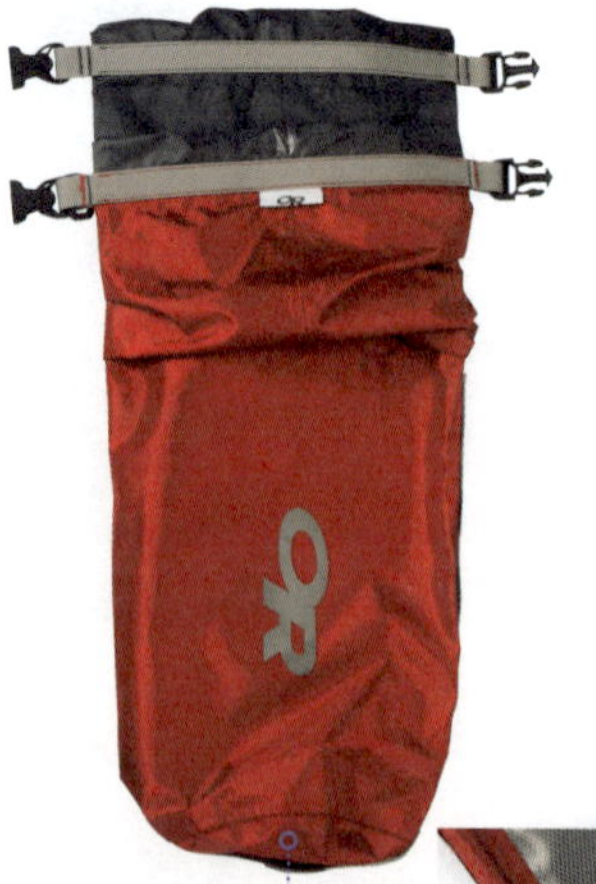

入れ口を2重構造にして、防水性をさらに向上させたタイプ。生地も頑丈だ。通常の山行ではここまでのものは必要ないが、沢登りなどでは安心だ

透明な窓が付き、内部に入れたものを確認できる。収納したものを忘れても、後になって困らない

3

/// Select ///

＝選択法＝ サイズ、素材、カラーの問題

スタッフバッグにはさまざまな色や大きさが揃い、その使い分けが効率のよいパッキングにつながる。いくつかの種類を用意するといいだろう。

バックパックへのパッキングを楽にするコツは、荷物を小分けにすることである。大きなスタッフバッグばかりを使っていると、バックパック内部にデッドスペースが生まれやすいが、小さなものならどこかの隙間に押し込むことができ、無駄のないパッキングが可能になるだろう。

バックパックへのパッキングの際に使いやすいのは、大きくても容量が10～15ℓ程度のものだ。実際に出番が多いのは2～7ℓほどのサイズである。たくさん持っていると、小分けしやすい。

乱雑に扱われがちなスタッフバッグは、強靭な生地であるほうが長く使える。ドライバッグであれば、ナイロンの裏に防水性のライナーを張り合わせたものだ。その点、最

/// Point /// 素材の軽さと強さ

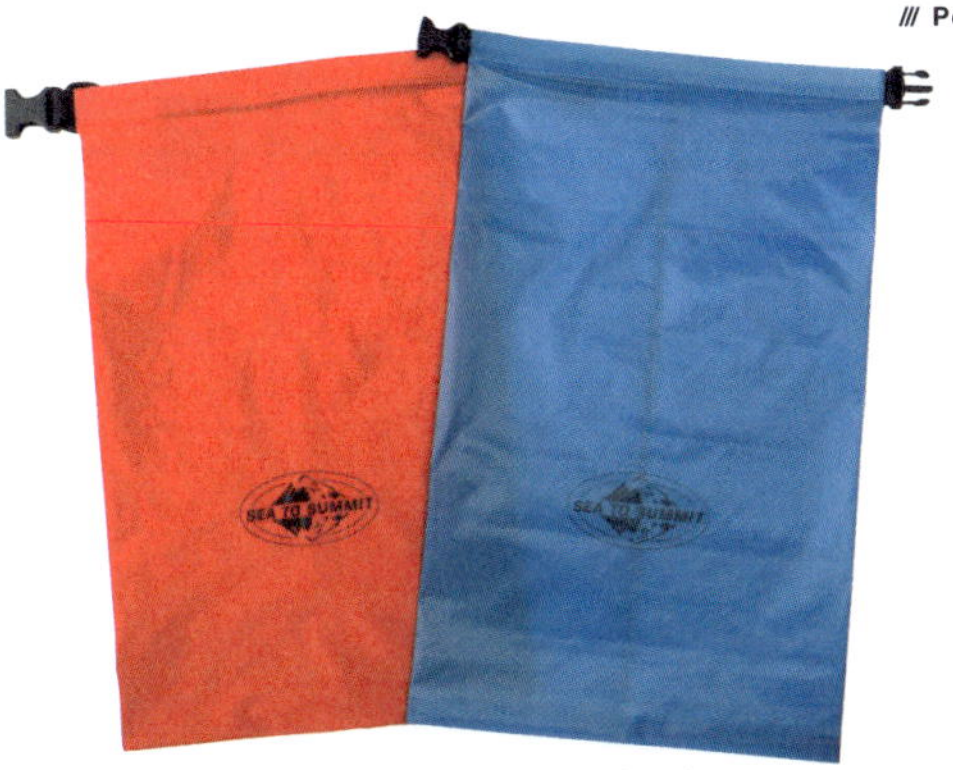

右が超薄手で軽量なシルナイロン製。左はナイロンの裏に防水素材を貼り付けたもので、厚手だが耐久性に優れる。どちらも容量2ℓだが、23g、40gと、重さは倍近く違う

軽くて強い素材もあるが、そういうタイプは高価だ。多くの場合、軽さと強さは反比例し、そのバランスが難しい。山中で使うスタッフバッグは意外と穴が空きやすく、長く使いたいならば、生地を重ねて補強した厚手タイプのほうが現実的だ。だが少しでも荷物を軽量化したい人はシルナイロンなどの薄手を選べばいい。紙のように軽く、いくつ使っても重さが気にならない。

/// Point /// 色と大きさのセレクト

7、10、13、18ℓと4サイズあり、各サイズ4色展開されている製品。かなり高価だが、超軽量かつ頑丈で、しかも底からは空気が抜ける

複数のスタッフバッグを併用するときに大切なのが、袋の色。入れたものを袋の色で覚え、なるべくいつも同じものを使うようにすれば、荷物の出し入れがとても楽になる。なお、大きさは入れるものに対して必要十分なものを選ぶようにしよう。荷物を入れすぎても、反対に少なすぎても口が緩み、そうなると防水や圧縮の性能があまり発揮されないからだ。

近人気のシルナイロンは少々傷みやすい。しかしすべりがよく、パッキングの際にバックパックのわずかな隙間に押し込める。なにより、紙のように超軽量なのが魅力だ。強靭さをとるか、軽さをとるか。素材の使い分けも考えたい。

　その他、ゴミや汚物を入れるのに特化したものもある。外に臭いがもれにくい構造になっており、バックパックに外付けできるようにパーツがつけられている。

　内部にフォーム材などを入れてクッション性を高めたものも有用で、衝撃に弱いスマートフォンやラジオなどを入れるのに適している。また、ファーストエイドキット用に作られたものにも工夫がある。内部には小物を区分けして入れられ、一度に取り出すこともできる仕組みになっている。このような、用途に特化したタイプも利用しがいがある。

/// Point /// ディテールのバリエーション

ひと工夫あるタイプ

ファーストエイドやゴミ専用、内部のものを守るパッド入りなど、用途によって工夫されたものは使いやすい。必要に応じて使い分けたいが、自分で手を加えてアレンジするのもおもしろい。また、最近増えてきているのが、ドライバッグとコンプレッションバッグの機能を兼ね備えたタイプ。構造が少々複雑になるが、多目的に使える。

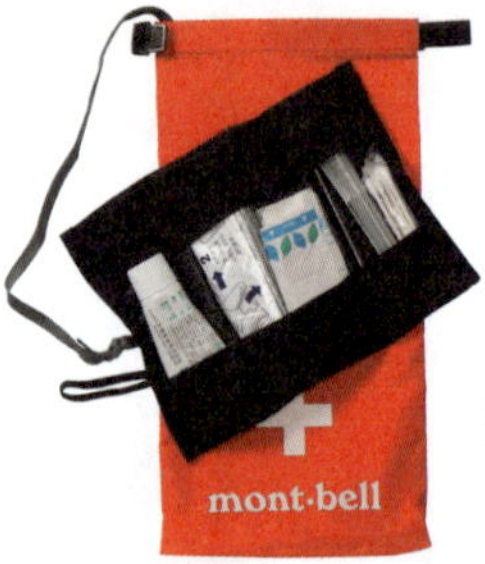

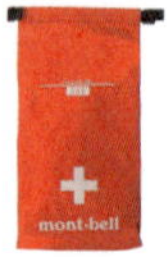

ファーストエイドキットを入れるために、内部には小物を仕分けるシートが付属している。緊急時にもすぐにわかるよう、色は赤だ

柔らかいパッドが入ったタイプ。電気製品やサングラスなどの壊れやすいもの用に。あえて空気をあまり抜かないようにして使うと効果的だ

ゴミを入れるために特化したドライバッグ。内部の汚れた水分を外に漏らさない。バックパックの外側に付けられるように、バックルが付属する

ドライバッグとコンプレッションバッグの機能を両立した製品。オレンジの部分からは空気が抜け、簡単にコンパクトに

ウェアなどを平たく入れてから、丸く巻き込むようにして圧縮するタイプ。緩やかに柔らかく締めれば、枕としても使いやすいだろう

4

/// Function ///

＝使用法＝機能を発揮させる使い方

スタッフバッグの機能を生かすためには正しい使い方をしなければ意味がない。コツさえ覚えれば、より有用に使えるはずだ。

ドライバッグが浸水を起こすのは、入れ口が緩んだときか、生地に穴が空いたときだ。大切に使いつつ、正しい口の締め方を覚えておこう。コンプレッションバッグで圧縮する際には、ストラップの引き加減が重要だ。数本のストラップに同じくらいのテンションがかかるように引いていけば、理想的な圧縮ができる。

ところで、スタッフバッグのカラーはいろいろなものを揃えておくとよい。いつも同じものを同じスタッフバッグに入れる習慣にしていれば、外側の色を見ただけで何が入っているのか把握できる。とくに同サイズのスタッフバッグを多く使う場合は色がいちばん区別しやすい。「緊急性の高い医務用具は赤」などと決めておくと、間違いもない。

/// Point /// 口の閉め方（ドライバッグ）

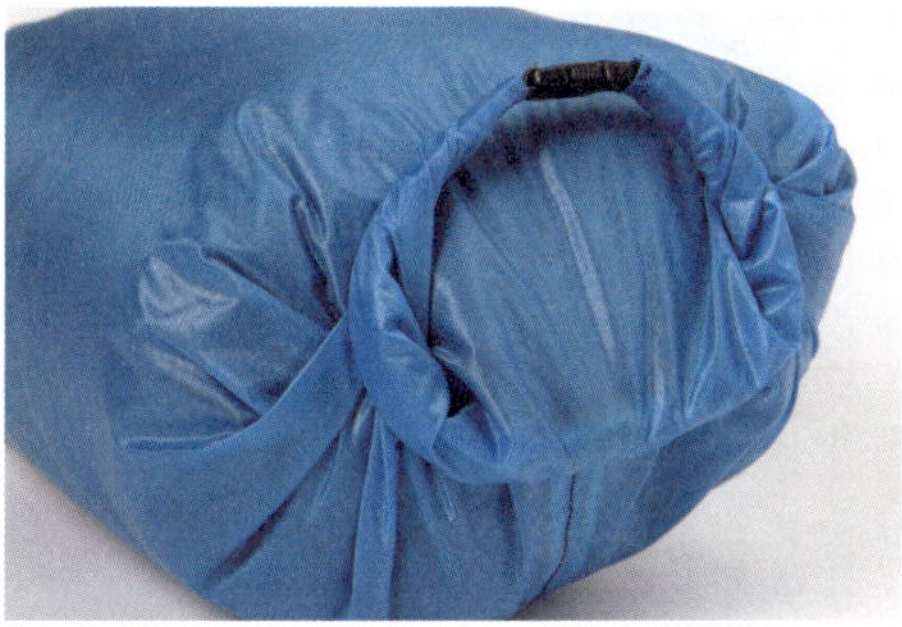

ドライバッグの口はできるだけきつめに、最低でも3～4回は巻き込むようにする。とくに最近人気のシルナイロンは滑りやすく、きちんと巻き込まないと緩んで浸水しやすいので注意したい。また、モノを入れたり、口を閉めるときは地面の上で行なってはいけない。石などで圧がかかると簡単に穴が空いてしまうからだ。

/// Point /// 圧縮の方法（コンプレッションバッグ）

ドライバッグの機能も持ったコンプレッションバッグ。太めのストラップは圧力をかけやすく、バランスよく引けば、荷物を圧縮しやすい

コンプレッションバッグのストラップは、はじめに1本だけ強く引くと、バランスが崩れて形が悪くなる。圧縮もあまり進まない。どこか1本のストラップを一気に引くのではなく、各部のストラップを順番に少しずつ締めていくと上下方向へ均等に圧力がかかり、パッキングしやすい理想的な形にできる。

スタッフバッグにまつわるこぼれ話

薄くて軽量と重宝するシルナイロン。だが、個人的には……。

山道具のなかで誰もがそれほど重視しないものがスタッフバッグだ。だが、僕にはいくらかのこだわりがある。いや、こだわりというほどでもないが、好みははっきりしている。

荷物が多いテント泊山行のときは、たくさんのスタッフバッグを使う。少なくても10枚以上だ。そのなかで僕がメインで使うタイプは、現代の主流である超薄手で軽量なシルナイロン製ではなく、厚みがある表地の裏に防水コーティングを施したもの。つまりドライバッグの丈夫なタイプだ。

シルナイロン製のスタッフバッグが登場したときは、その軽さと生地の強さ、そして透明感がある素材の美しさに惹かれて飛びついた。だが、何枚も購入して使ううちに判明したのは、僕にはあまり合わないということだ。僕は他の人よりもモノの扱いが雑で、バックパック内へのパッキングの際もかなり強引に押し込む。すると、いつのまにか見えない穴が無数に空いてしまうのだ。だからせっかくの防水性と撥水性がすぐにダメになってしまい、何度も買いなおさねばならない。

そこで、以前のようにナイロンやポリエステルの生地に防水性を持たせたものに戻すことにした。シルナイロンに比べれば耐久性は高いが、やはり重量はかさむ。しかし、「少しくらい重くても長持ちする」ものが僕の好みなのである。

厚手のドライバッグにはもう1つのメリットがある。生地の摩擦力が高いということだ。

例えば、ドライバッグ内にスリーピングバッグを入れていくと、シルナイロンは滑りがよすぎ、一度は押し込んだはずのスリーピングバッグが内部のダウン膨張によってスタッフバッグから押し出されてくる。きちんと収納するには少々手間取るのだ。だが厚手のドライバッグならば、内部の生地とスリーピングバッグの生地が強い摩擦のために滑りを起こさず、押し込んだ部分がほとんどはみ出てこない。そのためにスリーピングバッグがどんどん圧縮されていく。かさばる荷物でもコードを引いて荷物を圧縮するコンプレッションバッグを用意する必要がないほどなのである。

とはいえ、スタッフバッグのすべてを厚手のドライバッグにしているわけではない。入れるものによっては中身が透けて見えるシルナイロンが使いやすく、食料は通気性があるシンプルなナイロン製のほうが鮮度を保てる。それに防水が必要ないものまでドライバッグに入れると、パッキングのたびにいちいち空気を抜くのが面倒だ。

だが、やはりメインには厚みのあるドライバッグを使う。いまやシルナイロン製に押され、商品数が減っている。それが少々気がかりなのである。

SEA TO SUMMIT
TO SUMMIT

細引き＆カラビナ

用途は限定されず、多目的。
シンプルな形状と単純な働きが、
さまざまな状況で役に立つ。

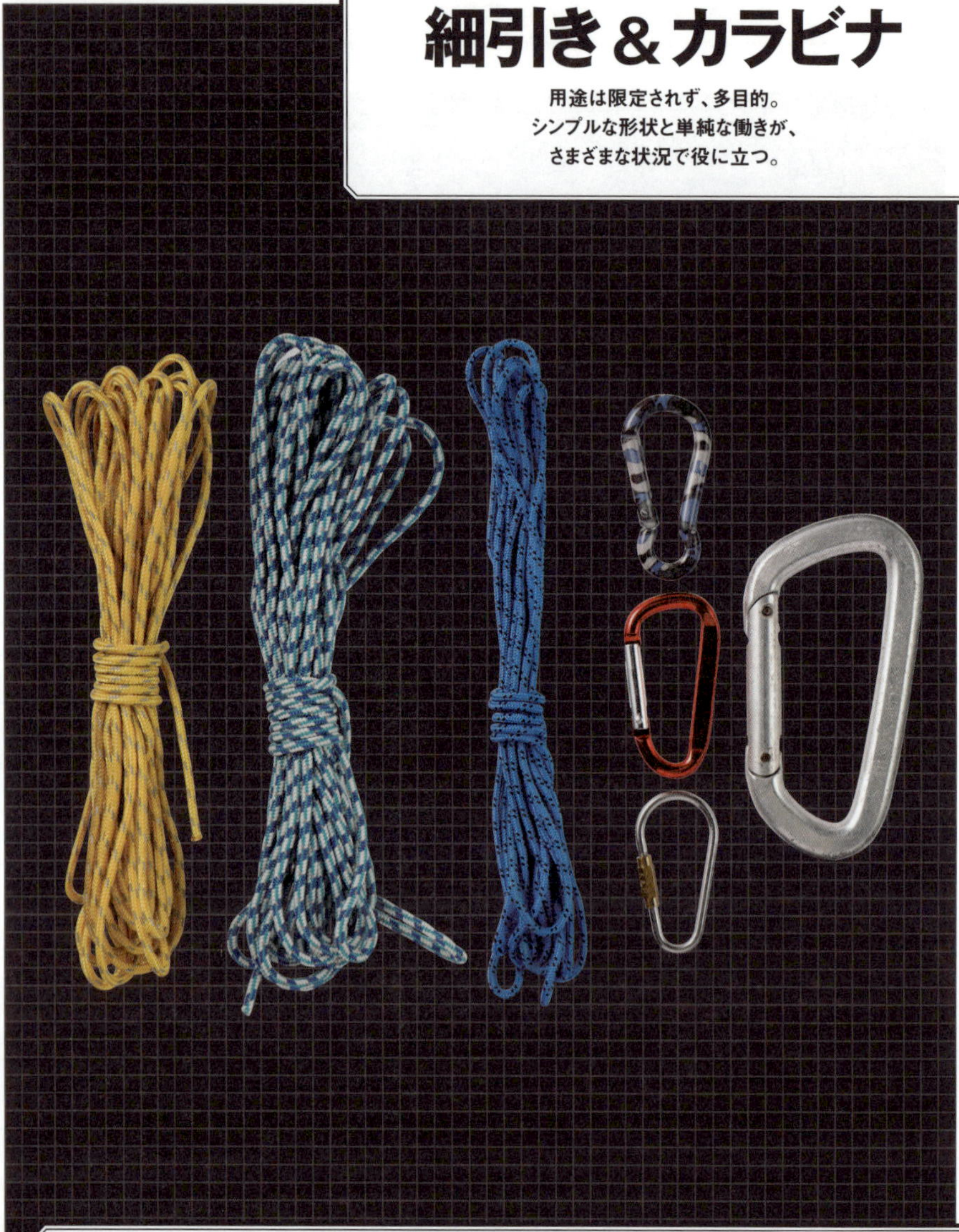

似ているようで異なる意味を持つのが「多機能」と「多目的」という言葉だ。山道具でいうと、前者がさまざまな問題にそれぞれの力で対応することであるとすれば、後者はさまざまな問題に1つの力で対処することとなるのではないだろうか。

多目的な道具の代表が、細引きとカラビナだ。

「細引き」はロープ類のなかでもとくに細いものを指す。いわば、たんなるヒモだが、それゆえにシューレースの代わりになり、濡れたものを干すコードになり、簡易的な安全ロープにもなる。用途は多すぎて、まさに多目的だ。

カラビナは本来、クライミング用のギアだが、その「かける」という単純な働きは、多様な状況で応用できる。バックパックからのモノの脱落を防ぎ、テント内ではライトを吊るすなど、いかようにも使えるのだ。

2つとも、シンプルだからこそ発想次第で無限の力を発揮する山道具なのだ。

/// Part.11 ///

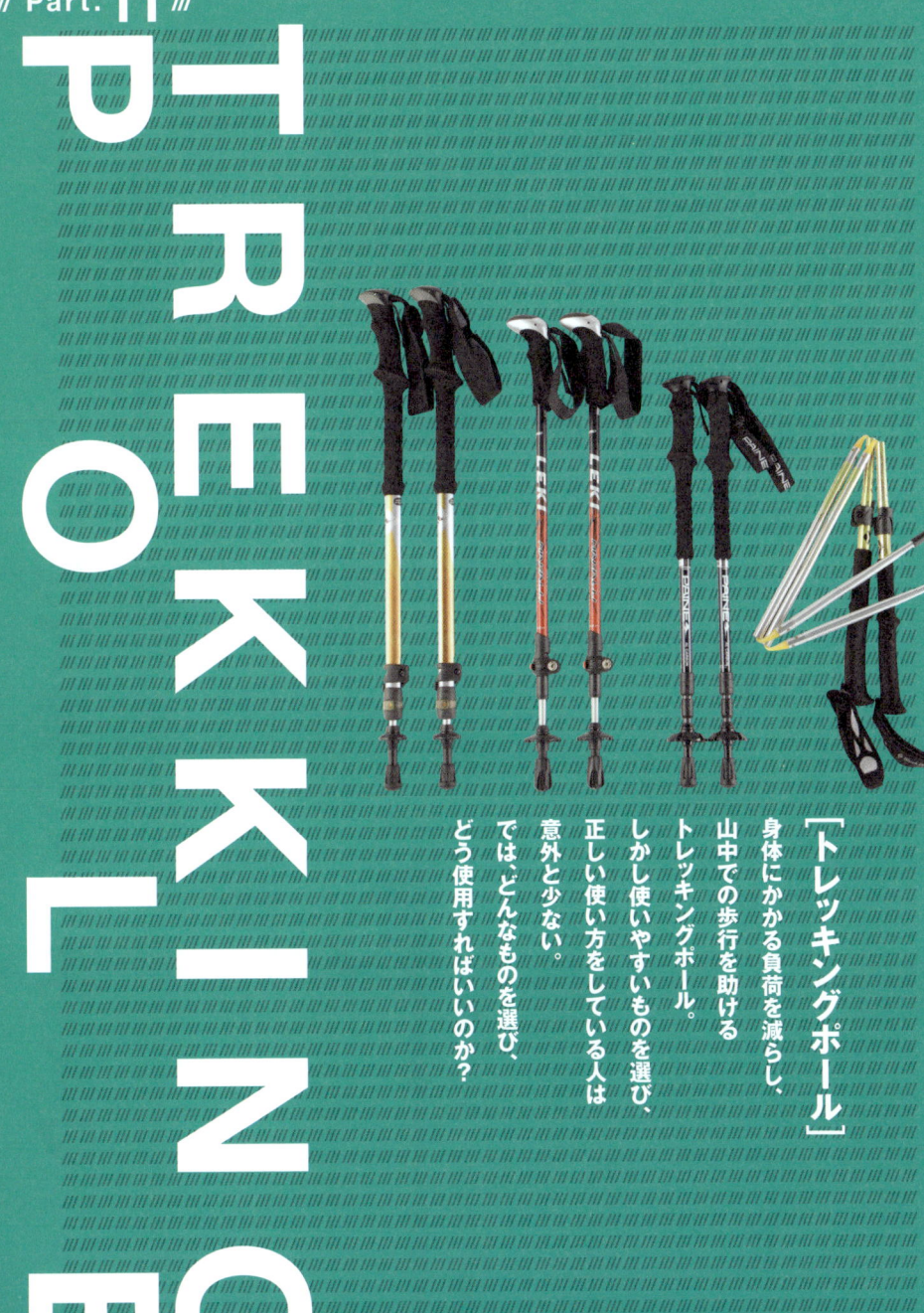

TREKKING POLE

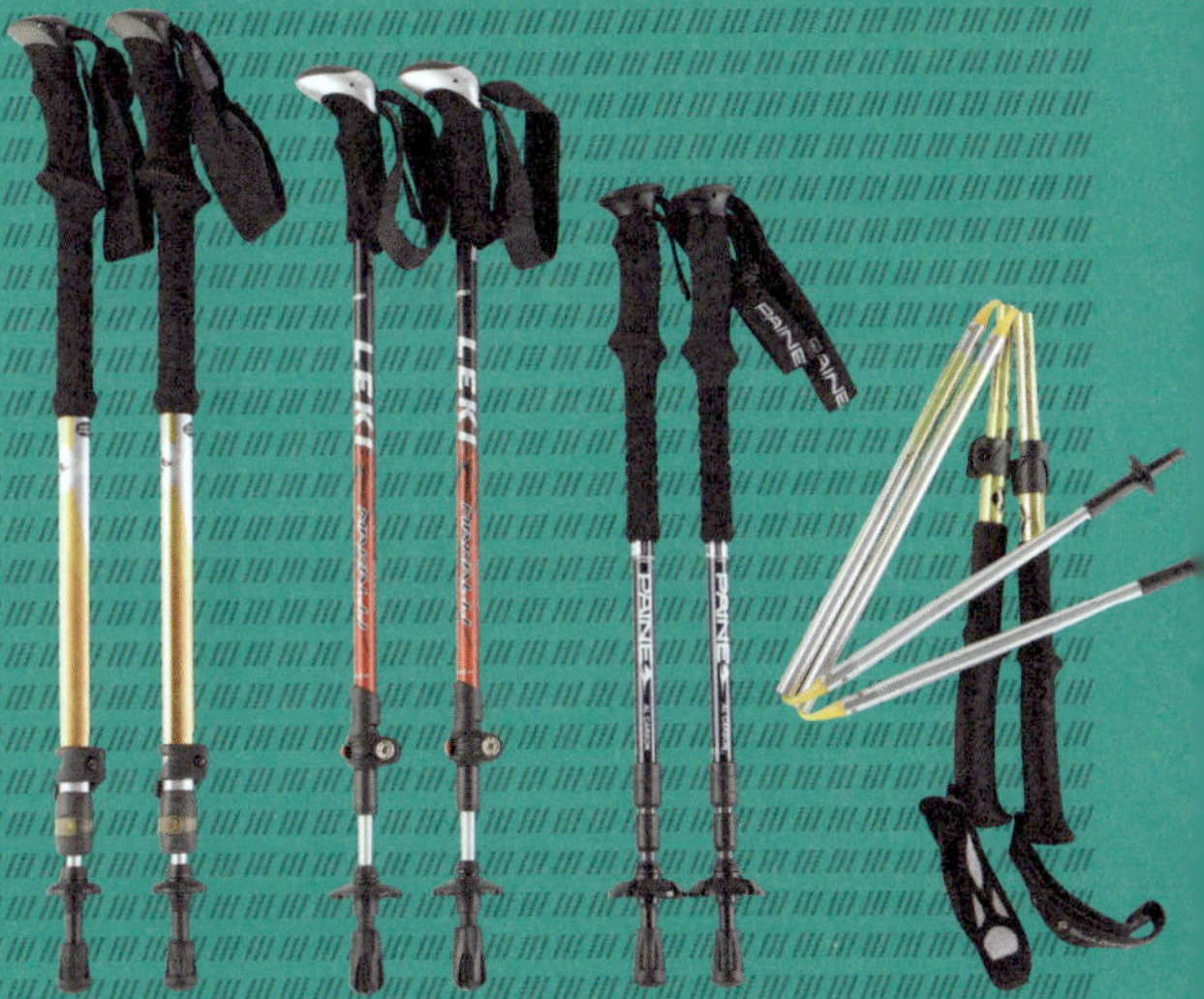

「トレッキングポール」

身体にかかる負荷を減らし、
山中での歩行を助ける
トレッキングポール。
しかし使いやすいものを選び、
正しい使い方をしている人は
意外と少ない。
では、どんなものを選び、
どう使用すればいいのか？

1

/// Category ///

= 分類 =

グリップの形で変わる2タイプ

ディテールを見れば細かな差は多いが、なによりも使い勝手を左右するのはグリップの形。中心となるのは「I」字型と「T」字型だ。

高齢者の「杖」と似たイメージがあるためか、以前はなかなか使用に踏み切れない人も多かったトレッキングポール。いまだ抵抗を持つ人も多いようだが、年齢の高低に関わらず、すでに山歩きを快適にする大切な道具として認知されるようになった。

トレッキングポールはグリップの部分で2種類に分かれる。1つがグリップからシャフトまで一直線の棒状になった「I」字型、もう1つがグリップとシャフトが直角気味に結合した「T」字型だ。

どちらも片手で1本だけ使っても、2本を両手で使ってもよいが、ダブルで使ったほうが歩行にリズムが生まれ、楽になる。だが、両手がふさがることを嫌う人も多い。あとは個人の好みだ。

/// Point /// I字型

スキーのストックとほぼ同形状のグリップで、先端の石突きまでストレートに伸びている。このため「I」字型と呼ばれることが多い。手でグリップを握って体を支えることに使うのはもちろんだが、体重や荷物の重さをストラップにも分担できるように、ストラップは手首にフィットするデザインで、太めにできている。シングル（1本）ではなく、ダブル（2本）で使うのが一般的だ。

- スキーのストックのように使える
- 体重をかけやすいストラップ
- 種類が多く、現在の主流

/// Point /// T字型

シャフトに対してグリップが横向きに付くために、「T」字型と呼ばれる。グリップの形状上、ストラップに力が加わることはなく、またシングルで使う人が多く、歩行中、たびたび左右に持ち替えることから、ストラップは手首にからみにくい簡易的なものが多くなっている。

- 楽に握れるグリップの形
- ストラップは簡易的
- 販売中の種類は若干少なめ

/// Column /// 最新式のポールシステム

以前から存在はしていたが、「山岳用」トレッキングポールとして強度を増し、実用レベルに達してきたのが、折りたたんで持ち運べるフォールディング式。収納時の形状から「Z字型」とも呼ばれる。長さ調節の幅は他のタイプほどではないが、その代わり製品ごとにサイズ（長さ）展開を行なっており、不便はない。収納時は30～40㎝程度になり、コンパクトさは随一だ。

シャフトの内部にはナイロンのコードが通り、これを締めれば一直線のポールにつながるというタイプ。緩めれば4本のシャフトに分離する。収納時30㎝強のコンパクトさは特筆すべきものだ

樹脂でコーティングされたインナーコードで3本のシャフトが連結。グリップと最上部のシャフトを引っ張るだけで1本のポールに延び、収納時はボタンを押すだけで分離する仕組み

2

/// Function ///

＝機能＝ ポールを形成する主要パーツ

トレッキングポールの構造は比較的シンプルである。だが機能を最大限発揮させるため、それぞれに工夫されたパーツで構成されている。

トレッキングポールの働きは体重と荷物の重さを腕に分散させ、脚の筋肉や関節の負荷を軽減することだ。つまり、人間を2足歩行から4足歩行へ変えるわけである。

また歩行中は体幹の重心が左右へ移動するが、横にトレッキングポールを突くことで過度なぶれが抑えられる。じつは脚の筋肉は体を前に進めるためだけではなく、重心の左右のぶれを抑えることにも酷使されており、トレッキングポールでバランスをとるだけで疲労度が減少する。

もちろん体を前に押し出すように突けば、軽い力で前進できる。つまり、トレッキングポールは重量を四肢に分散し、直立した体のバランスをとり、前進運動を楽にするという優れた山道具なのだ。

❶ グリップ

持ち手の部分。手になじむように曲線を描き、「I」と「T」字型に大別できる。高クッション性のコルク、ゴムラバーなどで握りやすい柔らかさに作られている

❷ シャフト

トレッキングポールの本体というべきパーツであり、軽量で丈夫なジュラルミンやカーボン素材が多用される。コンパクトに持ち運べるように2～4段継ぎになっている

❸ シャフトプロテクター

シャフトの末端をカバーし、破損から守る。シンプルな形状のものが多いが、モデルによっては、この部分に長さ調節用のワンタッチロックシステムが取り付けられている

❹ ストラップ

トレッキングポールが手から落ちるのを防ぐと同時に、グリップとともに体重と荷物の重さを受け止める。手首にフィットするように、多くのモデルは長さの調整が可能だ

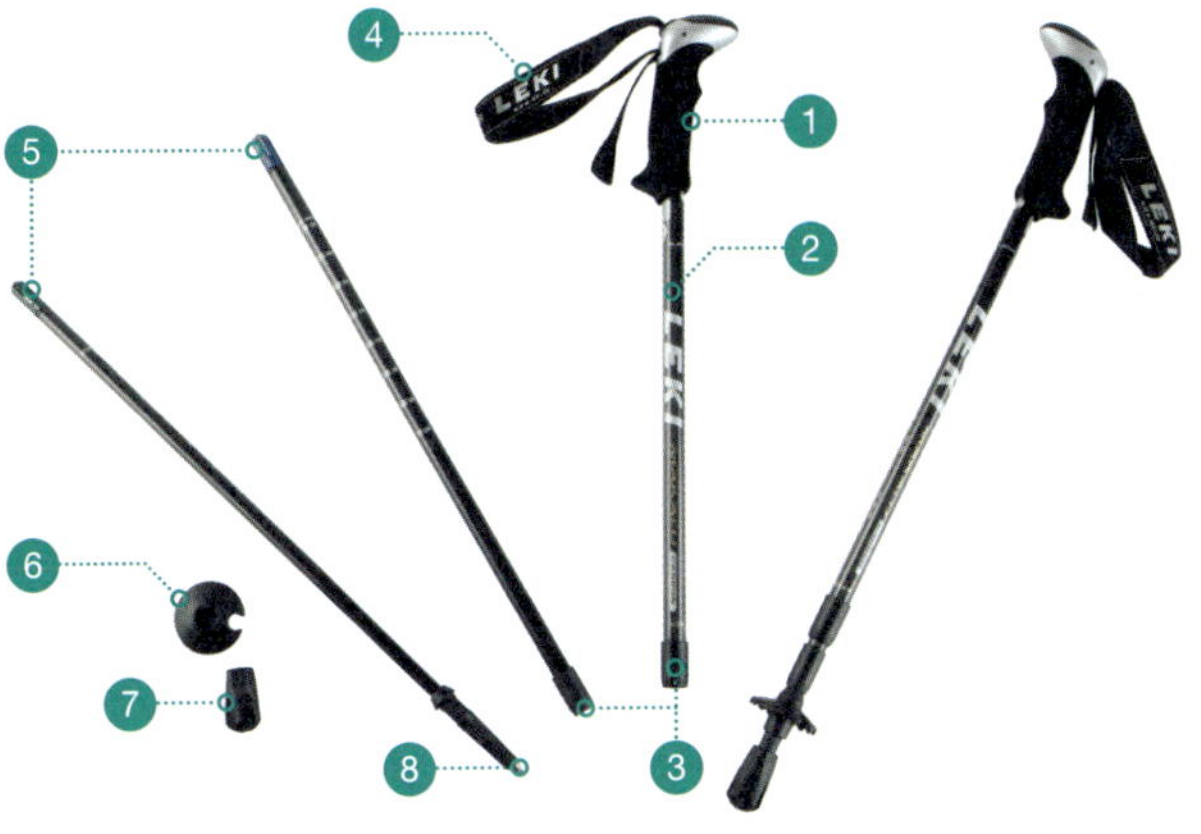

❺ ジョイントプラグ

シャフトを回すと内部で口径が広がり、数本の継ぎで構成されるトレッキングポールの長さを固定する。外部にワンタッチロックシステムを搭載したものは省略されている

❻ バスケット

トレッキングポールの先端が過度に地面に刺さらないようにする円形のパーツ。着脱可能であり、雪上ではより面積の大きいスノーバスケットに取り替えると歩きやすい

❼ キャップ

鋭利な石突きを覆う柔らかいゴム製。地面のコンディションやシチュエーションによって着脱し、地面に突いたときにスリップしないように先端部分には溝が掘られている

❽ 石突き

トレッキングポール先端の硬い金属。雪上やぬかるんだ地面で効果を発揮する。しかしかなり鋭利な形状で、登山道や周辺の植物を傷つける可能性もあり、注意が必要

/// Column /// **衝撃吸収システム**

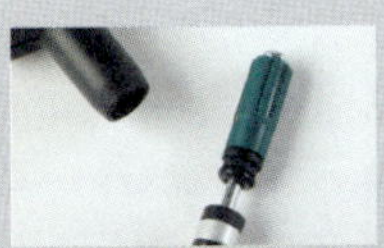

シャフトとプラグの間の金属パーツは、シャフト内部のスプリングで伸び縮みする仕組み。わずか1cm程度の伸縮ではあるが、弾力性は強く、充分に衝撃を吸収してくれる

トレッキングポール先端が地面に接すると、その衝撃がシャフトを通じて腕に伝わる。これは不快なばかりか、腕の筋肉を無用に刺激して疲れの元になる。そこで人気が高いのが、トレッキングポールにクッション性を加える「アンチショック」と呼ばれるシステムを搭載したモデルだ。衝撃性が軽減することで肩の負担も少なくなり、歩行時にトレッキングポールが生み出す金属音も低くなるなど、メリットは多い。

3

/// Select ///

＝選択法＝ ディテールで変わる使いやすさ

トレッキングポールはさまざまな要素を持つが、とくにグリップとロックシステムは使い勝手を大きく変える。その他の部分も含め、細部まで目を配って選んでいきたい。

「分類」のページで紹介したようにトレッキングポールのグリップは2種に大別できる。そのどちらを選ぶかが、もっとも重要なポイントだ。

T字型はグリップを上から握ることになるため、手首の関節の構造上、ポールの動きがそれほどスムーズではない。しかし握りやすさはI字型以上だ。ハードな登山よりもあまり高低差のない山で有用であり、そういう山域ではシングル（1本）でも充分に歩けるだろう。実際、ほとんどのT字型は1本単位で販売されている。

それに対し、I字型はダブル（2本）使いがスタンダードであり、販売も2本セットが多い。両手にポールを持っていると、1本のときよりもさまざまなシチュエーシ

/// Point /// 握りやすいグリップの形状

手の平になじむか否か。グリップの良し悪しは、使いやすさに直結する。自分の手に合う形状、太さ、素材感を念入りに確かめ、最良のものを手に入れたい。合わないものは腕の疲労を増す大きな原因になってしまうばかりか、長時間使い続けると、手の平と摩擦を起こし、擦れによって痛みを生じさせる。トレッキングポールには女性用モデルも多く、細身のグリップは華奢な手でも持ちやすくなっている。

さまざまなグリップ

弾力性の高いコルクのグリップを、前方に角度をつけて配置。下り道でトレッキングポール先端を前に向けやすくなり、安全性を向上

エルゴン形状のグリップが、最上部のシャフトまで長く覆ったタイプ。急斜面などでは必要に応じて短く持てる仕様になっている

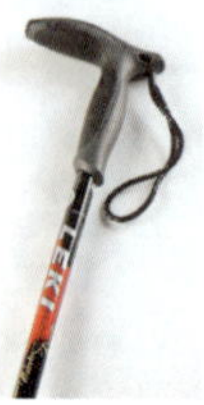

人間工学をもとに開発された、曲線を描くT字型。グリップ上部にはドット状の小さなくぼみが付き、滑り止めの効果を持っている

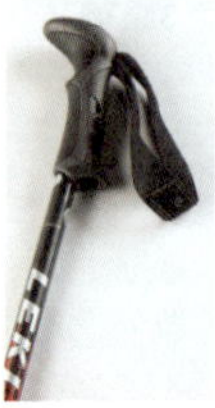

プラスチックとゴムという硬軟の素材を部分的に使い分け、手の平へのフィット感を向上させたタイプ。グリップ形状の一部は空洞となり、軽量化にも貢献

/// Point /// 数種のロックシステム

長さ調整のシステムで手間がかからないのは、ボタンを使ったラチェットとレバーを開閉するワンタッチロック式だ。一方、シャフト内の摩擦で長さを固定するロックプラグ式は外部にパーツが露出しないため、使用時にポールが周囲の木や岩に引っかかりにくいという長所がある。

主要な3タイプ

もっとも一般的な構造で、シャフト内部のプラグで長さを調整するタイプ。これは4段伸縮のため、ロックは3カ所

シャフトの2段目はボタン式のラチェット。数cm単位ではあるが、これもワンタッチで長さを調節できる仕組みである

レバーの開閉だけで長さが調節できるフリックロック（ワンタッチロック）システム。グローブをした手でも調整が簡単

ヨンに対応しやすく、バランスを崩したときにも瞬時にポールを突いて対応でき、転倒しにくくなる。さらに両手に均等に重さがかかるために重心がずれにくく、歩行にリズムが生まれてくる。標高差のある山で楽に歩くには、I字型のダブル使いが理想的だ。T字型を使う人も、できればシングルよりもダブルがよい。

　I字型かT字型かを選んだら、次はディテールを見ていく。とくに大切なのは、ストラップの素材と形状だ。I字型を使う場合、体重と荷物の重さの多くはストラップが引き受ける。これが粗末だと手首に負担がかかりすぎ、不快な思いをする。

　ロックシステムも重要だ。行動中にこまめにポールの長さを調整するなら、できるだけ簡単なほうがよい。だが簡単に調整できるものほど、なにかのはずみで突然外れることもある。確実にロックできることが大前提だ。

/// Point /// ジュラルミンか?　カーボンか?

ジュラルミンは比較的安価で、よほどでなければシャフトがつぶれたり、折れたりすることはない。ただし曲がりや錆びの心配はある。一方、カーボンはなんといっても軽量さがうれしい。しかし、割れる心配がないわけではなく、値段も高いのが難点だ。一長一短なのである。

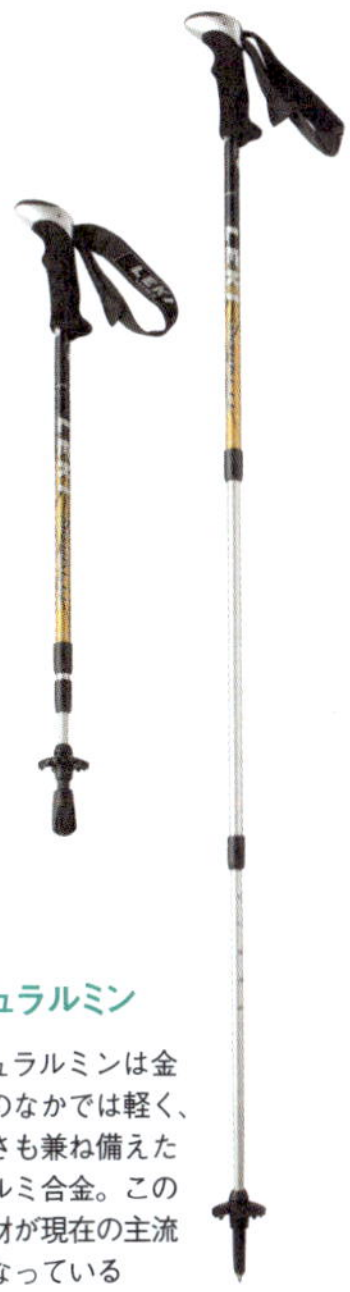

ジュラルミン

ジュラルミンは金属のなかでは軽く、強さも兼ね備えたアルミ合金。この素材が現在の主流となっている

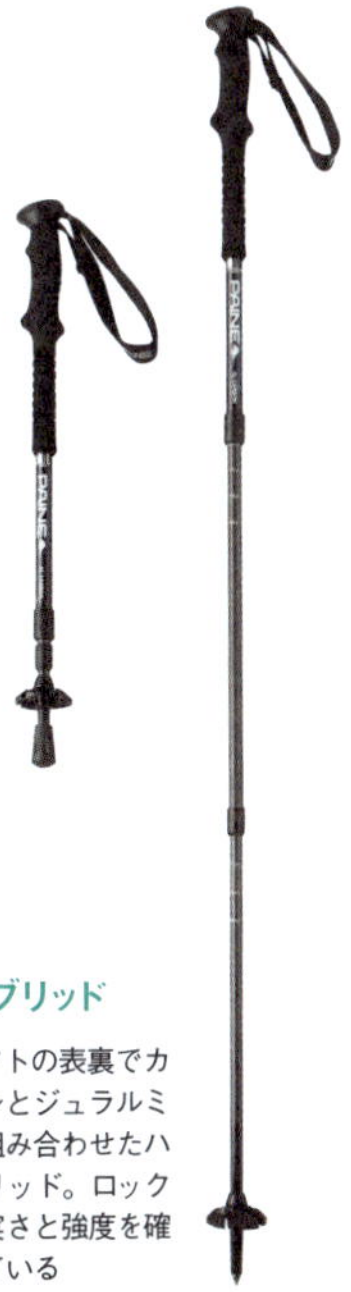

ハイブリッド

シャフトの表裏でカーボンとジュラルミンを組み合わせたハイブリッド。ロックの確実さと強度を確保している

カーボン

軽量性ではカーボンがいちばん。少々高価になるが、腕の力に自信がない人や疲れやすい人にはおすすめだ

/// Point /// ポールの太さと耐久性

同じ素材であれば、トレッキングポールは太く、厚みがあるほど耐久性が高い。だが反対に重量は増すので、適度なバランスを考えたい。体重が重い人や常に重い荷物を背負う人は、少々重くても太目のものを選ぶと長く使えるだろう。

左は軽量化のために細身、右はポールの口径を楕円に形成して強度を増したモデル。そのため角度により太くも細くも見える

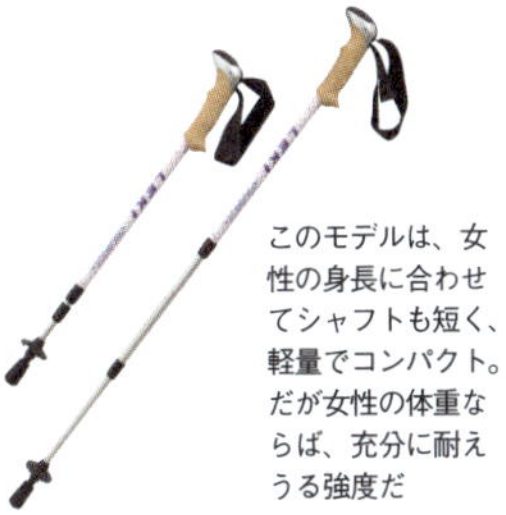

このモデルは、女性の身長に合わせてシャフトも短く、軽量でコンパクト。だが女性の体重ならば、充分に耐えうる強度だ

Point 手になじむストラップ

ストラップに負荷がかかるI字型の場合、これが粗末だと次第に肌が擦れて痛みを生じる。充分に柔らかいものを選ぼう。盲点はストラップの汚れだ。汗が染みて硬くなったストラップは肌を傷める大きな原因になる。ときどき洗って汚れを落とし、常に柔らかい状態を保ちたい。

ストラップの例

化繊のテープの裏に起毛素材を貼り付けたタイプ。シンプルだが、必要にして充分だ

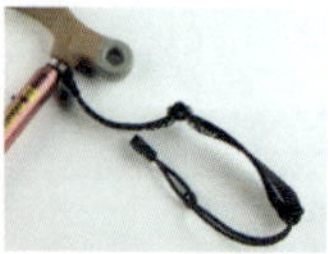

T字型のストラップは、どれも簡素なもの。手からの脱落を防ぐためには、これで充分

肌に当たる部分はメッシュに。柔らかいだけではなく、長時間使っていても蒸れずにすむ

Point 使用時と収納時の長さ

正しい使い方をすれば、一般的な日本人の身長ならば、最長サイズで130㎝もあれば充分だ。自分の身長を基準にして低めの人は短めを選ぼう。最短サイズは収納時にバックパックへ取り付けるときに影響する。大型バックパックならば長めでも邪魔にならないが、小型や中型ならばできるだけ短くなるものが移動時には便利だ。だが継ぎが多すぎると、シャフトの重なり部分も多くなり、重量が増えるので注意したい。

継ぎ方と長さの違い

5段継ぎのラチェット式で、最短は39㎝、最長は90㎝。継ぎの部分の重なりのために素材使用量は増えるが、小型バックパックにも収納できるほどショートになる

最短は65㎝、最長は140㎝。これだけの長さがあっても、カーボン製のため、重さはわずか241g（1本）。このようなサイズの3段継ぎタイプがもっともポピュラー

Column 人体工学的グリップ

I字型にせよ、T字型にせよ、長時間使い続けていると握力が落ち、持ち続けるのが嫌になる。だがこのような人体工学を応用したグリップなら、ほとんど力を入れずに長く使える。一般的なタイプよりもシャフトの長さは若干短めに使う。

まるでゲームのコントローラーのようなルックス。力を入れず、楽にグリップを握ることができる

Column ノルディックウォーキング用との違い

最近の流行が、ノルディックウォーキング。荷物を背負わず平坦地を歩くためのノルディック用は比較的華奢な作りで、山中でのハードな使用には向かない。タフな構造の山岳専門品がやはりベターだ。

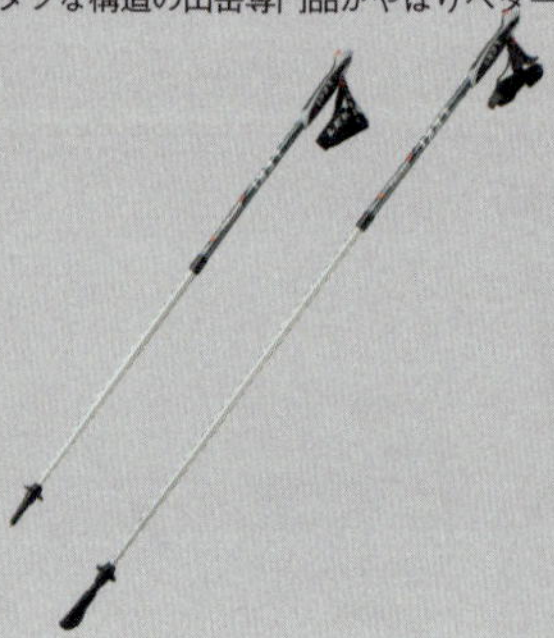

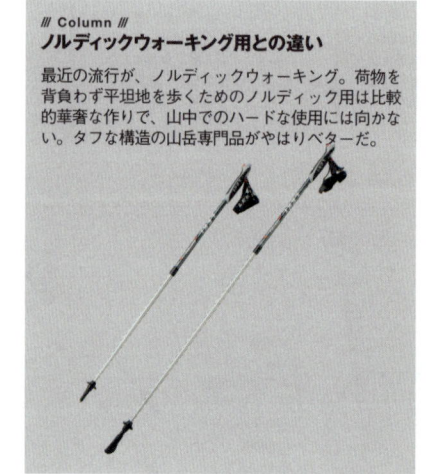

4

/// Know-how ///

=使用法= 正しい使い方で大きな効果を発揮

トレッキングポールを正しく使っている人は、驚くほど少ない。なかでも握り方と長さの調整を間違っている人が多いようだ。では正しい使い方とは？

じつはトレッキングポールを正しい持ち方、正しい長さで使っている人は少ない。どんなによいモデルを手に入れたところで、それではトレッキングポールの実力は発揮されず、あまり意味がなくなってしまう。

グリップの正しい握り方は、言い換えれば、ストラップの正しい通し方ともいえる。正しく通すだけで体重が手首にしっかりとかかり、無用な握力を使わずにすむ。その結果、腕が疲れにくい。その方法は、この下の「握り方の手順」を見てほしい。

ポールを長すぎる状態で使っている人もとても多い。正しい長さに調節すれば、ポールを動かすときに腕を上げるとしても、多くはお腹の辺りまで。胸まで上げねばな

/// Point /// グリップの正しい握り方

山岳用トレッキングポールの主流であるI字型は、正しい使い方をしなければ効果は半分以下だと思ったほうがいい。正しくストラップを通せば、グリップは軽く触れる程度でもポールを扱うことができる。垂直方向で握るグリップだけで体重と荷重を支えるには強い握力が必要だが、このようにストラップを使うと手首の上にほとんどの重さが自動的にかかり、握力を使わない。

これが正しい握り方だ。ストラップの通し方はこの下を参照。ストラップが手の甲の上に当たっているために、手を離しても落下しない。また、ストラップがフィットしていれば、グリップを軽く握るだけでもストラップに重さがかかり、強い力が加わっても安定する

この間違った通し方でグリップを握っている人はとても多い。これでは手を離したときに手に引っかからないだけではなく、ストラップに体重をかけることができず、効果を発揮しにくい

下り坂では最上部をこのように握る方法もある。この場合、下り坂が長く続くときには、ポールを長く調整したほうがよい

握り方の手順

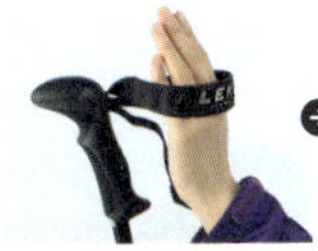

輪となる部分の長さを自分の手に合わせて調整してからストラップを横に伸ばし、上からではなく、「下」から手を差し入れる

手首まで通し終わった状態。このままストラップごとグリップを握っていくが、その前にストラップがねじれていないか注意

グリップは手の形に合わせて凹凸が付けられている。正しい位置を握ってから、ストラップのフィット感を確かめる

登りが長く続く際は、ポールを短く調整するべきだが、登り坂が短時間で終わるときならわざわざ調節しなくても、このように短く持って乗り切ってもいい

らないようなら、おそらくそれは長すぎる。長時間使っていると肩と腕が次第に疲労していくはずだ。だが、適切な長さならば、歩行中の腕の振りだけでポールは自然に前へ移動していく。

　この2点さえキチンと押さえれば、トレッキングポールは大きな力になる。現在持っているポールが気に入らないからと新製品をチェックする前に、もう一度使い方を確認しよう。とくに、これまでにトレッキングポールの効果をそれほど実感できていなかった人は、一度思い切って短く使ってみてほしい。正しい使い方をしなければ、なにを選んでも大きな差はないのである。

/// Point ///

歩行時の長さの調整

基本となるのが、平地でポールを立てて持ったときにヒジが直角になる長さ。これを基準に登りでは短め、下りなら長めに調整する。好みにもよるが、5㎝程度長さをチェンジするだけで、かなり使いやすさが変わる。いずれにせよ、ヒジの位置が高すぎると、疲れやすいうえに、ポールの操作もしにくい。

**　長い距離や時間、斜面をトラバース（横方向に歩く）しなければならないときは、山側を短く、谷側を長く調整するとよい。このときもまた、斜面の高さに合わせて長さ調整が必要だ。**

下り坂では少々長めに。坂では体重を支えるためにポールを前方に突くが、そのときの地面の低さを補う分、長くするわけだ

ヒジが直角に曲がるポールの長さが、平地を歩く際の目安。実際には後方に角度をつけて突くので、拳の位置は下がるはず

登り坂の場合はポールを短くする。グリップを握った拳の位置は腰近くに下がるが、上り坂ではだいたいヒジが直角になる

/// Point ///

積雪期にはスノーバスケット

付属の小さなバスケットは無雪期には充分だが、柔らかい雪の上では深く突き刺さり、ほとんど役割を果たさない。別売りの面積（輪）が広いスノーバスケットに取り替えよう。雪面に沈まず、効果は絶大だ。

/// Point ///

自宅での保管方法

使用後のポールには砂などの異物が付着し、内部が濡れていることも多い。砂は払い落とすだけで充分だが、問題は水分だ。とくにジュラルミン製は白い錆が浮き、固着して長さの調整ができなくなることもあるので、注意したい。

自宅に帰ったらシャフトをすべて外し、水分をふき取ってからバラバラのままで保管する。これだけで長く使えるようになる

/// Point /// キャップの取り扱い

歩行中、通常は外しておくべきか、装着しておくべきか。キャップの取り扱いには2説ある。外すべきという人は、そのほうがどんな場所でもスリップしにくいからだというが、実際にはゴムのキャップの先端には溝が刻まれているために山中のほとんどの場所で滑ることはない。滑るとすれば、磨かれた岩や泥の上、もしくは砂利や雪の上程度だ。露出した石突きは地面に鋭く突き刺さり、植生を傷める。むしろ必要なとき以外は装着しておくほうが、自然にダメージを与えにくいだろう。

キャップは普段装着しておき、石突きは危険地帯だけと臨機応変に使うほうがよい。しかし一度はずすと失くしやすいので注意しよう

/// Point /// バックパックへの収納

短くしたところで数十cmはあるトレッキングポールは、無使用時の収納に困る。行き帰りはバックパックに取り付けるのが常だが、落下して紛失することなく、同時に周囲にも迷惑をかけない方法を考えておこう。山中でも一時的に手から離したいときは、左の方法をとりたい。

石突きを上にしてサイドポケットとストラップで留めた姿。石突きをカバーするキャップが付いていればまだマシだが、土汚れが気になる

石突きの部分をサイドポケットに入れて留めた姿。鋭い先端が隠れて安全であり、土汚れも外に出ない。いちばん現実的な収納だ

ピッケルホルダーにポールを1本ずつ取り付ける人は多いが、おすすめできない。確実には留められず、ずり落ちる危険が高いからだ

ハシゴや鎖がある場所では、両手のポールが邪魔になる。そのときはこのようにバックパックと背中の間に挟みこんでもよい

/// Column /// 交換／追加できる各部パーツ

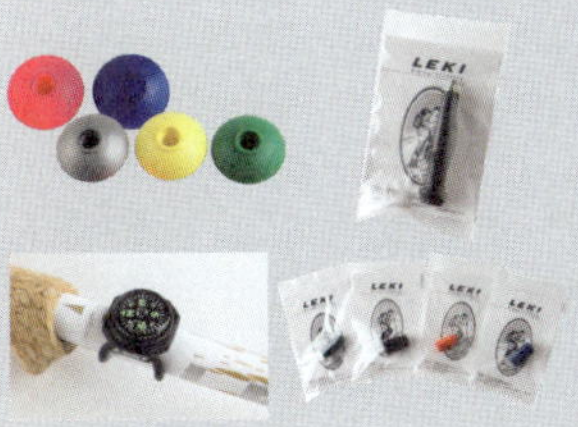

トレッキングポールは別売りパーツが充実している。ジョイントプラグやチップはパーツが傷んだときの交換用で、シャフトに付けられるコンパスも便利。カラフルなバスケットは足元の視認性を上げポールの効果を高めてくれるだろう。失くしやすいゴムキャップも別途買いなおせる。

/// Column /// カメラの一脚にも

グリップの上のキャップを外すと一脚としてカメラを取り付けられるトレッキングポールもいくつか販売されている。三脚には及ばないが、手ぶれを抑える効果があり、夕暮れの撮影などで活躍してくれるはずだ。

日焼け跡が残るほど、常に使い続ける2本の長いポール。

人間は2足歩行をする動物だ。哺乳類のみならず、他の生物のなかでも例外的な存在である。そのために、腰に負担がかかるとはよくいわれる。

人類と類人猿は、直立2足歩行を行なっていたかどうかで区別されるらしく、そう考えると人類は数百万年前から2本足で歩いていたわけだ。それだけの年月を経ていれば、もはや腰に負担がかからない体の構造に進化していてもよい気がする。だが実際にはたしかに腰を傷める人は多く、やはり生物の進化にはよほどの時間がかかるのだろう。

通常の歩行でも腰に負担がかかるのだから、重い荷物を背負い、不整地を歩いて登り下りする山ではなおさらだ。そこで、左右2本の杖で地面を突くことで、人間をはるか大昔の4本足に戻し、少しでも楽に歩けるようにするものがトレッキングポールということになる。人間は両手を使うためにあえて歩行力を犠牲にして2足歩行をするようになったのだから、両手をあまり使う必要がないときには、昔のように4本足のほうが歩きやすいのだろう。

だが自分でも使うようになってから10年以上も経ち、ふと思うのは、トレッキングポールは3本目、4本目の足でもあるが、もとの腕の延長とも考えられるということだ。簡単にいえば、やたらと長い腕である。

登山道に生い茂った草がかかって足元が見えない場所では、トレッキングポールを差し出して茂みをかき分ける。邪魔な石があれば、先端で突いて脇にどかす。先に引っかけてモノを拾い上げることもある。目標の山をトレッキングポールで指し示しながら仲間と話しているときは、完全に指先の代わりだ。どこかロボットのアームのようでもある。

いずれにせよ、行動中にいつも手の平に感じ、目の前に見える道具だけに、まるで自分の分身のようで愛着がわいてくる。

僕はテント泊山行を中心に重い荷物を背負って歩くときは、常にトレッキングポールを持つ。あまりにも長時間使うので、夏になると大量の汗を吸収したストラップには塩が浮かぶ。意外なほど固くなるので、定期的に揉みほぐすように洗わねばならない。

同時におもしろいのは、手首にかけるストラップの部分だけがさほど日焼けせずに白っぽく残ることだ。それも腕時計をはめる左手には、2重の白い線の跡ができる。初めはそのおかしな日焼けがとても気になっていたが、今はもう慣れてしまい、そのままにしている。

秋になって日差しが和らぎ、長袖のウェアを着るようになると、手首の白い線は次第に薄れていく。そんな自分の手首を眺めていると、夏山が好きな僕は少しだけ寂しい気持ちになるのだった。

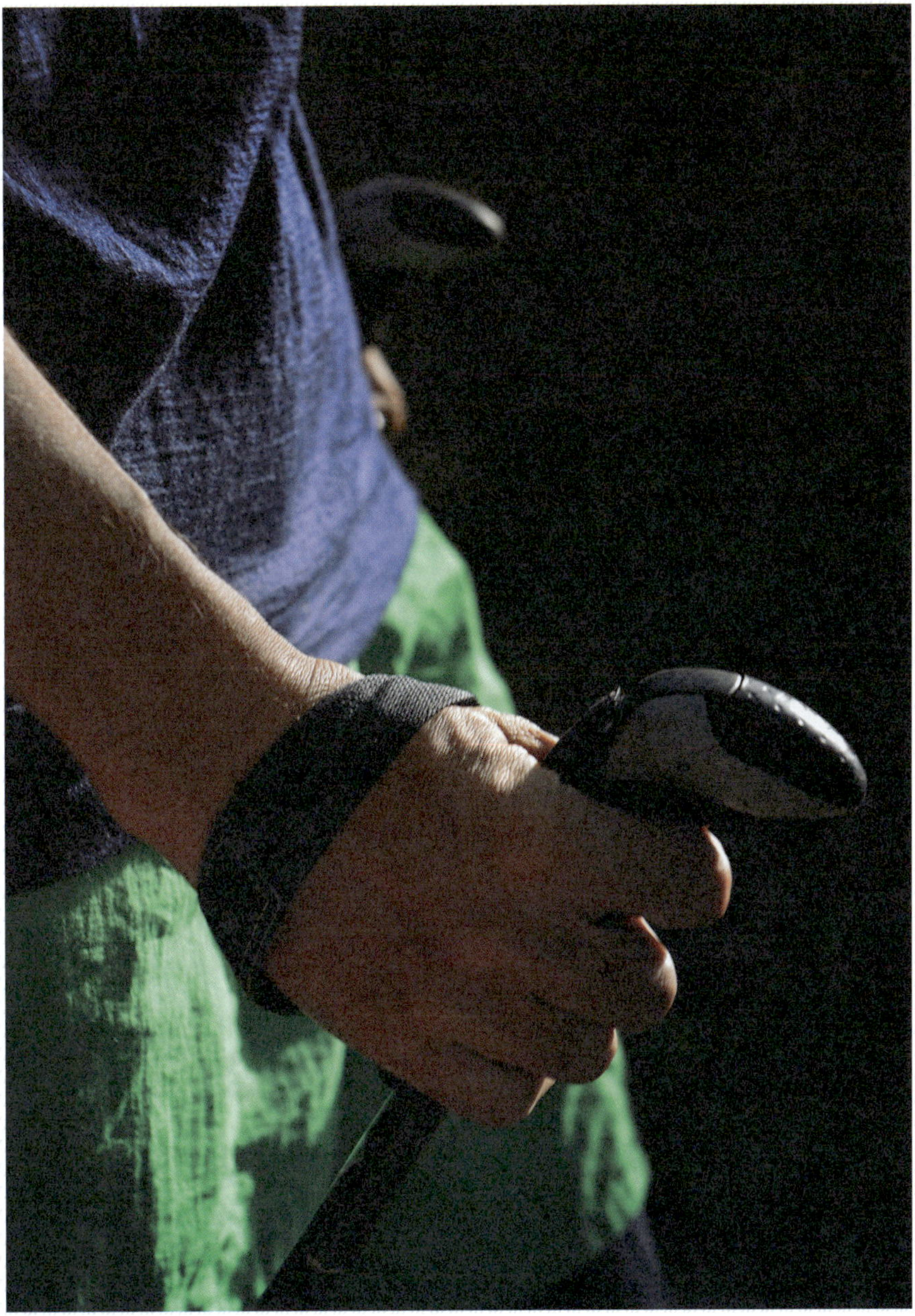

サングラス

目が見えなくなれば、山での安全性は激減する。
少しでも雪がある時期には、サングラスを持とう。
破損や紛失には気をつけたい。

紫外線に対する目の耐性は、人によって大きく違う。弱い人はいつでも準備する一方、強い人はほとんど持たないのが、サングラスだ。

普段はあまり必要としていない人でも、空気が澄んだ山の強烈な紫外線には目をやられる。夏ならまだしも、雪山で耐えられる人はいないだろう。だが普段から使っていない人は、残雪があることを知っていても、持っていくことを忘れてしまう。少なくても雪が残っている可能性がある時期は、装備に加える習慣をつけるべきだ。

細かなスペックについては省略するが、無雪期はUVカットの機能が充分にあれば大きな問題はない。雪が降る時期はゴーグルのように、雪の浸入を防ぐパーツやカバーが付くものがいいだろう。帽子との干渉がないデザインが好ましい。

サングラスは破損や紛失の恐れが高い装備でもある。しかも高価だ。大切に扱うクセも身につけよう。

/// Part.12 ///

TREKKING BOOTS

［トレッキングブーツ］

登山には
さまざまな要素があるが、
突きつめれば「歩くこと」に尽きる。
だから、常に地面と
ダイレクトに接しているトレッキングブーツは、
最重要の装備の1つだ。
目指す山域や歩き方に合わせて、
適切なものを
選ばねばならない。

1

/// Category ///

=分類= 安定性と柔軟性の適度なバランス

トレッキングブーツは各社から多様なモデルが登場している。アッパーやソールの硬軟やフォルム、細部の形状などによってタイプは異なる。

山岳用のシューズには、雪の中を歩くことを主目的とし、堅牢で保温性も高いアルパインブーツもある。だがここで取り上げるものは「無雪期」に使えるものだ。便宜的に4タイプに区別したが、それらのあいだに明確な線引きはない。

このなかでライトアルパインブーツとしたものは、カカト部分にアイゼン装着用のコバを持ち、雪中歩行も充分にできるものである。しかし保温材などは内蔵していないので、厳冬期には向いていない。残雪期程度にしておいたほうが無難だ。また硬いソールは岩場にも適しており、ソールのつま先部分のミゾをあえてなくし、岩場のかすかな凹凸もとらえる工夫をしたモデルも多い。重量は

/// Point /// ライトアルパインブーツ

堅牢なアッパーでソールも硬く、歩行時にはあまり曲がらない。そのために足を確実に守り、岩場や雪の上で強い。一方、柔軟性を欠くので、一部の改良モデル以外は平坦な場所では少々歩きにくい。雪面に対応し、カカトにワンタッチアイゼンを付けるためのコバが付いているモデルが多い。

- 全体的に強固な作りで岩場などで足を守る
- 高山の岩場など積雪期にも活躍

/// Point /// トレッキングブーツ

ライトアルパインブーツに次ぐ硬さをもちながら柔軟性も兼ね備え、もっとも一般的で汎用性が高いモデル。体と荷物の重さをしっかり支えてくれ、無雪期の縦走に向いている。雪上でも使えるが、本格的な冬山には不向きだ。夏の雪渓や残雪期程度に留めておいたほうがいいだろう。

- 重い荷物を背負ったテント泊の縦走に適している
- アッパーが比較的硬いので、軽アイゼンの装着もしやすい

重くなるが、ハードなシチュエーションでも使えるのが持ち味になっている。

それとは反対に、軽量性や柔軟さを重視したライトトレッキングブーツやミッドカットトレッキングブーツは、一般的なトレッキングブーツほど足首を守る力は備えていない。だが登山道が整備された低山や荷物が軽いときには充分に使え、歩きやすくて疲れも少ない。

これらの中間に位置するのが、アッパーにレザーや化繊などを使い、足首のホールド感や柔軟性などのバランスをほどよくとった一般的にトレッキングブーツと呼ばれるタイプだ。ライトアルパインシューズよりも歩きやすく、ライトトレッキングブーツよりも安定感が高く、無雪期ならば大半の山で活躍する。夏山の登山ならば失敗が少ない選択だ。

/// Point ///

ライトトレッキングブーツ

一般的なトレッキングブーツよりもアッパー、ソールともにかなり柔らかめ。足の裏や足首が曲がりやすく、歩行性が高い。ただし、地面の状況が過酷な岩場や雪上には不向きで、また重い荷物を受け止めるほどのつくりではないので、荷物が軽い山小屋泊まりや日帰り山行向けだ。

- 荷物があまり重くない 小屋泊や日帰り登山に
- 全体的に柔らかいので歩きやすいが、高山よりもなだらかな低山向き

/// Point ///

ミッドカットトレッキングブーツ

ライトトレッキングブーツの足首を覆う部分が数cm低くなったタイプ。足首がさらに動かしやすくなり、軽快に歩ける。その反面、足首をひねると過度に曲がってしまうため、捻挫を起こす恐れもある。荷物が軽いときや、あまり急峻ではないトレイルを歩くときに使うとよいだろう。

- 足首を守りつつ、柔らかな履き心地
- ハードな登山には不向きだが、低山の散策や日帰り登山には便利

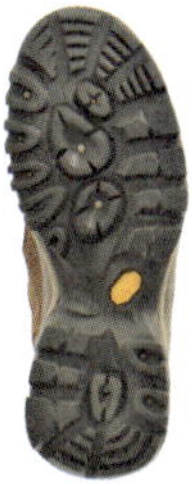

/// Column ///

トレイルランニングシューズ

山を走る「トレイルランニング」を目的としたシューズも登山に使える。トレイルランニングの際は多くの荷物を持たないことが前提のため、登山用よりもシューズは華奢な構造で、非常に柔らかくできている。その性質を理解したうえならば、ライトトレッキングブーツやミッドカットトレッキングブーツの代わりになるだろう。

スニーカーにも似たローカットタイプ。足首は守られないので、使用には注意が必要だ

足首の防御を考えたミッドカットタイプ。ソールはとても柔らかく、歩きやすい

2

/// Function ///

= 機能 =

細部で差がつく快適性

体のなかでもとくに立体的で多数の関節をもつ足を覆うブーツは、その構造も複雑だ。ディテールにも多くの工夫が見られ、履き心地のよさを大きく左右している。

トレッキングブーツは、たんなるシューズではない。街中の道路とは違って平らではない登山道を歩くための専門的な山岳装備だ。だから、滑りやすく、体のバランスを崩しがちな不整地を歩く際に、体を守るための機能を持つ必要がある。山中での転倒は、足自体の怪我だけではなく、頭を打ったり、腕を折ったりする可能性もあるので、おろそかにはできない。

その点、足首まで深く守るハイカットのアッパーをもつトレッキングブーツは、捻挫や骨折の可能性を最小限にとどめる力をもっている。荷物が少ないときや歩きやすい登山道ではローカットの登山用シューズも使えるが、ハイカットやミッドカットブーツを選んだほうが無

ヒールカップ

ブーツのフィッティングでもっとも重要なカカトを安定させる部分。履く人の足に過不足なく合う大きさのものが望ましい

パッド

履きやすさをアップさせるために、足首を中心に要所へ配置してある。適度な柔らかさのものは、フィット感も増してくれる

フック／アイレット

靴ヒモを通すパーツはアイレット。外側からかけるパーツがフック。これらとシューレースのコンビで、ブーツを足にフィットさせる

アッパー

レザーや合皮、ナイロンなどの素材を使ったブーツの外側の部分。ほとんどの登山用の内側には、透湿防水性素材が使われている

アイゼン装着用コバ

ワンタッチアイゼンを装着する際に必要なミゾ。雪の中を歩くことを想定していないライトトレッキングブーツなどでは省略される

ミッドソール

アウトソールの内側にあり、クッション性や柔軟性を高める働きを持つ。見えにくい部分だが、履き心地を左右する重要部分だ

アウトソール

地面に接する部分で、滑りにくく磨耗しにくいビブラム社のものが有名だ。表面のミゾにもさまざまな工夫が凝らされている

ランド

アッパーとソールのあいだで防水性を上げつつ、足の周囲を覆って安定させる役割を持つ。モデルによっては省略されている

難だ。またソールはぬかるんだ地面に対応できる素材のもので、雨で濡れた登山道でもスリップしにくいパターンを持つものがいい。

そして、雨が多い日本の山では、水に対する備えがなによりも重要だ。素材には外部の水を浸入させず、かつ内部の湿気は外に逃がす透湿防水素材のものがベスト。ブーツ内の足のコンディションを良好に保ち、靴擦れを防止してくれる。

だが足に合っていなければ、高機能なアッパーやソールも実力を発揮しない。大切なのは、きちんとフィットさせてブーツを履くことだ。

そのためにシューレースと連動してブーツを足にフィットさせるフックやアイレットにもさまざまな工夫が加えられている。トレッキングブーツは細部まで機能的にデザインされているのである。

タン
ベロとも呼ばれる足首の前面に当たるパーツ。柔らかいパッドが内蔵され、足入れのよさ、フィット感、防水性の向上につながる
シューレース
靴ヒモ。現在のトレッキングブーツは丸ヒモが中心で、切れにくいように強度や柔軟性を変えた数種の素材を組み合わせている
トゥガード
つま先を守る部分。とくにライトアルパインブーツやトレッキングブーツは大きめで、岩場での怪我の防止を考慮している

/// Column ///

フットベッドの利用

ブーツ内部にはあらかじめインソール（中敷）が敷かれているが、これには基本的に体の姿勢や足の関節をサポートするほどの矯正力はない。土踏まずのアーチを支え、かかとを包みこむ「フットベッド」に取り替えると、おどろくほど歩行が楽になる。クッション性も上がり、足にやさしい。フィット感の向上のためには、部分的に使うスペーサーも便利だ

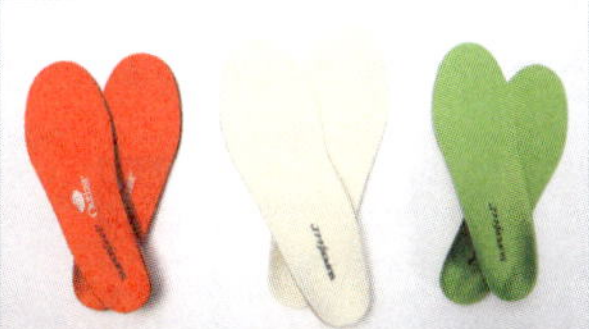

ブーツ内で足を安定させるフットベッド。右は通常のタイプだが、中央は起毛させてあり、左は保温力を増した寒冷期に向いたものだ

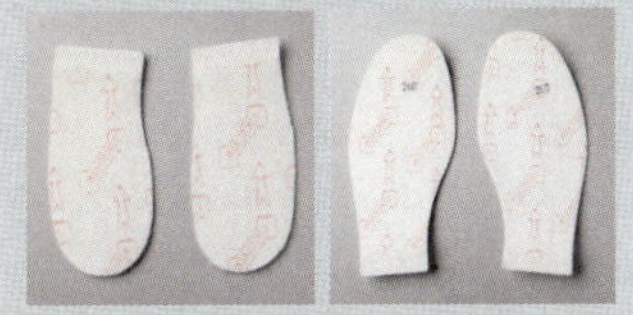

フィット感を増すためには、つま先だけ、かかとだけのスペーサーも有用。サイズの微妙な調整ができ、ラクに歩けるようになる

Point アッパーの素材の性質

ブーツのアッパーに使われている素材は、伝統的にレザーだ。天然の防水性や柔軟さとともに強靭さには信頼感があり、今も重厚なブーツでは多用されている。一方、合皮やナイロン素材のものは軽量で薄く、ライトアルパインブーツなどではすでに主流の素材だ。その性質に合わせて部分部分で使い分けられている。

オールレザー。以前のブーツはほとんどがこのタイプで、加工によって硬いものから柔軟なものまで多様に揃う

合皮や化学繊維などを部分的に使い分けたタイプ。近年は、ますます軽量でいて丈夫な素材が増えてきている

Point 足首を覆うアッパーの高さ

アッパーの高さは、歩きやすさを大きく変える。ミッドカットやローカットのほうが足さばきはよいが、歩行が安定しない面もあり、使用する場所を選ぶ。反対に丈が長いタイプは足首まわりが動かしにくくなる反面、防水性に優れ、小石などが内部に入りにくいメリットもある。登山する場所や好みに合うものを選びたい。

同じメーカーでも使う人の足や歩き方に合わせて、アッパーの高さを作り分けている。足首部分が高いものは少々歩きにくい場面もあるが、斜面や崩れた場所で安定する

Point 悪天時に不可欠な透湿防水性

雨が多い山の中において、ブーツに求められる大きな役割が、外部の水をシャットアウトしながらも、汗による内部の蒸れを発散することだ。現在の山岳メーカーが販売しているブーツの大半にゴアテックスなどの透湿防水性素材が使われ、以前のように水漏れする心配がなく、安心して使用できる。だが安価なものには採用されていないものもあり、ブーツ内部のコンディションが下がり、靴擦れなどの原因になる。高温多湿な日本の山では、透湿防水性が高いブーツはマストだ。

透湿防水性素材の代名詞、ゴアテックス。アッパーの内側のメンブレン（膜）に微細な孔があり、水蒸気を排出しつつ、水分は浸透させない

透湿防水性素材を直接アッパーに張る技術が、アウトドライ。表面で水分をシャットアウトするので、アッパーの素材自体が濡れることがない

ドライラインは透湿防水性素材シンパテックスをアッパーの内側にラミネートしたもの。長時間履いていても蒸れが少なく、肌をドライに保つ

キーンが独自開発した透湿防水性素材が、キーンドライ。内部への水の浸入を遮断し、ブーツ内を快適に保つ。評判の良い素材である

/// Point ///

シューレースの「丸」と「平」

現在のブーツの多くに使われている丸ヒモは、内部に丈夫な芯があり、そのまわりを細い繊維で編んだ生地が包み込む形状である。若干緩みやすいが、その欠点を補うために凹凸をつけたり、波を打つように処理されたものも増えている。シンプルに繊維を織った平ヒモはブーツの表面に沿うため、丸ヒモよりも引っかかりにくい。

多くのブーツで採用される丸ヒモ。平ヒモよりほどけやすい面もあるが、フックやアイレットに通したときに滑りがよく、ラクな力で締め付けられる

平ヒモはそれほど多くないが、ほどけにくいのが長所。アイレットやフックに通したときにスムーズではないとはいえ、一度締め付けたら緩みにくい

/// Point ///

最上部のフックの形状

着脱のしやすさか、緩みにくさか。トレッキングブーツのフックは、このどちらかの機能を優先したものが取り付けられている。長所、短所はそれぞれにあり、自分の使い方に合わせて選べばいいが、現在のモデルの多くは着脱のしやすさを重視したタイプを採用している。フィット感をそこなわないようしっかりとヒモを結びたい。

金属パーツの曲がり角度が比較的広くとられているフック。いくぶん緩みやすいがシューレースは簡単にかけられ、ブーツを脱ぐのも容易だ

シューレースの径にぴったり合わせた幅のフック。細かな調整に手間がかかるが、シューレースをかけるだけで確実なフィット感が得られる

/// Point ///

足に優しいクッション材の追加

トレッキングブーツの足首まわりにはパッドが当てられ、アッパーから受ける圧力を受け止めている。その他にも歩行時にぶつけやすいサイドなどにクッション材を入れているモデルもある。堅牢な作りのブーツならばアッパー自体が衝撃を分散するのであまり必要ではないが、アッパーが柔らかいモデルには有用だ。

足の骨が外部に突き出ている部分に柔らかいクッション材を当て、怪我の防止に。岩などにぶつけたときに衝撃を吸収し、痛みを和らげてくれる

/// Point ///

堅牢性を増すアッパーの補強

多くのトレッキングブーツは、同じレザーでも厚みを変えたり、化学繊維や合皮であれば素材自体を使い分けたりして、アッパーの強度を増している。だが軽量さを目指したタイプには全体に同じ厚みの生地を使いつつ、表面に補強パーツを付加したモデルも見受けられる。生地の損傷を防ぎ、防水性や透湿性を保つひと工夫だ。

アッパーの素材の薄さを補うために、丈夫な合成樹脂のラインを格子状に配置したモデル。擦れやすい箇所の磨耗が軽減され、ブーツの寿命が延びる

/// Point ///

石や砂の侵入防止

歩行中の足首周りにはどうしても隙間が生じ、異物が入りやすい。小石ばかりのガレ場ではゲイターを巻くのが確実な方法だが、ブーツ自体に異物を入りにくくした工夫を加えたものも役立つ。まだそのようなディテールを持ったモデルは少ないが、一定の効果を持つパーツだけに、これから増えてくるかもしれない。

カカトの部分にスポンジのようなパーツをあてがい、小石などの異物が入りにくくしたブーツ。足首の柔軟性を損なうことがない便利なディテールだ

/// Point ///
フィット感をもたらすフックとアイレット

以前のブーツではシューレースを金属製の「D」型のリングに通すシステムが主流だったが、このDリングは破損しやすかった。現在はDリングを使わない、もしくは最小にとどめ、壊れにくいアイレットにチェンジされている。靴の脱ぎやすさを考え、足首のまわりにはシューレースがすぐに外れるフックを採用したモデルが多い。

シューレースとの組み合わせ

アイレットをアッパーの外側と内側へ交互に配したデザイン。足の甲を均一に締め付け、ブーツのフィット感を向上

一般的なアイレットは金属製だが、これは繊維を織ったテープ状。破損の恐れが減り、わずかながら軽量化にも貢献

筒のような形状のアイレット。非常にすべりがよく、締め付けやすいばかりか、ブーツを脱ぐ際には緩めやすい

タン中央で靴ヒモを一度交差させる「Xレーシング」。タンの高さを自分の足に合う位置に固定でき、靴擦れ防止に

/// Column ///
スノーシューとの組み合わせ

硬い雪や氷面に対処するアイゼンに対し、雪深い場所で活躍するのがスノーシューだ。アイゼンとは違い、柔軟性の高いストラップでブーツの表面を締め付けるため、合わせるブーツを選ばない。ただし強く固定しすぎるとブーツに圧迫感をもたらすので注意したい。

3

/// Select ///

＝選択法＝ ブーツの形状と適度なフィット感

ブーツはデザインのバリエーションはもちろん、サイズ展開も細かくなされている。自分の足の特徴やどんな場所を歩くかで、セレクトは変わってくる。

ライトアルパインタイプからミッドカットタイプのブーツ、場合によってはローカットタイプのシューズまで、登山用の靴はその形状によって適した山が異なる。

重厚であればあるだけハードなコンディションに対応するが、その代わりにブーツは硬く、重くなる。登山道の状況によって、歩きやすいソールのパターンも変わる。まずは歩く山に合わせて適切なタイプを選ぼう。低山であれ、高山であれ、自分の好みの山が決まっていれば1足だけでもよいだろうが、さまざまな山に行くのならば、何足か用意しておいて使い分けるといい。

ここで重要なのは、サイズ（足長）とワイズ（足囲）の問題だ。小さすぎて足が過度

/// Point /// 歩きやすいブーツの形状

ブーツの先端の幅は歩きやすさに大きく影響する。平地や地面の凹凸が少ない場所では、幅広のタイプがいいだろう。しかし尖っている形状のものは、細かな凹凸が多い岩の上や硬い雪面で使いやすい。登る山やトレイルに合わせて選び分けると、安全性が上がり疲れの減少も見込める。

怪我の防止力が高いのは全体が硬めのブーツだが、前に蹴る力を発揮しやすいのは柔軟なものだ。また注目したいのが、つま先の形状。右のように丸みを帯びたものほど接地面積を広くとることができるので、歩行時にブレが少なくて安定し、疲れを減らして歩ける。一方、地面の小さな突起やくぼみをとらえるのは左のような尖ったタイプだ。とくに岩場では尖り気味のもののほうが滑りを抑えられる

に圧迫されたり、大きすぎて内部で足がずれたりすると、靴擦れやマメの原因になる。また、単純なサイズとワイズの長さだけではなく、メーカーによって基本となる足型は大きく異なり、モデルによってもかなり違う。これはカタログなどの数値をいくらチェックしても自分で判断できるものではない。

購入してから改善できるものではないので、試着せずに通信販売などで手に入れるのは、失敗の元だ。ブーツを購入する際は、ショップに出向いて何足も履き比べ、自分の足に合うものを念入りに確認しなければならない。専門の知識を持ち、正しいサイズやワイズを計測してくれるシューフィッターの店員がいるショップであれば、さらに自分に適したブーツが見つかることだろう。

/// Point /// 適切なサイズとワイズの選択

サイズ（足長）ばかりに注意して、ワイズ（足囲）をおろそかにしてはいけない。たしかに少し大きめのものを買っておけば、ワイズはシューレースの締め方によっていくぶんは調整可能だ。だが完全にフィットさせられるものではなく、履き心地はよくない。買ってすぐに足になじむほど、あらかじめフィットするものが理想だ。足は夕方になるにつれて少々むくむので、午前中よりは午後になってから計測するとよい。

サイズ換算表

メンズ

日本サイズ	23.5	24.0	24.5	25.0	25.5	26.0	26.5	27.0	27.5	28.0	28.5
EU サイズ	38.5	39	39.5	40	40.5	41	41.5	42	42.5	43	43.5
アメリカサイズ	5.5	6	6.5	7	7.5	8	8.5	9	9.5	10	10.5

レディース

日本サイズ	22.0	22.5	23.0	23.5	24.0	24.5	25.0	25.5
EU サイズ	35.5	36	36.5	37	37.5	38	38.5	39
アメリカサイズ	4.5	5	5.5	6	6.5	7	7.5	8

日本のようにシューズのサイズを「cm」で表記する国は少ない。ヨーロッパやアメリカでは靴型のサイズによって数値が変わるので、自分のサイズを覚えておくと便利だ

ワイズ表

サイズ表	D		E		EE		EEE		EEEE	
メンズ	足囲	足幅	足囲	足幅	足囲	足幅	足囲	足幅	足囲	足幅
25.0cm	237	98	243	100	249	102	255	104	261	106
25.5cm	240	99	246	101	252	103	258	105	264	107
26.0cm	243	100	249	102	255	104	261	106	267	108
26.5cm	246	101	252	103	258	105	264	107	270	109
27.0cm	249	103	255	105	261	107	267	109	273	111
27.5cm	252	104	258	106	264	108	270	110	276	112
28.0cm	255	105	261	107	267	109	273	111	279	113
レディース	足囲	足幅	足囲	足幅	足囲	足幅	足囲	足幅	足囲	足幅
22.0cm	216	89	222	90	228	93	234	95	240	97
22.5cm	219	90	225	91	231	94	237	96	243	99
23.0cm	222	91	228	92	234	96	240	98	246	100
23.5cm	225	93	231	94	237	97	243	99	249	101
24.0cm	228	94	234	95	240	98	246	100	252	102
24.5cm	231	95	237	96	243	99	249	101	255	104
25.0cm	234	96	240	97	246	101	252	103	258	105
25.5cm	237	98	243	99	249	102	255	104	261	106

親指と小指の付け根を通る部分の円周をメジャーで計った長さが「ワイズ（足囲）」。長さによってA～Fに分かれ、ほとんどの人はD～EEEEのあいだに収まる

（参考：JIS規格表）

/// Point /// さまざまなソールのパターン

ブーツ全体のデザイン以上に、ソールには各ブーツの個性が現れる。試着しただけでは違いを実感できない部分ではあるが、

地面のコンディションによって適したソールのパターンは確実にあり、ミゾのあいだの幅や深さなどで土のこびりつきやグリップ力が

変わる。自分が使う山を想定し、ショップで相談するといいだろう。

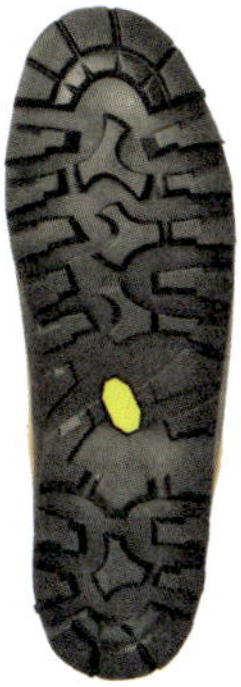

比較的シンプルなパターンで、一般的にもっとも多いタイプのソール。ミゾのあいだが広めにとられており、湿った粘着質の地面の上を歩いても土がソールに付着しにくい

前後左右への動きや体重のかかり方などを考え、ソールのパターンがかなり複雑になっているモデル。履いているときには見えない部分だが、さまざまな工夫を凝らしている

ソールのミゾのあいだを広くとり、ミゾの深さも控えめにして、土のこびりつきが少ないパターン。素材も柔らかいので地面を確実にとらえ、安定して歩くことができる

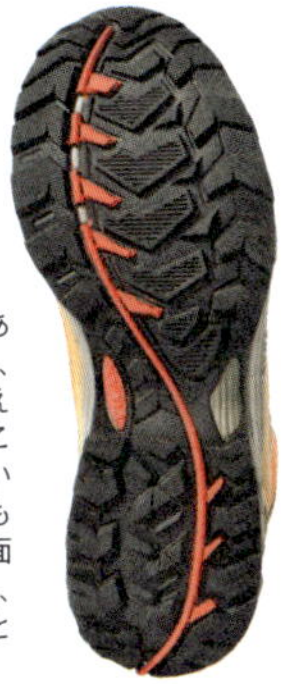

濡れた路面でも非常に滑りにくい、特殊な「トラックスラバー」を使用したソール。ソールは薄くてもグリップ力は高い

岩場に適したタイプ。細かな突起もとらえられるようにソールのミゾは狭めだ。つま先だけを岩にかけても確実にグリップするように、先端部分はあえて平面になっている

/// Point /// ブーツの硬さと歩行性の関係

トレッキングブーツを履いたときに、とくに曲がる部分が指先と足首の関節部分だ。この部分は足の弱点でもあり、よく曲がるものは地面を蹴りやすいが怪我をしやすく、曲がりにくいものは怪我の恐れは減るが地面は蹴りにくいという二律背反。どちらが適しているかは、低山か高山かなど登山道の状況による。

岩場や雪の上での使用を考慮したライトアルパインブーツは、全体に硬め。ハードなコンディションで歩行が安定する

ライトトレッキングブーツやミッドカットモデルの多くは、かなり柔らかい。平坦な場所では非常に歩きやすい

/// Column /// ダイヤル式シューレース

当初はランニングシューズに採用され、最近はトレッキングブーツに応用されているのが、ワイヤーをシューレース代わりに使ったシステム。ダイヤルを回すだけでフィット感を得られ、ブーツを脱ぐときはワンタッチで締め付けが緩む便利な仕組みだ。

使用されているワイヤーは非常に細くて、しなやか。少々不安になるほどだが、高強度のステンレスで、実際はとても丈夫だ

4

/// Category ///

使用法 = 歩行を安定させるフィッティング

たとえ適したサイズのブーツを購入しても、しっかりとフィットさせなければ意味がない。なによりも重要なのは、ブーツの実力が発揮される正しい履き方だ。

すべての山の道具は、正しく使わなければ真の実力を見せてはくれない。トレッキングブーツは、その最たるものだ。

ショップで購入したときには問題がなかったのに、実際に山で履いていると、いまひとつ調子の悪いことがある。本当は適したモデルではなかったのかもしれない。だが購入ミスを疑う前に、もう1度正しい方法でブーツをフィットさせてみてもらいたい。

その方法は、下の写真の通り。まずはカカトをしっかりと合わせ、ブーツ先端からシューレースで締め付けていく。少しキツめくらいがちょうどよい。そして足首の関節部分までは、登り道も下り道も同様だ。その後、下り道向

/// Point /// 正しいブーツの履き方

ブーツのフィッティングを適切に行なっている人は意外に少ない。自分のブーツの調子が悪いと感じていたら、左で紹介しているような正しい履き方を改めて試してみてほしい。最大のポイントは、カカトをブーツ内部で確実に合わせてからシューレースを締めていくことだ。それだけで劇的に足への負担が減り、歩きやすくなる場合も多い。

第一に行なうべきことは、自分のカカトをブーツのヒールカップにしっかり合わせること。床にカカトを強めにぶつけるようにして、まったく隙間が空かないようにする

シューレースをいったん完全に緩め、その後にブーツの先端部分から締めていく。足首の関節部分までは少しきつく感じるくらいが、歩いたときにはちょうどよい

関節の部分まできつめに締めたら第一段階が終了。ここで力を緩めると意味がないので、つま先までのフィット感を維持しながら、次に足首の上まで巻いていく作業に移行する

登り道

登り道では足首が曲がりやすいように、関節部分より上は少々緩めに締めていく。ただし緩すぎると、次第につま先のほうまで緩んでしまうので、適度に

下り道

下り道では関節部分より上もきつめに締め付けていく。足首が過度に曲がらないので捻挫の予防になり、体重をブーツが受け止めやすく、疲れが減る

ブーツの柔軟性が損なわれるので、シューレースが長すぎても足首に巻いてはいけない。カットするか、短いものにチェンジしよう

けにはそのままキツめに締め上げていき、登り道向けには緩めに締めていく。この方法が基本となる。

だが人間の足の形は、それぞれに異なる。少しずつ微調整して、自分の足に合うフィット方法を見つけたい。それでも調子が悪ければ、購入したショップでもう1度相談してみよう。

積雪期または残雪期や、雪渓を歩くことが想定される山行の際には、軽アイゼンや本格的なアイゼンを装着する場面が出てくる。軽アイゼンはどんなブーツにも取り付けられるが、アッパーが華奢なタイプでは安定せず、少々歩きにくくなる。本格的なアイゼンが装着できるのは、アッパーが硬いライトアルパインブーツ以上のモデルだ。無理にアイゼンをブーツに取り付けても、雪上では安定して歩けない。コンビネーションには気をつけよう。

/// Point /// **アイゼンとの組み合わせ**

雪の上を歩くことが想定される登山の際には、アイゼンがしっかり装着できるモデルを使わねばならない。急勾配の残雪や雪渓ならば本格的な8本歯以上のアイゼンが付けられるライトアルパインブーツが望ましく、傾斜が緩やかであれば6本歯ほどの軽アイゼンでいいが、アッパーが硬めなトレッキングブーツを選びたい。

軽アイゼン

雪面に食い込む刃が4～6本程度で、ブーツの裏に当ててからストラップをアッパーの上に巻いて固定する。本格的なアイゼンよりも軽量でコンパクトになるが、雪面へのグリップ力は限定されるので、残雪や雪渓程度で使用する

軽アイゼンのストラップはアッパーに強い圧力を与えるため、華奢すぎるライトトレッキングタイプには合わない。写真のような一般的なトレッキングブーツなら問題なく合わせられる

アイゼン

8本から12本程度の刃を持ち、ブーツのソール全体に当てて、雪面での滑りを防止。ストラップのみで着脱するものもあるが、現在はカカトのクリップと先端部分の金属パーツを組み合わせたワンタッチ式のアイゼンが多い

雪山登山の最中にアイゼンが脱落すると、重大な事故を引き起こす。ブーツ全体に強い力ではめるために、コバやランドなどには変形しにくい頑強な素材と構造であることが求められる

ライトアルパインブーツの多くのモデルに設けられているコバは、このようにアイゼンの後部を固定するために使われる

/// Column ///

シューレースの切断に備えて

登山中のシューレースの切断は非常に厄介だ。だがよほど鋭利な岩にでも引っかけない限り、現在の丈夫なシューレースは切れない。切れるとすれば、長年使って傷んでいたものである。そこで出発前に点検し、磨耗が進んでいれば新品に交換。登山中の用心には専用のシューレースではなく、汎用性が高い細いロープ（細引き）を持参するのもよい方法だ。

トレッキングブーツにまつわるこぼれ話

履き慣れたブーツは自分の足の一部。足感覚を大切に。

ときどきブーツの商品紹介文で、「どんな山でもオールマイティに使える」という記述を見かける。だが、はたしてそんなモデルは本当にあるのか？

足に装着して歩くという意味だけならば、人間はブーツどころかサンダルでも高山や雪山に行ける。そういう意味では、どんなブーツもたしかにオールマイティだ。とはいえ、それで安全に、快適に歩けるはずがないのは、誰にでもわかる。

ただし「汎用性が高い」という言い方なら理解はできる。厳冬期の雪山用は夏に履くことはできず、軽量で柔らかなブーツでは雪の斜面を蹴り込むことができない。だが、ある程度の硬さのアッパーとソールをもつブーツならば、春の残雪の上から晩秋まで使うことができる。それでも使えるというだけで、その時期、その山域に適しているというわけではない。

できれば、ブーツはいくつかを履き分けたほうがいい。山に雪がある時期なのか、解け終わった時期なのか、登山道がついているのは高山の岩稜帯なのか、森の中の土の上なのか。そんな条件だけでも2～3足のブーツを履きわけすると、トラブルが少ない。

そうはいいながら、何足ものブーツを用意するには費用がかかる。僕も山歩きを始めてから数年は重厚なオールレザーのブーツ1足だけで、どんな山にも行っていた。まさに汎用性が高い1足なのだが、雪の上では指先が冷たくなり、反対に夏はただ履いているだけでソックスが汗で濡れた。岩場などでは比較的安全ながら、平坦な場所を歩いていると非常に疲れる。だが、新しいものを買う余裕はなかったのだから仕方ない。

今は相当な数のブーツが家にある。ソールを取り替えられないタイプは履き古したら捨てるしかないが、一方では新しいものに替えながら長く使えるものも多いから、1年に1～2足買うだけでも少しずつ増えてきたのだ。また僕は仕事、遊びを問わず、かなり頻繁に山に行く。それでも雨や汗で湿り気を帯びたものを連続して履かなくてもよいように、似たタイプも複数揃えている。

つまり、今は状況によってこと細かに使うものを選べるようになったのだ。しかし数多く揃えてみて思ったのは、山の状況にできるだけ合うタイプが適するのは間違いないが、多少違っていても、履き慣れているもののほうが歩きやすいこともあるということだ。

僕の場合、もっとも履く機会が多いのは、岩場向きのライトアルパイン的なブーツ。いちばん足の感覚になじんでおり、本来はあまり適してはいない平坦な地面の上でも大きな支障はなく履ける。結局、用途を合わせること以外に、使い慣れることも重要なのだ。

サンダル

ブーツを脱いで、リラックス。
山での実用性を考えれば、ビーチサンダルか？
それともスリッポンタイプか？

サブシューズとしてのサンダルが必要になるのは、テント泊山行のときである。キャンプ地で過ごすときくらい汗で湿ったブーツを脱ぎたいのは自然な気持ちだ。自宅からの行き帰りにも利用できる。

サンダルとひと口にいっても、その種類はさまざまだ。だが山で使うものには条件がつく。つまり、軽量でいてコンパクトに持ち運べる、ということである。

その条件を満たすのが、シンプルなビーチサンダルだ。軽量・コンパクトさではこれ以上のものはない。

だがビーチサンダルはソックスを着用したままでは履けない構造だ。いくら山が夏でも涼しいとはいえ、低山ならばビーチサンダルでも足は冷たくない。だが寒冷期や高山ではつらい。

四季を通じ、多くのシチュエーションで使えるのはスリッポン型のサンダルだ。寒さに強くないと自覚しつつもサンダルを使いたい人は、そのなかでの軽量性とコンパクトさを追求しよう。

/// Part.13 ///

GAITERS

[ゲイター]

ブーツを覆うように巻き、
以前はスパッツという呼び名が
一般的だった、ゲイター。
雨や雪の浸入を防ぎ、
小石が内部に入り込むこともなく、
山では有用なアクセサリーだ。
用途によってタイプが数種あり、
機能的な使い分けを
行ないたい。

1

/// Category ///

=分類=

主目的で異なる細部の工夫

同じ水分といっても、液体である雨と、固体である雪とでは性質が異なる。ゲイターを選ぶ際には、その差を充分に考えてからセレクトする必要がある。

ブーツの上部に巻きつけて使用する山道具がゲイターだ。以前は一般的にスパッツと呼ばれていたが、同一のものと考えてよい。その機能は、外部からのさまざまな異物をブーツ内部に侵入させないことにある。

　登山用の主目的は「雨」と「雪」の水分の浸入防止だ。他にも歩行中に小石や下草がブーツ内に入ることを防ぐ働きもあり、多目的に使える。だがやはり重要なのは、雨と雪への対応であり、ゲイターの各部の工夫も、無雪期の雨が中心か、積雪期の雪が中心かで異なってくる。

　雨は基本的には上から降ってくるものであり、体の表面を流れて生地伝いに浸透しやすい。それに対して雪は、雨と同様に上から降って

/// Point /// 無雪期中心のタイプ

暴風雨ともなると上下左右から降り注ぐ雨から足元を守るには、積雪期よりも防水性が高いゲイターが必要になる。着脱には面ファスナーよりも、水が浸入しにくい一般的なファスナーを使ったものが多く、さらにフラップで2重になっていたり、止水性のファスナーを採用しているモデルも多い。無雪期は積雪期よりも丈夫さは必要ではないために素材は薄手で、携行性のよさや軽量性を重視している。

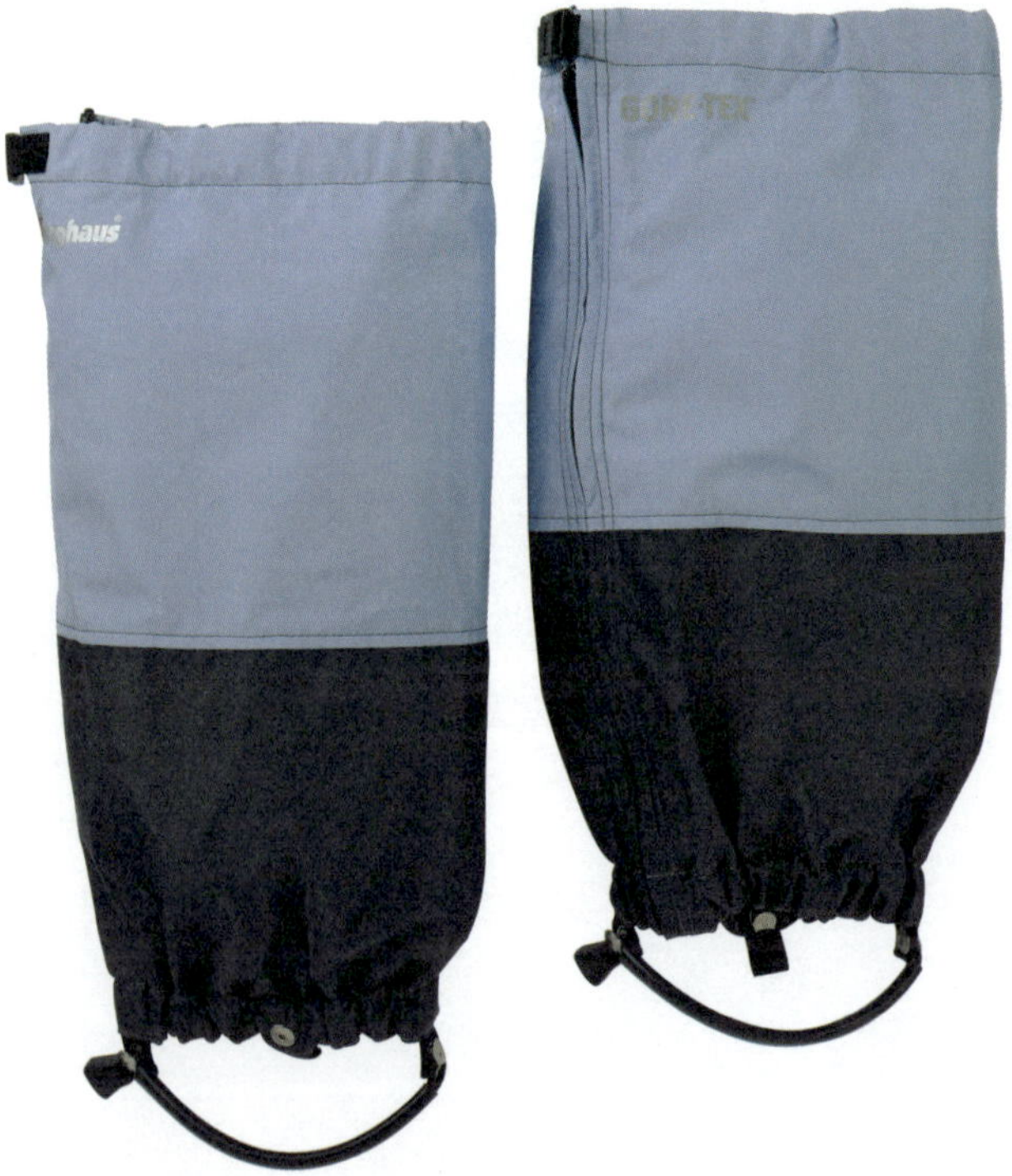

くるものではあるが、寒冷な雪山では固体として表面に付着しても解けはせず、浸透してくることは少ない。しかし地面に積もった雪は、雪面を足で踏み抜いたり、歩行中に巻き上げたりして、ブーツ内に入りこむ。つまり上から降り注ぐ雨を防ぐ目的か、下に積もる雪を防ぐ目的かで、ゲイターのタイプは大別される。その違いを理解し、自分の目的に合うゲイターのタイプを選ぶことが、快適な山行につながっていく。

　無雪期向けのゲイターは降雨時に取り出して着用するものなので、携行性が高い薄手で軽量なものが有用だ。積雪期向けは常に着用して行動することが前提であり、アイゼンやスノーシューをブーツに装着することもあるため、重量よりも強度が重視される。アウターでいえば、レインウェアとハードシエルの使い分けに近い感覚と考えればよいだろう。

/// Point /// 積雪期中心のタイプ

寒冷な時期の雪は、体温が伝わりにくい足元ではあまり解けない。そのため着脱に使うパーツにはそれほど止水性を重視せず、雨ならば水が浸透してきてしまう面ファスナー（ベルクロなど）も多用される。これはただ張り合わせるだけなので雪が固着しても外しやすく、グローブをした手でもラクに扱える。素材はアイゼン類が引っかかっても破れにくく、凍りついた雪や氷にも耐えうる強靭なものが使われ、各パーツも強度が高い。

/// Column ///

トレイルランニングタイプ

トレイルランニング人気の定着とともに、専用ゲイターの種類も増えている。スポーツとしての性質上、防水性には目をつむり、小石などの異物がシューズ内へ侵入するのを防ぐことが主目的。その代わりに軽量だ。シチュエーションによって山歩きにも応用可能だろう

2

/// Function ///

＝機能＝ 異物侵入の防御と安全性

シンプルな形状でも、ゲイターはいくつもの機能を備えている。山中で効果を発揮する素材やパーツが重要だ。

ゲイターは着脱が面倒な装備である。トレッキングブーツのソールの下にストラップやコードをまわし、ファスナーを引き上げてからフックをブーツのヒモにかける……。作業にすればそれほど複雑なものではないが、各部をしっかりとフィットさせなければゲイターの性能は発揮されないため、入念に調整する必要がある。

フィット感を得やすいのは、面ファスナーを使ったものだ。一般的にベルクロなどの名称で知られる着脱の仕組みである。ただ両面を張りつけるだけで締め付け感を調整できるので、どんなブーツや脚の形状でも過不足なく合わせられる。ただし、面ファスナーは完全に密着するわけではなく、隙間から水が

/// Point /// 着脱のシステム

レッグウォーマーのようにたんなる筒状のものも一部にはあるが、山岳用のゲイターの着脱システムは、一般的なファスナーと面ファスナーの2種類に分けられる。無雪期用に多いのがファスナーで、止水タイプの採用やフラップとの併用などによって防水性を向上させている。対して積雪期用は面ファスナーが主体となり、グローブをしていても着脱が容易で、フィット感も高い。ファスナーよりも少々重くてかさばり、水も浸透しやすいが、雪が解けて液体にはなりにくい寒冷な山では充分対応できる。

雨用に多いのが、シンプルなファスナー使い。だが、その表面を生地で覆い、雨が浸入しないように工夫されている

積雪期用の中心が、面ファスナーのみのタイプ。行動中に外れない太めのもので、部分的に雪がこびりついても着脱が容易だ

ファスナーと面ファスナーで2重になり、さらにホックで留められるもの。重量は増すが、脚へ確実に巻きつけられる

/// Point /// ゲイター上部・中央部でのフィット感

快適な着用感を得るには、ゲイターを適度にフィットさせる必要がある。そのためにゲイターの上部や中央部には伸縮性のドローコードやストラップが付く。自分の脚部の太さや着用しているパンツに合わせ、調整して使いたい。

ゴム製のコードで上部を引き締めるタイプ。ズリ落ちを防止し、上からの異物侵入も防ぐ

中央部をゴムで絞っているタイプ。ゲイターに無用なたるみがなくなり、行動中の擦れや引っかかりが少なくなる

上部の口径をストラップとバックルで調整するタイプ。フィット感とともに、緩めれば換気性の向上にもつながる

浸透してくる。だから無雪期の雨にはそれほど強くなく、積雪期のほうが向いている。

一方、一般的なファスナーは両サイドの歯を合わせる場所が固定されているため、面ファスナーのように自在に調整はできない。ゴムなどの伸縮性の素材を用い、要所をフィットさせるように工夫はされているが、本当に適切なフィット感を得るには、購入時から正しいサイズを選ばねばならない。だが、面ファスナーよりも水が浸透してくる量は少なく、とくに止水性のファスナーや水を遮断するフラップを併用したものは雨に強くなっている。

しかしフィット感が高いということは、内部と外部の通気が少なくなるということでもある。湿気がたまれば、ブーツ内のコンディションは悪化していく。その問題に対応するため、多くのゲイターにはゴアテックスをはじめとする透湿防水性素材が使われる。

/// Point /// 防水性や伸縮性を備えた素材

ゲイターの主目的が雨や雪の浸入を防ぎ、ブーツ内をドライに保つことにあるだけに、素材の防水性は重要な機能。表面に付着するだけの凍りついた雪であればまだしも、じんわり染みこんでくる液体の雨には、とくに大切だ。同時に内部の湿気を逃がすために透湿性や通気性も忘れてはならない。また、ゲイターは行動中にもっとも動く脚に巻きつけるものであるため、積雪期用はアイゼンに触れる恐れがあり、擦れにも強い強靭な素材が求められる。伸縮性の素材を使用し、フィット感を高めたモデルもある。

ゲイターの後部に4方向に伸縮する素材を使ったタイプ。水は浸透するが、通気性がよく、すばらしくフィットする

コットンとポリエステルを混紡した分厚いアズテックという素材。強靭さに富み、耐水性も備えている

無雪期用、積雪期用に限らず、防水力を重視したゲイターには透湿防水性の素材が使用される。ゴアテックスが代表だ

/// Point /// 要所に施された補強

ゲイターを着用して歩いていると、どうしても足の内側や後部がブーツやアイゼンとすれ、次第に傷んでくる。ハードな使用が想定される積雪期用を中心に、それらの箇所を保護する素材を部分的に配置したタイプも多数開発されている。

足の内側を広めに補強したタイプ。雪中で行動している際にアイゼンの歯が当たっても、簡単には破けない

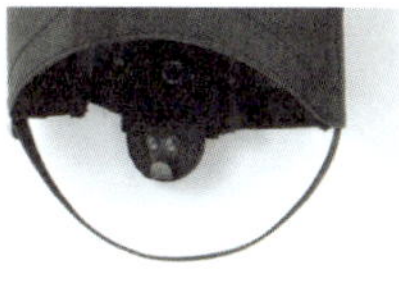
後部全体を補強したモデル。生地の張りも強くなるので、ゲイターがずり上がりにくくなるというメリットもある

/// Point /// ブーツに対する滑り止め

大半のゲイターにはブーツのソールにまわして固定するストラップが付属する。だが、それだけではずり上がることもある。とくに伸縮性のゴムを使ったモデルは注意したい。その問題に対応するため、一部のゲイターには滑り止めが付いている。

ブーツの後部に当たる面にゴムを使い、滑りにくくしたもの。伸縮力に加え摩擦感が高まり、ずり上がりにくくなる

付属の面ファスナーをシューズに取り付け、ゲイターと一体化させるタイプ。トレラン用のモデルに見受けられる

3

/// Select ///

＝選択法＝ サイズのセレクトと要のディテール

ゲイターを快適に使うには、丈の長さやフィット感が大切だ。ブーツとの相性も考え、ディテールもチェックしたい。

春から秋にかけての無雪期用に使うゲイターの主目的は、雨への対応である。小石などの侵入を防止する役目もあるとはいえ、降雨時以外は使わないことが多く、バックパック内部にしまっておく時間が長い。そのため、コンパクトに収納できるものが便利だ。

ゲイターの丈にはロング、セミロング、ショートなどが揃い、用途によって選べる。防水性を重視するなら脚を覆う面積が広いロングだが、収納時はかさばる。その点、ブーツだけを覆うショートタイプは防水性では劣るが、折りたためば非常に小さくなる。しかし、ショートタイプは合わせるレインパンツの丈が短いと脚が外部に露出してしまう恐れもあり、どちらを選ぶかは人それぞれだ。

/// Point /// 必要に合わせて選ぶ丈の長さ

ゲイターには、いくつかの丈の長さのバリエーションがある。とくに雨対策を主にした無雪期用には、ロング、セミロング、ショートなどが用意されている。長いものほど防水性は高いが、携行性の問題もあり、どの長さを選ぶかはパンツやレインウェア、ブーツとのコンビネーションや使う人の好みや考え方で異なってくる。

小雨程度のときにレインパンツを着用しなくても脚部を広く覆うことができるのが、ロングタイプ。薄手でも注意すれば積雪期も使えないことはない。少しでも重量を減らしたい人は、セミロングを選んでもよい。常にレインパンツの内側に着用するならば、ショート丈でも充分だ

雨対策重視なら、ロングタイプがベター。しかし、岩場やガレ場で小石がブーツ内に入るのを防ぐだけなら、ショートでも間に合う。好天が見込まれる際にはショート、悪天も想定するならロングを持つという考えもできる

/// Point /// ブーツとのフィット感の調整

水分を効果的に防御し、ブーツ内をドライに保つには、ゲイターがブーツの上で浮かないようにフィットさせる必要がある。無雪期用には伸縮性が高くてフィット感を得やすいゴムが多く使われ、積雪期用は強度が高いストラップが中心だ。いずれにせよ、大きすぎたり小さすぎたりすると調整しきれないので、適したサイズを選びたい。

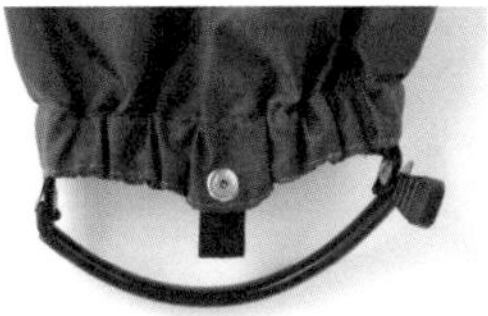

どんなブーツにもフィットする伸縮性が高いゴム。強度は低いが、これは補強のためのチューブで覆われている

幅が広めのストラップ。ブーツに合わせて長さを調整する必要があるが、頑丈な素材で作られており、長持ちする

/// Point /// 靴ヒモの汚れ防止と保護

現在の山岳用ブーツの内部には袋状の透湿防水素材が使われ、靴ヒモの部分から水分が浸入してくることは少ない。だが靴ヒモの汚れが気になる人や古いタイプのブーツを使用している人は、前方にまでひさし状のカバーがついているタイプを選ぶとよい。また、ヤブの多い山を歩く際に着用すると、靴ヒモが引っかかる心配を軽減できる。

ひさしとなる面積は少ないながら、先端にフックを取り付け、ずり上がりを防止。足首まわりをしっかりと守っている。硬めの素材を使い、補強されたタイプだ

ブーツの先のほうまで覆う広いひさしがついているモデル。帽子のツバのように張りのある素材が内部に使われており、外側の雨を効果的に流してくれる

/// Point /// コードの強度とパーツ交換

ブーツのソール裏にまわし、ゲイターを固定するコードは傷みやすい。とくにゴム製はすぐに切れてしまう。一部の高強度のストラップを採用したモデルには完全に接着されて交換不能なものもあるが、多くのモデルは簡単に新しいパーツに付け替えられる。丈夫なコードでも切断は免れないので、傷みが目立ったら早めに交換したい。

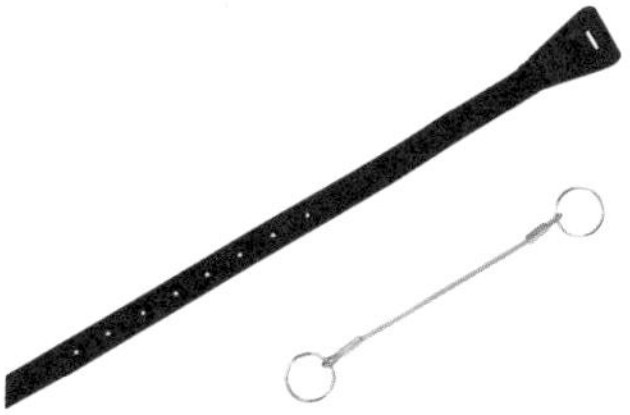

モデルによっては交換用のコードも販売。切断に備えて持ち歩いてもいいが、山中では応急処置にとどめ、帰宅後に交換してもいい

細いワイヤーを使ったタイプ。専用のものを使わず、自分で適当な太さと硬度をもつ針金を取り付けることも可能だ

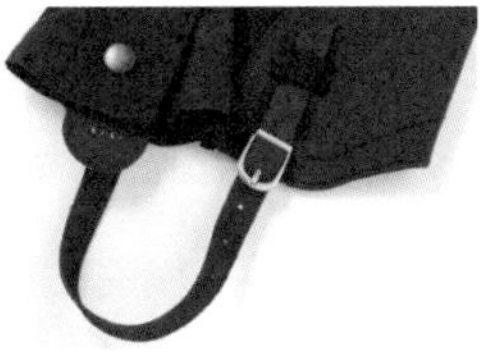

積雪期用で一般的な幅広のストラップ。硬い雪面に触れてもすぐには傷まない。切れたときは交換も簡単に行なえる

伸縮性が高いゴムは、軽量でいて、フィット感にも優れる。補強されていないため、替えのコードやロープを持つと安心だ

化学繊維の細いヒモ。強度は落ちるが柔軟なので保管時に邪魔にならない。切断したら細いロープに交換すればいい

4

/// Know-how ///

= 使用法 = 正しい装着と効果的な使用

単純に巻きつけるだけでは、ゲイターの性能は発揮されない。実用的で理にかなった着用方法を身につけよう。

ゲイターは必ずしも山中で不可欠な装備とはいえない。しかし悪天候時の雨、寒冷期の雪はもちろんのこと、好天時でもガレ場では小石や砂、ヤブの中では小枝や土の侵入を防いでくれる便利な存在だ。海外では素足で歩く際に下草で肌を傷めないように装着することもあり、さまざまな場面での活躍が期待できる。

だが、いつも装着しておくべきものではない。近年、常に脚に巻いて山を歩く人も増えているが、不要な場面で使用を続けると汗によって内部に蒸れがたまったり、湿ったブーツが乾燥しにくくなったりする。ゲイターの着用がむしろブーツ内の不快感の原因にもなるので、必要時以外は巻かないほうがコ

/// Point /// 各種パンツとの関係性

レインパンツの外側にゲイターを巻きつけている登山者は多い。雪面を踏み抜く恐れが高く、蹴り上げた雪がブーツ内に入りがちな積雪期の装着方法を真似たものだろう。人によってはレインパンツが泥で汚れるのを嫌ったり、裾のたるみが気になるためでもあろうが、効果的に雨へ対応する方法ではないのは、水が上から下へ流れてゲイター内に浸入することを考えると一目瞭然。無雪期は内側に着用するのをおすすめする。

積雪期にハードシェルパンツと合わせた状況。地面に積もった雪に対応するには、上部をフィットさせつつ、パンツの外側に装着する。これなら雪中に足が深く入っても大丈夫だ

無雪期に雨から足を守るには、ゲイターをレインパンツの下に装着するのが効果的。外側ではパンツ表面の雨が重力によって、次第にゲイター内部に流れ込んでしまうからだ

ンディションが向上し、見た目もスマートである。

　着用の際に気をつけたいのは、ブーツに合うサイズを選んだうえで、コード類の微調整を行なってきちんとフィットさせることだ。雨や雪がどの方向から浸入してくるかを合理的に考え、レインパンツやブーツとのコンビネーションを考える。ゲイターは傷みやすい装備でもあるが、小さな破れならば裏面にダクトテープなどを張れば、急場はしのげる。

　なお、雪山に適したハードシェルパンツには、スノーカフという簡易的なゲイターが裾に付属しているタイプも多く、ブーツにかぶせて雪の浸入を防げる。スノーシューの使用などで足が雪面に触れにくいときや、雪が締まった残雪の上ならば、これだけで充分対応できるシチュエーションもある。だが確実な防御には、やはりゲイターを上から巻くとよいだろう。

/// Point ///

ブーツとの適した合わせ方

ふくらはぎや足首といった柔らかい上部に比べ、下部の硬いブーツはゲイターとのフィット感を調整しにくい。しかし、確実に合わせないと異物が入る原因になる。なかでも雪上を歩行中は隙間から押し上げられた雪が、ブーツ内に入り込みがちなので、きつすぎず、緩すぎもしないフィット感に微調整を行ないたい。

○

ソール下のコードを調整し、適度なフィット感に。隙間が少なくなり、ほとんど雪が入ってこない。アイゼンなどが引っかかる心配も少なくなる

×

前方のフックが靴ヒモから外れている状態になっていると、ゲイターがずり上がる。こうなるとコードの長さがしっかり調整してあっても無駄である

×

ブーツに対して大きすぎるゲイターは、フックを靴ヒモにかけることすらできず、大きく隙間が開く。機能が発揮されないので、1サイズ下に買い換えるべきだ

靴ヒモの上にひさし状の覆いがついたタイプは、サイズ合わせが難しい。できるだけつま先に近い部分にフックがかけられる大きさを選ぶとよいだろう

/// Point ///

フックの種類と装着方法

ゲイターの装着時にもっとも多い間違いは、前後を反対に取り付けてしまうこと。ゲイターのファスナーや面ファスナーはモデルによってフロント、バック、サイドとさまざまな面に付いているが、フックは必ず前についているので、目印になる。これを靴ヒモにかけないとフィット感が激減するので、注意したい。

軽量化に特化したトレラン用に多いのが、面ファスナーで靴ヒモに取り付けるタイプ。フックよりも少々面倒だが、充分に機能する

一般的なフックの形状。このようなフックは曲がりが足りないと外れやすいので、靴ヒモに合わせて少しだけつぶして使ってもいい

フックを靴ヒモにかけるのは、いちばんあと。フィット感を増し、防水性を上げるためにも、可能な限り先端近くに引っかける

ゲイターにまつわるこぼれ話

ゲイターは基本的に雪上、もしくは雨天時に使うもので、それ以外のときに着用するのは間違いだという人がいる。晴れているときに着用しているゲイターはただのファッションにしか見えず、見苦しく感じるらしい。

どうしてそんな誤解が生まれたのか。誤解ではなく、今よりも積雪期の登山に重きが置かれていた昔の感覚なのかもしれない。

実際のゲイターはもっと多目的なものだ。岩場では崩れ落ちてきた小石。ヤブや落ち葉の中では折れた小枝や葉がブーツ内に入るのを防ぐ。トレイルランニングが主目的の高通気性モデルにいたっては、もともと雪や雨とは関係ない。

海外では鋭いトゲを持つ草木が生えている場所で、脚を守るためにも使われている。ニュージーランドが代表的な国だ。興味深いのは、ロングゲイターをショートパンツに合わせるのが、典型的なNZスタイルだということ。日本とは異なり、橋がかかっている場所が少ないNZでは、ブーツのまま川を渡渉することが多い。このときゲイターは、一歩進むたびに水の中を舞う小石がブーツの中に入ることも防いでいる。ちなみにショートパンツを合わせる理由は、濡れる衣類の面積が減らせるから。ロングパンツは乾きにくく、水の抵抗を受けやすい。

日本ではそのまま応用するのは難しいスタイルだが、ゲイターの用途は幅広いことがよくわかるだろう。

シンプルだが多目的。もっと柔軟にゲイターは使いたい。

/// 山旅小物学 ///

軽アイゼン

アイゼンではなく、「軽」アイゼン。
どのようなタイプのものが、
どのような山域や条件で使えるのか?

一般的にアイゼン（クランポン）は、爪の数が多いほど雪や氷の上で安定した行動ができる。そのなかで「軽」アイゼンとは8本または6本以下の爪を持つものである。

雪面へのグリップ力には限りがあるので積雪期の登山には向いていない。軽アイゼンが活躍するのは、うっすらとしか雪が積もっていない新雪期か、または残雪期、夏でも残る雪渓の上だ。もちろん山域によって雪の状態は大きく変わるので、一概にはいえない。

爪の数が少ないものは軽量だ。2本爪のものなど、手の平に乗ってしまう。だが、雪面での安定性は著しく落ちる。使える場所は限定されるだろう。

残雪期を含む、雪が降らない時期での使用と考えれば、6本爪程度のものが望ましい。正方形に近い形で爪が配置されている4本爪は体が回転しやすいのだ。

軽アイゼンは安全歩行のための道具だ。少しくらい重くても安心できるものを。

/// mountain × equipments ///

/// mountain × equipments ///

大自然は優しい。だが、ときには厳しい表情で迫ってくる。
雨が降り、風が吹き、雷が鳴る。
そのときに人間は、どんな格好で自然に接していけばいいのか?
山にはそのヒントが隠されている。

/// mountain × equipments ///

WEAR

［編］

Part.14

PANTS

［パンツ］

上半身に着るウェアほど、
パンツが注目されることはない。
だが、体のなかで、
登山中にもっとも動かす部分は、脚だ。
機能的なパンツは
山歩きの質を向上させる。
もっと目を向けておくべきだろう。

1

/// Category ///

= 分類 =

用途や季節で考える丈の長さ

素材やシルエットも大切だが、パンツの使い勝手を大きく変えるのは、第一に丈の長さ。気温や目的などを検討し、タイプを決めたい。

広く「山岳用」といえば、アルパイン用、クライミング用、トレイルランニング用も含まれるが、ここで取り上げるのは、無雪期の山歩きに適したトレッキング用のパンツだ。パンツごとにさまざまな特徴を持っているが、タイプを大きく分けるのは「丈」の長さになる。

基本となるのは、足全体を生地で覆うロングパンツ。擦り傷や打撲から脚を守り、防寒性も上々で、安全度は高い。生地に高い伸縮性を持たせたり、立体裁断構造のものもあり、脚の動きを妨げない工夫を凝らしている。だが、それでも肌との摩擦感は残り、重量も増すために筋肉に負担を与える。夏の低山では蒸し暑さを感じることもあるだろう。

/// Point /// ショートパンツ

現在はサポート系タイツなどと組み合わせるスタイルが定着しているショートタイプ。脚の動きを妨げず、夏は涼しいのも利点だ。だが、肌を露出していると怪我をしやすい。場所やコーディネートを検討することが必要だろう。

- 風通しがよく内部が蒸れない
- 肌が露出し怪我をしやすい
- タイツとの組み合わせもあり

/// Point /// ハーフパンツ

とくに擦り傷や打ち身を起こしやすい膝までを生地で覆っているのが、ハーフタイプのパンツだ。ショートタイプほどではないが内部への風通しもよく、適度な保温力も兼ね備えている。雪がない時期には選択肢のひとつになる。

- 重要な膝を覆い怪我の恐れを減少
- 保温力と通気性の適度なバランス
- 中途半端な丈は使いにくいことも

その点、重量が軽く、摩擦感がほとんどないショートパンツは脚さばきがよく、筋肉へのストレスが少ない。ただし、防寒性は劣り、ケガもしやすくなるため、サポートタイツなどと組み合わせて使うか、比較的安全度が高いシチュエーションでのみ使用するほうがよい。

膝を覆うハーフ丈のパンツもある。その特徴は、まさにロングタイプとショートタイプの長所／短所の中間をとったものだ。無雪期のトレッキングには、選択肢のひとつになる。

また、暑いときや安全な場所ではショートに、寒いときや怪我をしやすい場所ではロングにと、使い方によっては便利なのが、丈の長さを変えられるコンバーチブルタイプである。ファスナーの分だけ生地の柔軟性と伸縮性は損なわれるが、応用度は高く、ここ数年、新製品が続々と登場している。

/// Point /// ロングパンツ

トレッキング用としてもっともポピュラーなのは、気温が低いときにも暖かさをキープしてくれるロングタイプ。夏場は暑く、汗で生地が脚にまとわりつくのを嫌う人も多いが、大半は通気性の高い生地を使用している。

- 寒いときにも**暖か**なはき心地
- 肌を覆い**怪我を防止**
- 肌と布の**摩擦**で脚には負荷が

/// Point /// コンバーチブルパンツ

太腿部分などにファスナーが付き、長さを変えられるのがコンバーチブルタイプ。ファスナーが脚に当たる感覚があったり、ファスナー部分の生地の伸縮性が犠牲になるものの、気温や場所に合わせて、応用力を発揮する。

- 場面に応じた**使い分け**が可能
- **ファスナーが邪魔**に感じることも
- **ストレッチ性**が多少**犠牲**になる

/// Column /// 目的に特化したパンツ

山を歩くだけの充分な機能さえ持ち合わせていれば、ある程度、広い範囲のなかから選択できるのがアウトドア用のパンツだ。トレッキングパンツ以外に、無雪期の登山に応用できるものとして、クライミング用やトレイルランニング用があり、耐久性はともかくストレッチ性や通気性などは、トレッキング用を上回る。好みに応じて利用するのも一手だ。

超薄手の生地を使い、サイドにはメッシュのベンチレーターと、発汗量が多いトレランを念頭に置いた構造。生地は軽いがタイツとの組み合わせで山歩きにもよい

脚にフィットする無駄のないシルエット。擦れやすい部分のみ補強し、他の部分は高度なストレッチ素材だ。クライミング時の筋肉に負担を与えず、生地の無駄がないので岩に引っかかりにくい

2

/// Function ///

機能＝ディテールに見る快適性と行動性

全身の約半分を占め、歩行力をつかさどる脚。脚部への負荷を減らし、心地よく歩くために、トレッキングパンツはどんな機能を持つのか？

何枚も重ね着することが多い上半身は、気温や天気に合わせ、山を歩いているときも簡単にウェアを脱ぎ着することができる。だが、下半身は着脱が難しく、始めにはいたトレッキング用パンツにレインパンツを追加する程度だ。だからこそ、行動を終えるまで長時間はき続けることになるパンツは、それ1枚でさまざまなシチュエーションに対応できるものが望ましい。

詳しくは後のページで触れるが、トレッキングパンツの生地は速乾性であることが大前提だ。さらにストレッチ性が高いものか、立体裁断の構造を持つものだとより歩きやすいだろう。

重要なのが、ディテールだ。地面に近い裾は、歩行中に

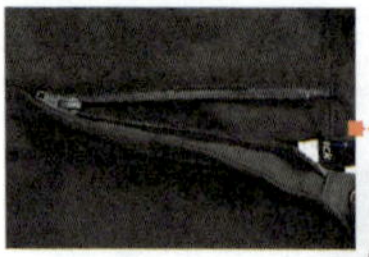

ファスナー

ボタンのものもあるが、大部分のパンツはフロントファスナー。細めのタイプだと体の動きが楽だ

ウエスト

ゴムで適度な伸縮性を持たせつつ、付属ベルトでさらに調整できるものが主流。余裕があるサイズを

立体裁断部分

動きが多い膝を中心に、立体裁断の構造になったパンツも多い。脚が動かしやすく、疲労減少につながる

裾

裾のバタつきを抑えるために、ドローコードが取り付けられ裾が絞れるタイプが最近ではポピュラーだ

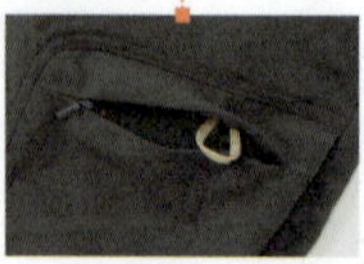

ポケット

パンツのなかでも各社ごとに工夫が凝らされている箇所。内部のモノが落ちにくいデザインを選びたい

木の枝や石などの異物に引っかかりやすい。破れたり、汚れたりするだけならまだしも、転倒の原因にもなって危険だ。裾が広がりすぎることを避けるため、ロングパンツには裾に伸縮性のコードを取り付けたものが多い。

暑いときでも脱ぎにくいパンツには、通気をうながすベンチレーターの機能がついていると快適だ。通気専用の構造を持つベンチレーターがもっとも有効だが、ポケットを兼ねた簡易的なタイプでも想像以上に空気は入れ替わる。立ち止まっているとわかりにくいが、行動時は脚の動きとともにウエアの形状が変わり、各部に圧力も加わるために内部の空気が入れ替わりやすくなるからである。

その他、ファスナーやウエスト内部などの目立たない部分にも工夫は多い。自分が必要とする機能を考え、細部までチェックしてみよう。

/// Point ///

裾への工夫

裾は生地が広がりすぎていると、擦れやすいばかりか、汚れがちだ。そこでロングパンツの多くには裾にコードがつき、細く絞れる。またファスナーで開閉できるものやフック付きも便利だ。

ファスナーを開くと、裾の幅が広がる。細身でも脱ぎ着しやすい

靴のヒモにかけるフック。裾がカバーと化し、異物の侵入を排除してくれる

多様なディテール

上部まで開くファスナー。この工夫により、コンバーチブルタイプでもブーツをはいたまま膝下部分を脱ぐことができる

ゴム製のコード。ブーツのアッパーの外側を覆うように締め付けると、ブーツ内部に小石などが入るのを防いでくれる

/// Point ///

脚の可動域を広げるガセット

ガセットとは補強などのために取り付ける板状のパーツのこと。両脚のあいだに布地のガセットが取り付けられたパンツは、股下に余裕が生まれ、大きく動いてもステッチの糸に負担を与えない。なにより上下左右に脚が動きやすくなるのが大きな長所だ。

股に幅広の布を追加したガセット部分。これによりパンツに立体感が生まれ、可動域が広がる

/// Point /// ひと工夫あるウエスト内部

トレッキングパンツでとくに濡れやすい場所のひとつが、汗が上半身から流れ落ちてくるウエスト。この部分で汗を迅速に乾かすことできれば、快適性は向上する。そのために、内側へメッシュや速乾性の別布を付けたモデルも販売されている。汗かきの人におすすめだ。

内部処理の例

汗を迅速に吸いだすメッシュ素材。クッション性も向上し、肌触りも柔らかい

速乾性の生地をカーテンのように取り付け、腰周りの汗を吸収。保温の効果もある

入れ口が閉じられる小さなポケット付き。外部ポケット以上にモノが落ちにくい

/// Point /// 通気を促すベンチレーター

内部の蒸れを外に排出し、涼しい空気を取り入れる通気孔がベンチレーターだ。ポケットと同化したものが多いが、通気専用として別に設けられたものは、効果が高い。とくに夏にロングパンツをはく場合、ベンチレーター付きは快適さが格段に変わる。

ベンチレーターの例

サイドを広げると内側はメッシュ地。効果的に空気を送りこみ、必要のないときは閉められる

ただでさえ通気性のよいショートパンツのサイドをさらにメッシュ地に。猛暑のときはありがたい

バックポケットの内側がメッシュに。開口しておけば、体の動きとともに蒸れた空気が排出される

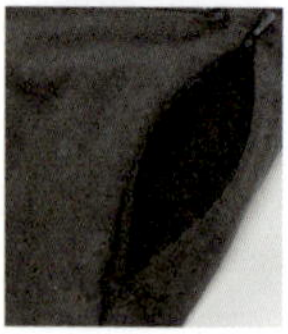

メッシュの仕切りをなくし、パンツ内部に直接アクセスできるファスナー。換気性はバツグンだ

/// Point /// ファスナーの引き手の大きさ

ファスナーの引き手が小さくてポケットなどが開閉しにくいと、ストレスを感じるものだ。だが、大き過ぎても場合によっては邪魔になる。付属のファスナーがもともと理想的な形状ならばいいが、長めのコードを取り付けたり、反対に外したりと、少し改造してもおもしろい。

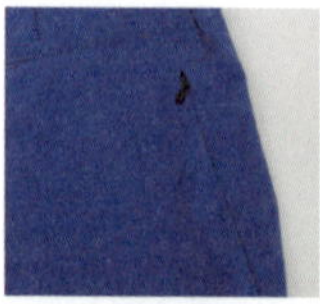

小さな金具のみ。いくぶん開閉しにくいが、ほかのウェアや岩などへ引っかかりが少ない

金具に小さなコードがついている一般的なタイプ。素手の操作ならば、これで充分だ

引き手が大きいものは、グローブをしたままでも開閉しやすい。寒い時期に有効だ

/// Point /// 水が抜けるホール

カーゴパンツをはじめ、外側に膨らんだタイプのポケットには、小さな穴がつけられていることがある。これはレインパンツをはかずに濡れたときなどに、入り込んだ水を抜くためのもの。またファスナーを閉めたときに内部へ残った空気も排出でき、無用なふくらみを抑える効果もある。

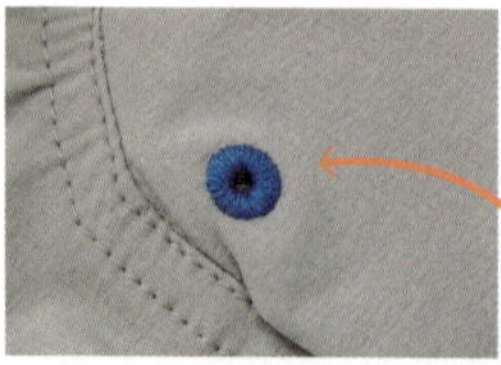

ポケットの隅にごく小さなホール。1～2㎜程度だが、ポケット内部にたまった水に、予想以上の効果がある

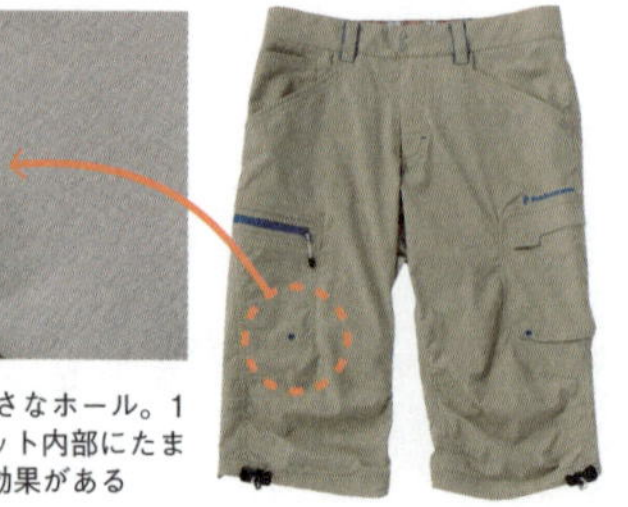

3

/// Select ///

＝選択法＝

使い心地のよさは細部と素材にあり

丈以外で、無雪期用のトレッキングパンツに重要なのは、ウエストやポケットの仕組み、そして生地の特性だ。主要な要素を把握して、自分に適したものを選び取ろう。

先の「分類」では、丈の長さで区別を行なったが、購入する際には素材はもちろん、ディテールにもしっかりと目を光らせたい。細部の工夫ではき心地や使い勝手は大きく変わってくる。

脚の動きを軽快にし、汗をすみやかに発散させるために、パンツの大半は速乾性のストレッチ素材だ。丈夫さを追求したモデルはストレッチ性とは限らないが、代わりに立体裁断を施しているものを選んでおかないと、脚に激しい疲労がおきる。

ちなみに、いくら丈夫であってもジーンズを代表とするコットンパンツが登山に適していないのは、汗がなかなか乾燥せず、吸い込んだ水分で生地が硬くなるからだ。しかもただでさえ脚を動か

/// Point ///

シンプルか、多機能か

シンプルな構造のパンツは軽量に作れ、縫製箇所も少ないので傷みにくく、はき心地はよい。一方、ディテールに凝ったパンツはその機能を使いこなせば、便利なうえに快適さも増す。どちらを選ぶかは好みだが、不必要なほど細部に凝ったタイプは重くなるだけなので注意したい。

多機能モデル

コンバーチブルタイプであることに加え、全部で8つのポケットを持ち、ウエストはサイドのゴムと付属ベルトの2重構造。多彩なディテールを持ち、はくこと自体に楽しさを見つけられそうだ

シンプルモデル

ウエストベルトや裾のコードはなく、ストレッチ素材を使いつつも、立体裁断は膝のみ。だが、このシンプルさゆえにシチュエーションを選ばずに使え、汎用性は高い。ロングパンツの基本形だ

/// Point ///

インナーパンツの有無

薄手のショートタイプに特有なのが、インナーの存在だ。これはショートパンツを陸上以外に、水辺などでも使えるように考えて付属されたもの。必要なければ思い切って切り取ってもよく、もともと外せるモデルもある。動きの激しさを想定して設けられたトレラン用も同様だ。

トレラン用のショーツのインナーは股間の揺れを抑え、汗を吸い取る効果も高い

柔らかな素材のショートパンツの多くにはメッシュのインナーがつき、水着としても使える

しにくい平坦なシルエットであり、長く歩くほどに脚に大きな負担をかけてしまう。

　ウエストのベルト部分は、実際にバックパックを背負って長時間歩いてみるとよしあしがわかる。歩行時は重い荷物が入ったバックパックのヒップハーネスから圧力を受け、ベルトが細すぎるものや生地に無駄があるもの、バックルが大きいものは、腰の一部に過度な刺激を与え、肌の炎症を起こしかねない。だが、購入前に山で試すことは難しい。せめて念入りに試着し、自分のバックパックのハーネスとの相性を想像するしかない。

　一般的にシンプルなタイプほど使用する生地が少なく、軽量になる。脚への負担が減ることは間違いないが、ポケットが少ないと使いにくいこともある。自分の使い方に適しているバランスのよいパンツを探したい。

/// Point /// ウエストベルトの種類

締め付けが強いと疲れが増し、かといって緩いとズリ落ちてくる。ウエストをフィットさせる仕組みには、メーカーの工夫がよく見える。ベルトが付属したものは便利だが、細いものが多く、体型によっては体に食い込んでツラい思いをすることも。購入前にしっかり検討したい。

付属ベルトがバックル留めのタイプ。ベルトループも備え、他のベルトも使える

ベルトループはなく、内部に仕込んだ付属ベルトのみで調整。シンプルな作りだ

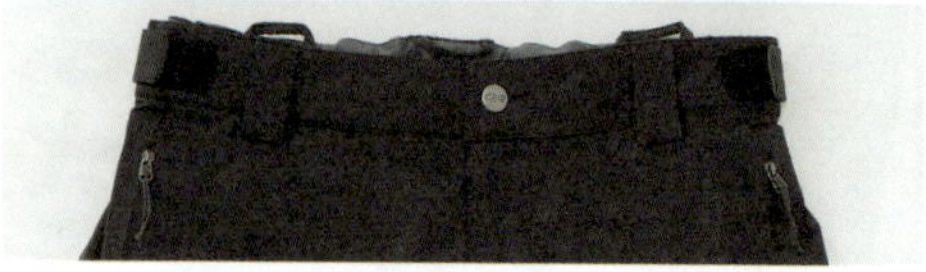
ウエストの両サイドには面ファスナー。ベルトなしで腰のサイズに合わせられる

ウエスト全体をゴムで伸縮させ、太めのヒモでさらに締められるリラックス感を重視したタイプ

ジーンズのようなベルトループのみ。好みのタイプのベルトを合わせて、自由に使える

/// Point /// 耐久性を上げる補強

山の中で擦れて傷みやすいのは、パンツの膝、裾、お尻の部分。これら3カ所、またはいずれかにタフな素材を使い、耐久性を上げたモデルは生地の傷みが緩和されて長く使える。1年中山に行き、着用機会が多い人は、積極的に選択肢の1つに加えよう。

モデルによっては、擦れやすい裾に強靭な特殊ナイロンをあてる工夫も。夏でも雪渓を歩くときには軽アイゼンを使うが、こんなタイプなら安心

/// Point ///

着心地に差がつく素材

トレッキングパンツの素材に求められる主な要素は、伸縮性、撥水性、耐久性、通気性など。すべてを高レベルで追求するのは難しいため、どの要素をメインにすえて選ぶのか、自分の歩き方のスタイルに応じて考えなくてはならない。また、同じロングタイプでも、夏を中心に歩く人は薄手を選ぶなど、生地の厚みによる保温性も考慮しよう。

各種の生地

細かな格子の線が入ったリップストップナイロン。生地の破れを最小限に抑える

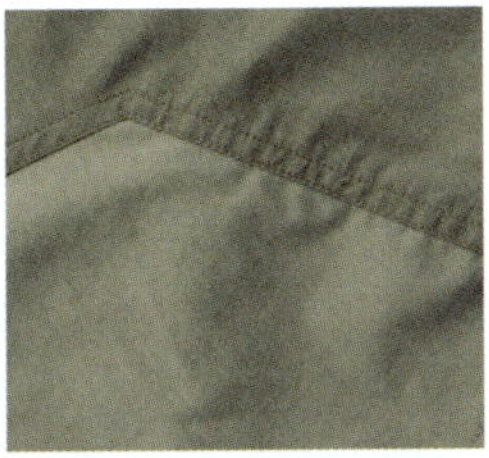

伸縮性に富む素材、耐久性の高い素材、2種を使い分けた生地。機能性がアップ

ストレッチ素材の中には驚くほど伸縮性を持つものがある。脚の動きを妨げず、ほとんど何もはいていないような着用感

撥水性が極度に高い素材。水分を弾き飛ばして内部の脚を濡らさない。多少の雨ならレインパンツがいらないほど

/// Point ///

さまざまなポケット

パンツの多様なディテールの中でも、とくにバリエーション豊富なのが、ポケットだ。必要なモノを充分に入れるスペースがあり、同時にいつのまにかモノが落ちて紛失することのない実用的なデザインになっているものを選びたい。ただし、どんなタイプのポケットでもモノを入れすぎると歩行しにくくなるのは共通だ。注意して活用しよう。

ポケットの例

シンプルな袋状。モノの取り出しは簡単だが、ポケットが浅いとモノが飛び出してくるため、深めのタイプを選ぶとよいだろう

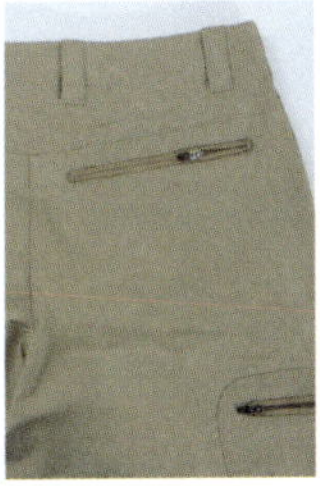

もっともポピュラーなタイプが、ポケットを横に配し、ファスナーを取り付けたもの。内部が浅めでもモノがこぼれ落ちずに安心だ

バックポケットが縦に位置し、ファスナーが付属。バックパックを背負っていてもモノの出し入れが容易で、かつ落ちにくい構造だ

収納部分を外側に設けたカーゴポケット。モノを入れすぎると周囲の木や岩に引っかかりやすくなるが、大きなものも収められて便利

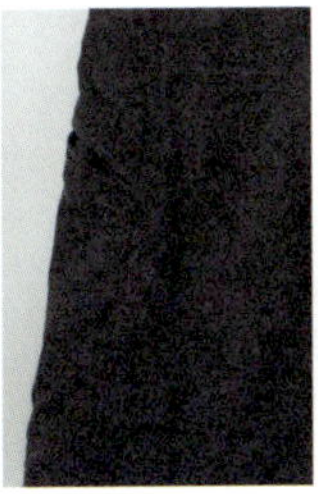

サイドのポケットの収納部分は表面の生地の内側に。かさばるモノは収納しにくいが、内部でむやみに動かず、歩行の邪魔にならない

ポケットの場所は太腿の正面。重いものを入れると歩く際負担になるが、上部にフラップがつき、モノが落ちたり雨の吹き込みを防ぐ

/// Column /// **積雪期用ソフトシェル**

雪がある時期に適したタイプに中厚から厚手の生地を使ったソフトシェル素材のパンツがある。伸縮性とともに撥水性が抜群で、保温力も高い。寒がりの人は春や秋に活用でき、小雨程度ならレインパンツなしでもしのげる。若干、生地が重くなるが、ハードな環境でも安心して着用できる。

4

/// Know-how ///

＝使用法＝ より歩きやすくなるポイント

パンツは、なぜか多くのことを考えず、ただ脚を通しがちだ。だが合わせるものや細部の微調整により、その機能をもっと発揮できる。いくつかのポイントだけでも、おさえておこう。

展開しているメーカーはそれほど多くないのに、根強いファンを持つのが、丈の長さを変えられるコンバーチブルパンツだ。ファスナー部分の生地のもたれと重さが多少気になるとはいえ、使い方によってはたしかに便利である。

ショートにすれば通気性が向上し、夏も快適だ。ただし、歩いているうちに肌に怪我をする恐れは高くなる。伸縮性が高い薄手のタイツと併用し、寒いときにだけロングにする方法もよいだろう。もちろん、ロングの状態を基本に据えて山を歩き、登山前、下山後の自宅への行き返りにだけショートにしても気持ちがよい。

コンバーチブルタイプでなくても、裾のコードを利用

/// Point /// シチュエーションによる調整

コンバーチブルタイプは気温の変動に対応しやすい。肌を露出したまま安全に歩ける山は少ないが、丈を短くすると夏は体温の上昇を抑えられる。歩行時には少しだけファスナーを開いておくとベンチレーター代わりにもなる。

コンバーチブルパンツは、どの長さで丈を切り離せるかが重要だ。膝上が主流だが、7分丈にできるタイプもはきやすく、好みで選ぶとよい

ショート丈になるものは、涼しさ満点。露出部分が広いため、怪我には注意しておこう

脛だけが露出する丈に。涼しい外気に肌がじかに触れる部分が生まれ、擦り傷の恐れも少ない

すれば、丈の調整は行なえる。短くした分だけ生地がもたれるが、パンツによってはコードではなくボタンがつけられ、確実に固定できるものも販売されている。

　小石などが多い場所ではロングパンツの裾を下ろしたままで、コードをブーツの上で絞るとよい。ブーツとソックスのあいだの隙間が隠され、異物の侵入を減らすことができる。

　ロングパンツの問題は足の動きによって摩擦が生じやすいことだ。布に比べて滑らかな肌の上に直接着ているときは気づきにくいが、厚手のパンツを防寒用のタイツとともに着用すると大きな摩擦感が生まれ、脚に無用な力がかかっているのがわかる。しかし、パンツの裏地とタイツの表面がどちらもなめらかなものならば、それほどの摩擦は生じない。事前に自宅で組み合わせを考えてから山へ向かうと失敗が少ないはずだ。

/// Point /// タイツとの組み合わせ

パンツの下にタイツを組み合わせてはくスタイルもいまや定番だ。このとき、ショートパンツなら大きな問題はないが、ロングの場合はパンツの裏地をチェックしておきたい。起毛させているものや縫いしろが多いものはタイツの表面と大きな摩擦を起こし、脚の動きを妨げ、大きな疲労の一因になる。

ロングパンツの下にタイツをはく際は、それらの生地に摩擦が生じにくいものを

サポート系タイツとショートパンツ。脚の動きやすさと怪我の防止を両立

/// Point /// 裾のコードの使い方

裾に付けられたコードを使わないでいる人は多い。だが、ブーツの上にパンツをかぶせてから留めれば、パンツが簡易的なゲイターになる。また暑いときは膝やふくらはぎの上に裾をたくしあげることも可能だ。しかし強く締めすぎると血流が滞り、脚の疲れが進行する。必要以上の締め付けは禁物だ。

ロングパンツの裾を絞ればブーツとパンツが一体に。異物を侵入を防ぐ

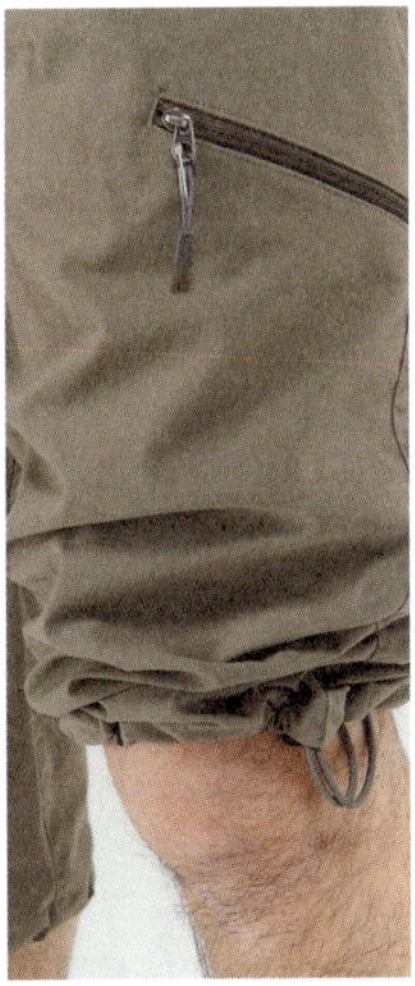

ハーフパンツの裾のコードを絞り、ショーツ感覚で膝上にあげた状態

/// Column /// 裾の丈詰めも可能

海外ブランドのロングパンツは丈が長すぎる場合がある。だがショップの一部や輸入元によっては、丈詰めのサービスを行なっているので、切ってもらうこともできなくはない。このときの問題が、裾のコードやファスナーの存在だ。コードは簡単に切り落とせるが、ファスナーの場所を変えるのは困難。あらかじめ脚の長さに合うものを探すほうが現実的だ。

パンツに限らず、ウェア選びは安全面を考えて。

上下どちらかのウェア、またはバックパック、これらのひとつは明るい色が加わるように僕は自分の山中での行動スタイルを考えている。おしゃれのためではない。安全面のことを考えてのことだ。

もしもひとりで行動しているときに、岩場で滑落したり、森の中で道に迷ったりして遭難したら？　モノトーンや茶系の色では、どこかに倒れていても発見されにくい。いざというときに人目につきやすいように、ハッキリとした明るい色を身につけるようにしているのだ。テントまわりや山小屋では地味でもいいが、山での行動着の色使いは安全対策の一環でもある。

Tシャツやレインウェア、バックパックなど上半身に身につけるものは、派手な色であっても誰もがそれほど抵抗が少ないだろう。アウトドアウェアはもともと視認性を高めるために原色系のものが多い。むしろ街では照れてしまって着られないカラーリングを思い切って楽しめるかもしれない。

だが、パンツとなるとどうだろう。下半身は土などで汚れやすく、もともとグレー、ブラウンといった地味で目立たない色が中心だ。とくにロングパンツで派手な色のものはごく稀である。

その点、ショートパンツには華やかな色もそろっている。最近はタイツにショートパンツを合わせるスタイルも定着し、下半身に派手な色を組み合わせたコーディネートもよく見かける。ある程度の年齢となると派手な色のショートパンツを身につけるのは抵抗感があるだろうが、女性や若い人にはアウトドアなりのおしゃれの選択肢が増え、うれしいのではないかと思う。僕もショートパンツなら、少しくらい派手でもときどき着用している。

安全面を考えれば、同じボトムであっても一時期流行った山スカートは、パンツに比べると着用できる場所が限られる。あまり高低差がなく、比較的平坦な場所ならば影響は少ないが、そうではない場所ではやめたほうがよい。

具体的にいえば、ハシゴがつけられているような難所がある山、大きく脚を動かさねば乗り越えられない段差が激しい高山などだ。片手でスカートの裾を押さえ、もう一方の手でハシゴや岩をつかんで乗り越えようとしている人をよく見かけるが、非常に危ない。

僕はいつも、今度こそ事故が起きるのではないかと心配している。他の人にスカートの中が見えてもよいという女性もいるようだが、たとえ男性であれ、山中で女性のお尻を見るのを迷惑に思う人も多いのだ。

幸い、山スカートの流行は下火になった。だが人の好みはさまざまだ。これからもスカートで山を歩きたい方は、安全な場所だけにとどめておいてほしい。

ソックス＆ブーティ

見た目は小さな存在ながら、
足元から体を温めてくれるソックスとブーティ。
その保温効果は防寒着にも匹敵する。

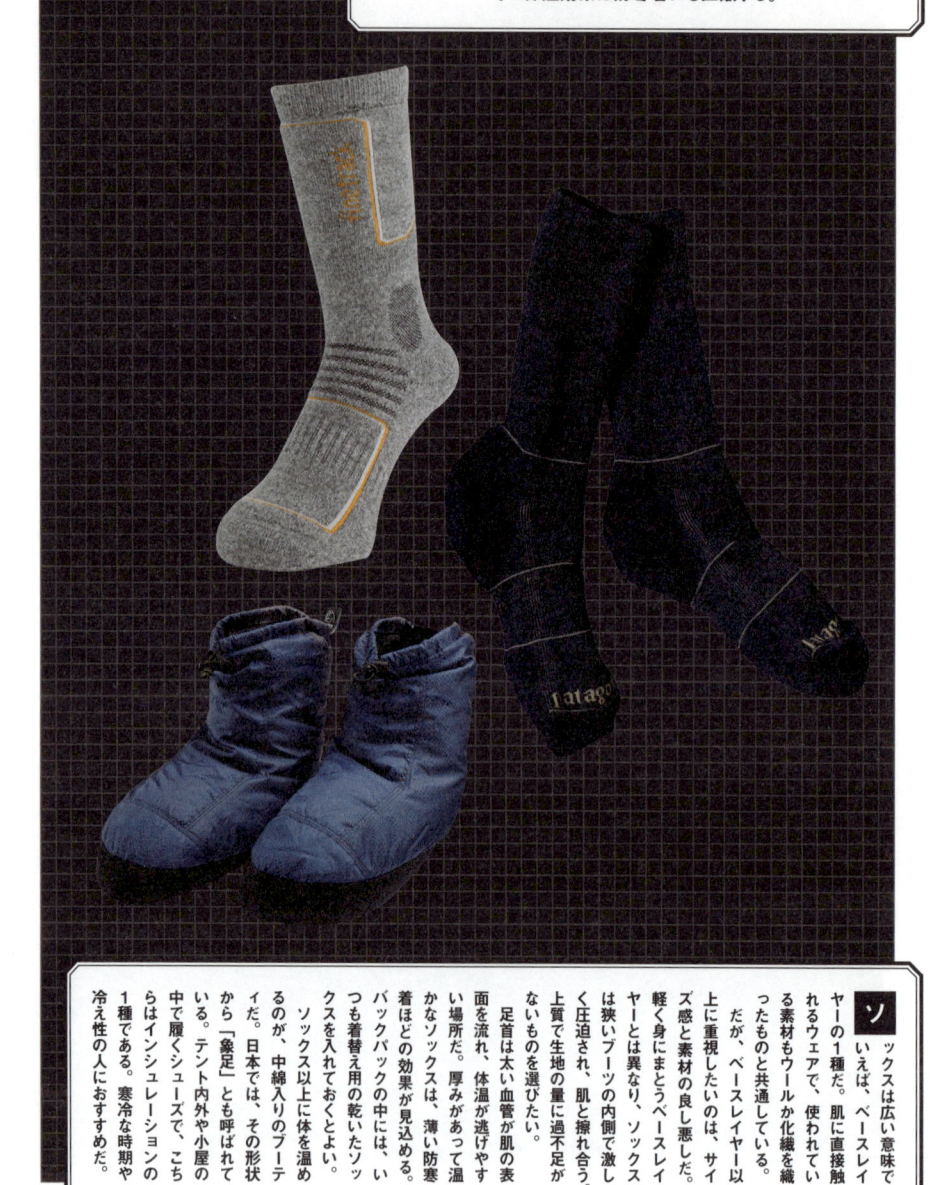

ソックスは広い意味でいえば、ベースレイヤーの1種だ。肌に直接触れるウェアで、使われている素材もウールか化繊を織ったものと共通している。

だが、ベースレイヤー以上に重視したいのは、サイズ感と素材の良し悪しだ。軽く身にまとうベースレイヤーとは異なり、ソックスは狭いブーツの内側で激しく圧迫され、肌と擦れ合う。上質で生地の量に過不足がないものを選びたい。

足首は太い血管が肌の表面を流れ、体温が逃げやすい場所だ。厚みがあって温かなソックスは、薄い防寒着ほどの効果が見込める。バックパックの中には、いつも着替え用の乾いたソックスを入れておくとよい。

ソックス以上に体を温めるのが、中綿入りのブーティだ。日本では、その形状から「象足」とも呼ばれている。テント内外や小屋の中で履くシューズで、こちらはインシュレーションの1種である。寒冷な時期や冷え性の人におすすめだ。

/// Part. 15 ///

CONDITIONING WEAR

[機能系ウェア]

人間の体のシステムを最大限に活用、
または効果的に向上させ、
実際の力以上の
パフォーマンスを発揮してくれるのが
機能系ウェアだ。

メインアイテムとなるのは
サポート&コンプレッションタイツ。
その特徴や着用方法はどのようなものか。

1

/// Category ///

＝分類＝機能系タイツのカテゴライズ

効果によって、機能系タイツは大きく2つに分かれ、さらにそれらのハイブリッドタイプがプラスされる。それぞれの特徴により、効果は異なっている。

登山用として、ここ数年で市民権を得た機能系ウェア。なかでもタイツはショートパンツと合わせて着用する人が増え、もはや基本ウェアの仲間入りを果たそうとしている。

しかし、「機能」については誤解が多いのも事実だ。医学的な言い方を借りれば「弾性ストッキング」が正式名称とも言えるタイツは、効果によって大きく2つに分かれる。だが、機能性の違いを認識しないままで着用している人が多いようだ。それでは、自分に必要な効果を得ることはできない。

では、2つに大別される機能とはどういうものなのか？ 1つは、血流やリンパ液の循環を促す「コンプレッション機能」を持つもの。そ

/// Point /// サポートタイプ

タイツ各部の生地の伸縮性や素材を変えることで筋肉の動きを助け、関節や靭帯の動きを正しく保ち、膝にかかる衝撃をも和らげる。これによって太ももの大腿四頭筋、太もも裏のハムストリングス、ふくらはぎの下腿三頭筋筋力のパワーが正しく発揮され、膝関節などの障害を予防する働きも生まれる。本来、自分が持っているはずの能力をサポートして引き出してくれるウェアだ。

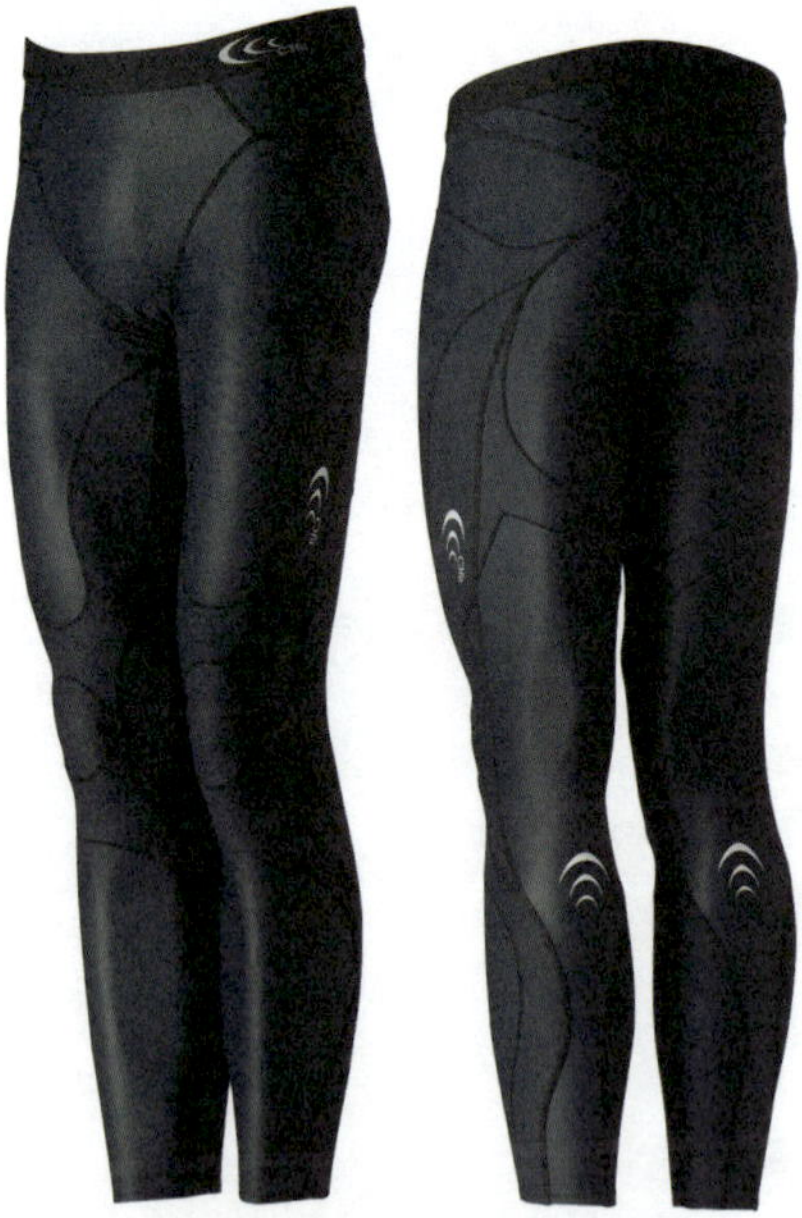

- 関節・筋肉への**衝撃や負担**の緩和
- 現在の**筋力の能力**をサポート
- **関節トラブル**の予防

ハイブリッドタイプ

筋肉や関節の働きを助ける「サポートタイプ」と、血流促進効果と疲労軽減／回復が期待できる「コンプレッションタイプ」というふたつのタイツの機能性を兼務。生地の使い分

してもうひとつが、筋肉や関節の動きを助ける「サポート機能」を持つものだ。なかには両者の機能を併せ持つタイプも市販されているが少数である。多くの場合はどちらかを選ぶことになる。

/// Column ///

タイツ以外のサポートウェア

タイツと同様の効果を持つウェアは、他にも存在する。トップスは肩甲骨の動きをサポートし、腕の動きをスムーズに。ソックスは足裏のアーチを補助すると同時に、コンプレッションの作用も持っている。弾性スリーブと呼ばれるアームサポーターもコンプレッションの働きにより、静脈血やリンパ液の鬱滞を軽減するものだ。

/// Point ///

けや縫製方法が複雑になるため価格が高く、製品数も少ないが、お得感がある。また、このタイプは総合的に脚の動きを助けるため、自分の脚の問題の原因がどこにあるのかさえ把握していない人にも使いやすいだろう。

- サポートタイプ、コンプレッションタイプの**機能性を両立**
- 脚の悩みを**複数**持つ人に

/// Point /// コンプレッションタイプ

生地の伸縮性を変え、脚裏や足首から太ももにかけて圧力を少しずつ緩め、下から上へと段階的に脚をコンプレッションする。これは「段階着圧」と言われ、心臓とともに筋肉が受け持つ血流のポンプ作用を向上させ、下肢に滞りがちな血液の循環を促す。つまり血行促進のような働きを持ち、新鮮な血液が体内を回ることで、脚ばかりか全身の疲労軽減／回復の効果をもたらすのだ。

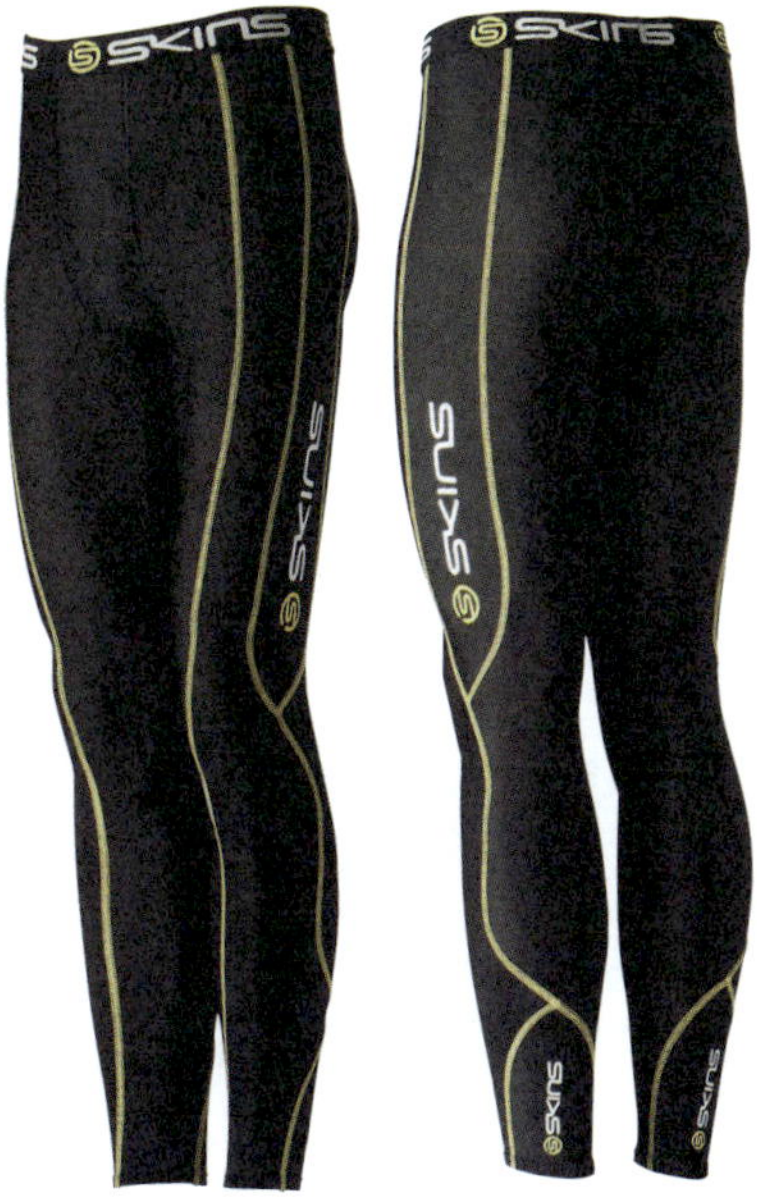

- 筋肉を中心とする**疲労感**の軽減
- 血流の**ポンプ機能**を手助け
- 脚の**運動性**の向上

2

/// Function ///

機能＝作用が異なる脚への効果

それぞれのタイツが持つ主要機能を知らなければ、自分に適するタイプを判断できない。では、メイン2種の違いとは？

サポートタイプ

サポートタイプのタイツが文字通り〝サポート〟するのは、主に腰から脚にかけての筋肉と、膝や股間の関節、そして骨盤などの骨格だ。つまり、下半身としてひとつに構成されている各部分をテーピング効果のあるストレッチ性の生地で包み込み、筋肉・関節・骨を効率よく連動させることによって、生の脚だけでは発揮しきれない力を生み出すのだ。

人間の脚は歩行中の振動によって筋肉の繊維がブレ、そのポテンシャルとパワーを充分に生かしているとは言いがたい。同様に関節や骨格にもゆがみが生じ、筋肉のパワーをダイレクトに歩行エネルギーへと活かしきれず、歩行力が落ちてしまう。それどころか過度の負担がかかってしまい、怪我の一因にもなっている。

だが、サポートタイプのタイツは、外側から部分部分に異なる圧力をかけ、その差によって筋肉や関節のブレ、さらには脂肪の揺れを押さえる。これにより、脚の無駄な動きが生脚よりも補正され、関節も正しく機能するようになる。だから、強い力がかかってもトラブルを起こすことが減るのだ。

このようなサポート系タイツの着用は下半身のパワーの発揮に直結する一方、無駄なエネルギーを消費せずに同レベルの運動を行なえるということにもつながる。間接的には疲労軽減の効果をも、もたらしているのだ。

腰／骨盤

下半身の骨格と同時に筋肉もサポートすることにより、体の軸を安定化。腰への負担を軽減し、体の動きに無駄を与えない

太腿裏

太腿の裏の筋肉“ハムストリングス”をサポートし、登山のときに繰り返される脚を上げる動作を楽に。筋肉のダメージを抑える

膝関節

関節を包み込むように四方から支持。膝関節の働きを正しく発揮させ、カカトから伝わる衝撃をやわらかく吸収して膝を保護する

関節や筋肉は足首より下にもあるが、大部分の機能系タイツは、足首までのシルエット。さらなる効果の発揮には足裏のアーチを支えるソックスの使用もお勧めだ

生地の伸縮性の差異と使い分けが、サポート能力を生む。注意深く見ると、縫い目を境に織りや密度が違う素材が使われていることがわかる

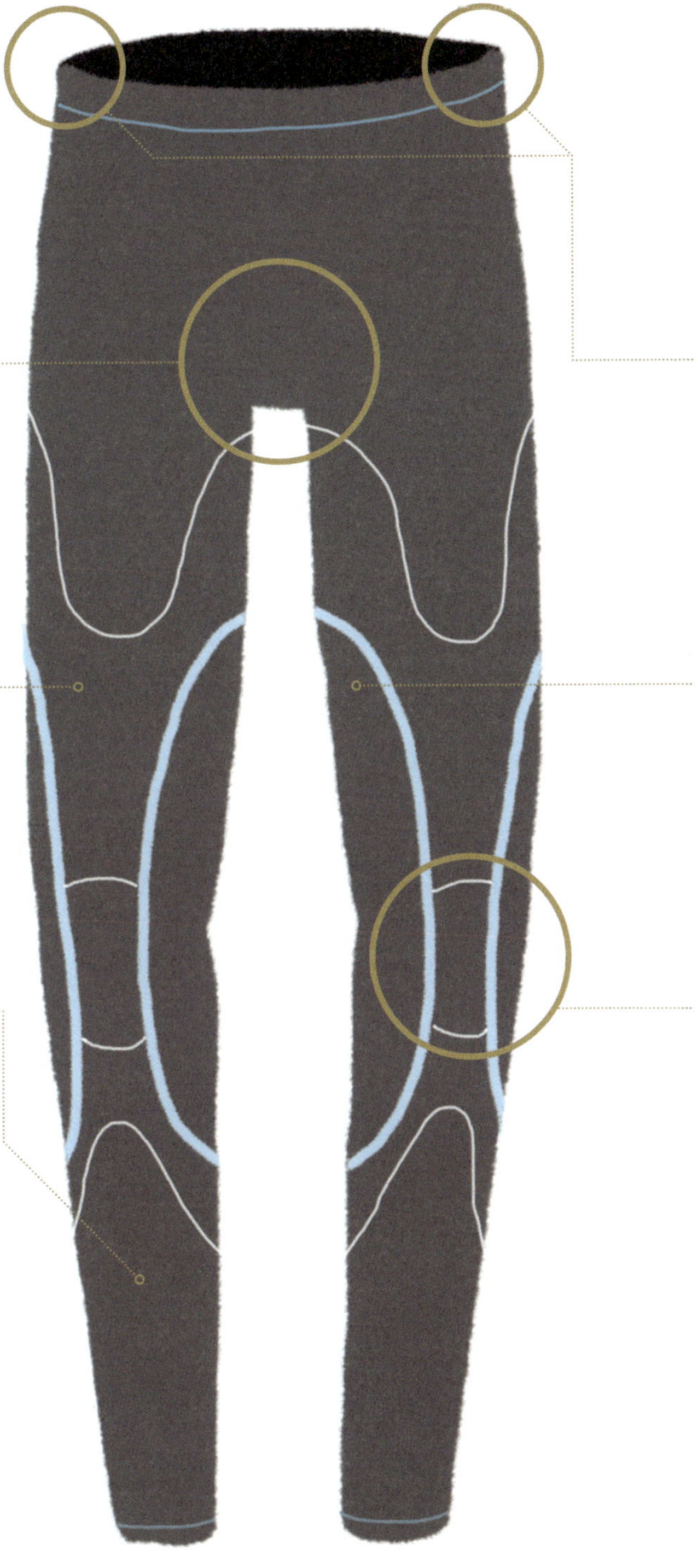

臀部

登山中には意外なほど活躍するお尻の大きな筋肉“中臀筋”を包みこみ、体幹を安定。歩行時の動きにかかる無用な負荷を少なくする

太腿

とくに登り道のときに使う“大腿四頭筋”に圧をかけ、筋肉の収縮運動をサポート。筋肉のブレが少なくなり、パワーが生まれる

ふくらはぎ

体のバランスをとるふくらはぎの筋肉を下から支え上げ、疲労を軽減。筋肉の負担が減り、足のつりなどを予防する働きもある

2

機能 = 作用が異なる脚への効果

コンプレッションタイプ

コンプレッションタイプのキモは、血流の循環の向上にある。筋肉や関節といった部位のサポートではなく、体を流れる血液を効果的にまわし、疲労を軽減することが狙いなのだ。

そもそもこの種の「弾性ストッキング」は医療用の歴史が長く、静脈瘤やリンパ浮腫の治療などに使われていたものだ。日本では「薬事法」によって3段階に分けられ、上位2つは医者の判断が必要になり、厳密に着用方法を守らねば重大な副作用の恐れも生じてくる。

だが、いちばん下のレベルは、今回紹介しているタイツのように「一般医療機器」として販売が認められているものだ。このカテゴリーの製品は、着用方法がたとえ間違っていても体に重大な問題を起こさないものとされているので、誰もが安心して使用できる。ともあれ由来が医療用具だけあり、その血流循環の向上の効果には疑問の余地がない。

その秘密は、脚の下部から上部にかけて徐々に圧力を変える「段階着圧」のシステムだ。柔軟性のある静脈は膨らんで血液を溜め込むことができ、これが歩行時や直立時には人間の脚に血液を滞らせる原因になる。しかし段階着圧で脚に圧力をかければ、先をつぶしたホースから勢いよく水が流れ出すように、老廃物を含んだ静脈血が心臓に向かって戻っていく。同時にエネルギーと酸素を含んだ動脈血が活発に脚に流れこみ、筋肉の疲労を回復してくれるわけである。

血液の循環は心臓だけが行なっているわけではなく、約30％はふくらはぎの筋肉によるポンプの作用が受け持っている。この働きを活発にするのも、コンプレッションタイツの役割だ。ふくらはぎのポンプ作用が良好に行なわれれば、心臓が血流を作る負担も少なくなり、心拍数は抑えめになっていく。これも体の疲れを軽減する要因となって、脚ばかりか全身トータルでの疲労軽減効果も期待できるのである。

タイツが大げさだと考える人には、ふくらはぎのみのゲイタータイプも市販されている。常に携行し、疲れを感じたときにだけ身に付けるのも1つの方法だ

/// Column /// 携行用の袋

登山口までの往復時やキャンプ地、山小屋などでは、伸縮性の強い機能系ウェアは基本的には着用しないほうがよい。そのために専用スタッフバッグを付属し、着用しないときにはコンパクトに携行できるようにしているメーカーが大半だ。脱いだタイツはヘナヘナとしていて見た目もあまり美しくなく、この配慮はありがたい。

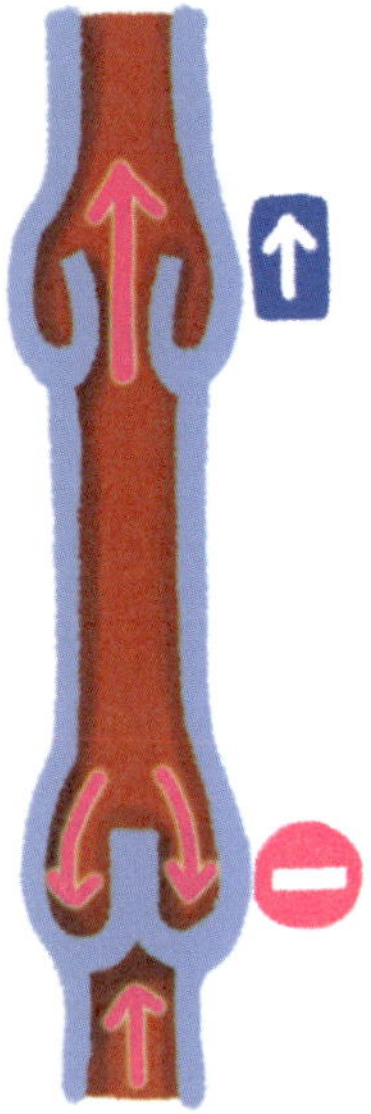

動脈とは違い、体の表面を流れる静脈の血管には弁がついており、一方向にしか流れない仕組みだ。この構造を利用し、段階着圧のシステムで脚の下部から血液を押し上げれば、自然に血流の循環が促進される。右図に表示されている圧力は、一例である

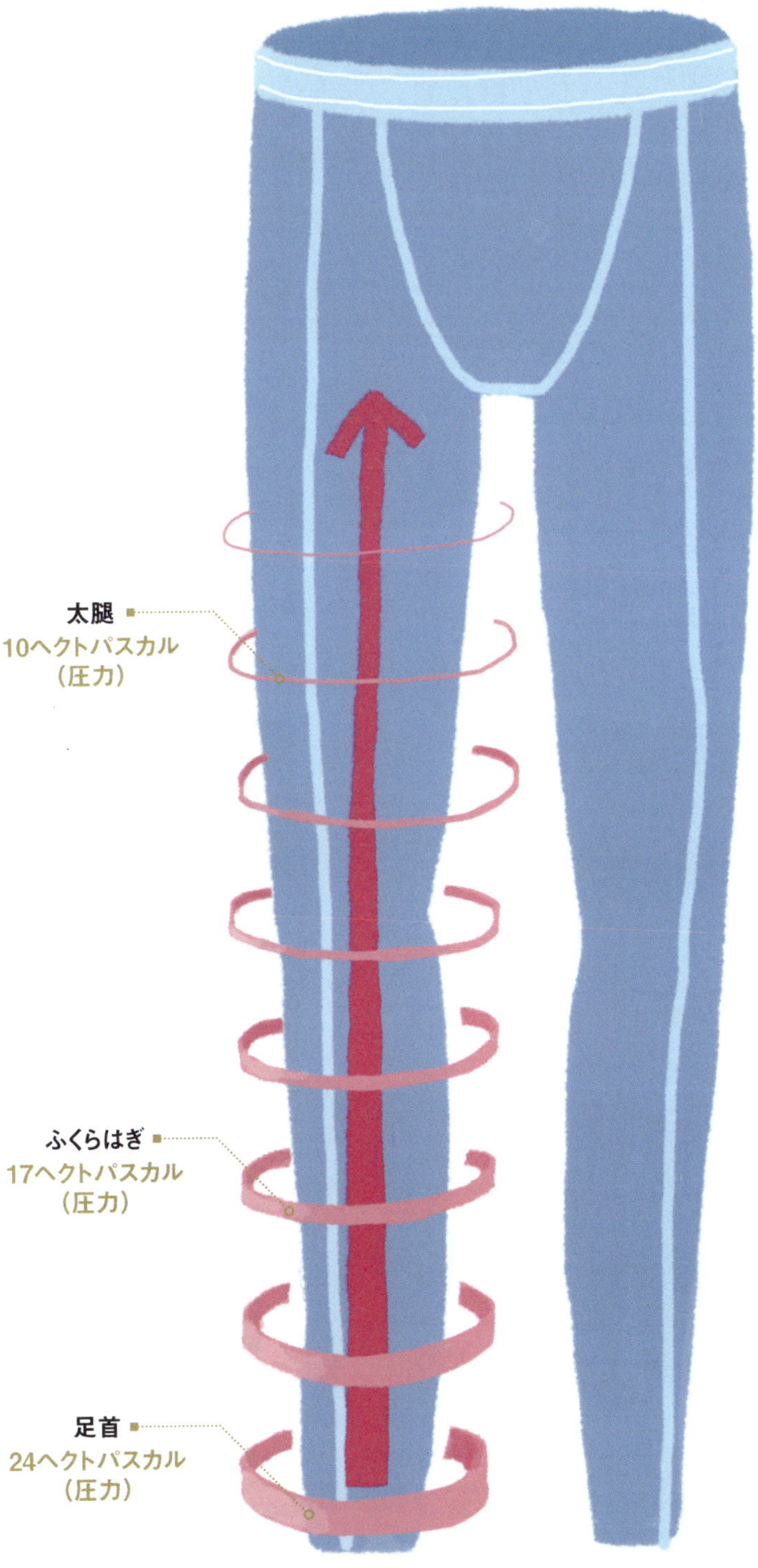

3

/// Select ///

＝選択法＝具体的効果とディテールの確認

見た目は似ているが、期待できる効果は異なる2つのタイツ。どちらを選ぶかは、自分の脚や体の症状や悩みで異なり、サイズや細部も使い勝手を左右する。

「サポートタイプ」と「コンプレッションタイプ」に大別される機能系タイツ。初めて手に入れるならば、どちらを買うべきか？

ひとつの目安は、気になる問題が自分の手で触って確かめられる部位であるかどうか、だ。

山を歩いていて筋肉や関節に違和感を持ち、特定の部分が気になる場合は「サポートタイプ」である。それに対して、脚がなんとなく重く、全体的に疲れを感じるようならば「コンプレッションタイプ」がよいだろう。単純化して言えば、痛みや違和感にはサポートタイプ、疲労の予防／軽減にはコンプレッションタイプだ。また状況に応じて、筋力を効果的に発揮したいときはサポートタイプ、

/// Point /// サポートタイプ

脚の筋肉に自信がない。筋力を充分に発揮させて重い荷物を背負いたい。膝の関節に違和感や痛みがある。そんな人はサポートタイプのタイツ。「筋肉や関節機能の補助」に関しては、コンプレッションタイプよりも効果がある。特定の部分に問題がある人は、そこを重点的にサポートしてくれる製品を選ぼう。

- 筋肉痛や張りを常に感じやすい人
- 膝の関節の痛みに悩んでいる人
- 脚の筋肉に自信がなく保護したい人
- 重い荷物を背負うため強い脚力が必要な人

/// Point /// コンプレッションタイプ

痛みの予防やパワーアップではなく、脚を中心とした「疲れの軽減」を求める人は、段階着圧を施したコンプレッションタイプのタイツがよい。歩行中に限らず、休憩中もはき続けることで、疲労軽減の力を発揮してくれるはずだ。血液を通じて体の内部にも作用し、リフレッシュの効果は高いと言われている。

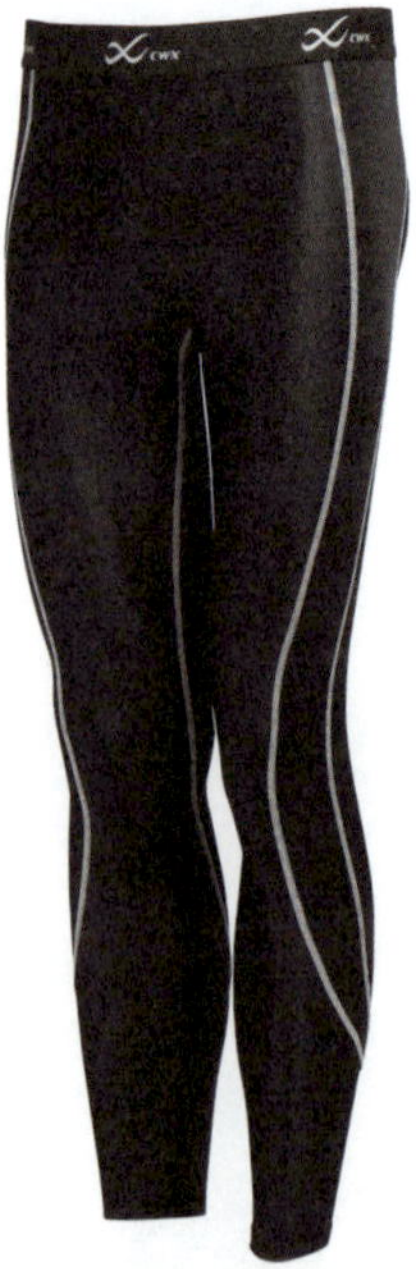

- 歩き終えても脚の疲労が回復しにくい人
- 山の中で脚がむくみやすい人
- 筋力よりも体力に自信を持っていない人
- あわよくば全身疲労軽減まで期待したい人

持久力をアップしたいときはコンプレッションタイプという区分けもできる。まずは、自分の体と向き合って、適したタイプを選ぶようにしよう。

機能系ウェアには注意すべき点がいくつかある。

第一に、サイズ選び。肌に密着し、適切な圧力を与えることで初めて効果を発揮するものだけに、合わないサイズをはくと、意味がない。

第二に、性別。メンズとレディスモデルはパターンを厳密に分けて作られている。デザインや色が気に入ったからといって、異性のモデルをはいてしまうと、これも効果が不充分になる。

他のアウトドアウェアは、サイズやシルエットが多少合っていなくても大きな問題にはなりにくい。だが、機能系ウェアだけは自分の体にジャストのものを選ばねば効果が発揮されず、無駄な買い物になってしまうのだ。

/// Point /// サイズ選択は正しく

下の表は、「C3fit」ブランドの一例。普通のウェア以上のサイズ展開があり、この点は他の機能系タイツのメーカーでも同じだ。その理由は、最大の機能を発揮するように算出した一定の圧力を、さまざまな体型と脚の人たちへ同様に与えるため。太い脚の人が細いサイズをはくと着圧が高くなり、細い脚の人が太いサイズをはくと着圧が低くなってしまうのだ。

また、小さいサイズを着用すると、脚が細くなっていく下方にタイツがずり落ちやすくなり、効果がないうえに着用感も損なわれる。ちなみに、多くの女性はショップで本来の自分のサイズよりも小さいものを買いたがるそうだ。女性らしい気持ちではあるが、ちょうどよいサイズのものにしておこう。

コンプレッションタイプ／男性の場合　※単位はcm

	S	M	L	XL
ウエスト	68〜80	72〜84	76〜88	80〜92
身長	160〜170	165〜175	170〜180	175〜185
太もも	42〜55	49〜57	51〜59	53〜62
ふくらはぎ	32〜36	34〜38	36〜40	38〜42
足首	20〜23	20〜23	21〜24	21〜24

コンプレッションタイプ／女性の場合

	S	M	L
ウエスト	84〜92	87〜95	90〜98
身長	150〜160	155〜165	160〜170
太もも	47〜54	49〜56	51〜58
ふくらはぎ	31〜35	32〜36	33〜37
足首	18〜21	20〜23	20〜23

サポートタイプ／男性の場合

商品名	S	M	L	XL
ウエスト	70〜78	74〜82	78〜86	82〜90
身長	160〜170	165〜175	170〜180	175〜185

サポートタイプ／女性の場合

商品名	S	M	L	RS
ヒップ	84〜92	87〜95	90〜98	90〜98
身長	150〜160	155〜165	160〜170	150〜160

※データ出典元：C3fitパフォーマンスタイツ、C3fitインパクトタイツ

/// Point /// カラーバリエーション

機能系ウェアの多くは、黒が中心だ。脚が引き締まって見え、汚れも目立ちにくい利点がある。

だが、最近は全身のカラーコーディネートがしやすいカラフルなものも増えた。薄暗いときの視認性も向上し、安全性も高い。

気をつけたいのが、夏の発汗だ。ダークカラーは結晶化した汗が白く浮き上がり、線上の模様を作り出してかなり目立つ。数日はき続ける長期山行のときは、美しくない。

/// Point /// メンズ、レディスの差

機能系ウェアはサイズ選びが重要だが、同じ意味でメンズとレディスのモデルを気にせずに使用するのも正しいことではない。たとえ長さが合っていたとしても、腰から足首にかけたシルエットが男女では異なり、部分部分で受ける着圧の計算が崩れてしまうからだ。

また股間部分を筆頭に、生地面積の使い方や縫い方のパターンも変えられている。生地が張りつめたり、反対に余分が出てしまうと、着用感が損なわれ、機能性もうまく発揮されない。ウールや化学繊維のタイツには男女兼用のものもないわけではないが、機能系タイツだけは必ず性別の合ったものを使いたい。

女性用コンプレッションタイツの7分丈。P.227の男性モデルとは、生地の縫い目の位置やシルエットが微妙に違う

男性用は股間部分に適度な余裕がある作り。ただでさえピッタリと体にフィットさせて着るウェアゆえ、こうでなければ窮屈だ

女性用は股間部分がタイト。しかし腰周りには余裕を持たせ、その代わりにウエストは男性用よりも絞っているモデルが多い

/// Point /// ウエストのヒモの有無

圧力がかかる機能系タイツはズレ落ちやすい。よって、ウエストをヒモで締めたり、生地の使い方を工夫し、ズレ落ちを防止している。ただし重いバックパックを背負っていると、ヒモなしタイプは荷物の重さに押されて、どうしても背中側から少しずつ下がる場合が多い。ご注意を。

メーカーやモデルによって、腰のヒモの有無は異なる。何度も使用すると、この有無は着用感を変化させる大きな差だとわかるだろう

4

/// Know-how ///

＝使用法＝機能を妨げず、より快適に

扱い方にある程度の知識があると、タイツはさらに「使えるウェア」になる。だがコーディネートを誤ると、効果は得られない。

ショートパンツ、ウールタイツと

機能系タイツの上に緩いタイツを重ね履きし、さらにショートパンツ。ウールや化繊のタイツは緩やかに伸び、ロングパンツと合わせたときのように生地が擦れ合って摩擦を引き起こすこともなく、脚さばきも軽快なまま。保温力が増すので、春や秋にはこんなスタイルもいい。だが、機能系タイツの着圧を変えないように緩いものを

見た目も派手なサーフパンツと

タイツの上に速乾性の水着という組み合わせ。さすがに山用のパンツほど強靭ではないので岩場などでは注意が必要だが、シルエットが緩やか、かつ軽量で、使い方次第で本来の登山用パンツよりもずっと歩きやすいことも。派手な模様や色のものが多く、着こなしのポイントにもなる

寒い時期はロングパンツと

生地の重さや肌との摩擦で、歩くたびに少しずつ脚へ負担を与えるロングパンツ。機能系タイツとも生地同士の摩擦を起こしやすく、相性はあまりよくない。だが、重ねばきをするとやはり暖かく、春や秋には現実的な組み合わせだ。裏地はできるだけ滑らかなものを選び、パンツとタイツが無用にこすれることがないサイズを選びたい

ショートパンツとの基本的組み合わせ

暖かい時期はストレッチ素材のショート丈パンツがベターだ。膝上の長さだと脚の動きを妨げることはないが、7分丈パンツならばロングパンツと同様に、摩擦感が少ないものにしておきたい。機能系タイツには化学繊維が使われており、速乾性は申し分ないが、その分寒さを感じやすい。脚の冷えに弱い人は、ショートパンツではなく、ロングを

/// Point /// ソックスとの相性

タイツと同じく足に履くソックスだが、このセレクトにも充分配慮しておきたい。タイプによってはコンプレッションタイツの着圧を変えてしまったり、テーピング効果によるサポート機能を発揮できず、正しい効果が得られなくなってしまうからだ。むしろ相性のよくない組み合わせでは、せっかくの機能系タイツが悪影響を及ぼす可能性すら生まれてくる。理想は薄手～中厚のショートタイプのソックスだ。

コンビネーションの例

くるぶし丈で中厚の生地を使ったソックス。伸縮性が強いために機能系タイツ下部の着圧にいくらかの影響を与えるが、そう大きな問題ではない程度である。ハイカットブーツの丈にも合う実際的な選択だ

薄手のショートタイプのソックス。これがいちばん機能系タイツの着圧レベルを変えないが、ハイカットのブーツに合わせるには短い。トレランやローカット、ミッドカットのシューズのときによいだろう

ピッタリとしたウールのロングソックス。コンプレッション機能のソックスほどではないが、これも下のタイツの着圧をかなり変え、おすすめできる組み合わせではない。ソックスはくるぶし丈程度にとどめよう

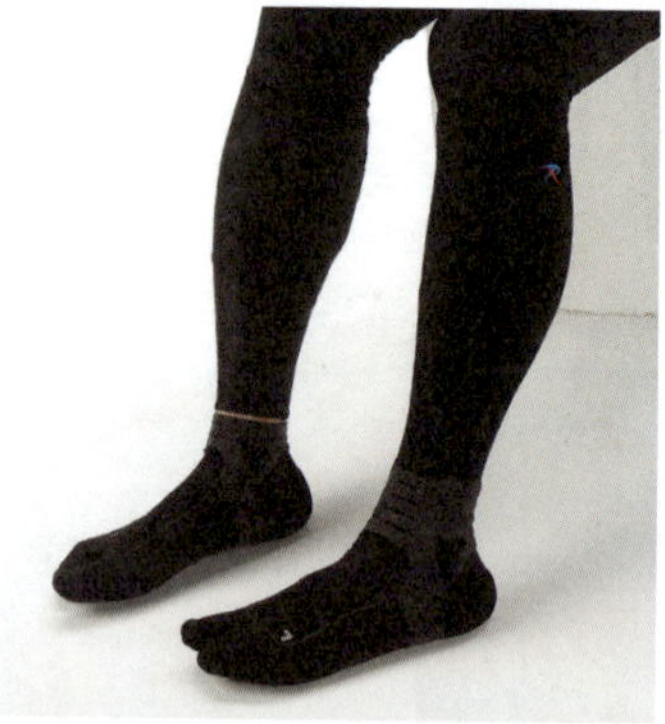

右はコンプレッション機能を持つロングソックスで、左は同ショート。ロングは下のタイツの着圧を大きく上げ、健常者にはキツすぎて不適当。だがショートならば生地の重なりがなく、むしろ効果的だ

/// Point /// アンダーウェアは着る？　着ない？

機能系タイツは基本的に肌の上に直接着るものだ。その内側にほかのウェアを着る前提ではない。だから通常の下着を着用せず、タイツをじかにはくのは間違っていない。

　だが、実際は衛生面から下着を着用し、その上にタイツをはいている人が多い。だが太腿から足首に比べ、腰元はウェアが2重でも機能性は大きく変わらず、気にする必要はない。しかし蒸れや濡れを考えて、化繊やウールを選びたい。

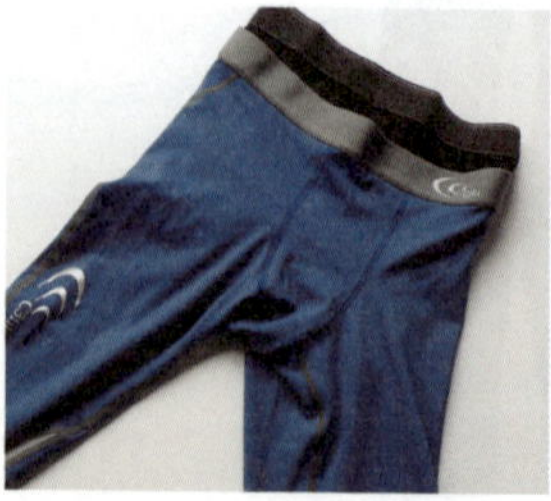

機能系タイツを下着なしで直接着用することに抵抗感を持つ人は多数。アンダーウェアははいていても大丈夫。機能を妨げない

体温を保てる暖かい時期は、機能系タイツの上になにもはかなくても問題はない。とはいえ、そのままの姿は見苦しく、実際はタイツのみで行動することはないだろう。暑い夏場に限って言えば、タイツの上にはくものは単なるカバーのようなものだ。

合わせるパンツはショートがいい。ロングはタイツとの摩擦を起こして歩きにくくなるが、ショートなら摩擦が少ないからだ。丈夫な生地であれば、速乾性のサーフパンツもOK。もちろん寒い時期は保温性を重視してロングを選択するのが現実的で、裏地が滑らかなものを選ぶと摩擦感は少なくなる。

おすすめは、機能系タイツの上にウールのタイツを合わせることだ。ただし、きつめのものや一度に何枚も重ねるのはよくない。タイツの着圧が変わってしまい、本来の機能性を損うのだ。シワが出るくらい緩いものがいいだろう。

/// Point /// はき方と脱ぎ方

段階着圧システムのタイツは、足首部分に強い摩擦がかかっている。商品によっては着脱の際にものすごい力を使わねばならず、脱ぎ着するだけで、数分かかってしまうこともあるほどだ。

タイツをはく場合はつま先から押し込み、かかとが抜けたら、生地に力をかけて伸ばしながら、太腿へと上げていく。とくにサポートタイプは確実に膝を正しい位置に合わせる。これがズレていると意味がない。

脱ぐときは、思い切って生地を裏返して、太腿から。生地がもつれて重なっているとストレッチ性が妨げられ、ますます脱ぎにくくなる。あわてずにていねいにゆっくり行なうと、結局早く脱げるはずだ。

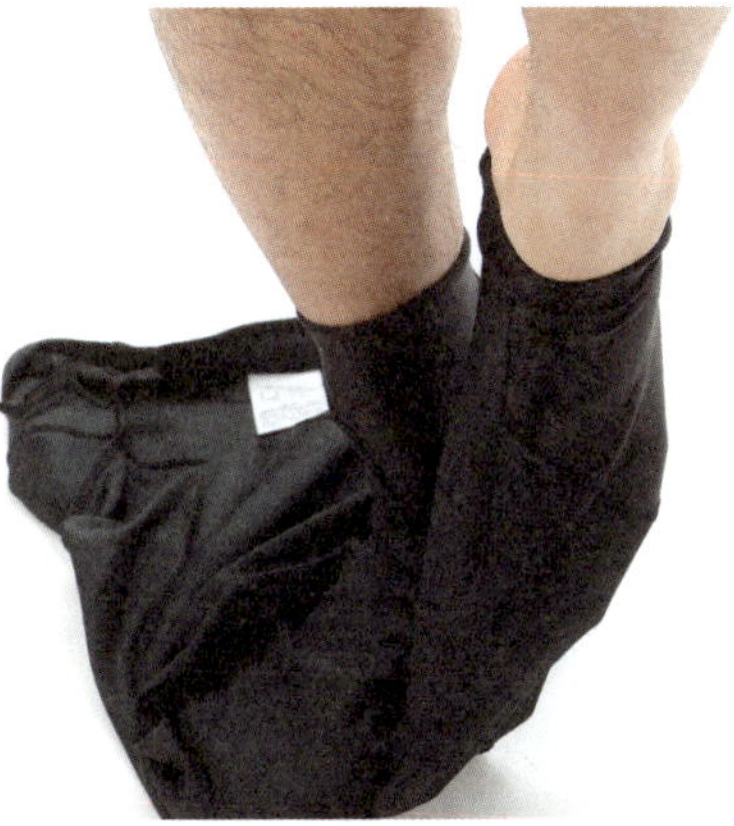

はくことより大変なのが、脱ぐこと。強力なコンプレッション作用を持つタイツは、両手を使って全力で引っ張ってもなかなか脱げない。少々乱暴だが、足でもういっぽうの足のタイツを踏みつけ、ジワジワと脱ぐのが簡単だ

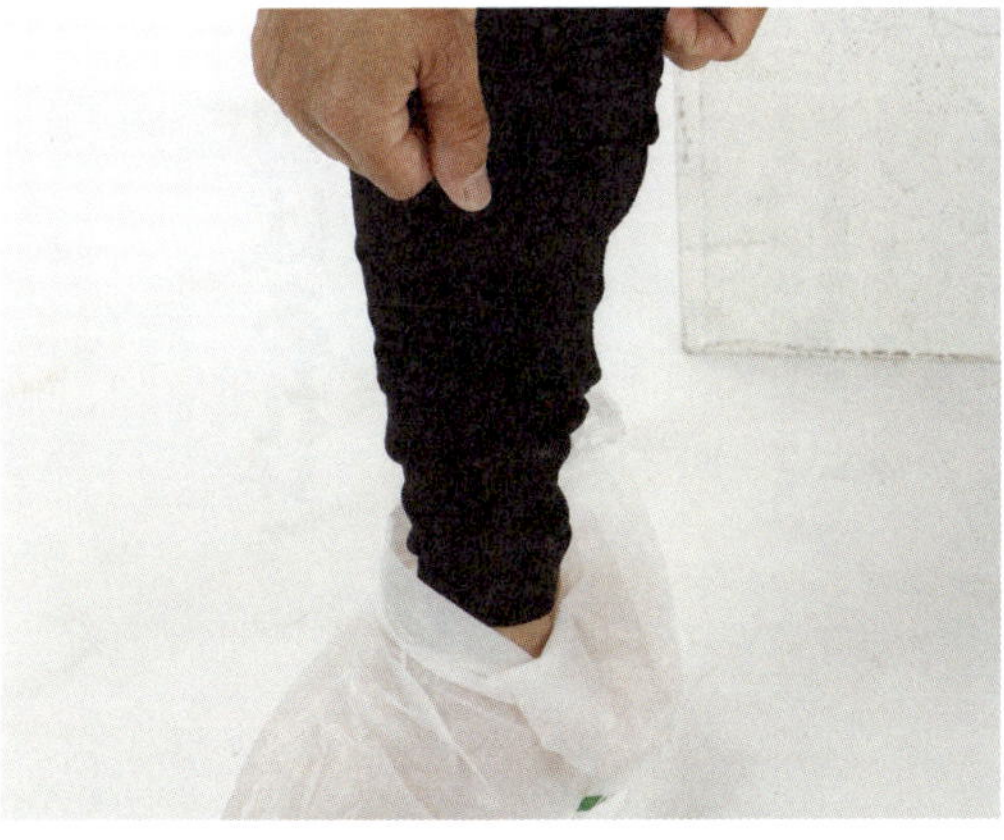

付属のソックスがなくても、レジ袋のようなものを足に履くと滑りがよくなり、足入れがしやすい。ただし、無理に押し込むとつま先から破れてしまうので、慎重に行なおう。ナイロン製のスタッフバッグも使いやすい

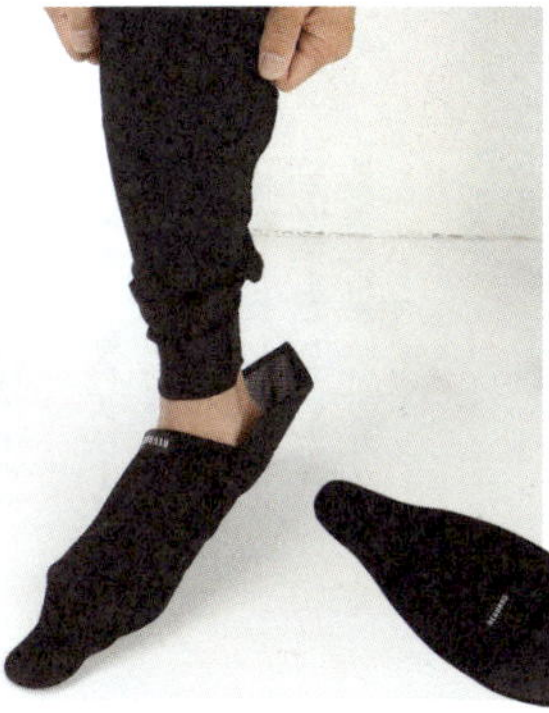

商品によっては、すべりのよい特殊なソックス（またはサンダル）のようなものを事前にはき、その状態で機能系タイツの中に足を滑り込ませる工夫をしているものもある（上の写真は、すでに足先がタイツの外に出てからの状況）。皮膚が汗ばんでベタつく足を直接タイツに入れるよりも、かなりスムーズに着用できる

今後の希望はあれど、なにかと長所が多い機能系のタイツ。

僕は機能系タイツをとてもよく利用している。ただし、少しでも体力や脚力を補いたい、という理由とは少し異なるかもしれない。では、なぜ愛用しているのか？

僕が着用しているのは、上から下へと段階的に着圧が変わっていくコンプレッション系ではなく、生地の部分ごとに着圧を変えたサポート系のタイツである。

その理由は、以前から左膝に違和感があり、数年前には関節炎でひどい痛みを起こしてしまったこともあるからだ。今ではほとんど問題ないとはいえ、少しでも膝関節まわりの筋肉を正しく働かせ、膝に負担がかからないようにと、念のために着用しているのである。つまり、体力、筋力の向上というよりも、膝に作用する効果を期待しているわけである。

もうひとつは、下半身にショートパンツを多用するようになったからだ。僕はよほど気温が低いときでなければ、たとえ残雪の上であってもショートパンツ＆タイツというスタイルで山を歩く。ロングパンツは裾がバタつく感じや、ときどきブーツに引っかかるストレスがあり、あまり好きではないのである。

裾が細く、ストレッチ性が高いクライミング向けのモデルを着用すれば、それらの問題を解決できることはわかっている。だが、若干O脚気味の僕には、どうにも似合わない。それならば、いっそタイツのほうがごまかしはきく。

ショートパンツに合わせるタイツは、肌を切り傷、擦り傷から守る働きも持っている。機能系タイツには強靭な素材が使われており、少しくらい岩や木に擦れても破れにくい。怪我の防止だけを考えるとシンプルなウールや化繊のタイツでも間に合うのだが、行動中の傷みが激しく、あまり長持ちしない。この点でも僕は機能系タイツに大きなメリットを感じている。

しかし冬は僕もさすがにロングパンツをはく。そして寒ければウールのタイツを内部に合わせる。このときは機能系タイツではない。

肌の上から着圧を与える機能系タイツの素材は、必然的に強い伸縮性を持たせられる化繊だ。同時に速乾性が高い化繊は、肌を乾燥させる効果も持っている。すると、湿度が低い冬になると乾燥肌の僕は歩いているうちに脚が無性にかゆくなってしまい、行動を止めて脚をかきむしるはめになる。肌が真っ赤になってもかゆみは収まらず、とてもまともには行動できなくなってしまうのだ。しかし保湿効果があるウールならば、問題にはならない。

防寒着や分厚いスリーピングバッグで荷物が重くなる冬こそ、機能系タイツの出番だ。乾燥した時期でも肌がかゆくならない素材のものがあるといいのだが。

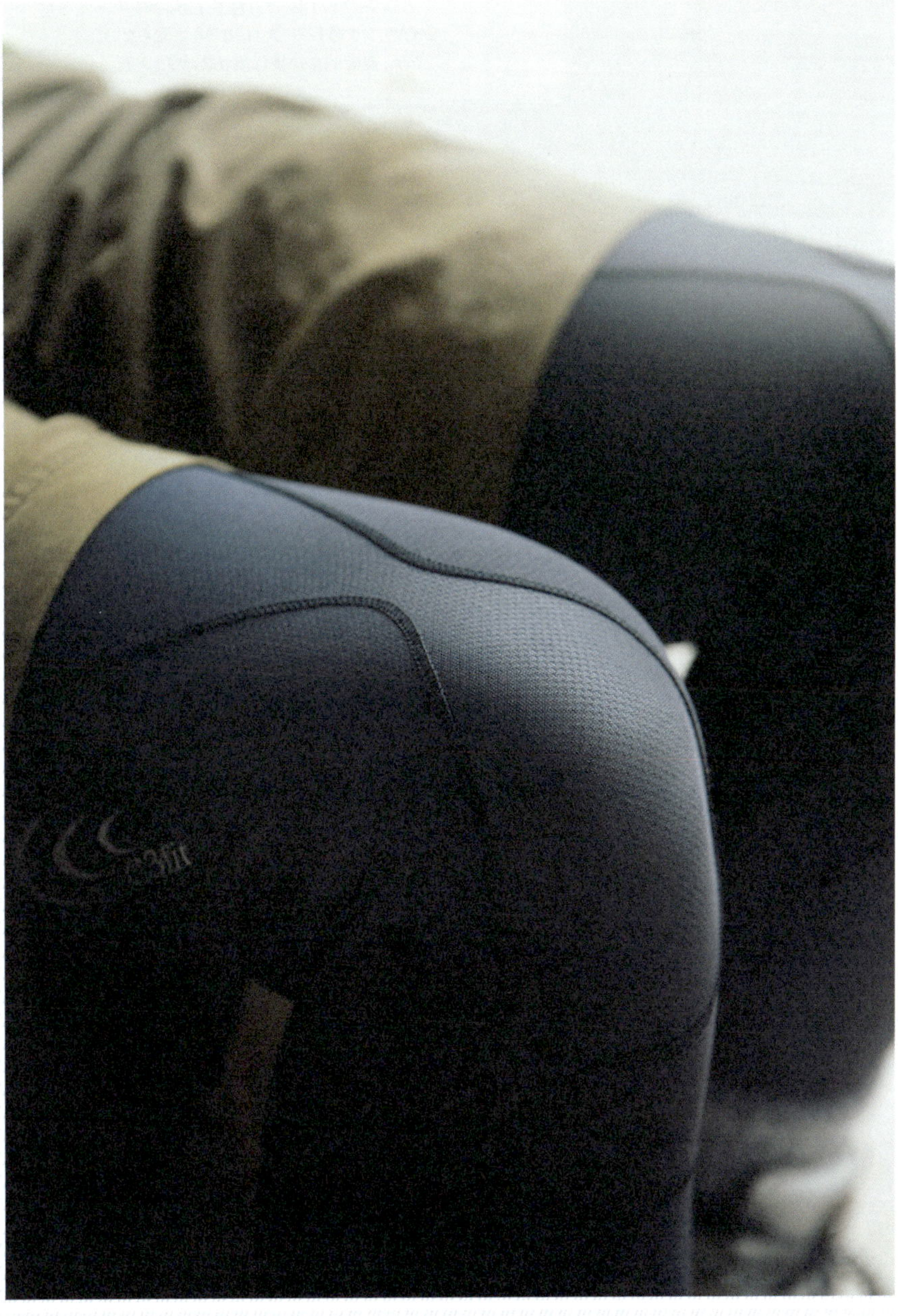

タイツ

**ベースレイヤーの1種ではあるが
レイヤリングの「ベース」になるとは限らない。
だが、機能的な効果は侮れないウェアだ。**

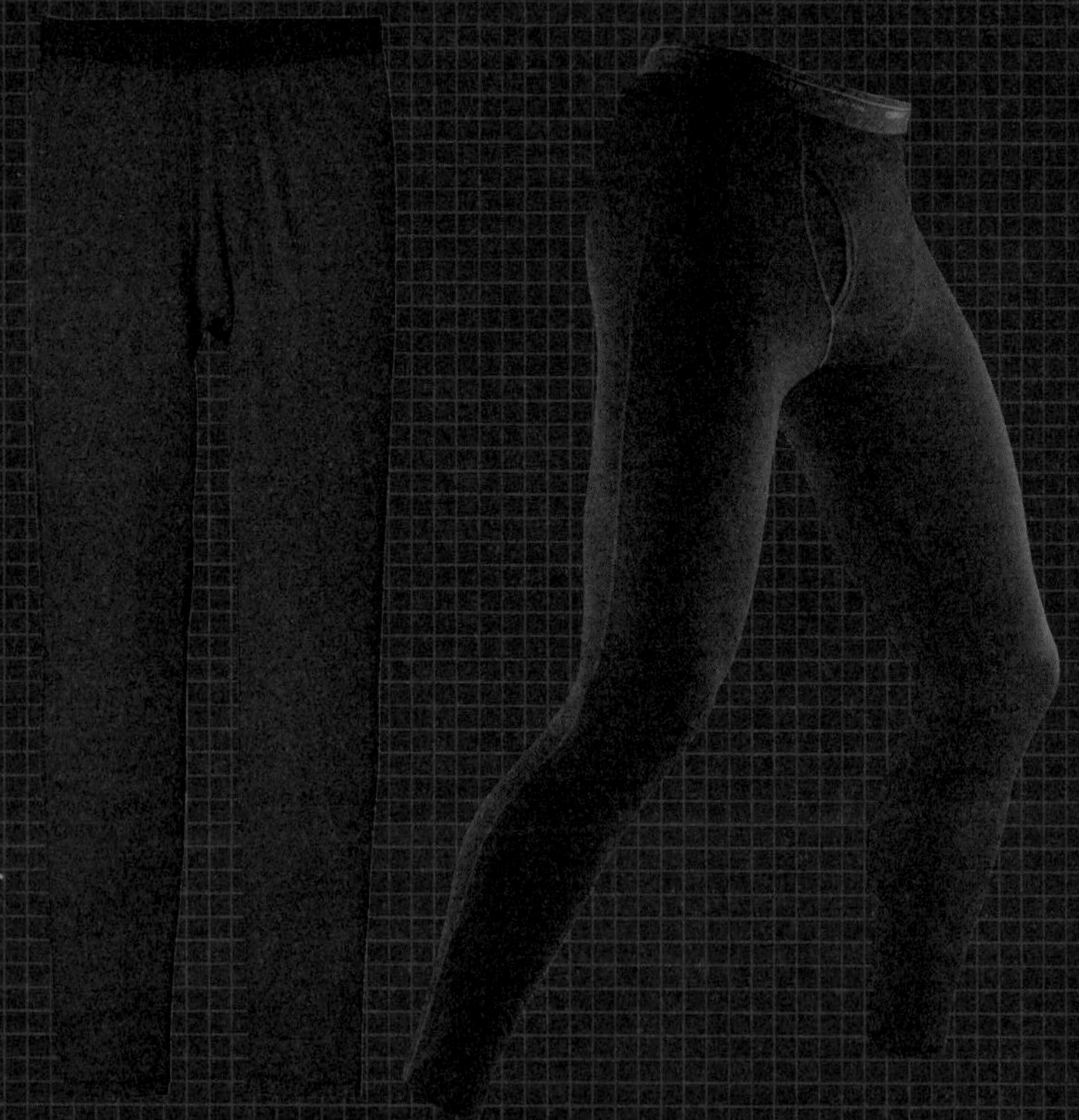

ベースレイヤーは上半身にばかり目が行きがちで、タイツはそれほど注目されない。

たしかに、山中での行動の際には必ず身に着け、その上に他のウェアを着込むことでレイヤードの中心となっている上半身のウェアには「ベース（基礎）」の名称が当てはまる。だが下半身はパンツを肌の上に身に着けることも多く、タイツはベースレイヤーの1種でありながら、実際には「ベース」的なウェアではないとも考えられるだろう。

しかしタイツは肌に密着し、パンツ以上の保温力を持っている。また通気性が高いので、濡れてもすぐに乾燥するメリットがある。擦れや破れに弱いという面も持つが、使い方次第では、パンツ以上に機能的だ。

ところで、化学繊維を使ったものは、夏には着用してから少しだけ表面を濡らしてみるといい。蒸発熱(気化熱）の働きでクールダウン効果が得られる。ただし晴天時のみだが。

/// Part.16 ///

BASELAYER

［ベースレイヤー］

山のウェアの基本はレイヤード。
その要となるのが、
ベースレイヤーだ。
肌の上に直接着る
ウェアとして、
速乾性、吸汗性、
保温性などの機能を持ち、
体のコンディションを整える。
地味な存在だが、
けっしておろそかにはできない。

1

/// Category ///

分類 キーとなる素材、化学繊維とウール

ベースレイヤーを分類する最大のポイントは、素材の違いだ。化学繊維とウールのどちらを選ぶかは、季節やシチュエーションで変わってくる。

「ベース（基礎）」という言葉が入っていることからもわかるように、ベースレイヤーはアウトドアウェアをレイヤード（重ね着）する際に、いちばん下の部分で「基礎」を作る。若干ニュアンスは異なるが、アンダーウェアと言い換えられ、広い意味では一般的なTシャツも含まれる。

その主な働きは、行動中にかいた汗を肌から吸い取って発散し、同時に体温をコントロールすること。肌に直接触れる第二の皮膚ともいえるウェアだけに、その良し悪しはダイレクトに体に影響を与える。だからこそ、機能的なコーディネートの基礎となる最重要ウェアなのだ。

素材にはいくつかあるが、メインとなるのはポリエステルを中心とする化学繊維、

/// Point /// **化学繊維**

ポリエステルが中心。人工的に繊維の構造を変えられるために、さまざまな機能を持たせられる。アウトドア用途として作られたものには、速乾性、吸湿性、保温性などの機能を持ち、消臭性を加えたものや清涼感を感じられるものなども登場。もっとも一般的なベースレイヤーの素材だ。

- 吸湿性と速乾性に代表される、多様な機能性
- 価格には幅があるが、比較的安価
- 進化が著しく、毎年新しいものが登場

もしくはウールだ。

加工方法によって特性を変えられる化学繊維は、ウェアによって吸汗性、速乾性、保温性、疎水性などの長所を持つ。どのような機能を持つベースレイヤーを選ぶかは季節やシチュエーションによって異なる。適したものを着用すれば快適だが、そうでなければ、むしろ体調を悪化させる原因にもなりかねるので、注意が必要だ。

行動中は暑く、立ち止まれば寒さを感じることが多い山中にあって、ウールのベースレイヤーの長所は対応温度域の広さ。夏は涼しく、冬は暖かく感じさせるばかりか、多少濡れても保温力をキープし、凍えることがない。昔から山岳用ウェアに多用されてきた素材だけあって、夏でも凍死する可能性がある山岳地帯では安心して着用することができるのである。

/// Point /// ウール

羊毛のなかでも高品質なメリノウールが中心。ベースレイヤーに使われるものには防縮加工が施され、洗っても縮みにくく、肌触りも滑らかでチクチクしない。最大のメリットは湿っていても暖かく、保温性に優れることだ。同時に温暖なときには涼しさを感じさせる効果も持っている。

- 保温性に優れ、多少濡れても肌寒さを感じにくい
- アウトドア用には高品質のウールを使うため、価格は高め
- 肌触りがよく、安心して着用できる天然の素材

/// Column ///

シルク素材という選択

夏は涼しく、冬は暖かいのがシルク素材。高級素材だけあって肌触りがよく、保湿性も高い。デリケートな素材なので、軽めの登山での使用がよいだろう。

/// Column ///

化繊とウールのハイブリッドタイプ

化学繊維とウール、それぞれの長所を生かすために、2つの素材を同時に使ったハイブリッドタイプも出現している。写真のタイツのように混紡して1本の糸にして織ったもの、または表面と裏面で素材を使い分けたものなどが開発されている。

2

/// Function ///

＝機能＝

体温と湿度の適切なコントロール

ベースレイヤーの最大の機能は、体温調整に直結する汗のコントロールだ。そのために、素材に加えてさまざまな工夫を凝らし、さらに上の働きを追求している。

汗をかくことにより、人間の体は体温の調節を行なっている。つまり、体内の熱を汗として外部に出し、その汗が気化するときに周囲の温度を奪うという蒸発熱（気化熱）の効果によって肌の表面の温度を下げるわけだ。

　発汗自体は常に行なわれているが、通常は発汗量を蒸発量が上回り、肌の表面が濡れない程度で体温調整が可能である。目に見える水分として汗が認識されるのは気温が高いときや激しい行動を行なったときだけだ。

　気温が高く、ハードな行動をするほどに、登山中の発汗量は多くなる。だが、体を激しく動かしているうちは汗をかいていても寒くはない。問題は運動量が少ないときや、停止したときだ。それ以

/// Point /// 吸汗性と通気性の向上

温暖な時期はもちろん、冬山でも行動中は発汗量が多い。この汗を迅速に蒸発させないと、不快なばかりか体が急速に冷えてくる。そのために、汗の処理を重視したタイプには、吸汗性とともに通気性の高いメッシュ生地が使われる。部分的に生地を換え、より通気性を高めたものもある。

メッシュ生地のウェア

ウール素材のボディの側面、そして肩の部分に粗いメッシュ生地を使用。通気性を向上させ、行動時にかいた汗を効果的に発散させる

ボディ全体に清涼感を覚えさせるメッシュで、サイドにはより伸縮性が高い素材。生地の断面は立体的な厚みを持たせ、通気性をアップ

メッシュ生地で汗を迅速に吸い上げて拡散。サイドから腕の内側にあたる部分には伸縮性とともに速乾性が高い素材を使用している

前にかいた汗が冷え、体が凍えてくる。また、強い風を受けると蒸発熱の効果が過度になり、体温を低下させる。

暑い夏を中心に着るＴシャツは例外として、ベースレイヤーは体に密着するタイトなシルエットで、伸縮性を生かしたデザインが特徴的だ。これは汗を肌に残さないように吸収し、体温を調整しながらすみやかに乾燥させるためである。寒冷な時期は体の周囲に無駄な空間を作らず、暖気を逃がさない効果も持っている。

温暖な時期に着るものは大量の発汗を処理する必要から吸汗性や通気性を向上させた薄手のものが主流で、防臭性などを備えたものも多い。それに対して寒冷な時期に着るものは保温性のことを考慮し、生地は厚手で体温が逃げにくい構造になっている。数年前に登場したドライレイヤーという新機軸のウェアも、体温キープを狙った製品だ。

/// Point /// 体にストレスを与えない伸縮性

体と密着して動くベースレイヤーにはもともと弾力性がある繊維が使われ、さらに生地が伸縮しやすい織り方を用いてストレッチ性を加えている。だが、より伸縮性が強い生地を要所に使って体へのフィット感を向上させ、ストレスなく吸汗性と保温性も向上させたモデルも増えている。

とくに動きが多い肩から腕、そして脇の下から裾にかけて、ストレッチ性が高い素材を使用。ウェアの生地が体の動きを妨げることはない

素材は同じながら、部分的に生地の織りと厚みの変化で伸縮性を変え、体にしっかりフィットするシルエットに。体がラクに動かせる

/// Point /// 使いやすい袖の工夫

一部のモデルには、サムホールがついている。ここに親指をかけて着用すると、袖の末端が手の甲を覆い、グローブ的な効果で手を保温できる。また脱ぎ着のときにも袖がめくれることがなく、思いのほか便利な工夫だ。

細長い孔となっているサムホール。これがついたモデルは、手の甲の分だけ袖が長めになっている

/// Point /// 新しい発想、ドライレイヤー

ベースレイヤーは本来、肌の上に直接着るものだが、ファイントラックのドライレイヤーは「ベースレイヤーの下にもう1枚着る」という発想のウェアである。撥水性が高く水分を含まない素材で肌の上の汗を弾き飛ばし、メッシュの孔から吸汗性のベースレイヤーに移行させ、肌を常にドライに保つ仕組みだ。湿り気を帯びたベースレイヤーが肌に触れないために冷たさを感じず、風が吹けば夏でも寒い高山や、寒冷な時期にはとくに適している。今後、このような発想のウェアは増えていくかもしれない。

寒冷な時期

メッシュになったドライレイヤーの孔は比較的少ないために、ベースレイヤーに移行させた水分が肌に触れることがなく、冷たさを感じにくい。ベースレイヤー自体も保温性が高いものを合わせたい

温暖な時期

目が粗いメッシュのドライレイヤーに、ウールとポリエステルを混紡した薄手のベースレイヤーを重ねる。発汗量が多くてもすばやく肌から汗を弾き飛ばし、水蒸気として発散させていく

/// Point /// 臭いへの対応

一般的に化学繊維は長い時間着ていると雑菌が繁殖して臭いやすい。そのために抗菌加工を施して消臭／防臭効果を持たせたものが各社から登場している。一方、ウールは悪臭の成分を繊維内に閉じ込め、洗濯するまで外部に放出しないという天然の防臭効果を持つ。どちらも長期山行のときにはありがたい。

臭いにくい素材

ポリエステル素材に、臭いの原因となる物質を分解するアルゲンティウムという成分を付加したベースレイヤー。長時間にわたり、汗をかく行動をしても臭わず、快適な山行が可能になる

ウールが持つ天然の防臭効果は侮れない。何日も着続けていたとしても、臭いはわずかしか感じられない

3

/// Select ///

＝選択法＝ 素材の種類と厚み、機能のバランス

ベースレイヤー選びは、素材とその厚みが最重要項目。その他のディテールや特別な機能性も合わせて考え、自分に適したものを選びたい。

登山の歴史が始まって以来、過酷な条件でも保温性が失われないウールはウェアの主役だった。ベースレイヤーという言葉がまだ生まれていなかった時代、「ウールのアンダーウェアを着ていたので、凍死しないですんだ」という事例には事欠かない。

今でもその傾向は変わらず、寒い時期に着るならば、ウールがベターだ。化学繊維のベースレイヤーとは違い、湿っても温かいという性質は、山での安全度を向上させる。

だが、多様な機能を持つ化学繊維のベースレイヤーも捨てがたい。季節や条件に合わせて製品をセレクトすれば、ウール以上に快適さを味わえる。とくに暑い夏場は化学繊維の速乾性が非常に有用。乾燥が遅く、体を冷えさ

/// Point /// ウール

ウールのもっとも優れた点は、保温性を常にキープすること。冬などの寒い時期や、強い風が吹いて夏でも寒さを感じる高山に適しており、汗をかいても体が凍えにくい。夏でも涼しい素材ではあるが、汗はそれほど速くは乾かず、速乾性に長けていて蒸発熱でクールダウンの効果をもたらす化学繊維ほどではない。やはり第一には保温性を重視して選ぶべき素材だ。厚手のものほど暖かいことは言うまでもないが、コーディネートのいちばん下に着るベースレイヤーは行動中に脱ぎ着しにくく、適度な厚みのものが使いやすい。

/// Point /// 化学繊維

化学繊維は加工方法によってメリットが異なるが、第一に挙げられるのは速乾性。好天の夏ならば絞れるほどかいた汗でも、あっという間に乾燥し、さらっとした着心地に戻る。速乾性に伴う蒸発熱によって体温を下げる効果も持ち、夏は涼しさも感じられるのだ。だが乾燥さえすれば暖かさは復活するとはいえ、汗で濡れていると保温力をほとんど発揮しない素材も多く、また乾燥していく時間帯は過度の蒸発熱でかなり肌寒く感じることも。寒冷な時期の使用には注意しつつ、保温力と速乾性のバランスを考えて選ぶとよいだろう。

せるコットンは不適だ。

　山で宿泊するときはもちろん、日帰りであっても、できれば行動用と着替え用に2着以上を用意したい。状況に応じてウール、もしくは化繊で揃えるか、両者の素材を組み合わせてもいい。行動中は薄手の化繊、テント場では厚手のウールにするなどの使い分けも考えられる。ベースレイヤーが乾燥していて保温力をキープさえしていれば、よほどの悪天候でも体調悪化は避けられるものだ。

　素材や生地の厚みに加え、サイズ感やディテールにも目を向けておくと、さらにベースレイヤーの機能性がいきてくる。コーディネートのいちばん下に着る目立たないウエアだが、第二の肌ともいえるほど体調に影響を及ぼし、山での快適さと安全性を左右する。多少値段が高くても確かなものを選ぶべきだろう。

/// Point /// クール＆ウォームタイプ

化学繊維のベースレイヤーのなかには、繊維の構造や織り方に工夫を加えたり、特殊な素材を使うことで体感温度を上下させるモデルも登場している。クールタイプは通気性をアップさせたものが主で、ウォームタイプには裏地を起毛させたものが目立つ。なお、上に重なるウェアの性質でも体感温度はかなり変わるので、コーディネートの組み合わせも考えて体温調整をしたい。

クールタイプ

保温性を持つジオラインという繊維を使いつつ、メッシュ状に織ることで体に風を感じるほど通気性をアップ。レイヤードに使っても非常に涼しく感じる

ウォームタイプ

中空の繊維と、特殊セラミックの遠赤外線効果で体を暖める光電子繊維をダブルで使い、保温力を増強したウェア。薄手でもかなりの暖かさを期待できる

/// Point /// シルエットやスリーブの選択肢

体に密着させて着用することにより、ベースレイヤーの機能は最大に発揮される。例外は夏に着るTシャツ。どんなに速乾性でも発汗量に追いつかない状況は多く、それならば風がウェア内部に流れやすい、Tシャツの緩やかなシルエットが快適だ。もちろんぴったりフィットしたベースレイヤー1枚で行動してもかまわないが、体のラインが出すぎるのを好まない人も多い。

ベースレイヤーとしては、タイトすぎないシルエットのモデル。内側に別のベースレイヤーを着て、ミッドレイヤー的に着用するのにも便利だ

ゆったりとしたシルエットで風を通すTシャツは、暑い時期に活躍。吸湿性、通気性、速乾性が高いものほど、夏でも暑さを感じずに行動できる

袖を省略したタンクトップタイプ。保温するのは体調悪化の原因になりやすい体の中心部分だけで、季節やシチュエーションによっては有用だ

/// Point /// 首周りの保湿性

大半のベースレイヤーは、丸首のクルーネックか、熱気を逃がしやすいジップネック。暖かい季節は、このどちらかでよいだろう。だが、寒い時期にはハイネックやフードつきという保温性に富んだタイプも選べる。ただしレイヤードに支障がないように、シンプルめのほうがいいだろう。

本体と同じ素材の薄いフードつき。重ね着が少々しにくくなるが、防寒帽代わりに頭部まで保温できる

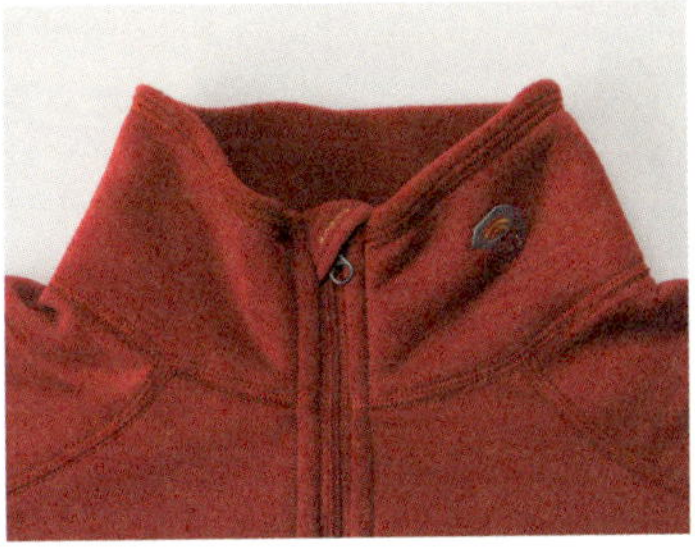

首元から内部の暖気が逃げるのを防ぎ、同時に外部の冷気を浸入させないハイネックタイプ。保温性は格段にアップ

/// Point /// タイツの丈の長さ

防寒性を考えればロングだが、長すぎると無用な生地が足首で重なり、ブーツの内側で靴擦れを起こす原因にもなる。行動中に着用するのならば7分丈のタイツを選び、長めのソックスと組み合わせてもいい。足元がすっきりし、違和感なく歩ける。

体温が逃げやすい足首まで覆うロングタイプ。靴下とともに脚の皮膚を完全に覆い、保温力は抜群

裾がすねのなかほどまでという7分丈。足周りにもたれがなく、ハイカットのブーツとも干渉しない

/// Point /// ステッチの処理

肌へじかに触れるベースレイヤーは、他のウェア以上に縫い目の処理が重要だ。この処理がおろそかだと擦れによって肌を傷める。トップスならばバックパックの圧力がかかる肩や首の部分、タイツならばハーネスの重みがかかる腰元のステッチは、とくにチェックしておくべきだろう。

ほつれを防止するために、密度濃く縫われたステッチ。それでいて細く丸みがあるために肌に当たっても不快感がない

ステッチ処理の例

縫い目はいくぶん幅広だが、フラットに仕立てることで肌への違和感はなし。まるで1枚の布地のような着心地だ

化繊、ウール、ついでにコットン。それぞれのよさ。

高校で山岳部に入ったとき、ベースレイヤーを買った覚えはない。かといってアウトドア用のアンダーウェアも持っていなかった。そもそもベースレイヤーなどという概念は一般的ではなかったはずだ。

行動中に上半身に着るものとして買ったものはウールの襟付きシャツだった。現在のように柔らかなメリノ種のウールではなかったから、当時のものはひどくチクチクし、とても肌の上に直接着ることはできない。しかも洗濯すると縮んでしまい、ますますゴワゴワして着心地が悪かった。

その下にはコットンのTシャツを着て、山を歩いていた。ウールのシャツを着る理由は少しくらい濡れていても暖かいからだと聞かされていたが、実際に肌に触れているウェアの素材はコットンであり、水に濡れたら暖かいわけがない。だがウールのシャツを直接着るのは耐えられなかったから、機能的な意味は無視したまま、汗の乾きが遅いコットンのTシャツを下に着続けていた。昔の高校生の知識なのだから、まあそんなものだろう。

だから、初めて化繊のTシャツを着たときには驚いた。あっという間に汗が乾き、これはアウトドアウェアの革命だとさえ思ったくらいだ。本当は僕が入手する以前から存在していたのだが、たんにそんなものがあるとは知らなかっただけである。だから、僕のベースレイヤー革命は遅く、大学生の後半になってからやってきたのだった。

その後、第二の革命が訪れた。肌に直接着てもチクチクしないメリノウールの登場である。それ以前にもカシミアの薄手セーターをアンダーウェア代わりにしていたが、なにぶん非常に高価な素材だ。脇に穴が空いた1着のお古を長いこと着続けていたが、わざわざ登山用に新しいものを買うことなんかできはしない。しかし、メリノウールはカシミアほど高くはない。僕が初めて買ったのは2003年前後かと思うが、すでに社会人になっていたこともあり、少しくらいの出費は受け入れられた。

現在は、夏の行動中のベースレイヤーは化繊もしくは薄手のウールを使い、冬の行動着は中厚のウールを選んでいる。春や秋はそのときの状況により、臨機応変に。夏以外はそれだけでは寒いので、他のウェアを重ねたレイヤードで全身をコーディネートする。こんなウェアリングができるようになるとは、僕も進歩したものだ。無駄に歳をとったわけではない。

だが、普段の生活で着慣れたコットンの肌触りが山でも恋しくなることもある。自宅からの行き返りのときやテント場で着るために、最近は余裕があればコットンのTシャツも1枚、バックパックに入れている。

アンダーウェア

おろそかにされがちだが、重要なウェア。
行動中と行動後に着るものを分け、
できれば臭いにくいものを選びたい。

アンダーウェアもまた、ベースレイヤーの1つである。だが、その存在感は他のベースレイヤーとは異なるものだ。やはり下半身のデリケートな部分を守る働きが強いからだろう。

だが、なぜか適切な扱われ方はしていない。テント場や山小屋に到着して着替える際にも、アンダーウェアだけはそのままにしている人は多い。肌に直接身に付けるウェアゆえに大量の汗を吸収して濡れていても、濡れた状態で我慢している。

しかしアンダーウェアが湿っていると体が冷え、体調悪化の原因になる。周囲の目が気になって着替えにくいのかもしれないが、行動中と、行動後に着用するものを分けて使ったほうがよいだろう。

素材はウールがおすすめだ。天然の防臭効果は下半身にも有効で、数日着ていてもあまり臭わない。だが防臭加工を施していない化繊は……。周囲の人にまで迷惑をかける恐れがあるからやめておいたほうがいい。

/// Part.17 ///

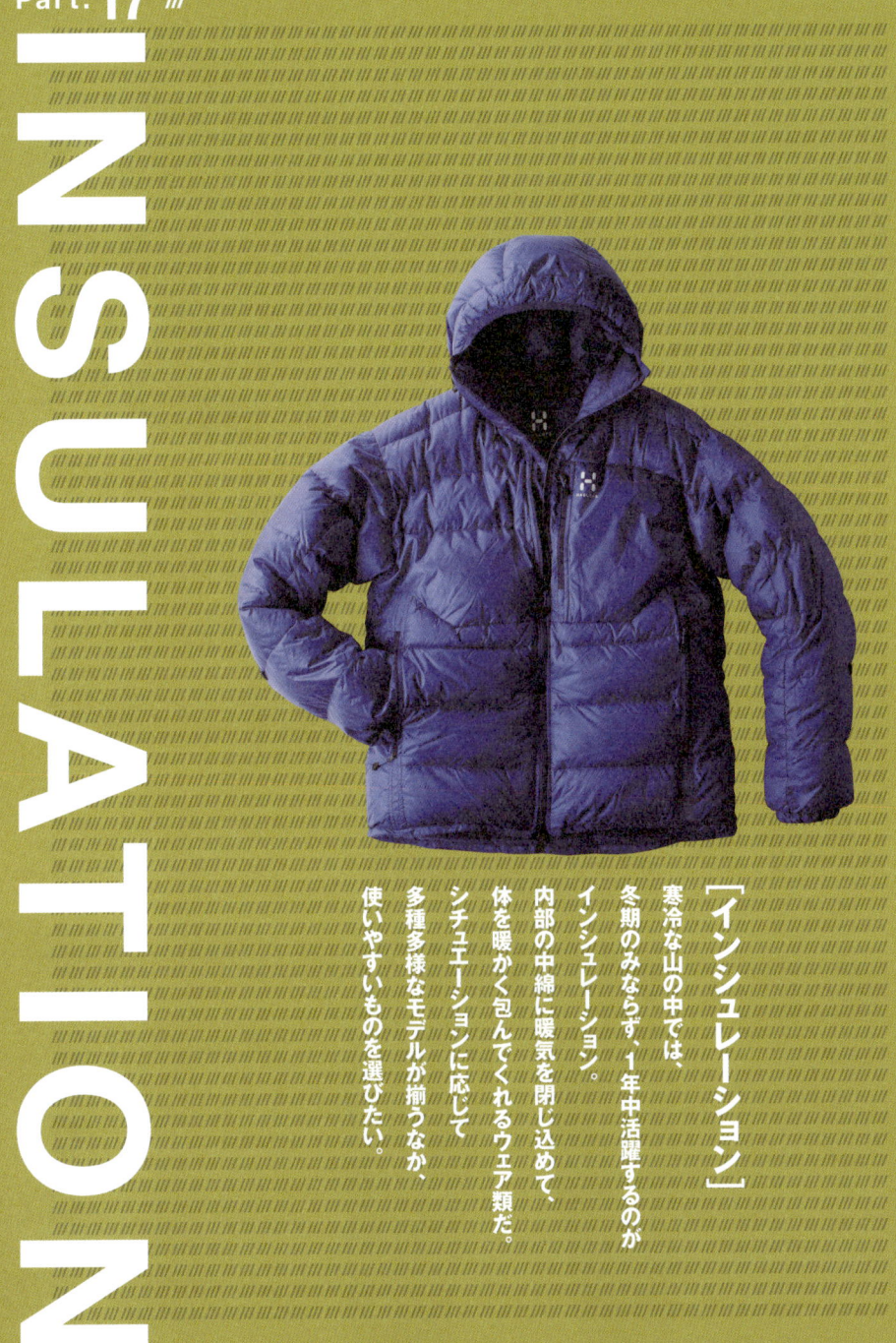

INSULATION

［インシュレーション］

寒冷な山の中では、
冬期のみならず、1年中活躍するのが
インシュレーション。
内部の中綿に暖気を閉じ込めて、
体を暖かく包んでくれるウェア類だ。
シチュエーションに応じて
多種多様なモデルが揃うなか、
使いやすいものを選びたい。

1

/// Category ///

＝分類＝それぞれに長所がある2種類の中綿

シルエットやディテールも重要だが、それ以前に使い勝手を左右するのが中綿の種類だ。ダウンと化繊の2種類があり、両者を部分的に使い分けているタイプも登場している。

辞書的な意味で言えば、「インシュレーション」とは「断熱（材）」のことだ。だが、アウトドアウェアの分野では、もう少し意味が限定され、中綿を封入した防寒用ウエア全般のことを指して使われている。内部の綿は、外部の冷気と内部の暖気（体温）を遮断して断熱性を向上させるものであり、言い換えれば、細かな綿に暖かい空気を閉じ込めることで保温力を向上させる効能を持つ。

だからこそ、インシュレーションは表面の生地や全体の形状、各部のディテール以前に、まずは中綿の性質で大別される。具体的には、素材がグースなどのダウン（羽毛）であるか、人工的な化学繊維であるかということだ。どちらも長所と短所を持ってい

/// Point /// **ダウン**

ダック（アヒル）素材のダウンもあるが、アウトドアウェアに使われているものの中心はより暖かいグース（ガチョウ）の羽毛だ。ダウンボールと呼ばれる産毛のような細かな羽枝を持つ羽毛が大量の空気を含むことで、ウェアの外部と内部の間に断熱性をもたらしている。濡れには弱いが、圧縮すれば非常に小さくなる。

- 化学繊維の中綿に比較すると、軽量でコンパクト
- 湿気には弱いが、乾燥していれば暖かい
- 高品質な天然素材を使用しているために、価格は高め

るが、両者の違いは〝同じ保温レベル〟を持つダウンと化繊の中綿を比較すれば、分かりやすい。

同等の保温力の中綿の量でも収納時にコンパクトになり、軽量でもあるのがダウンだ。その点、化繊はいくぶんかさばり、ダウンよりも重くなる。だが、化繊は雪や雨で濡れても暖かさを保ち、ラフに使っても安心だ。反面、ダウンは湿ると一気に保温性が下がり、取り扱いには注意しなければならない。また、価格の面では、一般的にダウンのほうが高価であり、化繊は安価だ。

だが、耐水性を増す加工を施したダウンや、保温力を強化した化繊も登場しており、ディテールの良し悪しでも保温力は左右される。単純な中綿の種類だけではなく、他の面にも目を向けてインシュレーションを選びたい。

/// Point /// 化学繊維

石油などから作られる化学繊維は、加工方法によってさまざまな機能を持つが、防寒着用の中綿に使われているものは、もちろん保温性を重視したもの。繊維内に水を吸い込まないので、多少濡れていても中綿の中の暖気には影響が少なく、保温力があまり下がらない。少々かさばるが、絞ればすぐに乾くというメリットもある。

- ダウンの中綿に比較すると、若干重くてかさばる
- 湿気や濡れに強く、常に暖かさをキープする
- 品質や加工にもよるが、一般的に価格は手ごろ

/// Column /// ダウン&化学繊維のハイブリッドタイプ

1枚のウェアの中で、ダウンと化繊の中綿を部分的に使い分けた“ハイブリッド”タイプも少しずつ増えている。例えば、左の写真のウェアは、フード・肩〜腕・腰には化繊の中綿、ボディにはダウンを配している。化繊は行動中に濡れやすい部分だけにとどめ、ほかの部分はコンパクト性と暖かさに勝るダウンにすることで、両者の長所を生かした構造だ。

2

/// Function ///

＝機能＝

保温力を高めるいくつもの工夫

中綿がインシュレーションのポイントではあるが、ウェアとしての完成度は各部のディテールが高める。保温性を無駄にせず、快適なウェアとはどんなものなのか。

インシュレーションの保温力を考える際に、中綿の品質や種類ばかり注目されるが、見落とされがちなのが中綿の「量」の問題だ。どんなに高品質な中綿であっても、封入された量が少なければ暖かくはない。カタログや雑誌などではダウンの品質を表す「フィルパワー」の数値や化繊の中綿の加工方法ばかりが注目されるが、重量に対する中綿の封入量にも合わせて目を向けてほしい。

ダウンの量に加え、チェックしたいのが細部のディテールだ。充分に暖かい中綿の質と量があっても、内部の暖気が外に逃げ出る構造ならば、暖かさは不充分になるからである。

ウェア内部の中綿は縫製でいくつかの室に分けられ、

ドローコード

外部の空気を内側に入れず、内部の空気を外に逃がさないようにウェアを体にフィットさせる。インシュレーションでは重要な部分だ

中綿

断熱性、保温性を司る最重要の素材。ダウンを選ぶか、化繊を選ぶかは、使う人の考え方やシチュエーションによって大きく変わる

ステッチ

中綿の偏りをなくすために、縫製によって内部はいくつもの室に隔てられる。とくに下へ中綿がずれやすいダウンでは工夫が見られる

カフ

内部の暖気を逃がさないように手首部分をしっかり締め付ける。動きやすさに加え、グローブとの相性がよい構造のものが使いやすい

過度の偏りを防ぐ工夫がなされている。それぞれの室は帯状、または格子状で、室が小さいものほど中綿の偏りは少なくなるが、縫製の糸によって空いた孔から暖気が逃げることにもつながる。そこでハイエンドタイプには、縫製ではなく生地を溶着して縫い目の孔を減らしたモデルも生まれている。

ドローコードで首や腰まわりを締め、暖気の流出と冷気の浸入を防ぐ仕組みはインシュレーションの基本的な工夫だ。必要な部分に過不足なくつけられていることと、簡単には緩まないシステムが採用されていることを確認しよう。さらにストレッチ性のある糸を使って体全体にフィットさせるタイプも登場しており、保温性では大きなメリットがある。いかに自分の体温を無駄にしないかが、インシュレーションのディテールの要だ。

/// Column ///

中綿入りのアクセサリー

インシュレーションはジャケットやパンツだけに限ったものではない。最近増えてきたのが、帽子やレッグウォーマー、マフラーなどのアクセサリー類だ。熱が逃げやすい体の末端部分や細かい部分を覆うことで、体全体の保温力を強化することができる。防寒のためにウェア類と組み合わせて使いたい。

高品質のダウンを封入したビーニー。圧縮すれば手の平の中に収まるほどコンパクトに持ち運べる

頭部全体をダウン、耳当てはフリース素材で仕立てたキャップ。適度な保温力がある薄手のものだ

左右セットのレッグウォーマー。はき口にゴムが入り、ふくらはぎからずり落ちる心配が少ない

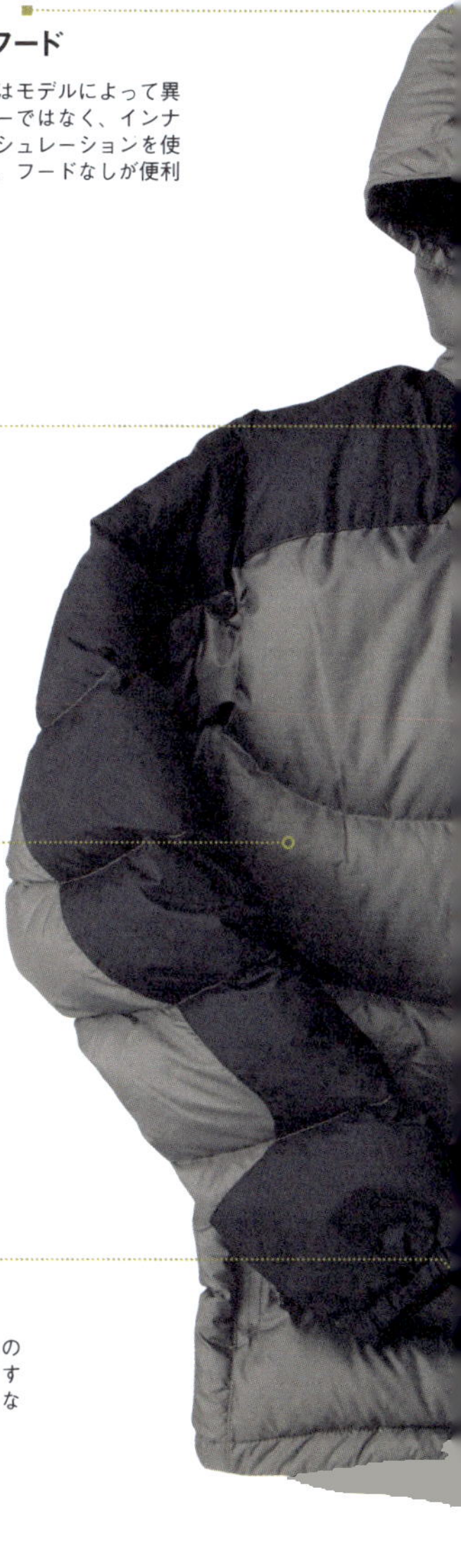

フード

フードの有無はモデルによって異なる。アウターではなく、インナーとしてインシュレーションを使いたいならば、フードなしが便利

チンガード

ファスナーのカバー。冷たいパーツがノドに当たることを防ぎ、快適性を向上。インナーとして使うタイプでは省略されていることも

表面生地

撥水性を持ち、薄手で軽量な生地が主流。アウター用途のタイプには、内部に水が染みない透湿防水素材を使ったものが増えている

ファスナー

表面生地は超薄手素材が中心なので、ファスナーで布地を噛みやすい。そのためテープを裏に貼るなどの工夫が見られる

/// Point /// 中綿の性徴と品質

ダウンの品質を表すのが、「フィルパワー」という数値。一定の条件下で圧縮したダウンがどれほどのボリュームに復元するかを表す。数値が高いものほど少量で多くの空気を含めるために、保温力が高い。これが600もあれば充分に高品質だが、現在は800～1000のものも現れている。化繊は製造方法や加工で性質が異なる中綿になり、保温力の高さではプリマロフトなどが有名だ。

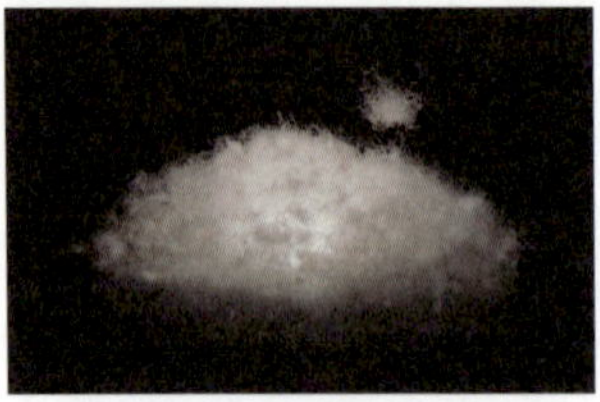

内部のダウン。これを圧縮したときの復元率がフィルパワーで表わされる

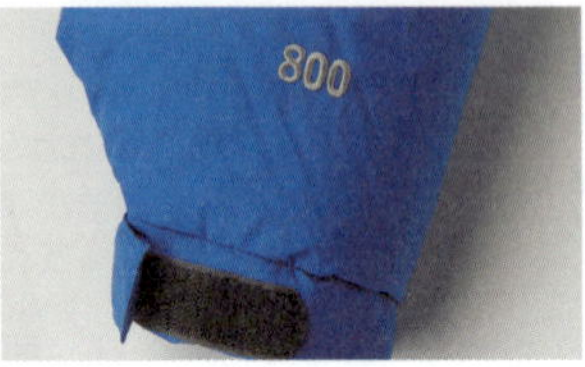

袖の数値はフィルパワーを表すもの。「800」は最上級レベルの品質である

化繊の中綿「プリマロフト」と「ダウン」の併記は、ハイブリッド型ならでは

/// Point /// 縫製のパターン

化繊の中綿は1枚の層状に固まっているので、内部での偏りはない。だがダウンの中綿は重力で下部に偏りやすく、表地と裏地を縫製して中綿が入るチューブ状の室を作り、一定以上の偏りをなくしている。また、表地と裏地を直接縫い合わせず、立体的なボックス型の室にして暖気の含有量を多くしたタイプもある。

ダウン量が多いモデルは、内部の中綿が偏りにくく、あまり細く縫製はされていない

ダウンの偏りを可能な限り抑えるために細く区切ったキルト構造。薄手のモデルに多い

/// Point /// ハンドウォーマーポケット

寒いときほど暖をとるためにポケットに手を入れる機会が増える。このとき、内部を起毛素材に変えてあるものは表面生地と同じ素材のポケットに比べ、驚くほど手を温めてくれる。指先などの末端が冷えやすい人にはうれしい配慮だ。

ポケットに手を入れた際に手の甲が当たる部分を起毛。ヒヤッとした感覚がない

/// Point /// ドローコードの働き

レインウェアやハードシェルのようなアウターのドローコードは、外部からの雨や風を防ぐものだが、インシュレーションのコードは寒気の浸入を遮断する以上に、内部の暖気を外に逃がさないようにする働きを担っている。いくら高品質の中綿のインシュレーションであっても、各所のドローコードを活用しなければ、保温力は半減してしまう。寒いときほどしっかりと締めて自分の体温を大切にしたいが、締めすぎは視界の妨げや行動の妨げになる。状況に応じて調整しよう。

ウエア内部で暖まって軽くなった空気は上昇し、首元から逃げやすい。首まわりのドローコードは非常に重要だ

裾のコードには外の寒気を内側に吹き込ませない効果が。暑いときは緩めよう

頭部の無駄なスペースを減らすと保温力は倍増。ヘルメット装着時にも活躍する

/// Point /// 体へのフィット感

保温力が高いインシュレーションは、内部に無用なスペースがなく、全面が体にフィットするものだ。ジャストサイズを選ぶのが基本だが、縫製糸によってストレッチ性を持たせたタイプならば内部に着るウェアの厚みや体型に関係なく、常に快適な着用感が得られる。これからこのようなタイプが増えていくことだろう。

ストレッチ性を持たせたモデル

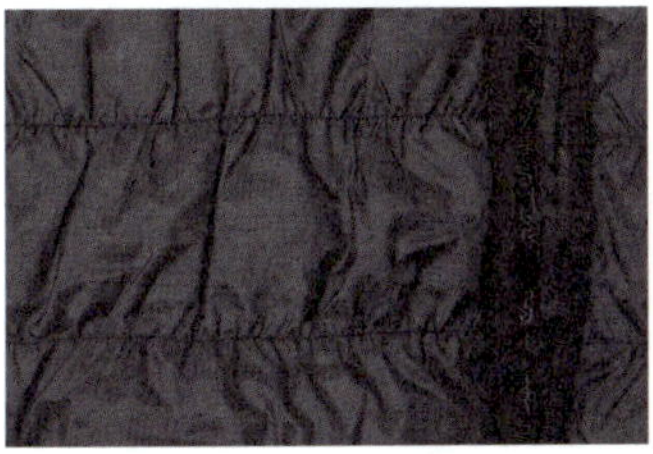

表地の縫製糸にストレッチ性があり、スッキリしたシルエットに。無駄なかさばりを抑え、上にアウターを重ねやすい

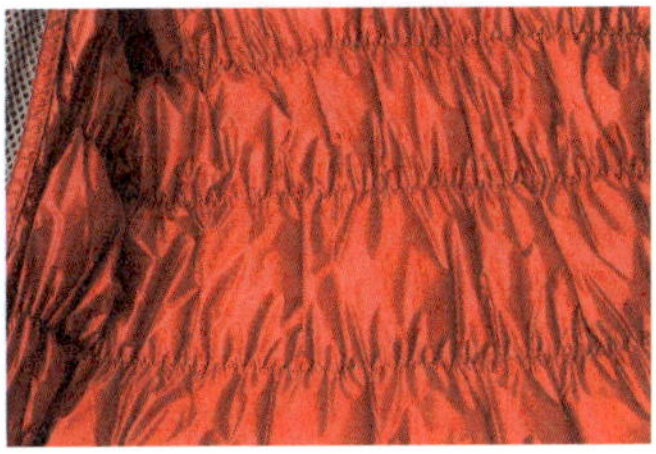

裏地にストレッチ性を持たせ、体にフィット。外側のボリュームはそのままに、内側には余分な空間が生まれない

3
/// Select ///

＝選択法＝目的に合わせチェックする構造

いかなる季節に、どんなシチュエーションで、どのような着方をするのか。インシュレーションのセレクトには、いくつもの視点が求められる。

インシュレーションはアウターからインナー（ミッドレイヤー）まで多様なアイテムを含んでいる。購入の際にはそのインシュレーションをどこで、どう使うのかが決め手になる。なかでも大きな差は先に述べたアウター用途なのか、インナー用途なのかという違いだ。

寒冷期にアウターの下に着やすいシンプルなデザインのものが、インナーダウン（化繊の中綿のものも含む総称）。中綿の量を少なめにして薄手に作られており、ここ数年で一般的になった。複雑なディテールは省かれていて風や雨には強くない作りになっているが、夏の軽い防寒用としても有用だ。

それに対し、もともとアウター用途を念頭に置いてデ

/// Point /// 用途に合わせたバリエーション

表地と裏地の間に中綿を封入したシンプルなインシュレーションの他、プラスαの機能をもたせたウェアも状況によっては便利だ。内部や外部に合わせるウェアとのコンビネーションも考え、選択肢の1つとするとよいだろう。

インシュレーション＋シェル

ジャケットの裏面に、ライナー的に化繊のインシュレーションを配したタイプ。防水性で水を浸入させない表地と、湿っていても保温力をキープする化繊の中綿を組み合わせることで、悪天候に強いウェアとなっている

異素材ハイブリッドタイプ

ウェア全体には中綿を封入せず、部分使用のみ。写真のものはインシュレーションをフロントだけにとどめ、バックパックを背負ったときに汗で濡れやすい背中は吸湿速乾素材だ。腕部分は伸縮性のある素材で体の動きを防げない

リバーシブルタイプ

ウェアの両面ともに強靭な生地を使い、リバーシブルで使用可能。黒い面は高撥水性のナイロンで、多少の雨ならば内部への浸水はない。視認性が高い赤の生地側を表にすれば、山中での安全度が高まる

ジャケット＆インシュレーション

アウタージャケットとインナージャケットがファスナーで分離でき、インナーが中綿入りとなる。湿り気の多い雪や雨の際は防水性アウターがインナーの濡れを防ぎ、状況に応じてそれぞれ単体でも使用できる

ザインされたインシュレーションは、防寒性とともに冬期用ハードシェル並の耐水性や耐風性を持ち、表面生地には透湿性すら加えられている。レイヤードには適さないが、それ1枚でハードな気象条件に耐えうる作りになっているのだ。

実際にはインナーともアウターともつかない汎用性が高いタイプも多いが、使用目的や時期がハッキリしているときは、できるだけそれに適合したディテールや中綿のものを選びたい。登山のスタイルによっては異素材と組み合わせたものやシェルと一体化したタイプも使いやすいだろう。過不足なく、必要十分な機能のものこそ、山中での快適度は向上する。

素材が高品質のものほど高価なのは、ほかのウェアと同様だ。予算に合わせ、保温力や軽量性などのバランスがとれたものを選んでいくとよいだろう。

/// Point /// 多方面に進化したカフ

アウターとして着る厚手のものか、インナーとしても着られる薄手のものかによって、袖口の処理には複数のパターンがある。工夫を凝らして保温力を重視したものと重ね着が楽なシンプルなタイプを山行に応じて使い分けたい。

工夫あるカフの例

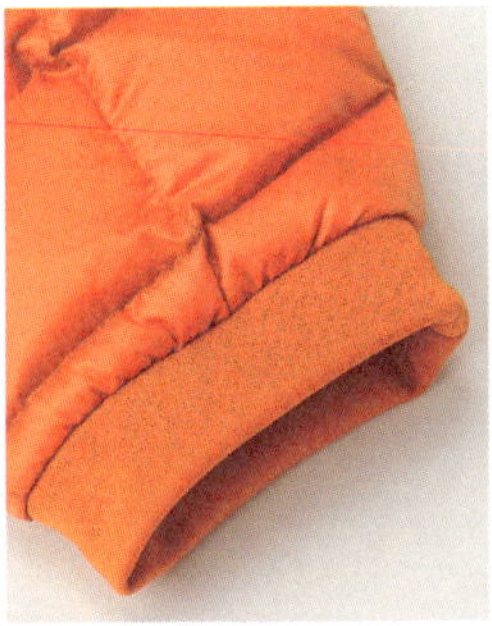

伸縮性素材のみというシンプルな袖。手首部分がゴロつかず、アウターの下の保温着として着るときに不快感がない

面ファスナーに加え、内側には親指を外に出せるサムホール付き伸縮素材。手袋と組み合わせれば肌が外部に露出しない

袖の一部に、よりストレッチ性の高い素材を使用。腕の出し入れがしやすく、袖口が適度に締まるので暖気が逃げにくい

/// Point /// ファスナーの工夫

行動の妨げにならないのは、細くてしなやかなファスナーだ。しかし華奢すぎると開閉がスムーズではなくなり、生地も噛みやすくなる。わずかに斜めに取り付けたり、ファスナーの裏に硬めの素材を用いたりと、さりげない工夫も見られる。

首元まで斜めに取り付けられたファスナー。前屈してもファスナーが柔軟に曲がり、ストレスなく体を動かせる

裾から腰までフルオープン。ブーツを履いたままで着脱が可能となり、休憩やクライミングのときの確保の際に活用しやすい

/// Point /// 防水性の向上

インナーとしての用途を主としたタイプは、生地の撥水性を向上させている程度だ。だが、アウターとして着用するインシュレーションは透湿防水性の生地や止水ファスナーを採用して防水性を誇る。一般の雪山登山向けにはオーバースペックのモデルもあるが、風雪吹き荒れる高地や極所ではなくてはならないウェアだ。

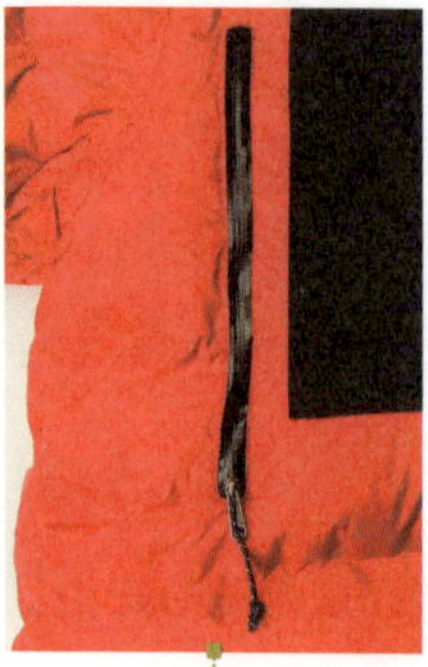

ポケットを止水ファスナーにしたもの。雪が解けて水になってもポケット内が濡れない

糸と針を使わずに布地を溶着したことで、生地の表面には小さな孔すらない

/// Point /// 首元のディテール

暖かいウェア内部と寒冷な外部の接点となるのが首元。首は血管が肌の近くにあり、無防備でいると温かい血液が冷やされ、体温が低下する一因になる。保温力を増すディテールとともに、肌触りの具合にも着目しておきたい。

ディテールの例

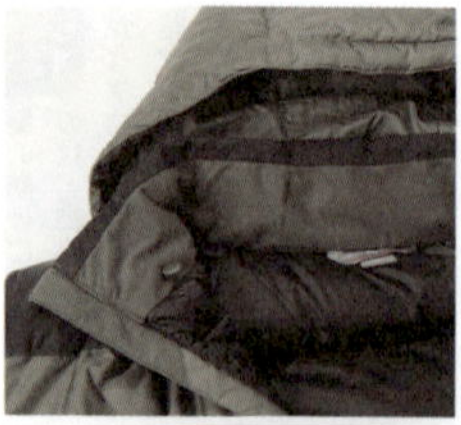

首をぐるりと巻くようにメッシュ素材をプラス。かいた汗をすみやかに吸収・発散し、肌がべたつかない

シンプルながら起毛素材の襟がフードの内側に。フードを外していても風が直接首に当たるのを防ぐ

フードとは別に、中綿入りの襟が付属。首周りを柔らかく覆い、ウェア内の暖気が逃げることを防ぐ

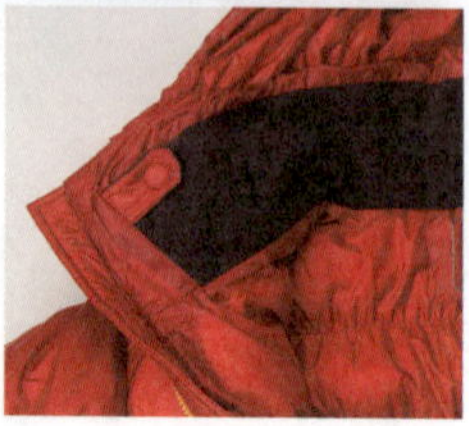

フードの内側の首に当たる部分に起毛素材。着用直後でもひんやりした感覚がなく、肌触りがよくて快適だ

4

/// Know-how ///

＝使用法＝着心地のよさと携行性のアップ

ウェア類は購入の時点ですでに使用方法がほぼ決まっているが、携行性や快適さは工夫次第でいくらかアップできる。より使い勝手をよくするため、いくつかのポイントをあげておく。

インシュレーションは、体温のキープを担うウェアだ。しかし、体を活発に動かす行動中は体温が自然に上昇することもあり、必ずしも常に着用するものではない。それゆえに携行しやすいものが望ましい。ボリュームがあるタイプでも圧縮すればかなりコンパクトになるので、持ち運ぶ際には水に強いスタッフバッグやドライバッグに押し込んで小さくまとめるとよいだろう。

ただし、長い間圧縮し続けていると羽毛や繊維がつぶれて中綿のロフト（かさ）が元に戻りにくくなる。つまり空気をあまり含むことができず、防寒性が落ちてしまうのだ。これを避けるためには、テントを張ったり小屋に到着したらすぐに圧縮を解

/// Point /// **収納時のコンパクトさ**

行動時に着用しない場合、インシュレーションはスタッフバッグに入れて可能な限り圧縮し、コンパクトに持ち運びたい。コンプレッションバッグも

有効だが、面倒ならば柔らかいインシュレーションは畳まなくてもバックパックの隙間に押し入れてパッキングできる。だがダウンの中綿は水で濡らしたくない。

こんなときはドライバッグに入れて空気を抜くだけでかなりの圧縮が可能だ。

超薄手の生地に高品質のダウンを封入し、高い保温力と同時に、収納時には驚くほどのコンパクトさを実現したタイプ。付属スタッフバッグに押し込めば、手の平サイズになる

同レベルのダウンほどとはいかないものの、かさばりがちな化繊の中綿を薄く仕立てることで小さく収納可能にしたもの。胸ポケット内に本体が入るポケッタブルタイプだ

き、中綿のボリュームを復活させることである。自宅で保管するときも同様だ。

　山中でアウターを上に重ねるときには、少々大きめサイズがいい。小さめのアウターはインシュレーションのボリュームを外側から抑えて中綿の空気含有量を減らしてしまい、保温力を低下させてしまうからだ。サイズさえ適していれば防風性の高いアウターは冷気が直接インシュレーションに当たるのをスクリーンのように防ぎ、ウェア内部の暖気を外に逃がさないので、より一層の暖かさをもたらしてくれる。

　インシュレーションを行動中のウェアとして活用するならば、袖の有無や丈の長さにも配慮し、行動しやすいサイズのものに。他のウェア以上にインシュレーションはサイズ選びが機能性に直結する。購入の時点から使用目的を熟慮しておこう。

/// Point /// ベスト、ショートタイプという選択肢

保温力ではロングタイプにかなわないが、短めの袖や丈のインシュレーションは行動着のレイヤードに適している。袖や丈が短いとグローブやブーツと重なる部分がなくなり、ウェアがもたれる不快感が消えるからだ。同様に腕や肩の動きに負担を与えないベストも便利だ。防寒性だけでなく、使用中の快適さを考えてウェアの重ね着を行なおう。

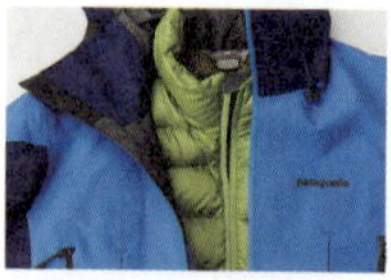

ベストはアウターと重ねて着ても腕の動きを妨げない。夏の防寒用としても活躍する

丈の長さを膝下に抑えたモデル。着用して行動する際にハイカットのブーツと干渉することなく、脚さばきが楽になる

/// Column /// 多様な状況に対応する2Way

ボディから腕の部分を取り外せ、ベストとしても着られる2ウェイタイプのインシュレーションも販売されている。肩の部分のファスナーの硬さが気になる人にはおすすめできないが、体感温度やレイヤード、シチュエーションによって使い分けられるので、なかなか便利な存在だ。このようなモデルは、以前に比べるとあまり製品化されていないのが少し残念だ。

インシュレーションにまつわるこぼれ話

サイズ感を熟考して選びたいインシュレーション。

僕はモノに愛着を持ちやすい性格で、いらなくなったモノが捨てられない。致命的に汚れたり、破れたりしたダウンのインシュレーションですら手元に残しているから、たまっていく一方だ。しかもウェアの性質上、どうしてもかさばって邪魔だ。もう着ることはないとわかっており、他の人に譲り渡すほどのクオリティもないというのに。困ったことである。

だが、その古いウェアから思い出すのは、着用時の体感温度とカタログ的なスペックが必ずしも一致していなかったということだ。いくらフィルパワーの数値が高いダウンでも、ダウン量が少なく、ロフトが足りなければ暖かくないのは自明のことで、ドローコードなどのディテールも大きく関係してくるが、それだけでは説明がつかない。

とはいえ冷静に考えれば、暖かくなかった理由は簡単だ。それはサイズが少しばかり大きかったから。インシュレーションと、その下のウェアに隙間が空いてしまい、内部が暖まりきらないばかりか、外部の空気が入りやすかったのだ。

内側にたくさん着込むことを想定して選んだサイズなのに、実際にはもっと薄着のままインシュレーションを重ねることが多かった。要するに、たんなる購入時のミスである。部屋にあふれるインシュレーションを眺めながら、内側に着るものも念頭に入れ、保温力を無駄にしないサイズを選ばねばならないと痛感した。

ソフトシェル

**ストレッチ性、撥水性、通気性。
使い方次第で、さまざまな条件に対応するソフトシェル。
これからますます増えてきそうなウェアだ。**

ソフトシェルは比較的新しく登場したアウトドアウェアである。

その特徴はウェアに使われている生地のストレッチ性の高さだ。つまり、雪山で多用される強靭な「ハード」シェルに対する「ソフト」なシェルなのである。

タイトなデザインでも体の動きを妨げず、着心地のよいウェアとして知られる。

だが、防水性は持ち合わせていない。その代わりにあるのは高い撥水性と通気性だ。レインウェアやハードシェルの透湿性が追いつかないほどの発汗量でも、ソフトシェルはどんどん湿気を外部に放出する。一方で撥水性が高いので水分を弾き飛ばし、小雨程度ならレインウェアを着る必要がない。その性質を把握して利用すれば、さまざまなシチュエーションで活躍する。

基本的にはアウターとしての用途が中心だが、薄手のものは他のアウターの下に重ねてミッドレイヤーとしても使える。なかなか便利な存在だ。

「登山用」と限定すれば、アウトドアウェアのなかで一時の勢いを失っているのが、フリースである。いうまでもなく毛足の長い防寒着である。アウトドア的なレイヤードのなかでは、ベースレイヤーの上に着るミッドレイヤー、形状によってはアウターにも分類されるものだ。

フリースは保温性を増す化繊の長さが特徴である。だが、それゆえにかさばり、携行性が悪い。つまりバックパックの中で無用にスペースを取ってしまうのだ。だからダウンウェアの性質が上がり、収納時にコンパクトになる薄手のインナーダウンが人気を得ると、登山用としては地味な存在になってしまったのだ。

とはいえ、フリースにも各種ある。ほどよい保温力を持つのが、生地が薄く起毛を抑えたマイクロフリースだ。シャツのような感覚で使えるが、シャツよりもずっと暖かい。ミッドレイヤーに適しており、応用力が高いウェアなのである。

山旅小物学

フリース

シャツ感覚で着られるが、
シャツよりも暖かいマイクロフリース。
もっと人気が出てもいい。

KNOW HOW

快適な行動のためのウェアリング

それぞれに「機能」を持っているのが、アウトドアウェアだ。
だが、各ウェアをどのように組み合わせるかで、着心地は大きく変わる。
より快適に山を歩くために、機能的なウェアリングの一例を紹介しておく。

/// Know How.1 /// 夏の場合

とにかく暑い夏の山は、汗対策を重視。
気温が低い高山では、風への対応も考えよう。

帽子

帽子内が汗で蒸れたとしても少々不快なだけで、熱中症が起きる原因にはならない。怖いのは直射日光が頭部に当たり、過度に高温になることだ。だから必ずかぶること。速乾性の化学繊維のものは気化熱の効果でクールダウン作用があり、おすすめだ。タオルやバンダナを頭に巻いてもいいだろう

ベースレイヤー

汗をたっぷりとかく夏のベースレイヤーは化繊が中心。可能な限り水分は早く乾燥させ、快適に歩きたい。ただし高山では肌寒いこともあるので、その際はウールという選択肢もある。日焼けをあまり気にしなければTシャツタイプでもいいが、長袖を着用すれば転倒時に怪我を防止する効果もある

パンツ

脚さばきがよく、夏でも涼しいのはショートタイプ。だが生脚を露出していると転倒時に大きな怪我を起こしがちだ。危険性が少ない場所であれば、素肌のまま歩いてもいいが、タイツ類を下にはくとよいだろう。ロングタイプならば怪我の恐れが少ないが、歩きやすいストレッチ性のものを選びたい

タイツ

パンツをショートタイプにするならば、怪我の防止にできるだけタイツを合わせる。化繊を使った薄手のものでかまわないが、コンプレッション性の機能系タイツは脚の疲れを軽減するばかりか、生地自体が丈夫なので、破れる心配が少ない。機能系タイツはロングパンツの下にはいても有効だ

ソックス

現在のソックスの中心はウール素材。夏は薄手が涼しいが、少々厚めのほうがクッション性は高まる。このあたりの選択はブーツとの相性にもかかわってくる。数は多くないものの化繊のソックスはウールよりも乾きやすいのが長所だ。ただし防臭加工を施していないものは臭いやすいので注意しよう

ブーツ

とくに夏用のブーツというものはないが、重厚なレザーを全体に使っているものよりは、ナイロンなどの化繊素材を使っているもののほうが一般的に暑くはない。雨が多い日本では透湿防水性が重要で、降雨時以外にも朝露が下りた草地でも有用である。その上で目的の山や荷物の重さに合ったものを選ぼう

日本の夏の特徴は、高温多湿で汗をかきやすく、雨も多いことだ。とくに6月後半から7月中旬の梅雨の時期や、台風の通過がいちばん多く、大気が不安定な日が多くなる9月は、汗濡れと雨への対応がカギになる。

そのためにウェアリングのメインに据えるのは、化学繊維を使った速乾性のウエアだ。なかでも肌に触れるベースレイヤーは重要で、汗が乾燥しにくいものは行動を終えると汗冷えを起こし、体調悪化の原因になる。これは雨による濡れでも同様で、すばやく乾燥するウェアが夏には快適さをもたらしてくれる。

半袖、長袖のTシャツ以外に、タイツや下着類なども同じように考えればよいが、夏でも高山では気温が低い可能性がある。そこでさまざまな状況に対応で

難所の通過があるならば、強靭な生地のパンツ

タイツを着用している場合は、タイツ自体に怪我の防止や保温性の効果があるために、パンツは見た目を損なわないためのカバーのような存在である。夏なら薄手で充分だ。だが岩場では生地の薄いパンツは破れやすい。場所によっては、丈夫な生地を使ったパンツを選ぶことも考えたい

防寒にウインドシェルや長袖シャツ

晴れていても強風の可能性がある稜線歩きや、朝夕には想像以上に気温が下がる高山では、薄いアウター系も用意しておきたい。シャツは襟を立てると首の日焼け防止にもなる。最近のウインドシェルは収納時には非常にコンパクトになり、手の平に乗るほどなので持つのは苦にならないはずだ

夏でも便利なウールのTシャツ

ウールには気温が低いときに保温力を発揮し、反対に暑いときには涼しく感じさせるという天然の効果がある。汗の乾きもなかなか早いが、それでも速乾性は化繊にかなわない。そのために夏の選択肢は第一に化繊タイプだが、それほど汗をかかない状況であれば、ウールも快適だ

見えない部分も重要。アンダーウェア

パンツやタイツの下にはくために目立たないからか、アンダーウェアをおろそかにする人は多い。だが肌に直接触れるものなので、体調管理には重要なウェアだ。コットン製などは汗が蒸発しにくく、濡れたままでは下半身を冷やす。ウールまたは化学繊維を中心に、肌触りがよいものを選びたい

怪我の防止と悪天候に備えるグローブ

暑い時期にはグローブの出番は少ない。だが雨で濡れた手が強風にさらされると、手がかじかんで動かしにくくなる。風を遮る薄手のグローブがあると便利だ。また鎖がついているようなハードな登山道では安価な軍手も使える。ただしかえって岩などをつかみにくい場合もあるので、臨機応変に

機能性を持つタイツの種類

今やポピュラーな存在になった機能系タイツは、筋肉や関節の動きを助けるものと、疲労予防の効果があるものに分かれる。自分の体に合ったタイプを選びたい。とはいえ、それほど体が疲れないコースや体力に自信がある人には必要がない。化繊やウールのシンプルなものでもいいだろう

きるように、着替えを兼ねてウール製のベースレイヤーを加えたり、速乾性の素材を使った薄手のアウターを持っていったりするとよいだろう。レインウェアもウインドシェル代わりに使えるが、素材に通気性はまったくないので暑い時期は蒸れやすい。

重要なアイテムが帽子だ。落石や滑落の際に頭部を守り、直射日光を避けて熱中症を予防する、夏にはなくてはならない装備である。蒸れによって頭部の温度上昇を感じるかもしれないが、直射日光を受けることによるダメージのほうが圧倒的に危険だ。首周りもカバーできるのがハット型で、風に弱いという難点はあるが、コンパクトで使いやすいキャップ型とともに選択肢の1つだ。

/// Know How.2 /// 春秋の場合

春と秋の山は、街ならば冬の気温。ウェアのレイヤリングで、体を暖かく保とう。

帽子

基本的には夏と同じでいい。しかし春の初めや晩秋には少し寒いかもしれない。その際は薄手のウール製もおすすめだ。またウインドストッパー素材の帽子もあり、強風を遮って冷気から頭部を守る効果を持っている

ベースレイヤー&ミッドレイヤー

ベースレイヤーは体温を逃がさず、汗で湿っていても暖かいウール、化繊ならば保温性を高めた繊維を使ったタイプがいい。ミッドレイヤーとしてその上に重ねるものも同様だ。暑さを感じそうな天気なら速乾性の化繊もOKだ

パンツ

保温力ではやはりロングパンツ。ショーツならば暖かいタイツを合わせるとよいだろう。ファスナーを使って丈の長さを変えられるコンバーチブルタイプもあり、気温によって使い方をチェンジでき、春や秋には便利な存在だ

グローブ

体の末端の指先は他の部分に比べて冷えやすい。化繊のものは濡れてしまうと冷たいが速乾性には長け、ウールのものは多少濡れていても温かいが、乾きは化繊よりも遅い。どちらを選ぶのかは、場所や天気、好みによる

ソックス

夏と同様に考えればよいが、汗で湿ったつま先が冷えにくいのはウール素材。太い血管が表面に近い場所にある足首は体温が逃げやすい部分でもあり、春や秋に厚手のソックスを履くことは防寒力アップの大きな力になる

タイツ

化学繊維のタイツ、とくに薄手のものは保温力が低い。防寒性を高めた厚手のものもあるが、保温力を考えればウールのほうがいいだろう。ショーツに合わせるだけでなく、薄手タイプはロングパンツの下にはいてもいい

標高が100m高くなるごとに、気温が約0・6℃低くなるといわれる山では、冬はもちろん春や秋も保温性には充分に気をつけたい。街が暖かくても山の中では冬と同じ気温であることは珍しくない。

体温調整はウェアのレイヤードで行なう。つまり重ね着だ。生地が厚いものはたしかに保温力は高いが、行動中に体温が上昇していくと過度に温かくなりすぎ、無駄に発汗を起こしてしまい、不快だ。その点、薄いウェアのレイヤードならば、上のものを脱ぐだけでいい。

まず基本となるのはベースレイヤー。その上にミッドレイヤーといわれる保温力あるウェアを着て、さらにアウターを重ねる。

ミッドレイヤーには薄手のマイクロフリースやジップアップの保温着が使いやすいが、ゆったりめのシルエットのベースレイヤーを重ねて着ても、同様の効

保温力の向上にプラスαのジャケット

気温が低い時期のアウターには、ソフトシェルが便利だ。ストレッチ性が高いうえに速乾力もあり、小雨程度ならば高度な撥水力で弾き飛ばし、体温調整に使いやすい。春夏はあまり汗をかかないため、薄いレインウェアをウインドシェル代わりにしても蒸れが少なく、快適に過ごせる。行動用にこんなウェアも追加しておこう

下半身もレイヤードで防寒

下半身は上半身ほど保温力を考えない人が多い。だが筋肉が冷えるとパワーが出ないばかりか、脚がつる原因にもなる。最近の機能系タイツには保温力をアップしたものも開発されている。この外側にロングパンツをはく際には少し余裕があるものを選ばないと生地がもつれ、歩きにくいので注意したい

体温キープの要はベースレイヤー

第二の皮膚ともいえるベースレイヤーは、寒冷期には夏以上に重要だ。春秋のメインの素材はウールで、厚みは各種。しかし厚手1枚よりは、薄手を重ねたほうが体温調整はしやすい。ドライレイヤーなどという名称で、ベースレイヤーの下で汗を弾き出す効果を持つものも登場している

果がある。好天時の春や秋ならば「ベースレイヤー＋ミッドレイヤー」、「ベースレイヤー＋アウター」という2層のレイヤードを行ない、それでは寒そうな場合は「ベースレイヤー＋ミッドレイヤー＋アウター」という3層の組み合わせにするとよいだろう。極度に寒いときは、薄手のインシュレーションもミッドレイヤーに適している。

レイヤードの考え方は、上半身、下半身ともに共通だ。ただし登山中の場合、下半身は上半身よりも動きが大きく、あまり重ねて着ないほうが行動しやすい。パンツとタイツを中心にすえつつ、極度に寒いときにはレインパンツを重ねてはくという方法も考えたい。

/// Know How.3 /// テント泊の場合

行動中に汗で湿り、薄汚れていくウエア。
テント内では暖かく快適なものに着替えたい。

帽子

行動中にかいた汗で帽子は想像以上に濡れる。乾けば問題はないが、頭部は熱が逃げやすい部分でもあり、濡れたままかぶっていると冷えの元になる。夏はともかく、春や秋には薄手のウール製の帽子を持っていくと、保温性はぐっと向上する。バンダナ代わりに使えるネックウォーマーも重宝するだろう

アウター

夜になると一気に冷える山では、夏であってもダウンや化繊のインシュレーションの出番は多い。近年はコンパクトに収納でき、重量も軽い中綿や表面生地が開発され、持ち運ぶのはラクだ。想定される気温に合わせて持参するアウターのボリューム感を考え、雨などで濡らさないように気をつけたい

インナー

少々湿っている程度ならば、行動中に着ていたウェアは着たままで乾かしてしまえばいい。だが汗や雨でたっぷり濡れたものは乾ききらず、行動を終えた体をどんどん冷やしていく。着替えとして暖かいベースレイヤーを1枚持っていくと安心だ。寒い時期にはミッドレイヤーもプラスするとよい

パンツ

思いのほか重量があるパンツは、着替えとして持っていくのをためらいがちなアイテムだ。それでも着替えとして持つならば、パンツは極力軽量なショーツにして、肌に密着して軽量でも暖かく感じるタイツに保温力を託すのも一手だろう。極度に寒さに弱い人は、ダウンのパンツも持っていくといい

タイツ

タイツの保温力はパンツ以上。パンツと違って肌と生地の間にスペースがなく、暖気をしっかりと溜め込んでくれるからだ。シルエットに無駄もないので、軽量なのもポイントである。宿泊地に到着してしまえば汗をかくことも少ないため、速乾性が高い化繊よりも、保温力があるウールがおすすめだ

ソックス

歩行中にブーツ内で蒸れたソックスをテントの中でも履くのは不快だ。着替えという意味に加え、雨濡れにも備えてソックスは予備を持つといい。テント周りで履いている分にはコットンでもよいとはいえ、行動中に履くことも想定すれば、素材はやはりウールや化繊にしておくべきだろう

サンダル

行動中に内部が湿ったブーツは、テント周りでは履かず、乾燥に努めると翌朝も快調だ。また到着してまで重いブーツを履きたくないという人も多い。現在は山に持っていくのが苦にならないほどの軽量なサンダルが増えている。行き帰りのクルマや電車内でも気持ちよく履けるので、1足持つといい

ウエアは行動中に汗や雨、泥などで汚れる。たんなる汚れなら少し我慢すればいいだけだが、水で濡れていると体温が下がり、体調が悪化する可能性も出てくる。山小屋であれば内部が暖かく、悪天候時には濡れたウェアのために乾燥室さえ稼動させるが、テント泊は冷たいウェアを着たままスリーピングバッグの中で耐えるしかない。無用な装備を持つのは避けたいとはいえ、テント泊用として最低限の着替えを持つのが現実的だ。もっとも大切なのは、行動中と同じくベースレイヤー。これさえ乾燥していて暖かいものに着替えられれば、極度な冷えは避けられる。冷えやすい足先のために、乾いたソックスも別に用意すると、より暖かい。軽量でコンパクトに持ち

快適に過ごす着替えの1着

行動後のテント内で着る分には、Tシャツのようなものはコットンでも OK。なによりその人がリラックスできるものがいい。だが、行動用の2着目としても考えると、やはり化繊やウール素材のほうが汎用性は高くなる。汗で汚れたウェアは臭いがちなので、帰宅時用としても何らかのウェアは少し用意しておくべきだろう

暖かい夜のためにインシューレーション

薄手で軽量なモデルが開発された現代では、ダウンなどのインシュレーションを防寒着として夏でも使用する人が増えた。これを着たままで眠れば、スリーピングバッグは1ランク下の保温力でも間に合い、荷物の軽減にもつながる。しかしダウンは濡れに弱いので、バックパック内部でも防水バッグに入れて保管したい。化繊の中綿は濡れに強いが、少しかさばる

保温力をアップするミッドレイヤー

春や秋の夜はかなり冷え、ベースレイヤーとインシュレーションだけでは肌寒いことも多い。気温が低そうなタイミングで山に入るならば、薄手のフリースなども持っていくとよい。歩行中や山中での休憩でも着られるので、少々重くてもありがたさを感じるだろう。ただし厚みがあるものはかさばるため、薄手のものが使いやすい

臭い防止にもウールの下着

アンダーウェアも行動中に汗で湿る。とくに夏場は上半身から流れ出した汗まで吸い取り、驚くほど濡れることも珍しくない。だから到着後はこれも着替えると快適だ。キャンプ中は街ではいているものでも充分だが、ウール製は天然の防臭効果を持ち、風呂に数日入っていない体でも臭いにくい。保温力も高いので、重宝する

運べるわりに保温力が高いのはダウンなどのインシュレーション。同重量のフリースに比べると、バックパック内でのかさばりは少なく、防寒性も高くてメリットは大きい。また、パンツとタイツを比べれば、重量と保温力のバランスからタイツがおすすめだ。

行動中はこれらのウェアはバックパックの中にしまうことになる。ドライバッグなどの中に入れ、濡らさないように注意してほしい。

また、ただでさえ重く、湿ったブーツを到着してからも履きたくない人には、サンダルもいい。ビーチサンダルでも使えないことはないが、ソックスを着用したままでは履けず、思いのほか不便である。アウトドア用の軽量タイプが使いやすい。

悪天候の場合

雨の可能性が避けられない日本の山。レインウェアを中心に、万全の対策を。

インナー

わざわざレインジャケットに合わせるためのインナーはとくにないが、あえていえば半袖よりも長袖だ。半袖の場合、腕の汗が直接レインジャケットについてしまい、水の膜となってウェアの透湿防水性を損なわせる原因になる。その点、長袖ならば湿気をうまく分散させ、外部に発散させる効果を促してくれる

パンツ

素材はジャケットと同様に、透湿防水性のものを選ぶ。突然の降雨時にはブーツを履いたままでパンツに足を通さねばならないため、裾にファスナーが付いていて大きく開くものが便利だ。このファスナーが腰元まで延びているモデルもあり、上だけを開けばベンチレーターとしての効果が期待できる

アウター

大前提として、ゴアテックスに代表される透湿防水性素材を使っていること。汗による内部の結露が緩和され、快適さが維持される。だが透湿防水性には限度があり、大量に汗をかく夏場には透湿性が追いつかないことがある。その際、換気用ベンチレーター付きモデルなら透湿性を補ってくれる

ゲイター

日本ではスパッツとも称される、ブーツからすね付近を覆うもの。用途はさまざまだが、足元の濡れを防ぐには防水性素材を使っていることが大事だ。レインパンツの上に巻く人も多いが、この着用方法はパンツの汚れは防げるものの、ブーツ内に雨水が流れ込みやすい。パンツ内部に巻いたほうが確実だ

気温が高く、雨も多い日本の山での必携装備が、雨は弾きながらも湿気は逃がす「透湿防水性」のレインウェアだ。防風性も高く、間接的に保温性を向上させる働きも持つ。不必要なときにはバックパック内に収納しておくものだけに、軽量性とコンパクト性が重要だ。

　この特性はしまいこんだままで忘れてしまうことにもつながり、メンテナンスがおろそかになりがちだ。だがレインウェアの透湿防水性は、表面生地の撥水性があってこそのもの。撥水スプレーなどを使い、良好なコンディションを保とう。

　同様に内部が水の膜のように濡れていても透湿効果は発揮されない。できればインナーは長袖を着て、円滑に汗を発散させる組み合わせにしたい。これはレインパンツにもいえることだ。

　雨天時に着用するゲイターはショートタイプとロングタイプが中心だが、ミッドタイプもある。長めのレインパンツの下に着用するならショートでも充分だが、少し丈が長いほうが安心感はあるだろう。着用しない際の重量の問題もあるので、丈の選択は好みに応じて考えたい。

可能であれば、内部には速乾性のウェアを

突然の降雨時には、レインウェアの内部に着るものを選ぶ余裕はない。そのときに着ているものの上にジャケットをはおるだけだ。しかし出発時などに着るものを選べるのならば、ウールよりは化繊がいい。速乾性が高く、内部の湿気をどんどん発散してくれるからだ。ウェア内部は暖かくなるので、少し薄着くらいがちょうどよい

ジャケットに合わせレインハットを活用

レインジャケットのフードをかぶっていると、体からの熱気が首元から抜けず、非常に暑い思いをすることがある。フードを外すだけで急激に涼しくなるが、今度は首筋から雨水が入り込む。こんなとき、小雨程度ならばレインハットが有用だ。熱気は逃がしつつ雨水は外側に流し出してくれる。透湿防水性の素材なら、頭部の蒸れも軽減する

/// Part.18 ///

RAINWEAR

[レインウェア]

山岳装備において、
もっとも重要とされる
アイテムの1つが
レインウェアだ。
とくに雨が多い日本では、
体をドライに保ち、
コンディションを
整えるために必携である。
費用が多少かさんだとしても、
よいものをしっかり選びたい。

1

/// Category ///

= 分類 = 状況で使い分けられる形状

レインウェアといえば、上下セパレートになったレインスーツが主流。しかし、シチュエーションによってはコートやポンチョも活躍する。

身につけるアウトドア装備のなかで、もっとも重要だとされる3つのアイテムが、肌の上に直接着るベースレイヤー、足元を安定させるトレッキングブーツ、そして外界の冷たい雨から身を守るレインウェアだ。

人間の体は肌の表面が濡れていると、次第に体温を奪われていき、気温以上の寒さを感じる。たとえ保温性が高いベースレイヤーを着ていたとしても、雨でぐっしょりと湿ってしまえば夏でも凍え始め、低体温症で命を落とすこともありえる。また雨水でなく、自分の体から流れ出る汗のためにウェアを濡らしてしまうことも考慮し、内部の水分をすみやかに発散させる機能も必要だ。

だからこそ、現在のレイン

/// Point /// レインスーツ

透湿防水性の素材を使い、外部からの水分を遮断し、内部の蒸れを排出。フードやカフの部分からも雨水が入らないように、さまざまな工夫が凝らされている。こういったレインジャケットとレインパンツのセット販売が日本では中心だが、最近では別売りのものも増えている。

- 汎用性の高い 上下セットの組み合わせ
- 状況に応じて ジャケットだけでも、パンツだけでも

/// Column /// レインウェアとハードシェルの違い

透湿防水素材のウェアという意味で「レインウェア」と「ハードシェル」には明確に線引きできる違いはない。だが無雪期用のレインウェアは「降雨時に取り出して着る」もので、携帯しやすい柔軟な生地だ。一方、寒冷な積雪期用のハードシェルは「行動中は常に着用する」ために強靭な生地と構造。少々重いが、ハードシェルをレインウェア代わりに着ることも可能だ。

ウェアには「透湿防水性」素材の使用が不可欠で、外部の雨を防ぎつつ、内部の汗を蒸発させ、ウェア内部をドライに保つ機能が重視されている。同時にレインウェアの生地は防風性も備えており、風速1mにつき約1℃下がるといわれる体感温度を落とさない役目も果たす。

レインウェアの中心は、ジャケットとパンツが上下セパレートになったレインスーツだ。脱ぎ着だけでなく行動もしやすく、初めの1着を買うならば、レインスーツにしておけば間違いはない。防水性をより求めるならば、上半身はフロントが全面ファスナーの一般的なジャケットではなく、プルオーバータイプにする手もある。あまりハードには動かず、強風の心配がない場所での登山ならば、コートタイプやポンチョも使えるだろう。

/// Point /// プルオーバー

レインジャケットのフロントファスナーを必要な長さのみにとどめ、頭からかぶって着るタイプ。裾の部分が布地1枚で、水が入りやすいファスナーが短いために、ジャケットよりもさらに防水性が向上している。販売モデルは少数だが、人気は根強い。

・ジャケット以上に防水効果が期待できる
・脱ぎ着はジャケットよりも少々手間がかかる

/// Point /// コート

レインジャケットの裾を長くしたタイプ。お尻までしっかりと覆い、防水性はジャケット以上だ。タイトなシルエットのものは脚の動きを妨げてしまうので、腰元に余裕のあるものが使いやすい。下半身が少々濡れてもかまわなければ、これ1枚でもいい。

・レインジャケットのロングタイプで防水性アップ
・ゆるやかなシルエットでないと脚の動きに干渉してしまう

/// Point /// ポンチョ

ほぼ1枚の生地でできており、頭からかぶる作り。水が浸透しやすい縫い目も少なく、裾はふくらはぎまで延びており、レインパンツなしでも下半身をあまり濡らさない。風には弱いが、超大型のものでなければバックパックを背負った上からも着用でき、荷物まで防水できる。

・バックパックの上からも着られるウェア全体の面積の広さ
・風を内部に吹き込みやすく、強風には弱い

/// Column /// アクティブシェルとは

近年、新しい透湿防水プロダクトとして登場したのが、ゴアテックス「アクティブ」だ。これは従来の製品よりも透湿性を格段に向上させ、軽量さでも優れた素材だが、重いバックパックを背負う山歩き用途としては耐久面で保障はできない。だがトレイルランニングなどでは画期的な性能を発揮し、また耐久性よりも軽量さを重視する登山者にはいいだろう。

2

/// Function ///

＝機能＝素材やディテールで差が付く快適性

レインウェアの機能は第1に「防水性」、第2に「透湿性」。この2大機能はディテールの仕組みによって、より真価を発揮する。

レインウェアの最大の機能は、外部の雨を遮断する「防水性」と内部の湿気を吐き出す「透湿性」だ。この2つの機能を効果的に発揮させるため、レインウェアには高度な透湿防水性素材が使われている。

ゴアテックスに代表される透湿防水性素材はメンブレンという薄い膜状のものであり、耐久性は低い。それを補うためにメンブレンには表地や裏地が貼り付けられ、過酷なフィールドでも使いやすい生地に仕立てられている。最近ではストレッチ性の表地が採用されたものも多く、体の動きを妨げないウェアが増えている。

だが、透湿防水性素材を使っているだけでは、レインウェアの力は最大には発揮さ

フード

本体と同じ透湿防水性素材を使い、頭部を雨から守る。ひさし部分に張りをもたせたものが多く、視界を妨げにくくなっている

フロントファスナー

防水性を損なうレインウェアの弱点。だが止水ファスナーの採用が増え、機能は向上。昔からの防水フラップも効果は高い

裏地

汗ばんだ肌に張り付かないように、わずかな凹凸をもたせたり、毛羽立たせたりするなどの工夫も。目立たないが重要な部分だ

れない。ウェア各部にさまざまなディテールを加えることで、より機能は向上する。

止水ファスナーやドローコードで、首元、袖口、裾といったウェアの開口部分の防水性をアップしたり、ベンチレーターを設けて換気性を向上させたりすることが、代表的な例だ。光を反射するリフレクターがついているモデルは悪天候時や夜間でも目立ち、安全性を高めてくれる。

生地の裏地にも凹凸をつけるなどの処理が行なわれていれば、肌に張り付くことが少なくなり、快適さが上がる。同時に裏面が水分（汗や結露）の膜で覆われることも防ぎ、素材の透湿性が低くなることも避けられる。

なお、こういったディテールをあまり有効に活用せずただそのまま着用している人は多い。少しだけ気を使えば、もっとレインウェアは快適になるはずだ。

カフ

肌に密着し、余分な隙間を生まない構造のものは防水性が高い。そのために手首を適度に締め付けられる工夫がなされている

ベンチレーター

ファスナーなどを使い、換気のために開け閉めできる部分。レインウェアではおもに脇下にあり、通気性を向上させ、蒸し暑さを軽減

ポケット

現在では止水ファスナーを使ったものが主流。内側をメッシュ素材にして、開けておけばベンチレーターの機能を発揮するものもある

表地

透湿防水性素材の上に丈夫な生地を張り合わせてある。透湿性を機能させるためには、表面生地の撥水性を常に保つことが大切だ

サイドファスナー

パンツのサイドにはファスナーが付き、ブーツを脱がなくてもパンツを着脱可能にしている。長いものにはベンチレーターの機能も

ドローコード

ウェアを体にフィットさせ、防水性をアップ。ゴムなどの伸縮性の素材で、フードや裾などに数カ所つけられているものが大半だ

透湿防水性素材の各種

「ゴアテックスプロシェル」。近年名称が変わったが、ハードな使用に耐える強靭な生地

ピークパフォーマンスの「HiPe」には透湿防水メンブレンのラインナップも

「H2No」。パタゴニアで使われている素材で、環境に負荷を与えにくい原料を使っている

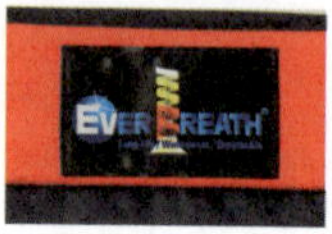

「エバーブレス」。驚異的なストレッチ性も持つファイントラックの独自素材である

「ドライQ」。マウンテンハードウェアに登場したばかりの透湿防水テクノロジーだ

/// Point /// 透湿性と防水性を併せもつ生地

レインウェアの最重要ポイントが、外部の水分を遮断し、内部の蒸れを発散するという透湿防水性素材の使用だ。持ち味によっていくつかのカテゴリーをもつゴアテックスがその代表格で、用途によって、「プロ」「アクティブ」などいくつかのプロダクトに分類されている。他にも各メーカーが独自の透湿防水性素材を開発しており、伸縮性に富んだもの、透湿性を格段に向上させたものなど、選べるバリエーションが多く、価格の高低や耐久性とのバランスなども考えてセレクトできる。

裏地の工夫例

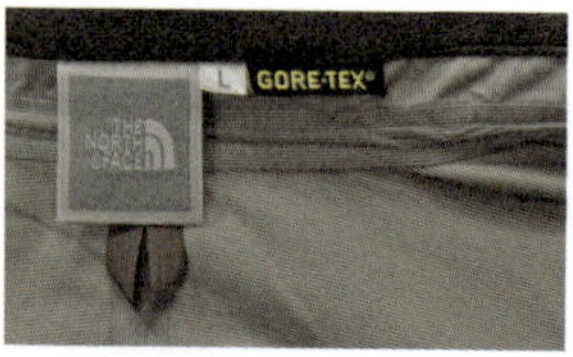

裏地を線上に毛羽立たせ、滑りのよさを向上。脱ぎ着のときもスムーズだ

微細なパターンによる凹凸をもたせたもの。サラリとした肌触りが気持ちいい

軽量さを重視して特別の加工はなく、ツルっとした質感。しかし超薄手だ

こちらも裏地がわずかに凹凸するように加工したもの。べたつきが少ない

/// Point /// 肌触りのよい裏地

レインウェアの透湿防水性素材はメンブレンという膜状のもので、そのままだと弱く傷みやすい。そのために丈夫な表地とともに裏地も張られ、3層構造（3レイヤー）になっているものが普通だ。なかには軽量さを求めてメンブレンの裏面を加工するのみにとどめ、明確な裏地を張らない2・5層といわれるものもある。いずれにせよ、裏地／裏面の処理により肌触りを向上させ、汗ばんでも肌にベトつかないものが追求されている。

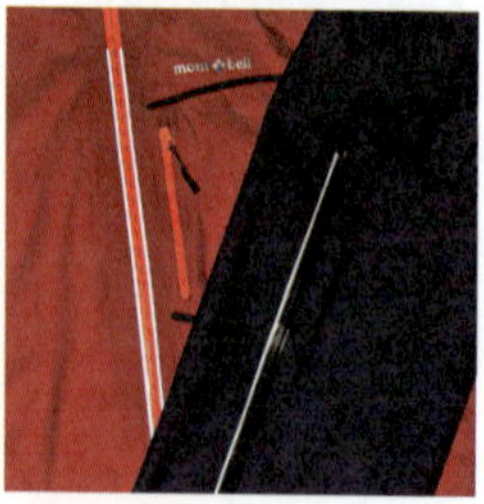

ジャケットのフロントファスナーとパンツのサイドファスナーにリフレクターをプラス。暗いときでも非常

/// Point /// リフレクターによる視認性

後のページの「選択法」で詳しく述べるが、レインウェアの視認性、つまり「悪天候や暗い時間でも目立つ」という性質は重要だ。生地のカラーリング以外でも視認性を高めるために、一部のレインウェアに設けられているのが、光を反射するリフレクター。体の動きとともにキラキラと輝き、その人がいる場所が判別しやすい。必ずしも必要な機能ではないので、この工夫がウェアを選ぶポイントにはならないかもしれないが、山行中の安全度を増すためには有意義なディテールなのである。

/// Point /// 換気性を上げるベンチレーター

いくら透湿性が高いレインウェアであっても、気温が高いときや激しい行動をしているときは、発汗量に透湿性が追いつかないこともある。そこでレインウェア内部の温度を下げ、蒸れを効果的に排出する仕組みが、ファスナーなどで開閉するベンチレーターである。レインウェアには軽量さやたたみやすさを重視したモデルが多く、かさばりの原因になることもあるベンチレーターを省略したモデルも多いが、汗かきの人にはとてもありがたい機能だ。

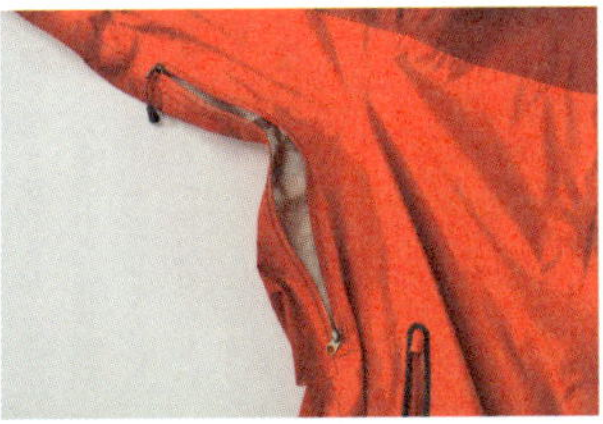

脇の下に大きく設けられたベンチレーター。雨を受けにくい脇下ならば、小雨くらいでは内部のウェアがほとんど濡れないですむ

脇の下から裾までフルオープンするタイプ。体感温度に応じて、開口部の大きさを自由に調節でき、大幅に蒸れを軽減できる

ベンチレーターの場所

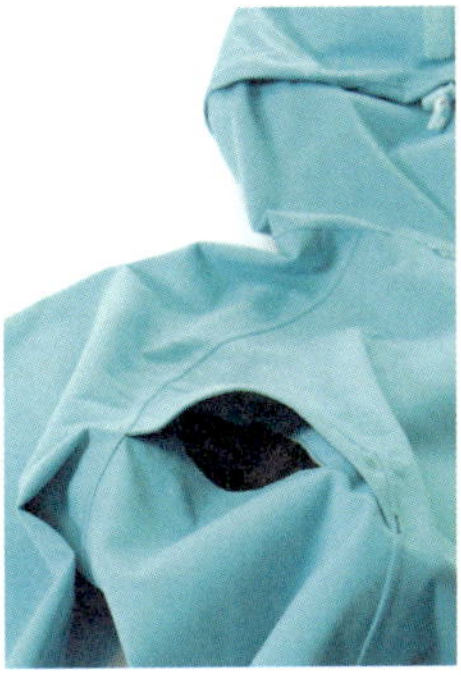

背中側の肩の場所にベンチレーターがつけられたモデルもある。着用すると、この部分が立体的に開口し、常に蒸れを排出してくれる

/// Point /// ファスナー部分の防水処理

レインウェアの生地は、よほど傷まない限り水分をシャットアウトする。だが開閉に使うファスナーは、その構造上、どうしても浸水しやすい。止水ファスナーは年々性能を上げ、ほとんど水を遮断できるが、あくまでも「止水」であって、「防水」ではない。ファスナーが体の動きとともにゆがむと、わずかな隙間から水が浸入してくるのである。そのためにフラップを併用して2重構造にしているレインウェアも見受けられる。

防水処理の例

フロントファスナーを覆うように、左右2重のフラップ。正しく着用すれば止水ファスナー以上の防水性があると、このディテールを好む人は多い

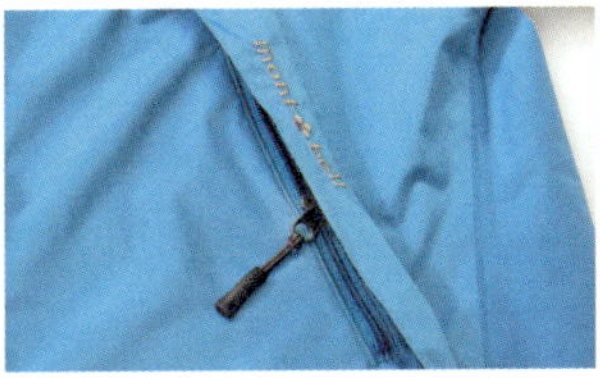

ポケットの上にシンプルなフラップ。ウェアについた雨水は上から下へと流れるので、ポケットの防水には、これでもかなり効果がある

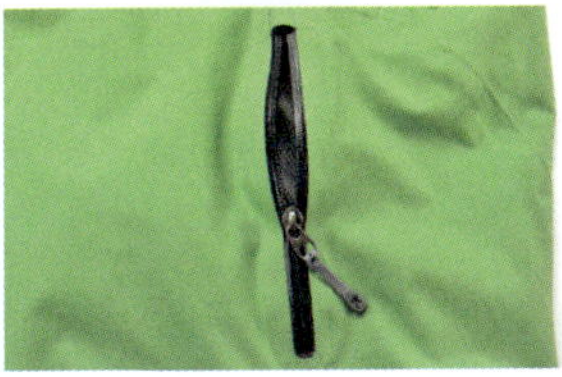

現在の中心は止水ファスナー。以前よりもテープ部分が薄く、柔らかくなっており、たたんだときにかさばらず、コンパクトになる

/// Point /// フィット感を強化するドローコード

フードや裾を中心に、レインウェアには複数のドローコードが付属している。ウェアが体にフィットすることを助け、首元から雨水が流れ込んだり、裾から冷気が入り込むことを防ぐ働きがあるが、活用することを忘れたまま着用している人が珍しくない。締めすぎて不快にならないように、適度なテンションで使いこなしたい。

腰元のコードは下からの風の吹き込みを防ぎ、寒冷なときに体感温度を向上させる。悪天候時には積極的に使いたい

頭部に引くだけで締め付けられる2本のコードが取り付けられ、首周りともにフィット感もアップ。風雨に対応する

/// Point /// さまざまなカフの機能性

首元に加え、雨水が入りやすいのが袖口だ。手を下げて歩いているうちは問題ないが、木をつかんだり、トレッキングポールを使っていると、すぐに袖口から水が入ってきて不快感が増す。そんなとき、フラップなどで手首を絞るカフを備えたタイプは浸水が少ない。だが締めすぎは内部の蒸れにもつながるので、注意して活用するといいだろう。ゴムのみで絞るシンプルなタイプは浸水しやすいが、収納時のかさばりは抑えられる。

カフの形状の例

フラップの裏側に面ファスナーがつき、袖口を絞れるタイプ。現在のレインウェアではいちばんポピュラー

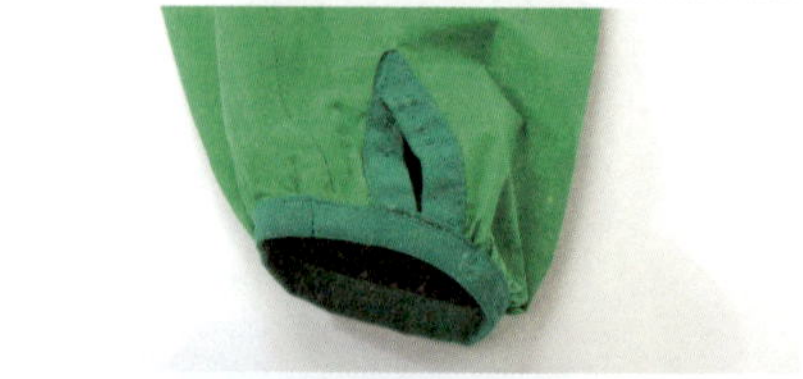

伸縮性のゴムで絞るタイプだが、さらに親指を出すための小さな孔もついている。簡易的なハンドウォーマーの役割も果たす

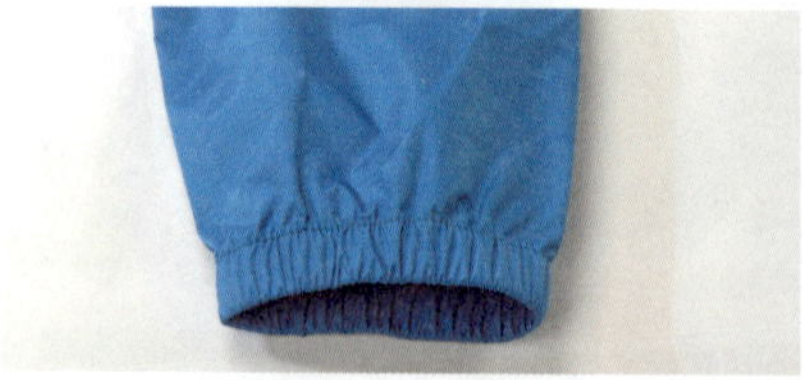

ゴムで軽く絞っただけの袖口。着用する人の手首の太さでフィット感が変わるデメリットはあるが、軽量化に貢献している

/// Column ///

リストバンドの有用性

袖の外側にはめ、ぴったりと手首を押さえて防水機能を向上させるのが、耐水性のリストバンドだ。もともとはカヤックなどのウォータースポーツ用だが、レインウェアとの相性も悪くない。

3

/// Select ///

＝選択法＝カラーリングや細部の重要性

透湿防水性といった基本的な機能に加え、色やディテールもレインウェアには重要だ。自分の山行スタイルに合わせ、山の中で本当に使いやすいものを探したい。

レインウェアに限らず、アウトドアウェアで男性に人気のカラーは圧倒的に黒である。しかしレインウェアにモノトーンはおすすめできない。下の写真を見てもらえばわかるが、モノトーンは悪天候時にまったく目立たず、周囲の人に認識されにくいからだ。

遭難や事故は悪天候のときに発生しやすいことを考えると、降雨時に着るレインウェアは発色がよい目立つカラーにしておいたほうがいい。同行者とはぐれないために、またトラブルが生じた際に自分を発見してもらうためだ。どうしてもモノトーンのレインウェアを着用したいならば、バックパックは派手な色のものを選び、帽子やグローブなどの小物も目

晴天時

レインウェアは雨天時ばかりではなく、強風で肌寒いときには防風着としても有用だ。風があっても晴れているときならば、とくにウェアの色にこだわる必要はなく、モノトーンのカラーリングでもかまわないのだが……

悪天時

雨が降っていたり、霧が発生していたりすると周囲は薄暗くなる。するとモノトーンのレインウェアは目立たず、どこにいるのかわかりにくい。仲間とはぐれる危険が生じ、万が一遭難して倒れていても発見されにくい

立つ色のものを着用する必要があるだろう。「安全」を考えれば全身モノトーンは絶対に避けるべきだ。

雨天でも心地よく山行を行なうならば、透湿防水性が高いウェアを選ぶことはいうまでもないが、フードやファスナーの使い勝手も快適さを大きく左右する。効果的に立体裁断が施されたものは体の動きを妨げず、またストレッチ性が強いものは体にストレスを与えずにすむ。

防風着にもなるとはいえ、晴天時には着用する機会が少ないレインウェアは携行性、つまりバックパック内に収納して持ち運ぶ際のコンパクトさや軽量さも大切だ。積雪期に向いたハードシェルは、ある意味ではレインウエアをタフな仕様にしたものだが、重くてかさばる。携行性で考えれば、やはり無雪期には柔軟で軽い本来のレインウェアの出番だ。

Point さまざまなフードのタイプ

レインウェアのディテールの中でも、とくにフードの作りには目を向けたい。フードが小さいものや反対に大きすぎるものは、風にあおられると頭部から外れがちで強雨のときに使いにくい。ひさし部分に張りがある素材やワイヤーなどを使ったものは雨の中でも視界を守りやすいものだ。使用しないときの収納性も大切な要素だ。

フードの例

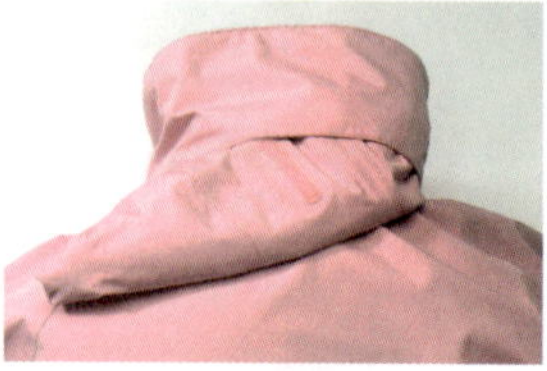

フードが襟に収納可能なモデル。フードを折りたたんでしまうのが手間だが、首元を覆うスタンドタイプの襟は防風対策にも役立つ

フードのひさし部分が透明のスクリーンで、フードが目の前にかかっても視界をキープするタイプ。思いのほか便利な工夫である

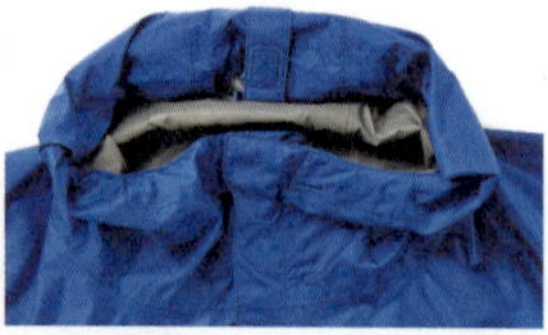

最近のレインウェアに多いのが、フードを使用しないときは、簡単に丸めたうえでテープなどでとめておくタイプ。シンプルな作りだ

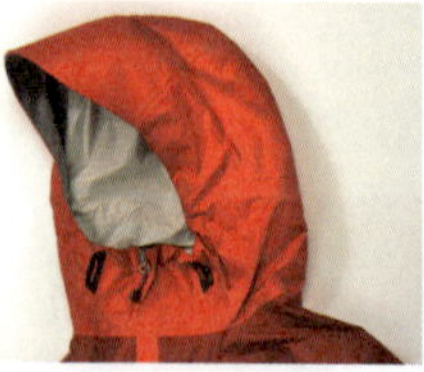

ひさし部分に薄いフォームやワイヤーを入れたフード。打ちつける雨や強風下でも理想的な形状を保つこんなフードも増えている

Point コンパクトさと軽量性

着用時よりも持ち運んでいる時間のほうが長いレインウェアは、できるだけ軽く、コンパクトに収納できるものがやはり人気だ。近年はジャケットとパンツを合わせても300g台のモデルも登場し、荷物の重さを軽減してくれる。

レインウェアの軽量化は進み、このジャケットは約205g、パンツは約165gのみ。収納時のコンパクトさも驚くほどになっている

/// Point /// 携行時の収納方法

レインウェアはバックパックの取り出しやすい場所に入れておければ、必ずしもきれいにたたんで収納する必要はない。だがウェア類は面積が広く、適当に収納しておくと他のものが取り出しにくくて不便なこともある。そのためにスタッフバッグが付属しているレインウェアは多いが、パッカブルタイプのものも収納には便利である。

スタッフバッグが付属したタイプが一般的。上下まとめて収納できるため、突然の降雨の際にもすばやく着用できる

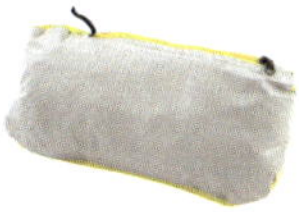

パッカブル仕様のものは、ウェアのポケットにウェア自身を収納できる。このタイプは収納袋をなくす心配がない

/// Point /// パンツのサイドファスナーの種類

通常のレインパンツにはサイドに長いファスナーが付き、突然の雨にも対応してブーツを履いたままですばやく脱ぎ着できる仕組みになっている。なかでもサイドすべてにファスナーが設けられたモデルは着脱がより容易で、ベンチレーターとしても有効だ。ただしファスナーの長さの分だけ収納時にかさばることとは否めない。

ファスナーが完全に上まであがるタイプ。軽アイゼンをつけたままでも着脱可能で、上だけを開ければベンチレーターにもなる

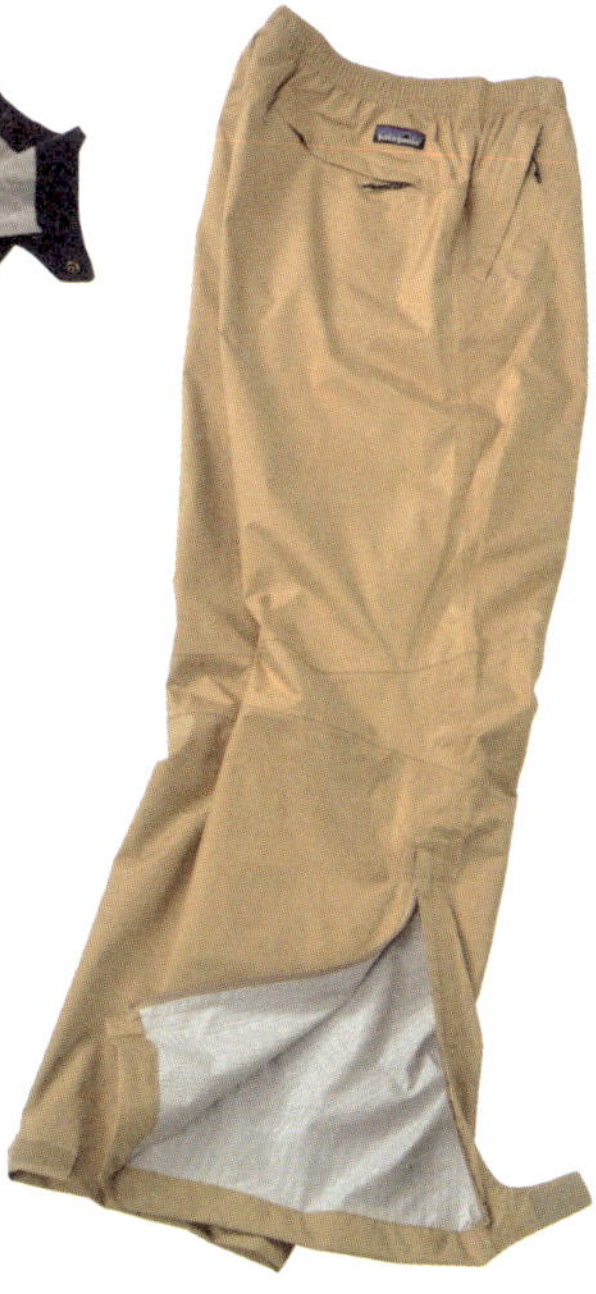

ふくらはぎ付近までファスナーが付いた一般的なタイプ。これだけ裾が開けば、ブーツを履いたままでも脱ぎ着には充分だ

/// Point /// 体の動きを妨げない工夫

現代のアウトドアウェアは立体裁断が普通になり、伸縮性がない生地でもあまり体への負担がない。だがストレッチ性の素材を使っているものならば、さらに体の動きがスムーズだ。また防水上の観点からレインウェアは裾丈が長めで、その裾がときに脚の動きを妨げる。しかしダブルファスナーのものは脚を動かしやすい。

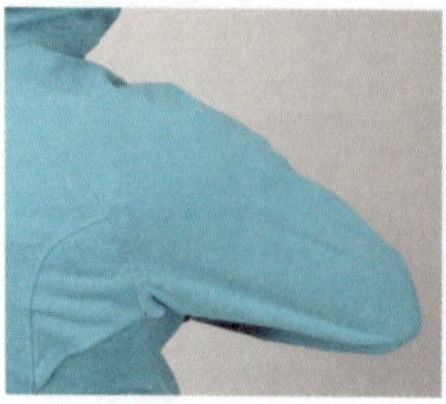

ストレッチ性が優れているものは、タイトめのサイズを選んでも体を動かしたときに負荷がかかりにくい

フロントのファスナーがダブルになっていると、下だけを開けることも可能。脚の動きに干渉せず、行動が容易に

/// Point /// ブーツへのフィット感

レインパンツの働きは脚自体を濡らさないこともあるが、ブーツ内へ水が浸入することを防ぐことにもある。そのためには、寸足らずにはならない充分な丈のものを選びたい。さらに裾をブーツと効果的にフィットさせられるレインパンツならば、防水用のゲイターが必要ないほどである。裾のサイズ感は、自分のブーツに合わせてチェックするといいだろう。

パンツの裾を面ファスナーがついたフラップできつく締められるモデル。ブーツの上でパンツがしっかりと固定でき、ゲイターがなくてもブーツ内に雨水が入り込むことを防ぐ働きを持っている

伸縮性が高いドローコードが裾に配されたモデル。裾がブーツのフックやアイレットに引っかかり、適度に固定される。よほど大きく脚を上げない限りは、これだけでもブーツの防水は充分に行なわれる

/// Column ///
パンツ以外のボトムスの選択

下半身は、内臓がある上半身ほど冷えには弱くない。筋肉の働きが低下するのでもちろん濡らさないほうがいいが、時間が短い山行ならば脚さばきのよさを重視し、チャップスやスカートなどのセレクトもありえる。ただし本格的な山行ではやめておこう。

4

/// Know-how ///

＝使用法＝ コンビネーションでの着用

レインウェア使用時の快適さや便利さは、購入時のモデル選びでほぼ決定されている。しかし着用方法をもう少しだけ深く考えれば、レインウェアはより機能性を発揮する。

いかなる山岳装備にもいえることだが、せっかく高機能のものであっても適切な使い方をしなければ、本当の力は発揮できない。レインウェアも同様だ。

まずは購入の際に間違いのないサイズを選ぶこと。小さすぎるものは体を動かしにくく、大きすぎるものは余分な隙間が生じて雨水が内部に入りやすい。その後、ウェアのディテールを細かくチェックして、入手したレインウェアと相性がいい内部のウェアや帽子などのアクセサリー類を組み合わせ、その性能を最大限に引き出そう。

レインウェアの命ともいえる透湿性は、表地が雨で膜を張ったように濡れてしまうとまったく機能を発揮せ

/// Point /// ベンチレーターの連動性

寒い時期にはレインウェアの下に、ほかのウェアを重ねる場面も多くなる。そんなとき、レインウェアと内部のウェアのベンチレーターの位置が重なっていると、より深い位置まで外気を入れることができ、蒸れや過度の熱を発散できる。またベンチレーターはそこだけを開けても効果的な換気は難しい。首元や裾も大きく開けると外気の出入り口がふたつ以上になり、正面から入った風がサイドや後部に抜け、より涼しくなる。

ベンチレーターの位置が内部と一致していると、汗による蒸れが効率よく抜けていく

/// Point /// バックパックのハーネスとの問題

ウエストハーネスがない小型バックパックならば、レインウェアのポケットの位置は大きな問題ではない。しかし重い大型パックを背負う際はハーネスと干渉しない位置にポケットがあるウェアを選ぶと生地のもたれがなく、ストレスが少ない。サイドがフルオープンする構造を持つタイプならば、ウェア内部でハーネスを留めるという手もある。

サイドがフルに開くタイプなら、ウエストハーネスを内側で留めることも可能。蒸し暑い時期にはベンチレーターとしての機能も最大限に発揮する。ただし開いている部分が広いので、小雨程度のときがいいだろう

バックパックのハーネスと位置が重ならないように、ポケットを胸に。ポケットが使いやすくなるだけではなく、腰元から余分な生地がなくなるので、ウェストハーネスを強く締めても無用な擦れがなくなる

ず、蒸れが内部にとどまる。透湿性を生かすためには、表地の上で雨水を玉のように弾く撥水性が不可欠だ。常にレインウェアの撥水性がキープされていることを確認して着用するようにしたい。水を弾かないようになった場合には専用の撥水スプレーなどを使い、表地のコンディションを向上させるといいだろう。低い温度に設定したアイロンを表地にかけたり、乾燥機で一気に乾燥させたりしても撥水性は戻る。しっかりしたメーカーのレインウェアは、その程度の熱を加えても傷まない。

　山に入ったときに注意したいのは、レインウェアをバックパックの奥底にしまいこまないことだ。突然、雲が出て数分後には豪雨になる可能性があるのが山というもの。すばやく取り出して着用できなければ、レインウェアの価値は半減してしまう。

/// Point /// 帽子とフードの関係

レインウェアと帽子の併用を考えれば、相性がいいのは、ずばりキャップタイプだ。ハットはフードをかぶったときに大きなツバが邪魔になり、顔の周りに無用なスペースが生まれてしまう。そこに雨や風が入り込む。だがキャップは前方に突き出たツバのみなので、フードが頭部にフィットしやすいばかりか、フードのひさし部分が下がって顔が隠され、視界が狭くなることも防いでくれるのだ。もしもハットタイプを選ぶならば、防水性のレインハットを。レインウェアのフードをかぶらずに使えば、顔まわりが涼しい。

周囲がツバで囲まれたハットタイプの帽子はフードと相性が悪い。だがツバが前方にしかないキャップタイプならドローコードによるフィッティングも簡単だ

ウェア内の湿気は暖気とともに上昇し、フードにたまって蒸し暑さを増強する。だがフードの代わりにレインハットを使えば、首の周りから蒸れは逃げていく

/// Column /// レイングローブで保温対策

濡れの寒さに弱い手先は、レインウェアでカバーしきれない部分だ。暖かい時期は少し我慢すればいいが、悪天候時や春、晩秋にはつらい。だがレインウェアと同種の透湿防水素材を使ったレイングローブも販売されており、冷えから手先を守ってくれる。

レインウェアにまつわるこぼれ話

透湿防水性が追いつかない大汗体質。行動形式にも影響が。

僕はやけに寒がりではあるが、暑がりではない。アフリカ中央部に行ったときには50℃近い猛暑も経験したが、寒さに比べれば苦ではなかった。

だが、暑がりではないということと、汗をあまりかかないということは比例しない。僕はむしろ猛烈に汗をかく。しかしTシャツで歩いている限り、気分は悪くない。ときどき山中でこっそりと脱いで雑巾のように汗を絞ったりもするが、それだけのことだ。

問題はレインウェアを着ているときだ。通常でも夏の行動中はウェアの速乾性が追いつかないほど汗をかくのだから、レインウェアの透湿性がいかに優れていたものでも内部は汗でびしょ濡れになってしまう。

そうすると、レインウェアを着ていなくても全身が濡れることには変わりない。だから、強風で体温が奪われるような状況でもなければ、僕は少々雨が降っていてもレインウェアを着ない。だがそんなとき、同行者のレインウェアの内部がほとんど汗で濡れていない状況だったりすると、なぜ僕だけ全身びしょ濡れなのかとがっかりしてしまう。

とはいえ同じ透湿防水性素材でも、寒い冬に着るハードシェルならば、その効果がよくわかる。汗をそれほどはかかないから、自分の体が発散した蒸気が外部へと充分に発散され、ウェアの表面で霜を下ろしているくらいなのだから。本来の透湿防水性は、やはりスゴいのである。

タオル

ただ布地を縫っただけにタオルは見える。
シンプルではあるが、山ではなにかと出番が多い。
化学繊維のタオルには、意外な力が秘められている。

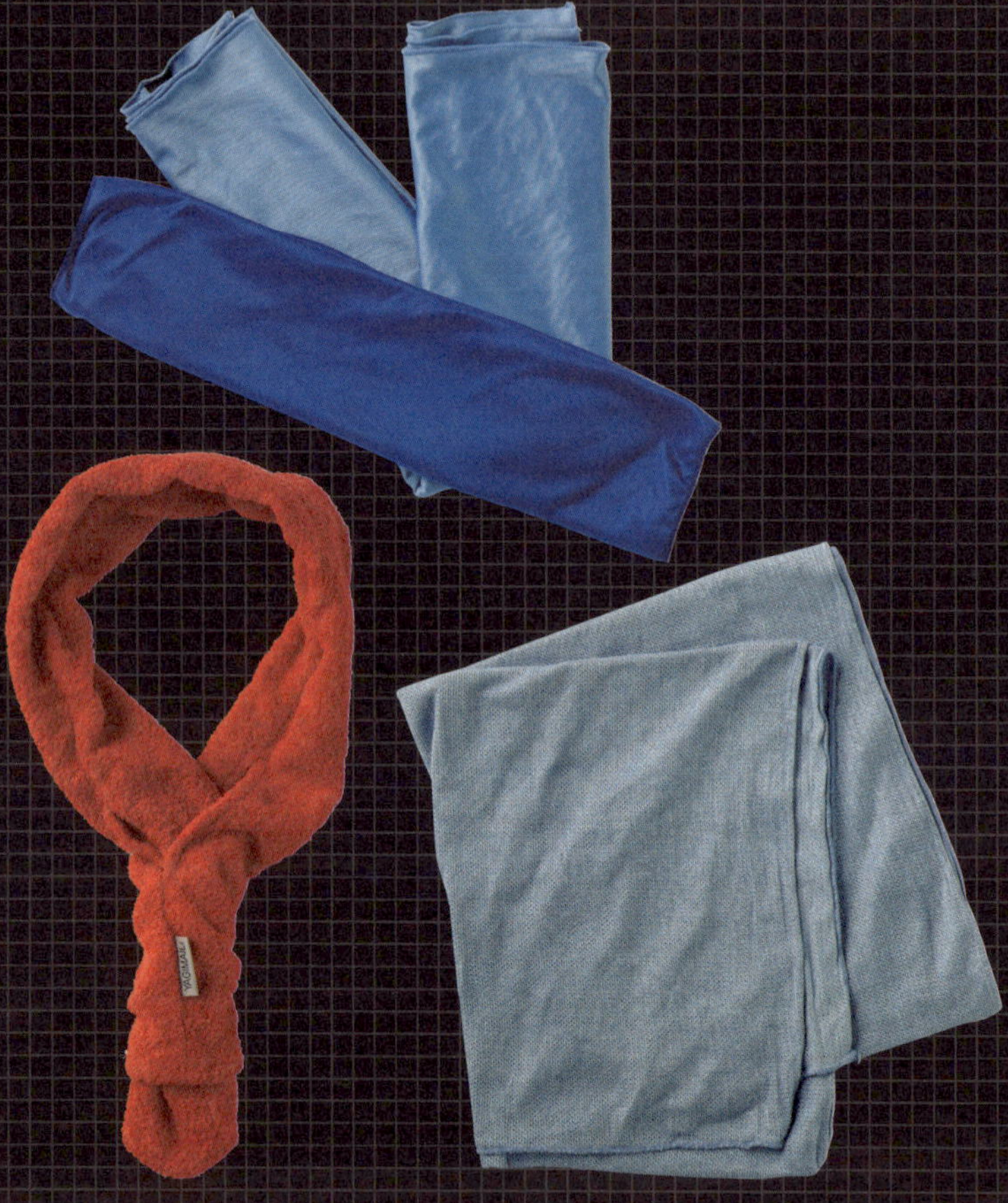

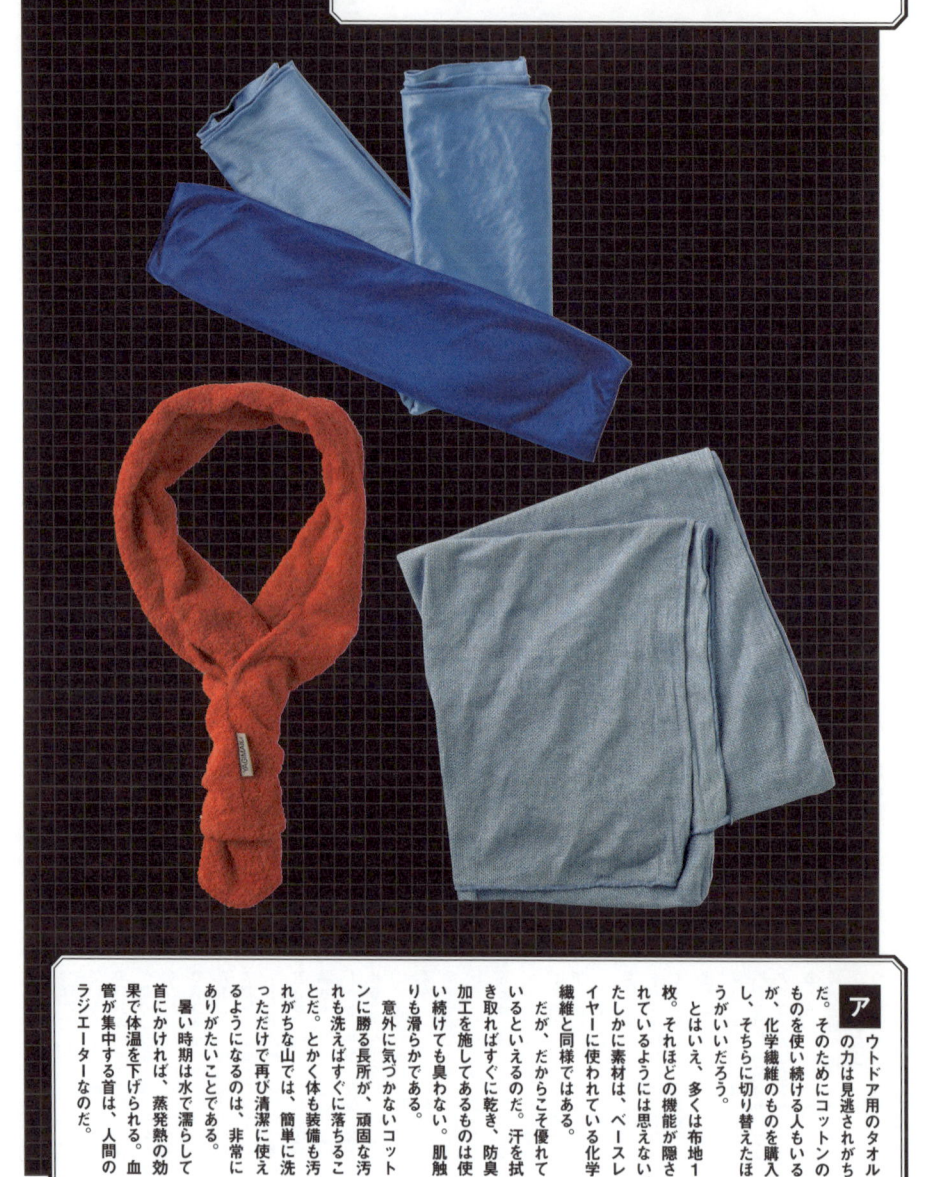

アウトドア用のタオルの力は見逃されがちだ。そのためにコットンのものを使い続ける人もいるが、化学繊維のものを購入し、そちらに切り替えたほうがいいだろう。

とはいえ、多くは布地1枚。それほどの機能が隠されているようには思えない。たしかに素材は、ベースレイヤーに使われている化学繊維と同様ではある。

だが、だからこそ優れているといえるのだ。汗を拭き取ればすぐに乾き、防臭加工を施してあるものは使い続けても臭わない。肌触りも滑らかである。

意外に気づかないコットンに勝る長所が、頑固な汚れも洗えばすぐに落ちることだ。とかく体も装備も汚れがちな山では、簡単に洗っただけで再び清潔に使えるようになるのは、非常にありがたいことである。

暑い時期は水で濡らして首にかければ、蒸発熱の効果で体温を下げられる。血管が集中する首は、人間のラジエーターなのだ。

山旅小物学

ウインドシェル＆シャツ

若干、中途半端な存在感が、逆にいい。
行動中に着て便利で、街で着ても違和感がない
2種類の薄手ウェア。

ウインドシェルとは、その名の通り、風が吹いて冷えるときなどに着るものだ。

だが風を完全にシャットアウトするわけではなく、ある程度の遮断力で肌寒さを抑えるものと考えたほうがよい。むしろ通気性や透湿性、速乾性に重きが置かれ、汗ばんだ体にそのまま着ても快適である。わざわざ防風対策としてレインウェアを着たり、保温性を期待してインシュレーションを着たりするほどでもない、微妙な温度感のときに活躍するが、山ではそんな中途半端なシチュエーションこそよくあるものだ。

従来からの襟付きのシャツも同じような役割を果たしている。伝統的なデザインは変わらないが、いまや素材はどれも速乾性だ。襟を立てれば首元の日焼けを防ぎ、下山後はそのまま街に出ても違和感がない。

この2着は薄くて軽いウェアが欲しいというニーズに応え、デザイン性も兼ね備えたウェアなのである。

ヘルメット

難所の岩場ではなにが起こるかわからない。
万が一の滑落や落石に備え、
安全のためにヘルメットは持っておいたほうがいい。

山での安全性が議論されるにつれ、ますますクローズアップされているのがヘルメットだ。これまで一般的な登山道で使う人は限られていたが、滑落や落石事故の多発を背景に、岩場がある難所では積極的に使おうという動きが出始めている。

ヘルメットは帽子と同じように、自分の頭のサイズに合うものを選ばねばならない。調整幅は帽子以上に自由度が高いが、寒い時期には薄手の帽子の上から装着することもあるので、余裕のあるサイズを選びたい。

近頃はこれまでのハードな合成樹脂製のものに加え、非常に軽量な発泡ポリプロピレンのものも登場している。軽く２００ｇを切り、持っていくのが苦にならない重さである。

なお、ヘルメットの耐久性はいつまでも続くものではない。どこかに激しくぶつけたら目に見えないダメージを受け、強度が落ちている可能性がある。新しいものに買い換えよう。

/// Part. 19 ///

HEADWEAR

[ヘッドウェア]

ハットやキャップなどの帽子は、
登山には必要不可欠な重要装備だ。
その目的は「安全」。
暑さや寒さを防ぎ、落石などからも
頭部を守ってくれる。

いくつかの
タイプを揃え、
目的に応じて
使い分けるとよいだろう。

1

/// Category ///

＝分類＝ コンディションや用途で選ぶ形状

帽子は、ツバの有無や形状によって大きく3つのタイプに分けられる。つまり、ハット、キャップ、ビーニーだ。用途や好みによって、選びたい。

行動のすべてのコントロールを司る脳が収められた頭部は、人体のなかでもっとも重要で、デリケートな部分だ。外部への露出面積が広いため気温の寒暖の影響を受けやすく、筋肉や脂肪で守られている場所でもないので大きな怪我もしやすい。そこで、防寒、防暑、怪我の防止に備え、山では各種の帽子が絶対に必要になってくる。

寒い時期には体温をキープするのに役立ち、暑い時期は直射日光を遮って熱中症の予防になる。春や秋の気候が安定した時期には着用しない人も多いが、整地された街の路面とは違い、不安定な登山道では転倒の可能性も高い。とくに滑落や落石がありえる岩場などの難所では、確実に帽子をかぶらなくて

/// Point /// **ハット・タイプ**

頭部全体をツバがグルリと囲んでいるのが、ハットタイプだ。日差しを効率よく遮って、まぶしさを緩和させ、同時に日焼けの防止にもなる。また、降雨時には首元から水が内部に浸入することを防いでくれる。そのために雨が多く暑い夏場にはとくに有用で、速乾性の生地や透湿防水性素材が使われているモデルが多い。

はならない。ヘルメットには及ばないながら、わずかに布の生地が1枚あるだけで、怪我の深刻度は大きく違ってくる。

大雑把に分けて、タイプには3つある。ツバの面積が大きいハット、前方にだけついたキャップ、そしてツバがないビーニーだ。

使用される素材は各種にわたり、またいくつかの生地を各部で使いわけているモデルも多い。防寒用途には天然素材のウールや化学繊維のアクリルで編まれたニット、またはフリースなどが中心だ。防暑用途には、蒸れを軽減すると同時に、蒸発熱(気化熱)の作用で温度を下げる効果がある化学繊維の速乾性素材が多用されている。なかには透湿防水性素材のゴアテックスや風を遮断するウインドストッパー素材を使ったものもあり、シチュエーションによって選び分けられる。

/// Point /// **キャップ・タイプ**

本来はツバがない帽子をキャップというが、一般的には前方のみにツバがついたものが主流であり、顔付近の日差しや雨を避けるのに有効だ。首周りがすっきりするキャップは、ウエアのフードをかぶってもツバが邪魔にならない。速乾性素材の夏向きのものから、保温性が高い冬向けのウール素材まで、機能が異なる多様なものが作られている。

/// Point /// **ビーニー・タイプ**

ツバがまったくなく、伸縮性が高い素材で頭部をぴったりと覆うヘッドウェアが、ビーニーといわれるタイプだ。主な用途は防寒であり、ウールや化学繊維の糸を用いたニットやフリースなど、保温力の高い素材が使われている。また、薄手のビーニーはヘルメットとも相性がよく、ヘルメットの内側に併用して着用してもフィット感を損なわない。

2

/// Function ///

＝機能＝ 山でもっとも重要な3つの働き

帽子を着用するだけで、怪我は大幅に防止される。それとともに温度調整を行ない、コンディションもアップする。

帽子が持つ3大機能は、「防寒」「防暑」「怪我の防止」。頭部の温度を適度なレベルに保ちながら、簡易的なヘルメットの役割も果たす一石二鳥の装備だと考えたい。

これらの機能を効果的に発揮するために、いくつかの工夫を追加したモデルが開発されている。冷えやすい耳を覆うイヤーパッドや歩行中に日焼けしがちな首の裏側を隠すスカート(長い布地)を取り付けたものが一例だ。蒸れの防止には通気を促すベンチレーター付きもある。

また山には強風がつきものので、帽子はたびたび吹き飛ばされる。地味なディテールだが、顎にかけたり、フィット感を高めたりするストラップも重要な機能だ。

/// Point /// 防寒性のさらなる向上

厚手のニットで仕立てられていてフィット感が高く、頭部と帽子にすき間がないビーニータイプは保温性が高い。だが、キャップやハットタイプにも防寒性を向上させる工夫を施したタイプがあり、寒い時期の選択肢の1つになる。

イヤーパッドモデル

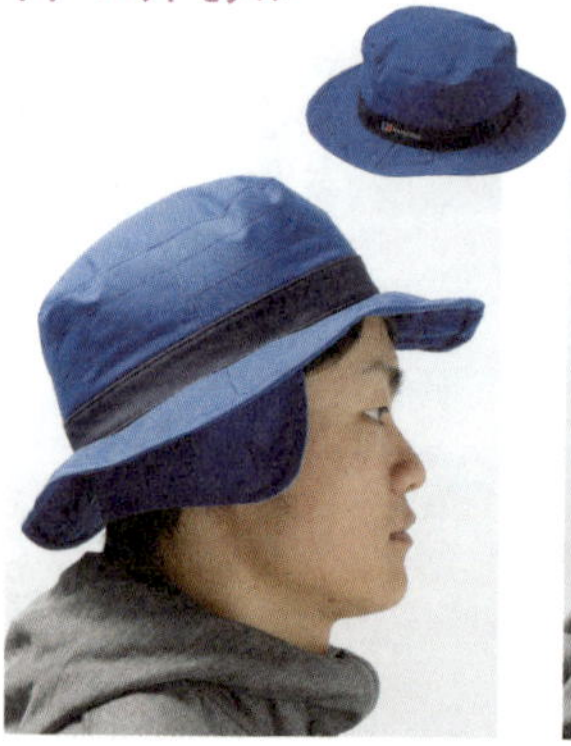

一見、普通のハットタイプだが、寒い時期には折り畳み式のイヤーパッドを引き延ばし、耳を守ることができる

内側にダウンを封入し、防寒性を向上。サイドには首元で留められるイヤーパッドが付属し、強い風にも負けない

/// Point /// フィット感を上げるストラップ

いくら帽子を用意していても、激しい動きや風によって外れては意味がない。そこでハットやキャップには、ストラップが付属したモデルも販売されている。付いていないものには、あとから自分で細いヒモを縫い付けて対処するのもよいだろう。

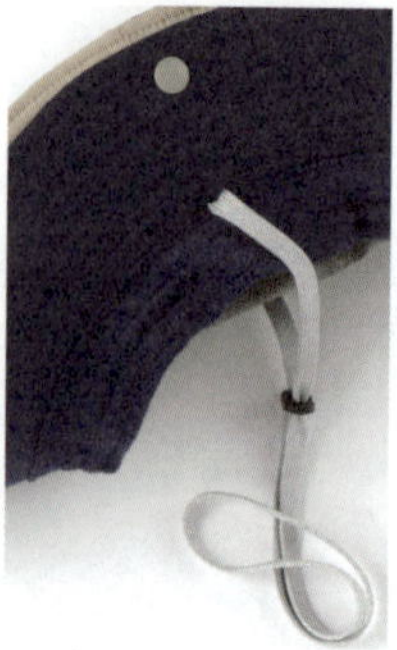

風の影響を受けやすいハットに多いのが、顎にまわすストラップ。しっかりと長さを調整して締めれば確実だ

内側に面ファスナーを使ったベルトを付けたハット。外部には一切のパーツが露出しないシンプルな構造だ

キャップの後頭部につけられたストラップとバックル。ワンタッチで簡単にフィット感の調整ができる

/// Point /// 日差しを遮るための工夫

紫外線は高山ほど強い。行動中に汗をかく山ではせっかく塗った日焼け止めが流れ落ちやすく、ツバのある帽子を積極的に利用したい。UVカット効果を持つ特殊な生地を使ったものに加え、無防備になりがちな首の裏を覆うスカートがついたタイプは、高い効果が期待できる。とくに夏の長時間行動には役立つだろう。

日光に強いタイプ

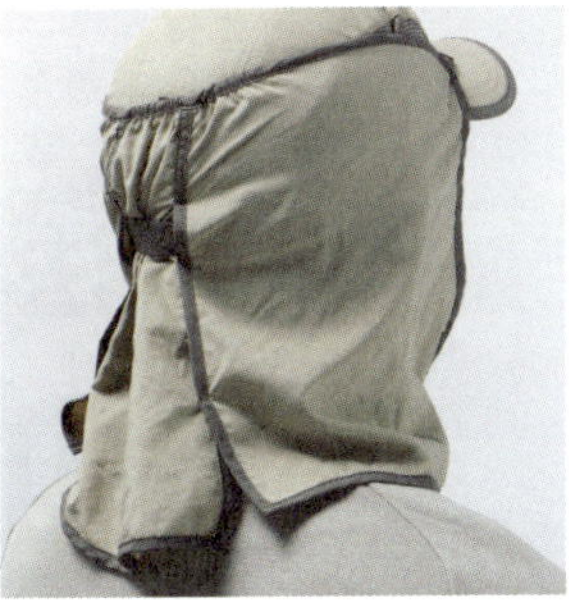

取り外し可能、かつ位置調整も自在なスカートがつき、面ファスナーで留められる。紫外線をカットする性質の生地で、日焼け防止に理想的

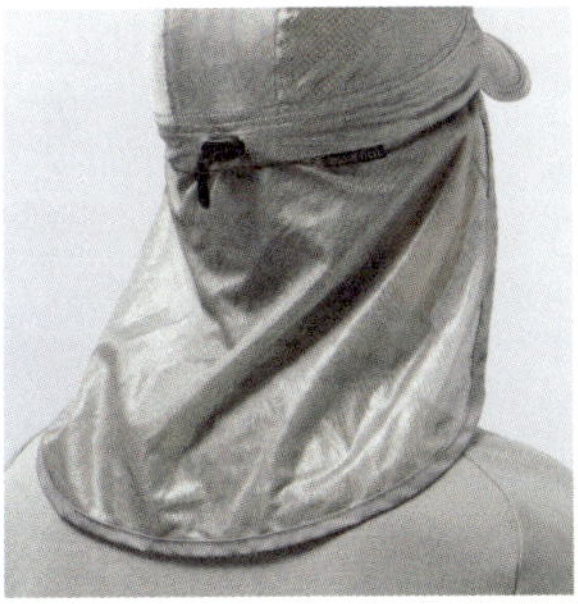

日焼けしやすい首の裏を完全に覆う長いスカートが付属。全体に遮光性の高いステンレスを配合したメッシュ生地を用いており、通気性も上々だ

/// Point /// 蒸れを逃がすベンチレーター

蒸し暑さを嫌って帽子をかぶらない人もいるが、無帽で直射日光を頭部に受けるほうが熱中症の恐れは圧倒的に高まる。多少蒸れたとしても必ず帽子をかぶるべきだ。だがそれでも蒸れを嫌うならば、ベンチレーター付きを選ぶ手もある。

頭部にスリットを入れ、内側にはメッシュ地を使ったタイプ。日差しを遮りつつ、通気性は確保している。夏向けの仕様だ

/// Point /// 変形も可能なツバ

帽子のツバは日差しや雨を遮る効果を持つが、深くかぶると視界を狭くするのが難点だ。しかし、光の角度や風雨の向きにあわせてツバの角度や形を変えられるものは、視界が遮られる範囲を最低限にとどめつつ、強い日差しや雨などのさまざまなシチュエーションに対応する。ツバにワイヤーが入ったタイプが、このところ非常に増えてきている。

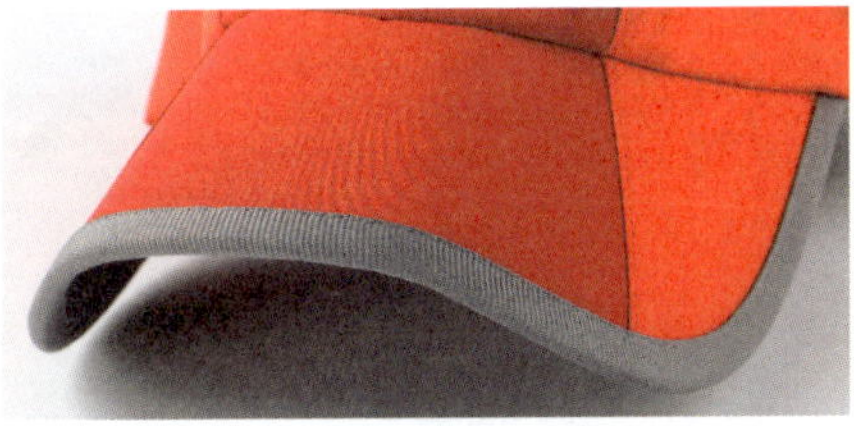

ツバに入ったプレートを曲げられるキャップ。硬めではあるが、ツバ全体が変形するために同じ形を長時間キープできる

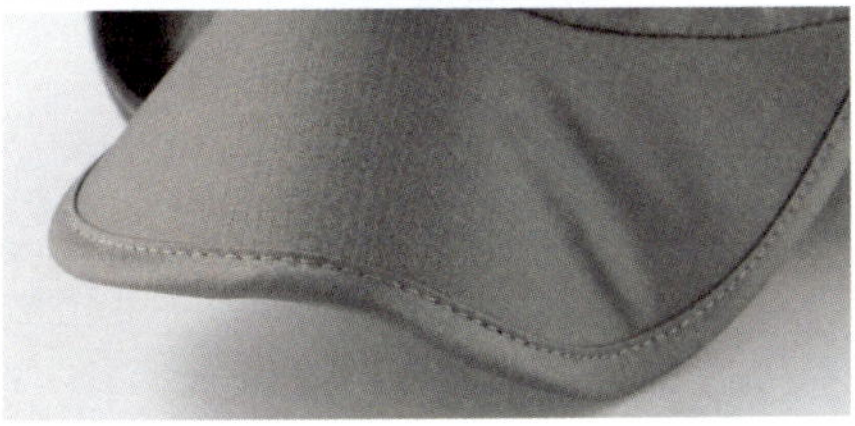

非常に柔軟なツバの縁にワイヤーを挿入したタイプ。わずかな力で自由に形を変えられ、サイドからの日光や雨を防ぐ

3

/// Select ///

＝選択法＝山中で役立つ素材や工夫

帽子それぞれを特徴づける大きな要素は、形状と使用素材のタイプだ。これら2つの要素の組み合わせを中心に、状況に対応するモデルを選んでいく。

帽子は山中での安全性を向上させる基本ウェアの1つだ。落石や滑落に備え、頭部を怪我から守るためには、形状のタイプにこだわる以前に、どんな帽子であっても、まずはなにかを「かぶっておく」こと。次に、季節に応じて「防寒性」「防暑性」のどちらかの機能に寄ったモデルを選んでいく。雨が多い時期には「防水性」も考慮に入れたい。

蒸し暑くて汗をかきやすく、雨も多い初夏から初秋にかけては、速乾性の化学繊維が適している。蒸発熱（気化熱）の作用で、帽子内の温度が上がりにくいメリットもある。好みにもよるが、黒などの濃い色のものは日光からの熱を溜め込みやすいので、できれば淡色のものがよ

防暑性、防水性、防寒性の追求

防暑性重視

直射日光や高温に対応し、熱中症や日焼けを予防するための帽子に必要な機能は、日差しの遮断力、汗をすみやかに発散させる速乾性、蒸れを逃がす通気性など。なかでも速乾性は重要で、汗が蒸発するときの蒸発熱の作用で、頭部をクールダウンさせる。大きなツバで光を遮り、さらにはベンチレーターなどがつけられたモデルが有用だ

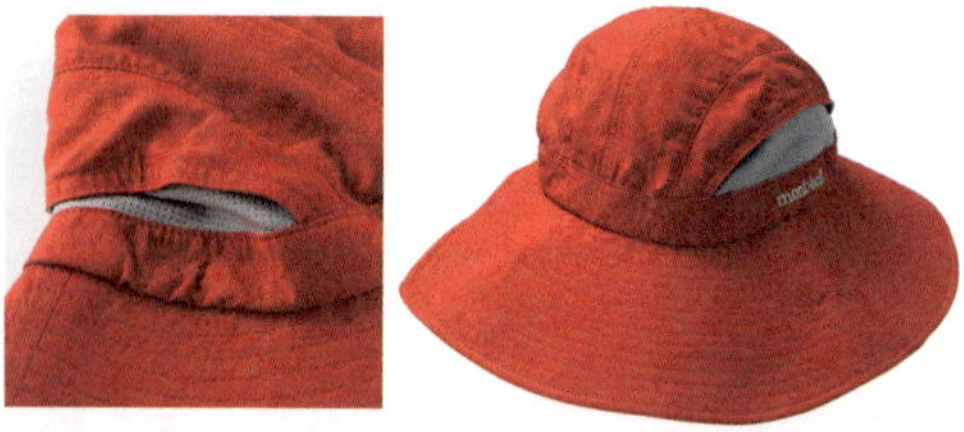

非常に大きなツバがつけられ、日光の遮断効果が高いハットタイプ。さらにサイドにはベンチレーターもつけられ、蒸れも緩和する

防水性重視

帽子に染み込んだ雨水は頭髪を濡らし、いずれ下方に流れ出してウェアにも浸透していく。しかし防水性の帽子を使用すれば不快感は減り、小雨程度のときはレインウェアのフードをかぶらないで済ませられる。ただし、防水性だけではなく透湿性も併せもつゴアテックスのような素材を選んでおかねば、汗による蒸れは発散されない

強い撥水力をもつ表地の内部には、透湿防水性素材ゴアテックスをラミネート。雨が降っても、頭部が濡れて不愉快な思いをしないですむ

防寒性重視

通気性を重視する夏向けの帽子に対し、寒冷な時期にかぶる帽子は、暖気のキープが最重要の目的だ。素材にはウールなどで編んだニットや起毛させた化学繊維などが使われ、しっかりと頭部にフィットする形状になっている。裏面にフリースを張った2重構造のものや風を遮断するウインドストップ性の生地を採用したものは、より効果的だ

ウールとアクリルの混紡糸を使った厚みがあるニット。その内側にはフリースの内張りをし、保温力と肌触りのよさを強化している

いだろう。

防寒性が高い天然のウールや化学繊維のアクリルのニットは、晩秋から春にかけての寒い時期向けだ。起毛させたフリースも同様である。耳を覆うほどの深さのビーニーやイヤーパッドが付属したものは効果が高いが、薄手のものならば、夏でも気温が低い高山では活躍の場がある。反対に強風が予想される極寒地では、バラクラバ(フェイスマスク)の機能を持つモデルも便利だ。

サイズは充分なフィット感を持つものを選んでおきたい。適度なサイズであれば、夏は汗をどんどん吸い上げて乾燥を促し、冬は暖気を内部に溜めて保温力を増す。小さめの帽子の不快さはいうまでもなく、大きめも風に吹き飛ばされやすかったり、防寒性が低くなったりなど、問題が多い。

/// Point /// それぞれの特質を持つ素材

帽子に使われる素材は、その機能に直結する。防暑を目的とした夏場には、汗を吸収発散させるポリエステルなどの化学繊維がいちばんよい。コットン製でもかぶらないよりはましだが、速乾性は落ちるので快適ではない。防寒用として作られているものの主流は、丈夫な天然素材のウール。密に編まれているものほど保温力は高い。化学繊維を使った帽子は速乾性も兼ね備えていて、ウールとの混紡素材も見受けられる。

素材による特性

速乾性にもっとも優れるのはポリエステルなどの化学繊維。さらにメッシュであれば通気性も高まり、ますます頭部の蒸れを軽減できる

天然素材のウールは、防寒用の帽子の定番。多少湿っていても暖かさを保ち、天然の防臭性も持っているので、快適に長期間かぶることができる

暖かさのわりに軽量で、気楽に使えるのが、起毛素材のフリース。速乾性も高い化学繊維が原料であり、比較的安価であるのも魅力だ

/// Point /// 頭部へのフィット感

帽子はフィット感を重視して選びたい。小さいものは窮屈なばかりか、ときには頭痛の原因にもなる。反対に大きすぎると風で吹き飛ばされやすく、深すぎるものもずり下がってきて視界を遮る。ただしビーニータイプであれば、深さのあるモデルは耳や首元の保温に役立つ。反面、ウエアのフードの下にかぶるには浅いほうがよい。

深いタイプはずれやすいというデメリットを持つが、寒いときは耳まで覆うことができて便利。一方、浅めのものはカバーできる面積は少ないが、フィット感がよく、行動時にも邪魔にならない

/// Column /// 虫対策

夏場の山中、とくにテント場などであまり体を動かさないときには、蚊やアブといった虫がやっかいだ。その問題に対応すべく、防虫ネット付属の帽子も販売されている。生地自体に防虫効果を加えたものは効果が高い。

ネットの色は白より黒。光が乱反射して周囲が見えにくくなる白に対し、黒はあまり視界を妨げないからだ

/// Point /// プラスαの機能的素材

メインとなる生地が持つ特性に加え、プラスαの機能を備えた機能的素材を使った帽子も数が増えている。その一例が、ゴアテックスを代表とする透湿防水性素材や、防風性に富むゴアウインドストッパーだ。他にもUVカット機能や消臭作用を持つ素材もポピュラーになりつつあり、商品選択の幅が次第に広がっている。

帽子に使われる素材

透湿防水性素材のゴアテックスを使用し、水分を遮断。もちろん蒸れも少ない

風を遮って暖気を逃がさないゴアウインドストッパー。薄手でも防寒性に優れる。ゴア社の素材だが、防水性とは無関係なので、要注意

光とともに熱を遮断するステンレスを配合した生地。金属を含んでいるとは思えないしなやかな素材感で、通気性も高くなっている

/// Point /// 暖かいバラクラバ付属モデル

フェイスマスクの一種であり、目出し帽ともいわれるのが、バラクラバだ。強風の山では非常に有用だが、常に使用するものでもなく、持参がためらわれる場合も多い。そんなときは、簡易的なバラクラバの機能を備えた帽子が便利だ。

ヘルメットの下に着用するのも容易な薄手で、バラクラバの機能も有するタイプ。これ1つでも防寒性は高い

/// Point /// 視認性が高いリフレクター付き

早朝から行動し始めるのが鉄則で、場合によってはヘッドライトを使用して歩くことも珍しくないのが日本の山である。暗闇で光を反射するリフレクター付きの帽子は、同行者に自分の居場所を伝える役目を果たし、安全度を高める効果が期待できる。

細かな白い模様が、リフレクターとして光る部分。普段、夜間に自転車に乗る際やランニングのときにも使えるだろう

4

/// Know-how ///

＝使用法＝快適に使うためのアイデア

帽子はウェアと違い、重ね着などの方法もないシンプルな装備だ。だが、いくつかの問題は頭に入れておきたい。

帽子はウェアの一種ではあるが、レイヤードで寒暖に対応する工夫はほとんどできず、購入後はただそれ１つを頭部にかぶる。

帽子は複数のものを組み合わせて使うことは想定しておらず、1つのもので1年を通して使うのは無理がある。季節や気温、シチュエーションに合わせ、タイプを変えたいくつかの帽子を用意しておこう。さらに自分の用途や好みに合わせ、もっとも快適に使える正しいものを入手することが大切だ。

ウェア類のなかでは小型のものであるだけに、グローブとともに紛失しやすいものの筆頭でもある。置き忘れ以上に注意したいのは、風によって飛ばされることだ。帽子にストラップが付いてい

/// Point /// ヘルメットとの相性

ヘルメットは構造上、防寒性は期待できない。寒冷期の登山時にそのまま着用していると体温が発散し、体調悪化の一因になってしまう。そこで内側に薄手のビーニーを組み合わせる。そのために作られた小ぶりのものが使いやすいだろう。

ヘルメットを着用するには、浅めのビーニーやキャップを選ぶ。深いものはヘルメットに圧迫されてズリ下がり、視界を遮ってしまう

/// Point /// 不必要な際の持ち運び

帽子は休憩中や到着後に失くしやすいばかりか、意外と邪魔になる。また、到着後にかぶる保温用は行動中にはかぶらない。

ツバが折れてコンパクトになるものはポケットにも収納できて便利だ。小さく圧縮できるタイプも開発されている。

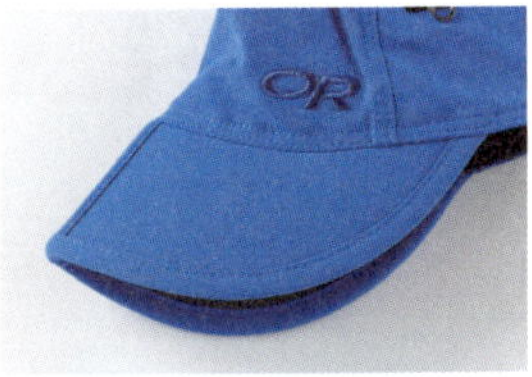

最近増えてきているのが、ツバの中央で折りたためるキャップ。全体をまとめれば手の平に乗るサイズになり、とてもコンパクトだ

ダウンの中綿入りで、帽子に付属したポケットに圧縮して収納可能なタイプ。行動中の持ち運びには、この工夫がありがたい

ないモデルであれば、別売りのホルダーを用意するとよい。自分で細いロープを縫いつけ、コードストッパーを組み合わせて、自作のネックホルダーを作るのも1つの方法だ。紛失に備え、帽子代わりになるネックゲイターやバンダナ、手ぬぐいのような予備も用意しておくと安心だろう。大切な点は、行動中は必ず頭部全体をなにかで覆っておくことだ。

　脳が収められている頭部を無防備に外部にさらけ出すことは、山中では絶対に行なってはならない。とくに熱中症と落石や滑落による怪我は、致命的なトラブルに直結する。無帽はいうまでもなく危険であり、サンバイザーは使えるシチュエーションが非常に限定される。安全面ではほぼ意味がない形状だと考えたほうがよい。

/// Point /// ネックゲイターの応用

帽子代わりに手ぬぐいやバンダナを巻くのは、以前からよく見られる方法だ。最近ではチューブ状のネックゲイターをビーニーのように使う人も増えている。寒いときは本来の用途である首周りの保温に使うと考え、サブの帽子のつもりで使うとよい。

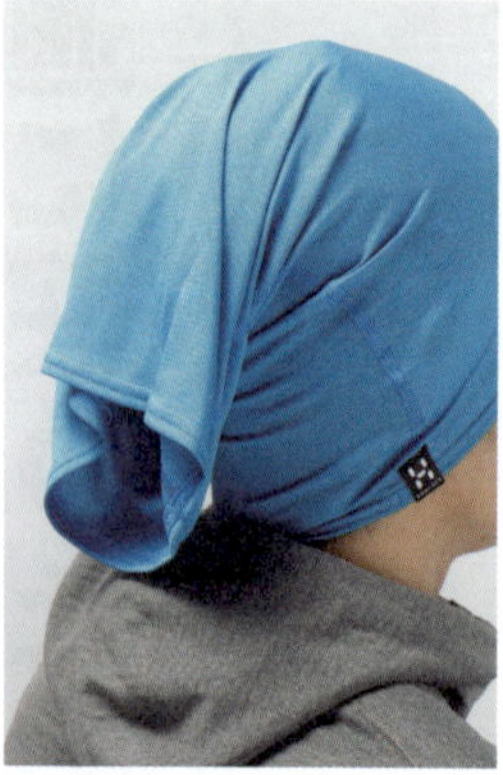

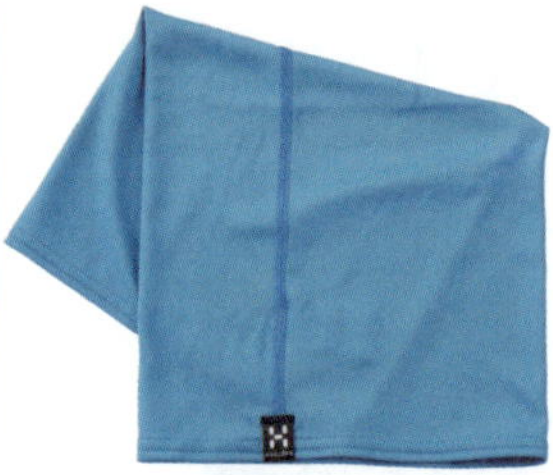

サブの帽子として利用するならば、丈が長くて後頭部も覆えるものが有用だ。顔を覆うフェイスマスクとしても使えるだろう

/// Point /// 防風用ホルダー

帽子が風に飛ばされるトラブルが、山では多発する。この問題の解決には首にかけるストラップが効果的だが、もともと付属している帽子は限られる。だが、帽子のツバなどと上半身のウェアをつなぎ、紛失を防ぐホルダーを利用すれば安心だ。多くのモデルが販売されている。

両端にクリップがつき、ワンタッチで帽子とウェアやバックパックを連結。適度な長さのものを1つ持っていると便利だ

/// Column ///
2重仕様のレインハット

まだ数は少ないが、2枚仕立てになっており、状況に応じて重ねて使える工夫を持つ帽子も登場している。その機能の組み合わせは、「保温性×防風性」、「通気性×防水性」など。こういうものが、これから増えるかもしれない。

通常は通気性が高いグレーの帽子を使い、雨が降ったら黒いレインハットをかぶせるタイプ。使用しないときはツバの裏のポケットに収納可能だ

ヘッドウェアにまつわるこぼれ話

いまだ見当たらず。妄想がふくらんでいく自分好みの帽子。

僕は帽子がとても好きで、街でかぶるものはいくつ持っているのか数え切れない。アウトドア用はそこまでではないが、そこそこの数はある。

帽子は顔の印象を大きく変える。似合う、似合わないという要素が、選択の際の重要ポイントになることは仕方がない。せっかく新しいものを購入しても、前のものよりもしっくりこなければ、実際にかぶるものはほとんど前と変わらない、なんてことはよくある。似合うとまではいわないまでも、せめて自分の顔が無様に見えず、かつ機能的にも満足できるものをいつも探している。

僕が以前から個人的に欲しいと思っている帽子は、ありそうでないタイプのものだ。それは汗を大量に吸い込んでくれる生地で、できる限り速乾性が高いもの。「汗を大量に吸い込む」というのが最大のポイントで、吸い取った後は手ぬぐいのように絞れる生地がいい。その代わり、ツバの部分以外は、汗の吸い取りの邪魔になる防水性や撥水性は一切いらない。雨が降ってきたら、レインウェアのフードをかぶればよいからだ。

要するに、速乾性タオル代わりに汗をぬぐえる帽子なのである。できれば形状はキャップ型で、風に吹き飛ばされないように首にかけるコードがつけられているものだ。色は汗が乾燥して浮いてきた塩分が目立たないように、薄いグレーやアイボリーがベター。どこかで作ってくれないものか。

メンテナンスギア_1

装備のメンテナンスの基本は、
使用後に時間をおかず、早めに行なうことだ。
ブラシでこすっておくだけでも、道具の寿命は延びる。

山

道具の汚れはできるだけ早く落としたほうがよい。泥によるブーツの汚れであれ、食品によるバーナーの汚れであれ、放置しておくと次第に素材が酸化し始めていく。広い意味でのサビである。そして、表面から傷んでいく。

シンプルな対応策はなにかで「こする」ことだ。柔らかな金属のワイヤーブラシは使い勝手がいい。ブーツ、バーナー、トレッキングポール、硬めの素材のものならなんにでも使える。バックパックやテントにはナイロンブラシがいいだろう。ホームセンターに行けばどちらも数百円で買える。

スポンジ状のクリーナーは、ブラシでは落としきれなかったブーツの汚れを剥ぎ取ってくれる。同時に撥水性を高めるスプレーを使えば、ブーツの透湿防水性は長く保たれる。

必ずしもいちいち水洗いする必要はない。山から帰ったらすぐにメンテナンスを行なう習慣をつければ、どんな山道具も長く使える。

/// Part.20 ///

GLOVES

[グローブ]

暖かい時期はおろそかにしがちだが、寒くなるとありがたさが増すのが、グローブ。日差しや暑さを避けるためのものから、防寒力を重視したものまでタイプはさまざまに分かれ、必要に応じていくつかの選択肢がある。

1

/// Category ///

=分類=シチュエーションによる使い分け

グローブの目的はさまざまだが、共通しているのは手先の怪我の予防だ。それをふまえ、ここでは山中での気象条件に合わせた分類を行なう。

グローブの主要な目的は、大きく分ければ2つ。

1つは、「怪我からの手の保護」。手は小さな骨と関節が集中する繊細な部位であり、肉付きも薄いのですぐに怪我をしやすい。しかも人間が使う大半の道具を操作する重要箇所でもあり、トラブルは避けたい。

布1枚のシンプルなものであっても、グローブを着用すれば多くの擦り傷は防げるだろう。よりダメージの度合いが深い骨折や打撲に備えるために、手の保護を重視したモデルも数多く開発されている。

もう1つは、「手の体温のキープ」。指先は心臓から遠い体の末端にあり、とても冷えやすい。手がかじかむと道具を操作するのも難しくな

/// Point /// **防寒対策用**

体の末端に位置する手先は冷えやすい。かじかんだ指では細かな作業がしにくく、不快であるばかりか危険にもつながる。1年中使いやすいのは化繊やウールで適度な防寒性を持つ薄手タイプ。雪山用のアルパインタイプは防水性もあり、保温性もより高い。

/// Point /// **防風対策用**

気温以外に風もまた手先の体温を奪っていく。防風を目的としたグローブは、生地自体に保温性がある防寒用グローブと異なり、必ずしも保温力がある生地が使われているわけではない。だが冷気を通さない素材を使い、薄手に仕立てられている。

り、山中では危険だ。また血行が悪くなると凍傷の恐れも高くなり、とくに冬期は保温力が求められる。

そんな手先の体温のキープに役立つグローブには、いくつかのタイプが揃う。

寒冷な時期や高山でのメインは、素材そのものに防寒性が高いものを採用したモデルだ。それに対し、防風性や防水性を高めたモデルには、防寒性の素材が使われているとは限らない。だが、体感温度を一気に下げる強風や熱の伝導率が高い水をシャットアウトすることで、結果的には保温力を増す効果が期待できる。

暑い時期には直射日光を遮り、日焼けの予防をすることもグローブの働きの1つである。夏場には蒸れを嫌ってグローブをしない人も多いが、怪我の防止も兼ね、状況に応じて使用するとよいだろう。

/// Point /// **防水対策用**

雨で濡れても手先は冷え、指の感覚は鈍っていく。とくに春や秋は顕著だ。グローブには防水に特化したレイングローブもあり、透湿性の高いものも増え、内部の蒸れも少ない。レインウェアと組み合わせるほか、防風対策にも使えるだろう。

/// Point /// **防暑対策用**

グローブは夏の日焼け防止にも有用だ。ただし適当なタイプを選ばねば蒸れて暑く、快適ではない。そのために通気性がよいメッシュ生地や、気化熱によるクールダウン効果が期待できる速乾性のものがよい。日焼けを抑えるUVカットモデルもある。

2

/// Function ///

＝機能＝手の保護と操作性の向上

身につける装備としては小型なグローブだが、人間の重要部位である手に関係するだけあり、道具の操作や指の保護のために、さまざまな工夫がなされている。

「怪我の防止」や「体温のキープ」などの目的を満たすために、グローブにはさまざまな工夫がこめられている。擦れやすい部分に補強を入れ、クッション性が高いパーツを加えるのは、その一例だ。怪我だけではなく、グローブ自体の破損も少なくなるが、いくぶんかさばり、着用感も損なわれがちなので、適度なものを選びたい。ミトン型や3フィンガータイプは保温性が高い形状で、寒冷な山や低温に弱い人には役に立つ。

その他に、グローブに求められる重要な機能は「操作性のよさ」だ。グローブをしたままで山岳装備を操るのはなかなか難しく、ストレスを感じるばかりか、ときには危険な目に遭う可能性すら生じてくる。できるだけ自分の

/// Point /// 擦れや衝突からの保護

グローブの最重要機能の1つが、手の防御だ。手は行動中に肌を擦りむきやすいだけでなく、骨折しやすい部位でもあり、怪我をすると山行自体が困難になる。どんなタイプでも素手よりはいいが、危険が高い場所では保護機能を重視したモデルを選びたい。耐久性も同時に向上し、長く使えるというメリットもある。

各種のプロテクト

周囲にぶつかりやすい手の甲の関節部分、そして手の平を強化したタイプ。他の部分は通気性がいいソフトなメッシュ地

指の曲げ伸ばしにも対応すべく、補強部分を細かなパートに分けたグローブ。ロープなどの操作もしやすい仕組みだ

クッション性に富むプロテクターで骨ばった甲と指を重点的にサポートしたモデル。スキー滑降時の転倒に備える

/// Point /// 装着時に指先を出すための工夫

指の保護機能や保温性を重視すれば、グローブの操作性が少々低くなるのは仕方がない。だが細かい作業をするたびに、いちいちグローブを外すのは面倒だ。その問題を補うために、グローブを着用したままで指先を露出できるモデルも多数開発されている。とくに寒冷な時期には便利で、時間のロスを防ぎ、スムーズな行動ができる。

ディテールの例

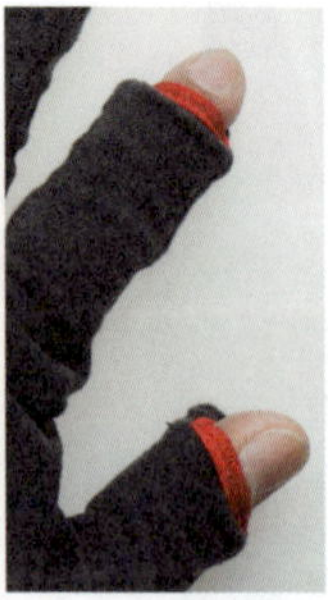

とくによく使う親指と人差し指に小さなスリットを入れ、指先を露出できる仕組み。これだけでも充分に便利だ

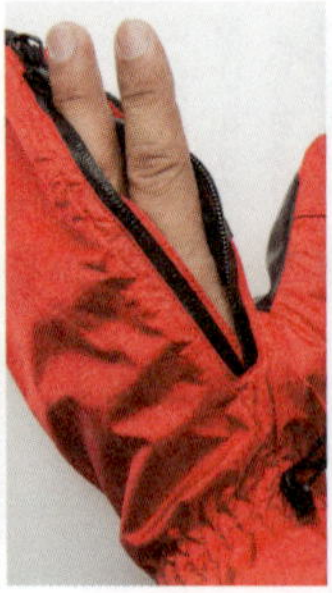

人差し指のサイドが大きく開き、4本の指を出すことができる工夫。ミトン型なので、閉じているときは保温性も高い

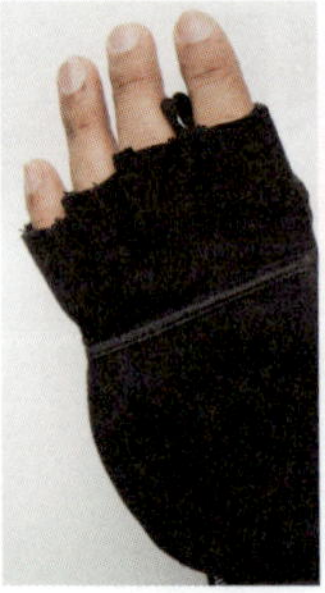

指先が出たグローブとミトンとの2重構造のグローブ。ミトンは固定でき、必要時には常に指を出したままにできる

手に合うサイズを選び、フィット感を損なわない工夫があるものが使いやすい。手の平に滑り止めがつけられたものはグリップ力があり、ギア類の操作性も高くなる。

だが、細かな作業を行なうには、グローブを着用したままでは無理な場合も多い。その点、指先を露出できるようにデザインされたモデルは非常に便利な存在だ。完全にグローブ内部と外界が遮断されたものよりは保温性と防水性は低くなるが、グローブをはめたままでさまざまな作業が簡単に行なえるのは、山中では大きなメリットがある。

ここ数年で急速に増えているのが、電子機器のタッチパネルに対応したグローブだ。山中でスマートフォンやGPSを使いこなして情報を収集することは安全にもつながり、これからは軽視できない機能である。

/// Point /// フィット感の向上

グローブのフィット感は高いものほどいい。とくにクライミングや雪山登山では重視され、まるで素手のような感覚で使えるものが理想だ。しかしきつすぎるものは指の動きを妨げ、血行も悪くなるので、冷えの原因になる。過不足ないジャストサイズのものを探したい。一般的な無雪期の山行でも同様で、内部で手がずれるものは使いにくい。

手首周りの工夫の例

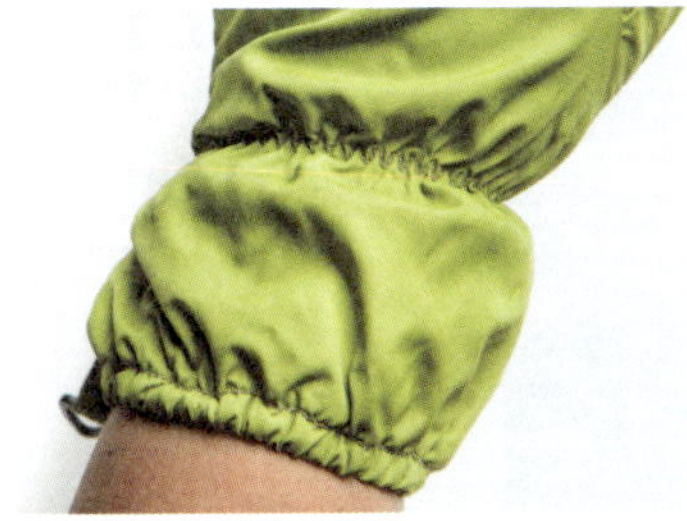

伸縮性が高いゴムを使った簡易的な構造。だが、2カ所で締めることにより、ズレや脱落が起きにくい

ただでさえフィット感が高いグローブの手首部分を、さらに面ファスナーで固定。ほとんどズレがなくなる

ストレッチ性だが、かなり硬めの素材のグローブ。手を入れるには力が必要だが、その代わりに脱げにくい

手首を締めるのは幅広のストラップ。バックルを使い、ワンタッチで簡単に緩められるタイプだ

/// Point /// 保温性を重視した3フィンガー&ミトン

1本、1本の指が分かれた一般的なグローブよりも、親指以外が一体になったミトンタイプは保温性が高い。なにも手に持たないで行動する際やトレッキングポール程度の使用であれば、有用だ。だが、やはりなにかのときの操作性は低い。グローブとミトンの中間型である3フィンガータイプも選択肢の1つになる。

操作性においてとくに重要な親指と人差し指が独立した3フィンガータイプ。これだけで充分に使える山岳ギアは多い

手の平部分の加工

/// Point /// 操作性を高める滑り止め

通常の手の平にはわずかな発汗があり、滑り止めの効果を持つ。だがグローブをしているとその力が生かされない。行動中にモノを使う場面が多い山行時は、手の平のグリップ力が高いモデルを選びたい。道具を落とす心配が減るだろう。

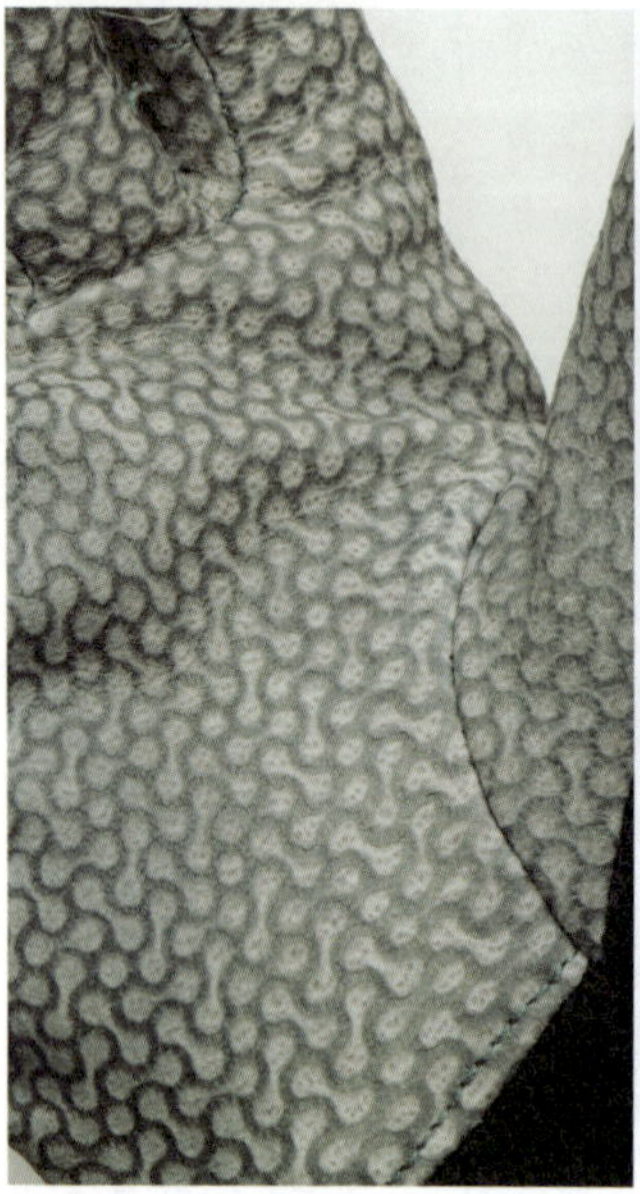

手の平にオイルをしみこませたレザーを使用。若干のべたつきはあるが、雪の中でもグリップ力を発揮する確実な素材だ

手の平と指の部分の全面に、細かな滑り止めを配置。モノが手に吸い付くような感触で、素手よりもグリップ性はいい

指先の工夫

/// Point /// 電子機器のタッチパネルへの対応

山中でもスマートフォンを使用する機会が増え、GPSにもタッチパネル方式が登場している。その流れで、製品が増えてきているのが、グローブをしたままで電子機器を扱えるモデルだ。今後は当然の機能となっていくかもしれない。

メインはウール素材ながら、指先は電子機器に対応。生地につなぎ目がなく、着用時にも指先に違和感はない

一見では合皮だが、電子機器が反応する特殊な繊維を親指と人差し指の部分に使用。適度なグリップ力もある

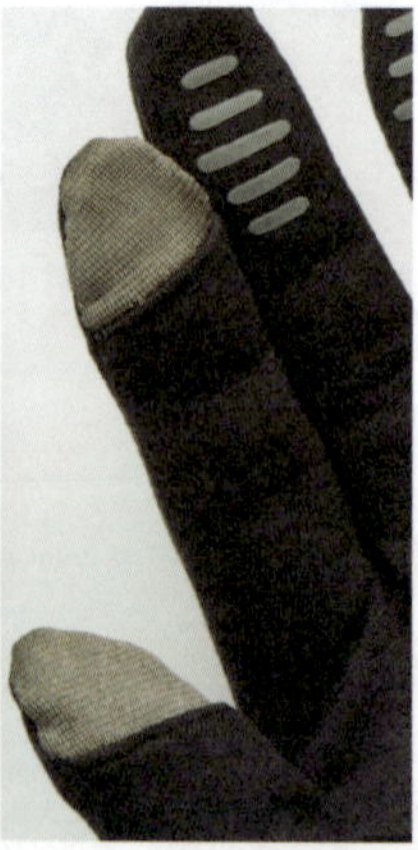

親指と人差し指には電子機器対応の素材。他の指には滑り止めがつき、手の中のスマートフォンも落ちにくい

3

/// Select ///

＝選択法＝素材を中心としたセレクト方法

肌に密着して使用するグローブは、ほかのウェア以上に使用される素材が重要だ。特徴を把握し、快適なものを選ぼう。

グローブを選ぶ際に重要なのは、目的とする山で必要な「怪我の防止」「体温のキープ」のレベルがどの程度か認識し、それに対応する素材やタイプを把握することだ。

雪中でのハードな山行であれば、厚手で保温性とクッション性が高く、レザーや合皮などの強靭な素材のものが適している。ライナーとアウターの2重構造のものや、中綿入りも有効だ。それに対して気温が高い夏ならば、化繊やウールの薄手タイプでも充分に使える。

状況や好みに応じて、透湿防水性素材を採用したものやストレッチ性が高いものを選ぶのもよい。フィット感がよいものを見つけられれば、第二の皮膚のような使い心地を得られるだろう。

/// Point /// メインに使われる素材の種類

グローブの素材は、使い心地に直結する。耐久性を考えればレザーや合皮がよく、肌触りではウールなどの天然素材だ。だが、現在のモデルにもっとも多い素材は化学繊維。加工方法によってさまざまな性質をもち、四季を問わず用途が広い。

各種の素材

速乾性に優れる化学繊維。蒸れを排除し、手の平の合皮は、耐久性と滑りにくさを増している

メインは天然の防水性と強靭性がある伝統的なレザー。部分的に化学繊維を使い、機能性をアップ

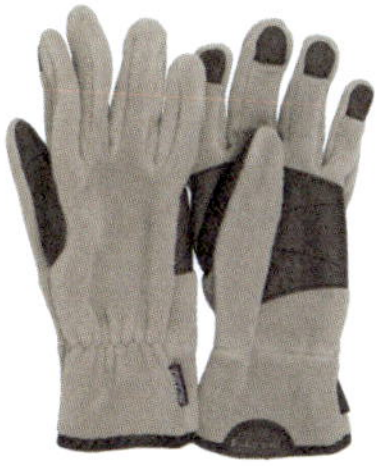

保温力が高いフリース素材。起毛させてあるので、厚みのわりに軽く、値段も手ごろなものが多い

肌触りがよいウール製。強靭さでは他の素材に劣るが、多少湿っていても暖かく、幅広く使える

/// Point /// 部位に適した素材の組み合わせ

機能を最大限に発揮するため、多くのグローブは長所が異なる素材を部分ごとに使い分けている。可動部分に伸縮性が高い素材を配置したり、擦れやすい箇所は強靭な生地で2重構造にしたりと、ほどこされる工夫は多い。

防水性に加え、強靭性、伸縮性を重視した一例。いくつかの素材を使い分けている

/// Point /// 素材に加えたさらに高度な機能性

生地が本来持っている機能に加え、さらに現代的テクノロジーを備えた素材も数が増えている。透湿防水性のメンブレン（薄い膜）であるゴアテックスが代表で、最近ではグローブをはめたままで電子機器を操作できるものも登場している。

そのままでも電子機器が操作できる、最新のタッチテックという素材。これからますます重要になってくる機能だろう

ゴアテックスを使ったモデルは長時間着用しても湿り気が少なく、グローブの防寒性をキープすることにつながる

/// Point /// 防寒性と操作性を増すライナー付き

冬山用のグローブを中心に多く見られるのが、防水性のアウターグローブの内部に保温力が高いライナーを加えて、２重に仕立てたもの。細かな作業をする際にはライナーだけを着用すればよく、取り外せば内部の湿り気も効率よく乾かせる。

ライナー付きモデル

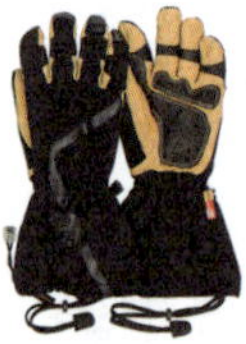

アウターグローブはアウトドライ。インナーはフィット感を重視している。保温とともに水分対策は万全だ

アウトドライという透湿防水テクノロジーのグローブがアウターで、内側にウールのライナー。防水性も保温性も良好だ

/// Point /// 保温性が高い中綿入り

防寒に特化したグローブには、内部に暖かな中綿を封入したものもある。ボリュームがあるので操作性は低くなるが、暖かさは段違いだ。トレッキングポールやアイスアックスなどを行動中に使う必要がなければ、選択肢の１つになる。

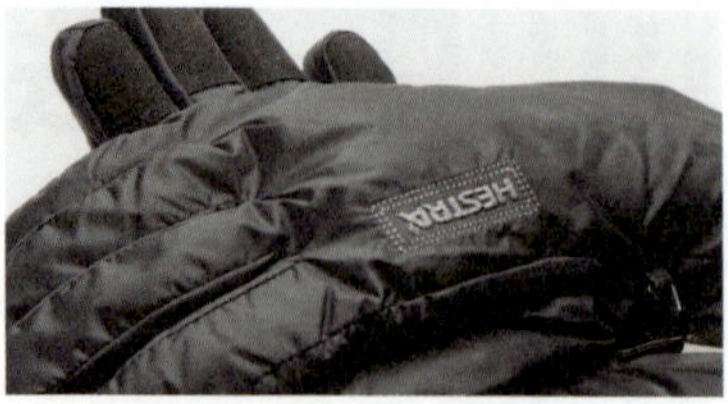

中綿には化学繊維が多い。ダウンと違って偏りにくく、湿っていても暖かい

4

/// Know-how ///

使用法＝山の状況に応じた考え方

グローブは買うだけで満足せず、機能性を考えて着用すべきだ。他のアイテムとの組み合わせも大切なことである。

安全のため、どんな山でもグローブは持参したいが、無理に着用すべきものでもない。たとえば、岩場では怪我をしやすい反面、グローブをすると手の感覚が鈍くなり、岩をつかみそこなったり、グローブがずれたりして、むしろ滑落の危険が高まる場合もある。状況に合わせて、その場で判断するのが賢明だ。

他の装備に比べ、グローブは傷みやすく、紛失しがちなものでもある。予備に軍手も用意しておくと、傷みを気にすることなくラフに使用でき、メインのグローブを紛失したときには代用品として利用できる。見栄えがいいものではなく、着用感もいまひとつだが、割り切って使う分には実用性は高い。

/// Point /// アウターとの組み合わせ方

グローブとアウターの袖は、どちらを外に出すべきか。グローブのタイプにもよるので一概にはいえないが、雨や雪への対応を考えれば、腕を上げる行動が多い山行ではグローブを外側に、腕を下げたままで行動することが通常であれば、グローブを内側にするとよい。袖口から水分が入ることを防ぐためにも、無駄な隙間は空けないようにしたい。

レインウェアと組み合わせるのならば、グローブは内側に。手を下げたときに水が流れる方向を考えれば、合理的な方法である

雪中でハードシェルと合わせるときは、グローブのタイプや状況に合わせて臨機応変に。グローブのコードもしっかり締めよう

/// Point /// サブに「軍手」という選択肢

なにかと傷みやすいグローブには消耗品の面もあり、高価なものを常に使うのはもったいない。サブとして安価な軍手を持っていくと非常に便利だ。濡れると冷たく、乾きも遅いが、傷みを気にせず使うことができ、ヤブの中をかき分けて歩くときにも役立つ。滑り止めがついたタイプは力を入れやすく、テントの設営や撤収時などにも使いやすいだろう。いざというときは汚れ物を扱うのにもためらいなく、いつでも持っていって損はない。

ゴムの滑り止めが付いたものも便利だが、熱せられたバーナーなどを扱うと、溶ける恐れも。その際は裏表をひっくり返して使おう

/// Point /// アウターグローブの併用

あらかじめアウターとライナーがセットのモデルを買わなくても、現在持っているものと組み合わせるアウターグローブも役に立つ。防水性や防風性に富み、耐久性も高いので、たとえ内部が軍手や薄手のウールであってもそれなりの快適さは得られる。ただしフィット感もそれなりでしかないので、状況に応じて使用したい。

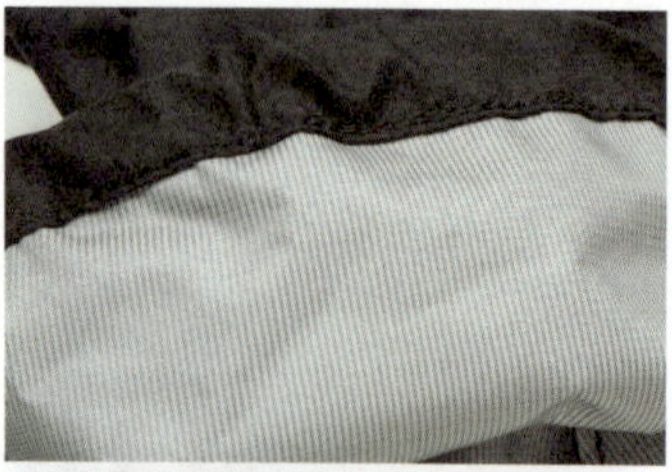

裏地はわずかに毛羽立たせてあり、これ1つだけで着用してもべたつきはない。少し大きめを選んでおきたい

裏面はツルっとした質感で、超薄手。持参するのにためらいがないほど軽量だ。これだけでも防風グローブになる

/// Point /// 軽い保温に簡易グローブ

暖かい夏の時期や、歩きやすい低山では必ずしもグローブはいらない。だが、やはり手が冷えると快適ではないので、小さくして持ち運べる簡易的なグローブがあると便利である。ランニング用に使われるリストゲイターや指の先端部分をすべて落としてしまったモデルは軽量だが、適度な保温性が期待できる。

手の甲と手首を覆う細長い形状。場合によっては、グローブと併用してもいいだろう

指先が常に露出している、薄いフリース素材。初夏や晩夏には、これでも充分だ

/// Column /// 紛失防止のアクセサリー

グローブは紛失しやすいアイテムだ。一部のモデルには当初から紛失防止のためのストラップが付属しているが、そうではないものは、自分で別売りパーツを購入して使用すると安心だ。工夫すれば、自作することも充分に可能だろう。

グローブのループに細いストラップをかけ、残りの部分は手首に。シンプルな仕組みである

短いストラップでグローブとつないだうえで、リングになったパーツを手首にかけるタイプ

本当のお気に入りが いつまでも見つからない、 無雪期用のグローブ。

僕にとって、グローブは使いやすいものがなかなか見つかりにくい山道具の1つだ。だが、僕がいちばん好きな無雪期の長距離縦走のときには、クライミングや雪山登山のときほどグローブが必要なわけではない。だから、なんとなく自分をごまかしながら手元にあるものを使い続けている。

具体的にいえば、手の平に滑り止めがついている程度のシンプルな1枚生地のグローブだ。素材はウールでも化繊でも、それほど違いはない。雨が降っていれば、いずれにせよすべて濡れてしまうからである。

だが濡れていたとしても、指まわりの水分は体温で温まり、素手が強風にさらされるよりはましだ。ただし、水分量が多すぎるとさすがに冷たいので、ときどきしぼる必要はある。こんな面倒なことをしなくても快適に使えるモデルがありそうなものなのだが。

しかし寒冷な時期に使うものは別だ。お気に入りは、親指、人差し指がセパレートになり、他の3本の指は1つにまとまっている3フィンガータイプ。厚みがあるモデルでも山道具の操作に大きな支障はなく、温かさもキープできる。

考えてみれば、夏用であっても、こういう形状のものがあってもよい。一般的な5フィンガータイプはフィット感が高いものほど着脱の際に裏返しになりがちで、僕はそこが難点だと思っている。しかし、その欠点も解消されるのである。

メンテナンスギア_2

透湿性の回復は、撥水性の回復から。
レインウェアの機能を取り戻す
専用のスプレーと洗剤。

買ったばかりのレインウェアの透湿防水性は非常に高い。だがそのまま着続けていると、外部からの雨は遮断し続けるものの、内部の湿気が抜けなくなったように感じる。

おそらくその理由は、表面の撥水性が落ち、生地表面に水の膜が張っているからだ。人間の肌に当初は布をかぶせていたのに、いつのまにかビニールに変わっていたようなものである。

快適にレインウェアを着続けるためには、定期的に撥水スプレーを照射するのも忘れてはいけない。テントのフライシートの水の弾きが悪くなったときも同様だ。撥水性を回復させるウェア専用の洗剤もある。

だが、薄めた中性洗剤で汚れを落とし、何度も丁寧にすすいだ後、乾燥機で完全乾燥させても撥水性はかなり回復する。表面生地のわずかな起毛が再び浮き上がってくるからだ。撥水スプレーや専用洗剤の効果には敵わないとしても、覚えておいて損はない。

山旅小物学

メンテナンスギア_3

ためらいがちなダウンやウールの洗濯。
しかし適切なクリーナーで正しく行なえば
購入当初の暖かさが再び戻ってくる。

メンテナンスすべきアウトドアウェアは、レインウェアに限らない。ダウンやウールのような保温性の高い素材も、適切なメンテナンスを施せば本来の暖かさがよみがえる

ダウンのような一見繊細な素材を自分の手で洗濯するのには、抵抗があるかもしれない。しかし実行してみれば意外と簡単だ。ただし、専用の洗剤を使う必要がある。押し洗いは手間取るが、高価なクリーニング代はかからない。風呂を利用すれば、スリーピングバッグも洗濯でき、保温性が向上する。

ウールは家庭用洗剤でも洗濯できる。だが専用のクリーナーは繊維の表面にダメージを与えにくい。ベースレイヤーのように直接肌に触れるウェアは慎重に洗濯すべきだろう。

山で着用するウェアは、砂埃などでファスナーが傷みやすい。潤滑剤を定期的に塗れば、ファスナーに生地を引っかけて破くようなトラブルも減るだろう。

山道具、実践編

山道具は多種多様で、テント泊山行ともなると非常に荷物の量は増える。
ここに並べているのは、「衣食住」のすべてを網羅し、
夏の北アルプス・剱岳付近を、2泊3日で歩く想定で細かくセレクトしたアイテム群だ。
少し荷物の量は多めにし、参考までにモデル名やメーカー名も記載している。
筆者の個人的好みが色濃くプラスされた、あくまでも一例として眺めてほしい。

出発前の山道具選びには智恵をしぼる。

この道具で安全なのか、快適なのか、さまざまに想像してみるが、結局は行ってみないとわからない。たとえ何度も通った場所でも、季節や天候が違えば、別の表情を見せる。できることは確実な情報だけを頼りに、可能な限り対応しようとする努力だけだ。

２泊３日の剱岳を中心とした山旅は、地形や登山道のバリエーションに富んでいる。その状況から、例えばテントをシミュレートしてみる。

トンネル型テントはどうか？　自立しないが広さのわりに軽量で、ペグを打てば風に強い。だが森林限界を超え、石が多い剱沢はペグが効きにくく、むしろ風に弱くてつぶれる。だから今回は自立するドーム型がいい、などと。

バーナーならば、次のように考えてみる。

剱沢も真砂沢もテント場には強風が吹く。風防を省いたバーナーは軽量だが、風に弱くて燃料が無駄になる。多少重くても風防付きは調理も迅速で、剱岳付近向きだ。

カタログ上のスペックだけにとらわれてはいけない。あくまでも、どんな場所で使うのかが問題だ。

この想定コースは、剱岳山頂近くの岩場や大雪渓など難所も多い。ウェアやギアは傷みやすいので、低山よりも丈夫なものでないと簡単に破れ、壊れる。また内蔵助平は雨が降ると沢が増水するので、防水対策も念入りにしたい。この山域では他の場所以上にタフな装備が必要だ。

もともと僕のモノ選びのキーワードは「質実剛健」。どれも「長く使える」「壊れない」「壊れても現場で修理できる」タフなものばかりだ。そんな視点で選んだのが次ページ以降のものである。

室堂→剱沢→剱岳→剱沢雪渓→真砂沢→内蔵助平→黒部ダム

想定ルートは、以下の通り。１日目は室堂から剱沢に入り、翌日はテントを張ったまま、サブバッグで身軽になって剱岳の山頂を往復。その後、テントを撤収してから北アルプス三大雪渓の１つである剱沢大雪渓を下る。２泊目の宿泊地は真砂沢だ。３日目は尾根を越えてハシゴ谷乗越から内蔵助平に入り、黒部川に下りて黒部ダムに出る。ここからは立山黒部アルペンルートで下山する。バリエーションに富む、なかなかおもしろいコースだ

/// Action.1 ///

常に身につけるウェアとギア

この中で、とくに「剱岳～剱沢雪渓」を歩くポイントになるのが、ブーツだ。滑落の危険が高い「岩場」と「雪上」のどちらにも対応するために、アッパーもソールも少し硬めのものにする。シューレースは通常の登山道を歩くときよりもキツめに結び、いつも以上にフィットさせる。

Tシャツでも寒くない

夏とはいえ、今回は涼しい時間帯以外でも長袖のベースレイヤーを併用することにする。岩場では腕を擦りやすく、雪渓は表面が氷のように固くなっており、転ぶとすりむきやすいからだ。暑ければ半袖になればいい。

こちらはバックパック内に入れる道具の集合体。総重量は約20kgで、夏山山行としてはかなり重い。充実させた食料、2台持ったカメラ、雪渓用の軽アイゼンなどが重量増の原因だ

大型バックパック

マックパック「カスケード65」。このメーカーのバックパックはとにかく丈夫で、まさに質実剛健だ。森林限界を超え、岩場も多い剱岳付近でも少々のことではトラブルにはならないだろう。いつも荷物が重い僕でも壊れることがなく、安心して使える。しかも防水コーティングなしでも水に強く、加水分解で劣化しない素材が使われ、長く使用できる

荷物を仕分けるスタッフバッグ類

❶～❺は防水のドライバッグ。❶には着替えをまとめて。❷には圧縮した寝袋を。❸には本や地図などのポーチを入れる。❹には⓰のポーチを入れる。シルナイロンの❺には、突然の降雨時に濡れて困るものを緊急避難。普段はたたんだままキープ。湿りがちな食料を入れる❻は通気性の高い化繊。中身が見える❼には余分な行動食。❽も行動食用だが、こちらにはその日に必要な分だけを入れて雨蓋に。❾にはシートを。❿はロープやリペアキットなどの小物用。⓫にはサイフや携帯電話を入れて雨蓋へ。⓬はウエストバッグだが、マットを入れる。⓭にはグローブやゲイターをまとめてポケットに。⓮はマットに空気を入れるポンプにもなる。大きいのでサブに便利。⓯は山への行き帰りにブーツを入れ、テント内では整理整頓に使う。⓰はラジオやヘッドライトを。テント場では通常のポーチとしてカメラなどを入れる

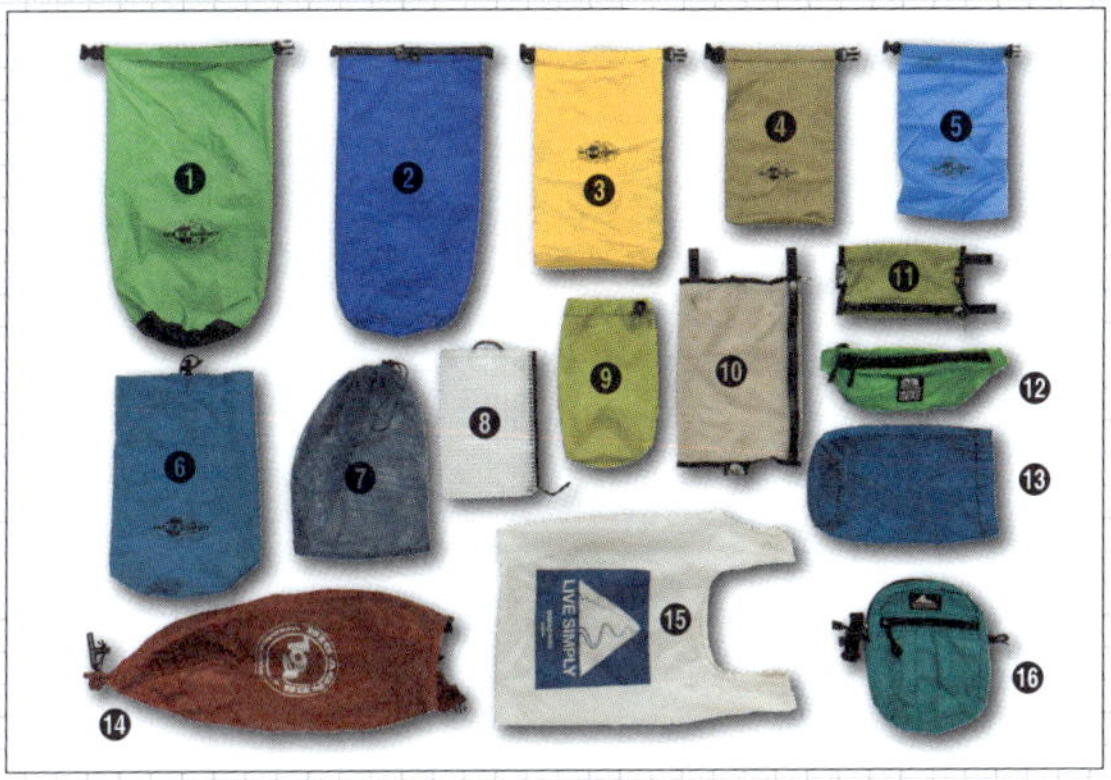

ウールのベースレイヤー

朝方の寒い時間や涼しい雪渓の上、肌が擦れやすい岩場では、Tシャツの下にウールのベースレイヤーを重ねる。これはモンベルの「スーパーメリノウールラウンドネックシャツ」。数日着ていても臭わず、サラッとした着心地である

タオル

汗かきの僕は行動中に顔を常に拭いていないと、ストレスがたまる。このシートゥサミット「ポケットタオル」のSサイズは40㎝で、首にかけておくと顔が拭きやすく、しかもずり落ちないという絶妙な長さだ。当然、速乾性でもある

キャップ

風で飛ばないよう自分でヒモを縫い付けたアウトドアリサーチ「ラダーポケットキャップ」。小さくたため、顔が小さく見える効果も。キャップはレインウェアのフードがずり落ちてこないので、雨のときはハットより使いやすい

コンプレッションタイツ

医者に言わせれば、僕は「慢性的な膝の筋肉の炎症」らしい。だが山には少しでも多く、長く行きたい。そこで脚をカバーするために機能系タイツを利用する。これはC3fit「パフォーマンスロングタイツ」。シンプルなデザインがいい

アンダーウェア

パタゴニア「アクティブ・ボクサー・ブリーフ」。汗で濡れてもすぐ乾く素材だ。着替え分も持っていく計画だが、おそらく下山後に風呂へ入るまで行動中はずっとこれをはき続けることになるだろう

化繊のTシャツ

ザ・ノース・フェイスのTシャツ。絞れるほど汗で濡れることも多い夏の暑い時間帯は、僕はいつも化繊のTシャツ1枚でできるだけ涼しく歩く。いかにもベースレイヤーといった体にフィットするものよりも、ゆるやかなものが風を通す

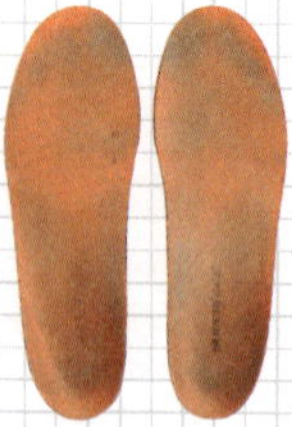

フットベッド

ブーツの中敷きと代えると、足の疲れが段違いに軽減される。たまに入れるのを忘れて歩いていると、足裏の土踏まず部分のアーチが痛くなってくるので、手放せない。これはスーパーフィートの男性用「オレンジ」というタイプだ

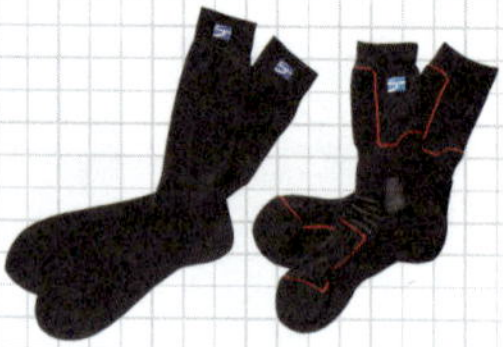

2種のソックス

ファイントラックのドライレイヤー「フラッドラッシュスキンメッシュソックス」と「スパイルフィルソックスアルパインレギュラー」を重ねて。こうすると足に汗をかいても、ほとんど濡れた感じはしない。ソックスを脱いでもさわやか

ショートパンツとベルト

脚の動きを妨げないストレッチ性が高いパンツ。このアウトドアリサーチのものは、薄いうえに驚くほどよく伸びて、はいているのを忘れるくらいである。ただ僕にはウエストがゆるいので、パタゴニアのベルトを組み合わせて使う

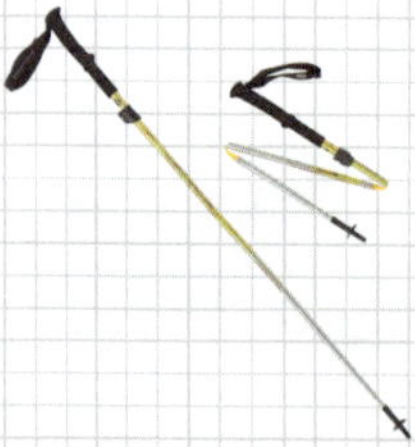

トレッキングポール

ブラックダイヤモンド「ディスタンスFL」。グリップが持ちやすくて軽量だ。問題は先端がラバーで覆われてはいるが、尖っていること。植物を傷めないように注意しなければならない。だが剱沢雪渓の雪面にはよく刺さることだろう

多機能腕時計

かなり傷ついたスント「コア・オールブラック」。傷の原因は以前の登山で岩に何度も擦れたからだ。だが重要なのは「岩に擦れても引っかかってはいない」こと。剱岳の難所で時計が引っかかったら危険。時計のフェイスの薄さは大事だ

トレッキングブーツ

あまりに頻繁に山に行くので、半インチ違いで2足持っているスカルパ「ゼログラビティ 10GTX」。僕の足にはピッタリで一切の不満はない。ソールが硬めなので岩場でも歩きやすく、軽アイゼンとの相性もよく、このコースにちょうどいい

/// Action.2 ///

安全・快適のためアクセサリー類や充分な行動食をスタンバイ

「なにか」のときに取り出したいものは意外と多い。

僕は地図やカメラはアクセサリーポケットなどに入れ、その他の重要品は出しやすい場所に収納しておく。代表的な例がレインウェアだ。僕はバックパックカバーやゲイター、リストバンドなどといっしょに「雨セット」としてバックパックのフロントポケットに入れる。荷物を下ろせば瞬時に雨に対応できるわけだ。

このコースでは雪渓がある。そこで軽アイゼンや光の照り返しに備えたサングラスは、バックパックの上のほうへ。ただし雪渓の上を歩かない初日と最終日は奥でいい。パッキングは日によって微調整すると、歩きやすい。

/// Point /// 突然の雨でも、瞬時に対応

レインウェア

僕は何着かのレインウェアを持っているが、ここではパタゴニア「レイン・シャドー・ジャケット」を。剱沢雪渓は白いガスに覆われがちで、深い割れ目もある。そんな危険な場所で着用する可能性があるので、事故を起こしても目立つ色に。青や黒は、白い世界では目立たない

ゲイター

アウトドアリサーチ「クロコゲイター」。一般的な夏のトレイルで雨だけに備えるなら、もっと薄手のゲイターで充分だが、雪を蹴って歩く雪渓の上ではこれくらい頑丈なタイプが安心だ。剱岳の岩場で雨に遭うことも想定すると、雨用の薄いゲイターでは破れてしまう可能性が高い

バックパックカバー

シートゥサミット「シリコンコーデュラパックカバー」。岩に擦れたり、雑に地面に置くと穴が空きやすいが、軽くてコンパクトに収納でき、持ち運びにはいい。だが、このコースではどこかで破くかもしれない。テントの中では広げて荷物の整理に使う

リストバンド

本来はカヌー用で、ジャケットの袖の上につけて水の浸入を止めるモンベルの「アクアテクトリストバンド」。トレッキングポールを持って歩いていると腕を上げる機会が多く、たびたび袖口から雨水が流れ込む。そこでこれを組み合わせるわけだ

レインパンツ

使い込んでかなり傷んだパタゴニア「レイン・シャドー・パンツ」。穴には裏からダクトテープを貼って応急処置をしたまま修理していない。しかしここまで傷んでしまったら、むしろ今回のように生地を破きやすい岩場ばかりの山で割り切って使える

/// Action.2 ///

安全・快適のためアクセサリー類や充分な行動食をスタンバイ

/// Point /// 危険対策は、念入りに

コンパス

山でコンパスが活躍する機会はあまりなく、腕時計の方位機能で充分に間に合うことが多い。だが出番が少なくても、安全確保の最重要ギアの1つとしていつでも手元に。シルバ「No.26」は水に浮くフローティングタイプで、沢沿いで落としてもなくしにくい

ホイッスルとIDカプセル

他の人から見えない岩陰やヤブ、雪渓の割れ目に落ちてしまったら……。声を出し続けるには限度があるので、救助を求めるためのホイッスル。IDカプセルには連絡先や血液型などを書いた用紙を入れ、これらをセットでバックパックの胸元につける

携帯電話と小型マルチツール

今は電波が届く山域も多く、救助要請や天気判断に携帯電話は欠かせない。剱岳付近は谷間では通じにくいが、山頂や稜線はつながりやすい。鍵のキーホルダー代わりはビクトリノックス「クラシック」。小さなナイフとハサミ程度の機能だが、なにかと便利

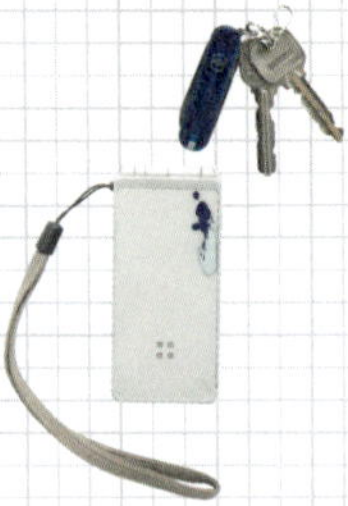

地図とマップケース

国土地理院発行の1/25000地形図は、シールライン「HPマップケース」に入れて濡れないように持ち歩く。このコースはちょうど「立山」1枚の範囲内だ。細かいところはこの地形図で確認するが、メインで使うのは昭文社の「山と高原地図」。雨には強いが普通のペンでは記録を書き込みにくいので、赤い油性ペンをいっしょに持ち、コースタイムや軽い感想をメモする

サブの地図、本、ノート、サイフなど

行動中というよりも、休憩中やテント内で使うのが、これらのもの。本は1日1冊の計算だ。重いけれど、山での読書は至福のときである。古地図は90年近く前の「立山」。映画『剱岳』で測量して作っていた、まさにその地図である。他の地図も本のような感覚で眺め、昔と今を比較して楽しむ。寝る前に山日記を書くノートやサイフも含め、全部を1つのポーチに

/// Point /// 行動食は山の楽しみ

2つのボトル

白はSIGG、青はナルゲン。どちらも1ℓでアミノ酸などのドリンクと真水を入れ分ける。このコースは水場が豊富で、しかもうまい。冷たい水をたっぷりとボトルにつめて、持ち歩く

多種多様な行動食

お菓子好きの僕にとって、行動食はおやつも兼ねる。行動を終えてからもテントで本を読みつつ楽しみたい。だから普段から好きな柿の種を筆頭に、ナッツやボンタンアメ、大福、チョコレートなどかなり多めに用意する。スナック菓子は袋こそ大きいが、小穴を開けて空気を抜き、思い切って細かくつぶしてしまえばかさばらない。パンもパッキングのときにはつぶして小さくする。リンゴは重いが、山で歩いている途中に食うと、街以上においしく感じる。山では贅沢だが、こういう楽しみもなく山に行っては、おもしろさが半減する

/// Point /// 寒さ、雪、光への対応

長袖のシャツ

ウインドシェル代わりによく使うのが、シャツ。ファスナーよりもボタンのほうが着心地がよく、なんとなくリラックスできる。これはマウンテンハードウェアのもので、襟が2重になっており、首の日焼け防止のために高く立てられる

サングラス

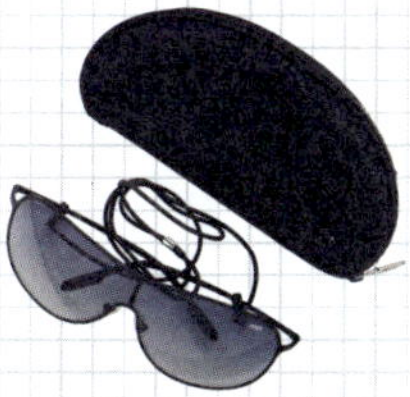

光に対して比較的目が強い僕は、夏でも通常の登山道ならば、目が痛くなったり、まぶしくて見えなくなったりすることはない。だが好天時の雪渓の上は別だ。いつもは雪山でしか使わないスミスのサングラスを持参する

6本爪の軽アイゼン

距離が長く、急斜面もある剱沢大雪渓では、軽アイゼンが必要だ。だが4本爪の「軽」すぎるものは、バランスを崩すと足が回転し安全ではない。これはグリベルの古い6本歯モデルである

薄手のグローブ

風が吹いていると、夏でも手がかじかむ。とくに山頂付近や雪渓は寒い。そのためにグローブを用意するが、このアウトドアリサーチのものは適度なフィット感で、蒸れにくいのがいい。ただし、岩を握るとずれやすく、難所では素手でいく

/// Point /// 記録と記憶を残す

2つのカメラ

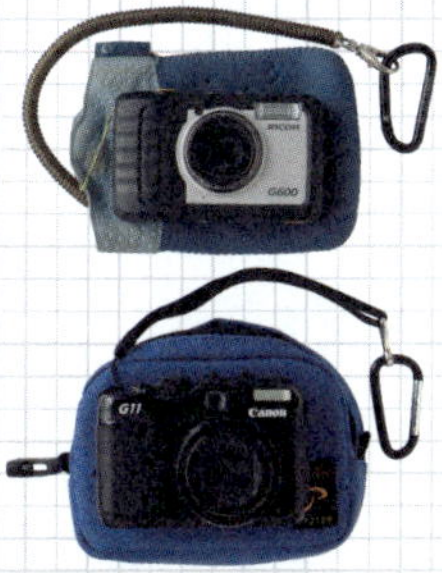

上はリコー「G800」。工事現場で使うタイプで、防水・防塵のうえ、岩の上に落としても壊れない頑丈さだ。だが写りはそれほどでもないので、雨以外のときは下のキャノン「PowerShot G11」。カラビナでバックパックにつけ、紛失を防止する

アクセサリーポケット

ザ・ノース・フェイスの「アクセサリーポケット」は、バックパックのショルダーハーネスの片方に取り付けるタイプだ。ちょうど肩下に位置し、ここにコンパクトカメラを入れておくと、非常に取り出しやすく、いつでも撮影可能な状態になる

/// Point /// 剱岳への往復に

小型バックパック

2日目はテントをキャンプ地に張ったまま短時間で山頂を往復する予定なので、必要なものだけを入れるサブの小型パックを用意する。これはホグロフス「ワタタイトドライバッグ」。たためて、背負えて、ウエストバッグになり、しかも防水性だ

超小型風速計

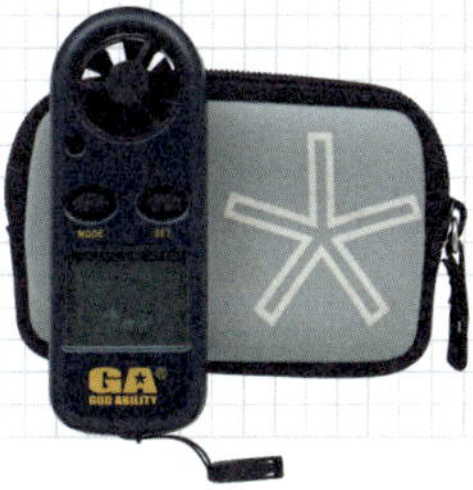

僕は強風が吹いていると、いつも風速を知りたくなってしまう。とくに必要な装備ではないが、風が強い剱岳の山域で自分の好奇心を満たし、山行記録を残すためには、これくらいのものは持っていきたい。とても軽量で小型だ

/// Action.3 ///

キャンプ地では
テントを張って夜を迎える

僕が山に行く前にもっとも熟考するのが、テントの選択だ。キャンプ予定地はペグがしっかりと刺さる地面なのか、刺さりにくい小石が広がっているのか？　吹きさらしで風が強い場所か、それとも風よけになる森の中か？　降雨時の水はけはよいのか？

そんなことを考えて手持ちのものから適したものをチョイスする。大きな問題がない場所であれば、そのときの気分と好みを優先する。

このコースでは以前に暴風雨でひどい経験をしているため、強風・豪雨にも耐えられるテントを選んだ。

剱岳付近は夏でも寒い山域だ。寝袋は保温力が1ランク高いものを選び、カバーを足して予想外の寒さに備えることにする。

ダブルウォール×自立型のテント

1人用で自立するヒルバーグの「ソウロ」。少々背が高くて風圧は受けるだろうが、フライが地面にぴったり接し、風が内部に入り込みにくい。このテントなら強風が珍しくない剱沢でも、ペグさえしっかり打てば大丈夫だろう。だがフライを完全に閉めて風を入れない状態では、湿気の多い夏は内部が結露しやすい。ここでは、その問題に別途対応することにした

各種をミックスしたペグ

僕は何度も剱沢で痛い目にあっている。岩が多くてペグが刺さらず、テントを強く固定できずに風で飛ばされそうになったり、雨で地面が緩み、初めは効いていたペグが抜けてテントが半壊したり。そこでどんな地面にも対応すべくペグは取り混ぜて3種。黄の6本をメインに、太い赤の1本は風の影響を受ける前室用。そして硬い岩の隙間にも打ち込める極細のシルバーを6本。1本は予備で、修理用スリーブもプラスした

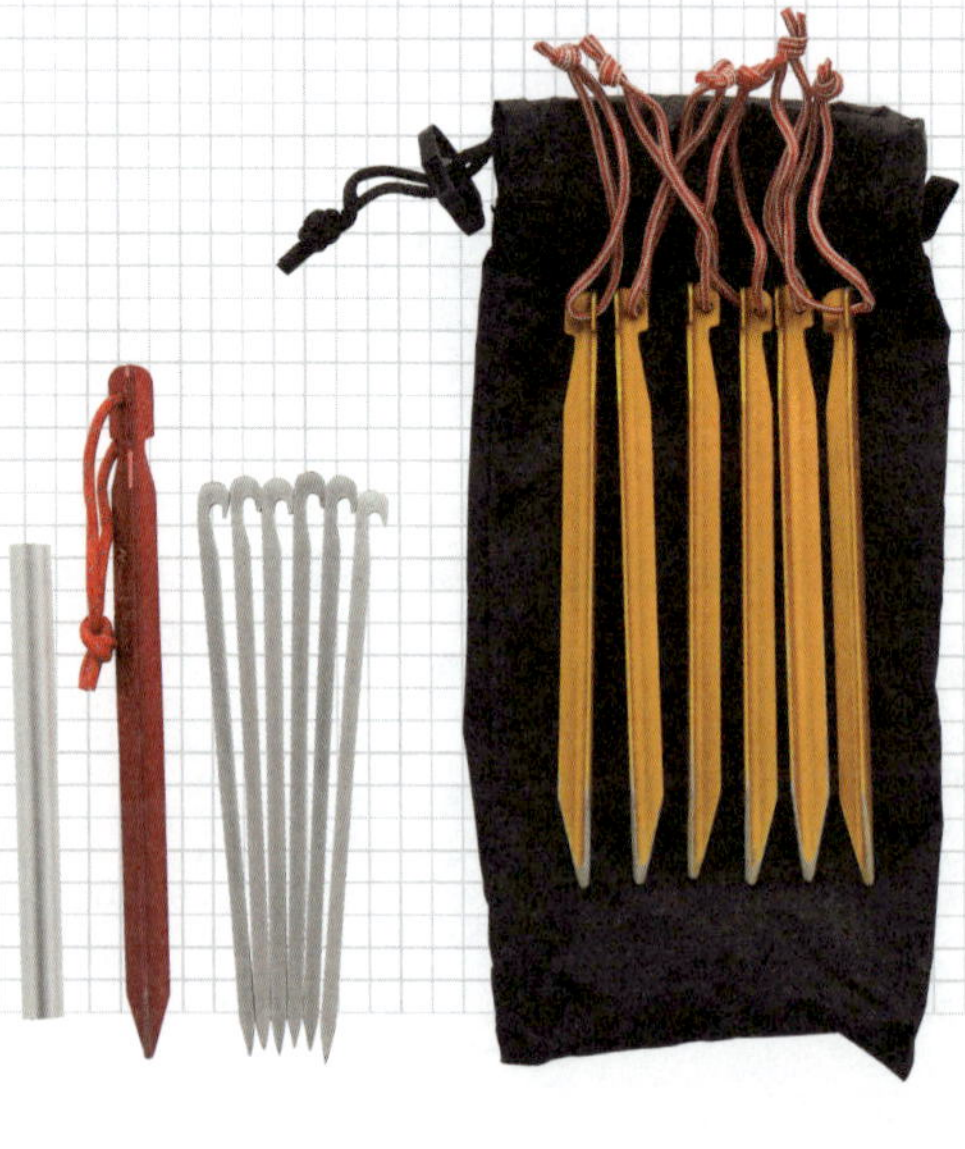

LEDランタン

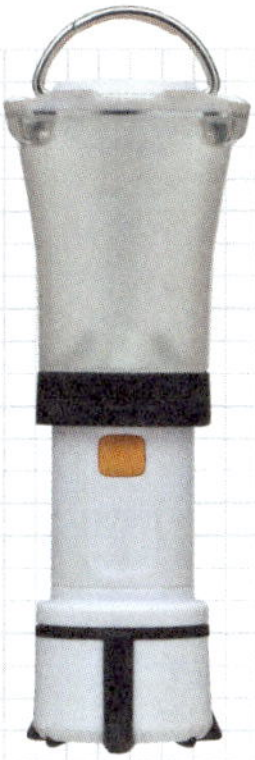

ヘッドライトがあれば必要ないが、これがあればテント内で本を読んだり、地図を見たりするときに目の疲れが違う。山での読書が大きな喜びになる僕にとって持っていくのは苦ではない。ブラックダイヤモンド「オービット」というモデル

2つに切ったシート

縦長に2つに切ったMPI「オールウェザーブランケット」。周囲の黒い補強部分は切り落としたが、目印のために片方の一辺だけ残し、そちらをテント下の地面に敷くフットプリント代わりにし、もう1枚は汚さずテント内のシートにする

エア注入式の枕

サイズが大きいので、クッション代わりにも使うビッグアグネスの「クリアビューピロー」。驚くほど小さく収納できるが、難点は汗ばんだ肌にはベタつくことだ。だから僕はいつも、着替え用のTシャツをかぶせて枕カバーの代わりにしている

チェアキット

マットと組めば座椅子になるビッグアグネス「チェアキット」。キャンプ地ではテント内外で座っている時間も長く、リラックスするにはイスの存在は大きい。重量はたった170gだ

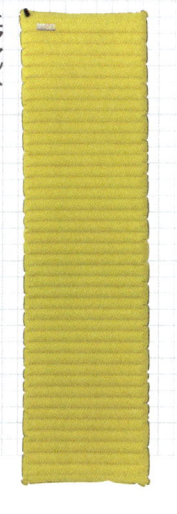

エアマット

エア注入式マットは寝心地がいい。このコースのキャンプ地は石も多いので、サーマレスト「ネオエアー」のように厚いマットが実用的だ。スタッフバッグが壊れたので、今は同サイズのウエストバッグに収納

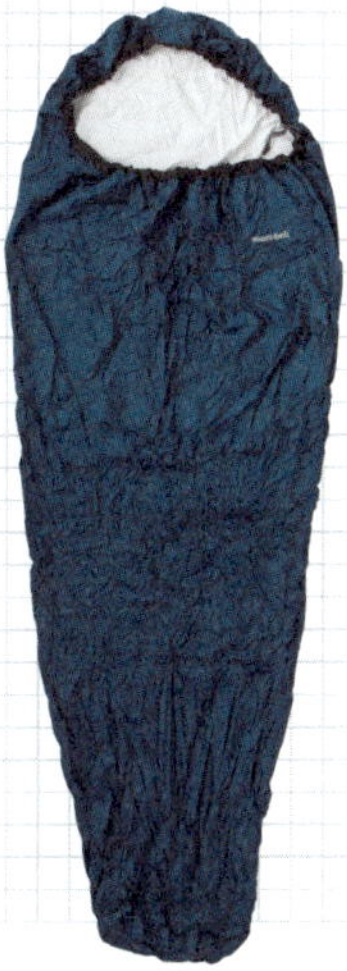

透湿防水性の寝袋カバー

結露が多くなりそうなテントを選んだため、寝袋には透湿防水性のカバーも用意する。これはモンベル「ブリーズドライテックU.L.スリーピングバッグカバー」。寒いときは保温力アップも期待できる

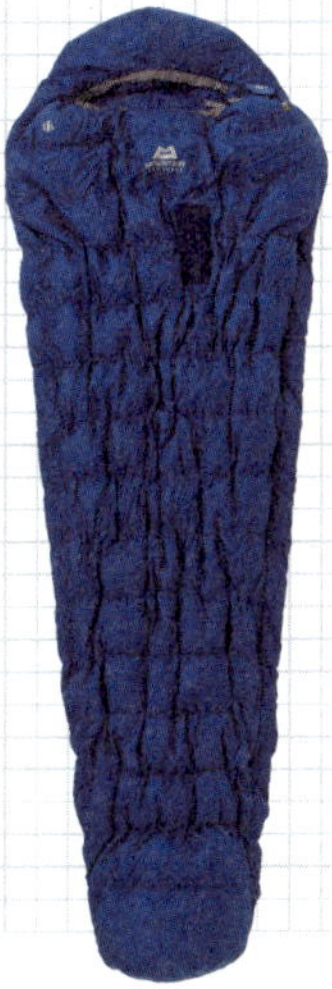

ダウンの寝袋

以前、鍋に触れて溶けた部分のリペア跡が痛々しいマウンテンイクィップメント「ＸＥＲＯ２５０」。薄手で天気が悪いと寒いかもしれないが、寝袋のカバーも併用すれば、これで充分と判断した

/// Action.4 ///

乾いたウェアがあれば安心 テント泊時の保温&リラックス着

少し多めに用意してしまったのが、この着替え類だ。2枚ある長袖ベースレイヤーは1枚でも充分だろう。

僕は前に、今回2泊目を想定している真砂沢のキャンプ地で、夏だというのにひどく寒い夜を過ごした。ただでさえ低温だった日に雪渓から冷たい風が吹きつけてきたからだ。その記憶が濃厚で、着替えを無用に多く用意してしまった。

もともと山は夏でも下界の街より格段に寒い。そこで、この想定ルートには厚手のウールのベースレイヤーに加え、薄手のダウンと分厚いウールのソックスも持っていくことにする。そして絶対に濡らさないように、丈夫なドライバッグに入れておく。

この3点さえあれば、寒さに弱い僕でも、夏の山ならば凍えることはないだろう。反対に暑いときは着なければいいだけのことである。たとえ台風の強雨・強風下で撤退することになり、低体温症になりかけても、バックパックにこれらが入っているだけで安心感が違う。風の弱い場所でテントを広げて着替えれば、まず死ぬことはない。

あとの着替え類は、必要というよりは、どちらかといえば快適さやリラックスのためのものだ。着替えを減らして軽量化する手もあるが、不快さを我慢して山を歩きたくない。荷物が少々重くても、キャンプ地での快適さを重視した道具選びになっている。

ウールの長袖ベースレイヤー

分厚いパタゴニア「メリノ3クラシック・クルー」は、肌に直接触れるウェアだけに、ストレートに感じる暖かさがありがたい。ウールなので多少濡れても暖かく、これだけでもコンディションよくキープしておけば、悪天候のびしょ濡れの状態でも、着替えればすぐに体温が復活するだろう

化繊のTシャツ

レインウェアさえ上に着れば、ウェアが濡れていても歩行中は寒くない。だから山行中は、濡れても行動着はいつも同じだ。このホグロフスのTシャツの主目的は、じつは帰宅用。できれば着用せずに残し、汚れのないウェアで帰宅しようという目論見だ

薄手のダウンジャケット

ボリューム感があるのに重量は220gというモンベル「U.L.ダウンインナーパーカ」。「インナー」という表示だがポケットも付き、夏は充分アウターに。寒いときはフードをかぶって寝ると暖かさが違う。これは中綿がダウンだが、雨が多い時期なら化繊のウェアに替えるだろう

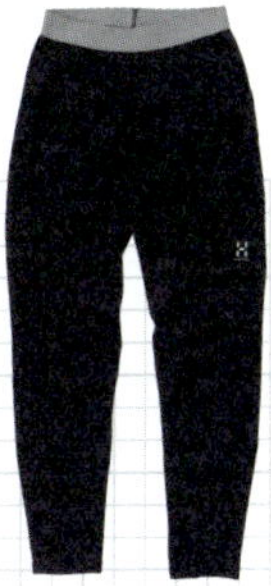

ロングタイツ

夏でも上半身はウールの長袖だが、下半身は化繊のタイツのときも多い。下半身のアンダーウェアが汗で少々湿っていても、化繊を重ねるといっしょに早く乾かしてくれる。このホグロフスのものは、起毛した裏地の肌触りがよく、とても暖かい

アンダーウェア

P320とまったく同じもの。もっと長い山行ならば、もう1枚持っていく可能性が高い。本来は違う色を持参したほうが、すでに着たものと着ていないものが判別できてよい

ウール／化繊混紡ベースレイヤー

内側はウールで暖かく、外側は化繊ですぐ乾くというマックパック社のもの。季節を問わずに使えて応用度が高い。だが、この想定コースと日程では、少し余分な装備となっているかもしれない

ネックゲイター

柄が気に入っているバフのネックゲイター。汗で濡れた帽子を脱いだ後、ターバンのように頭に巻き、ボサボサになった髪を隠すことができる。帽子の代わりに用意したものだ。タオル代わりにも使える

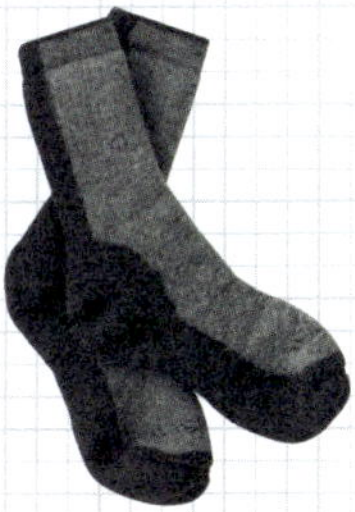

厚手のソックス

超厚手のパタゴニア「ウルトラHWマウンテニアリング・ソックス」。普通は夏山にこれを使う人はいないだろうが、末端冷え性の気がある僕は、キャンプ地の着替え用にこれがあると安心。剱岳のような高山で雪渓もある涼しい場所では、なおさらだ

ショートパンツ

キャンプ地で陽が照っていれば、これ1枚でさわやかに過ごす。寒いときはタイツの上に着用する。キャンプ地で着るものにはあまり機能性は重視しなくてもよいので、デザイン重視で選んだカブーのものだ

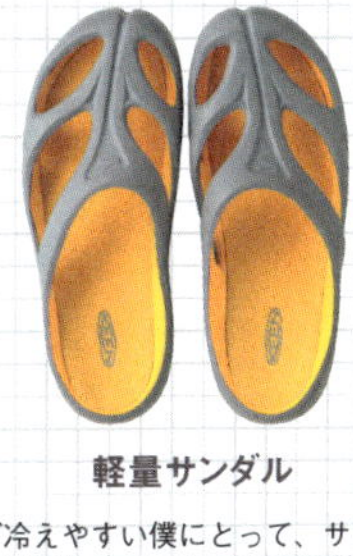

軽量サンダル

足先が冷えやすい僕にとって、サンダル選びの大前提は、ソックスを履いたまま使えることだ。わずか170g少々と軽量なキーンの「シャンティ」は、充分にその要件を満たす。登山口への行き帰りはブーツを脱ぎ、これに履き替えて行動する

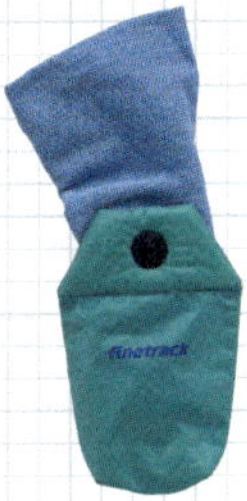

特殊タオル

持っているのを忘れるほど超小型だ。だがその性能はすばらしく、汗で脂ぎった肌を拭くと驚異的なサラサラの肌に。ファイントラック「ナノタオル」には油とり紙のような効果があり、もはや洗面用具の1種だ

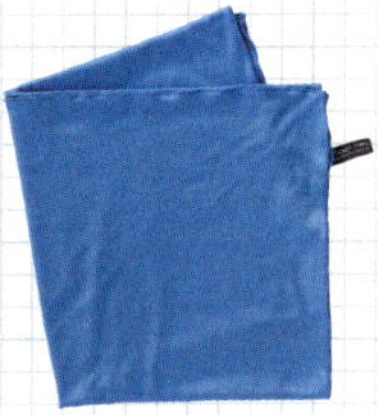

大きめのタオル

行動中に使うタオルのサブでもある。きれいなうちは顔や体を拭き、汚れてきたらテントの結露を吸収したり、シートをぬぐうことにも使う。帰宅前に温泉に向かい、きれいに洗ってからはバスタオルに変身

/// Action.5 ///

少しくらい重くてもしっかりと食事をとる

この山行シミュレーションで僕の装備の重さを押し上げているのが、行動食を含む食料だ。人によって考え方は違うが、僕はフリーズドライ食品のような軽量さよりも、食べ応えがあり、かつ費用を安く上げられるものをいつも購入している。山で行動しているときはかなりのパワーを必要とし、街以上に「量」にもこだわっている。

バーナーはこの想定コースに合わせた。その理由は主に風である。剱岳のような高山では強風が多く、風防を省略したバーナーは使いにくい。質実剛健で大きめの風防を持つものが、期待通りの性能を発揮する。だが、出発前の天気予報で長期間の快晴が予想されていれば、風防が簡易的な軽量タイプを選ぶかもしれない。そのあたりは、状況に合わせて臨機応変だ。

2泊3日分の主食類＋予備食

大盛り気味で揃えたメインメニュー。アルファ米にレトルトを使った肉ダンゴ丼と、サラスパ200gを茹でて市販の袋入りソースをかけたものが夜の2食分。そこにスープと味噌汁を加える。朝は2日ともラーメン。それら計4食分の主食には、カットして持っていく生野菜、プラスチックのケースごと持っていくキムチを具として適宜加える。チューブ入り肉味噌は味の向上と、たんぱく質の補給に。山の定番である棒ラーメンは予備食の扱いで、予定通り帰れないときに食べる

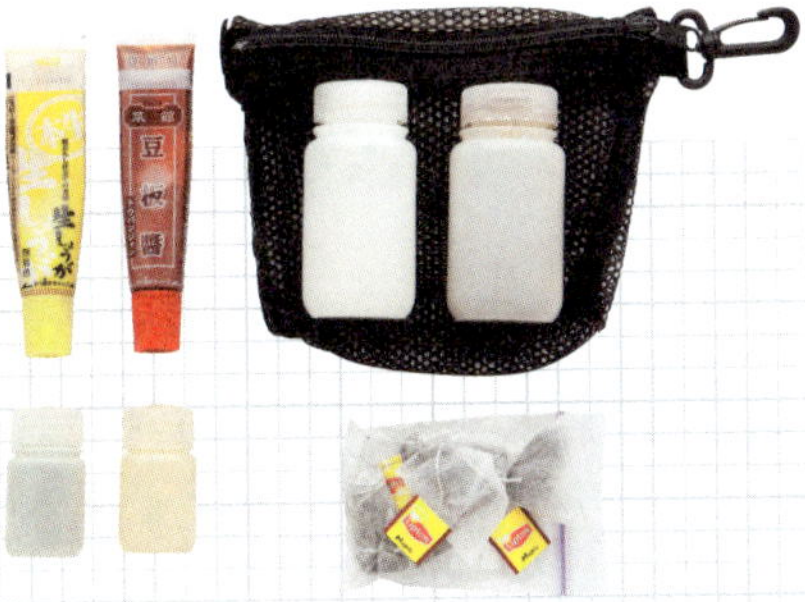

コーヒーと調味料

右の2つのケースには、インスタントコーヒーと砂糖。山ではインスタントであっても、濃厚に甘いコーヒーがおいしく感じられる。その下は小袋に分けた紅茶のティーパックだ。左はゴハンをおいしくする山向きの調味料で、チューブ入りのトウバンジャン、おろしショウガ、小ケースに移したゴマ油、コショウとなっている。もしも食事作りに失敗しても、これらの調味料があれば味をごまかして食べることができるだろう

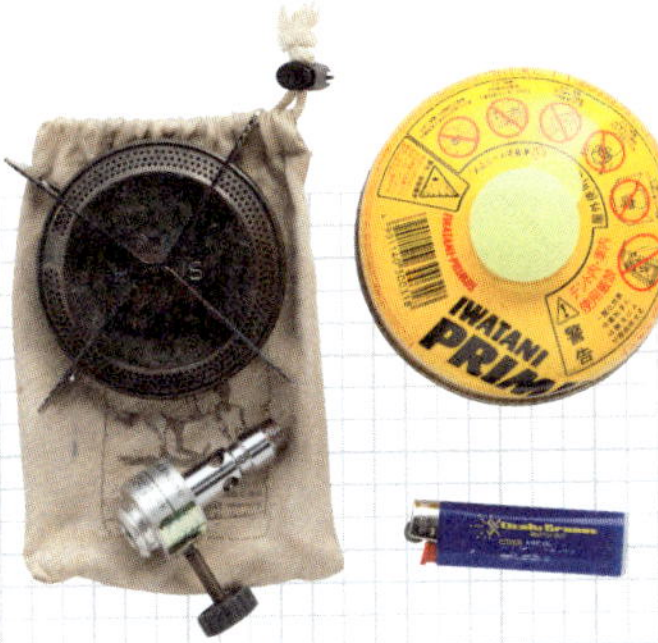

バーナーとガスカートリッジ

プリムス「2243」には大きめの風防があり、強風の恐れもあるこの想定ルート向きだ。確実な点火のためにライターも忘れずに加える。この風防のあるバーナーは悪天候でもそれなりの熱効率が期待でき、夏の2泊3日ならガスカートリッジは1つで間に合うはずだ

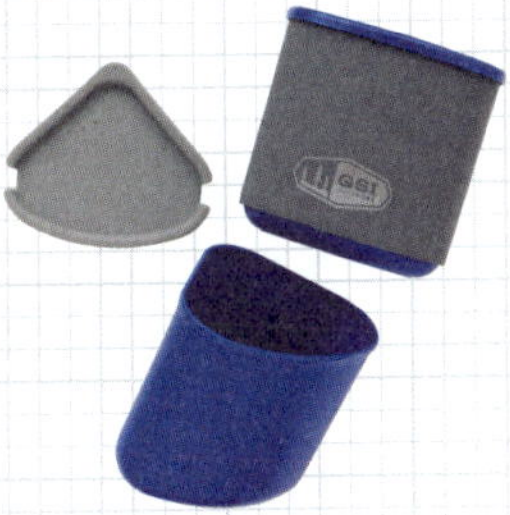

2重になったカップ

GSIの「ネスティングマグ」。断熱性の高いネオプレン素材をあいだに挟んだ2重タイプで、2つのカップとしても、重ねて保温力が高い1つのカップとしても使える。温かい飲み物がすぐに冷める金属よりも、長くあいだ温かいコーヒーが楽しめる

大きめのクッカー

鍋の底にアルミを溶射して熱効率を高めたEPIのチタンクッカーのセット。大きいほうが1.35ℓで、小さいほうが0.8ℓ。1人用としては大きいが、いつも具だくさんで大盛りの食事をとりたい僕には、この大きさが必要だ

マルチツール

レザーマンの「スケルツールCX」。調理に使うのは主にナイフだが、大切なのはプライヤー（ペンチ）の部分だ。道具の修理のときは、この部分が大活躍するので、たんなるナイフよりも使い道が広い。パッキングのときは、クッカーの中に入れる

ウォータータンク

有名なプラティパスのもの。長時間、水を補給できないルートでは行動中の飲み水も入れるが、今回のルートは水場も多く、その必要はない。だがキャンプ地で何度も水を汲みに行くのが面倒なこともあり、軽量なので持参した

カトラリーとスポンジ

涼しい山では、冷えやすい金属製のハシやスプーンは使いたくない。これは温かみがある竹製で、半分のサイズに収納できる。スポンジは山で使うことはあまりないが、クッカーの中のクッション材の役割も兼ねて、常に入れたままだ

/// Action.6 ///

重要な小物類 ライト、トイレキットなど

ここではひとりで行動することを前提に、過剰なほどファーストエイドセットとリペアキットを揃えた。この想定ルートように山深い場所に行くのなら、用心するに越したことはない。電気製品の利用は最低限にとどめるが、安全のためにヘッドライトとラジオは用意し、予備のバッテリーを加えている。

ところで、この想定ルート用のフル装備は約20kgだ。これだけあればという必要最低限の装備ではなく、快適性を重視し、安全面にも充分に配慮した結果である。個人的な好みで本などの重いものも多いが、これくらいの個性が出ていたほうがリアルな山道具の一覧となるのではないだろうか。

最新の軽量コンパクトな装備で一式を揃え、一切の無駄を省き、食事も切りつめれば、この想定ルートでも総重量12～15kgほどに減らせるだろう。そのことを最後に付け加えておきたい。

洗面用具系

視力が弱い人にはメガネやコンタクトレンズは命に関わる最重要品だ。足元が見えないと滑落事故に、遠くが見えないと道迷いの原因になる。頭を洗えない山では、たまに髪をクシでとかすだけでかゆみが大幅に減少する。隣のテントからの騒音にも用心し、耳栓も準備。日焼け止めとリップクリームはSPFが高く、紫外線に強いタイプだ。カミソリは帰宅前の身だしなみの意味もあるが、万が一の応急処置のとき鋭利な刃が役立つ

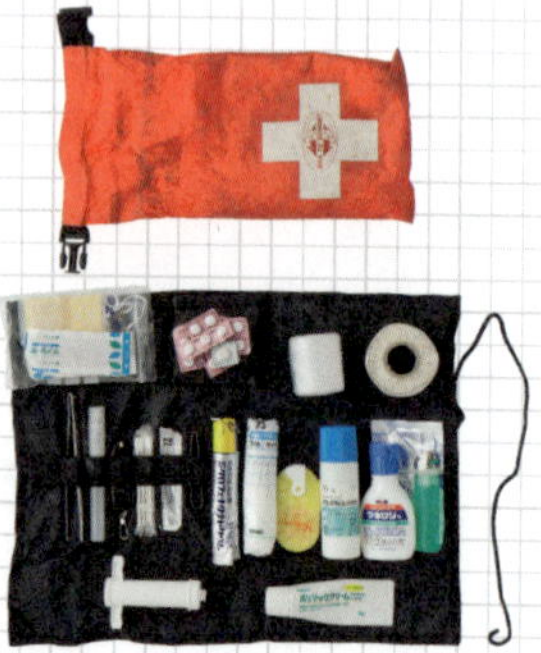

ファーストエイドセット

専用のドライバッグに入れておき、どんな山に行くときでも必ず持っていく。テーピングにガーゼ、絆創膏に包帯などだ。それらをカットするハサミやピンセット、消毒液も入れておく。飲み薬は、頭痛、腹痛、下痢、カゼなどに効くものを数種。筋肉の炎症を抑える塗り薬や虫刺されのかゆみ止めも有用だ。体調に配慮し、怪我に注意して歩けば、あまり出番がないが、ときどき中身をチェックして、期限切れの薬は買いなおしている

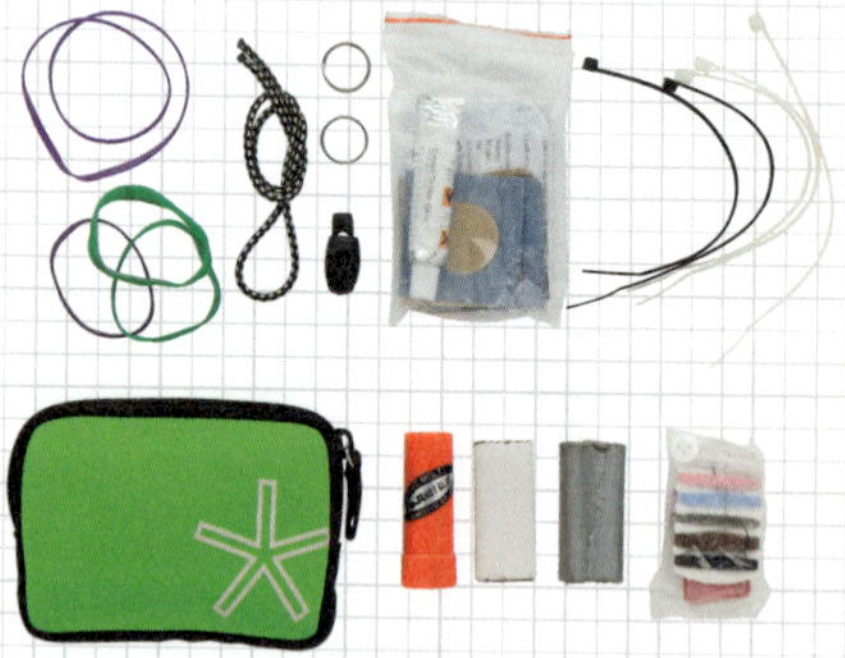

リペアキット

このなかでとくに「使える」ものは、小巻きにしたダクトテープと、結束バンドだ。簡単にいえば、壊れてしまった多くの山道具は、無理にでも貼り付けたり結びつけたりすれば応急処置できるということ。もちろん時間に余裕があれば、テントやレインウェアの破れはリペアシートできれいに補修してもいい。輪ゴムは応急処置に限らず、キャンプ生活のいろいろな用途に使い道がある

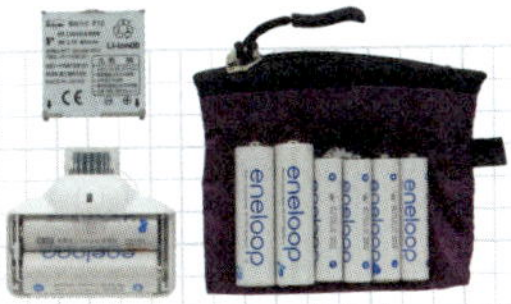

各種の電池

充電可能な電池を使い、電気製品の電池は山行前にフル充電。予備電池はラジオとランタン用に単4電池を4本、ラジオを優先して使う。単3電池4本はヘッドライトと携帯の充電器用だ。さらに携帯にはサブバッテリーも別途買って、1枚追加している

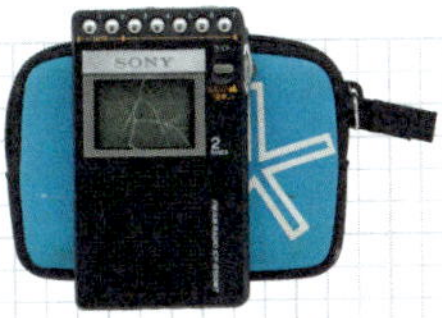

AM／FMラジオ

真砂沢付近は携帯電話の電波圏外。天気予報のチェックには、ソニーの通称「山ラジオ」を使う。山域設定を駆使すれば、現地のラジオ局が受信しやすくなる

ヘッドライト

剱岳往復の日は行動時間が長く、早朝から歩き始めるはずだ。そこでバッテリーの減りは早いが、岩場でも足元がしっかり見える高照射タイプのヘッドライト。電池よりも安全を重視する。これはブラックダイヤモンドの「ジーニックスIQ」だ

トイレセット

トイレットペーパーの外側をガムテープで防水補強したもの。トイレ以外では、場所によって小型ショベルで穴を掘るか、携帯トイレを使うかの選択になる。これにペーパーを埋める前に燃やすためのライターも入れ、いっしょにドライバッグへ

新聞か、薄い雑誌

マルチで実用度が高いのが、新聞紙。もしブーツ内が濡れてしまったら、丸めたものを入れて水を吸わせる。また、調理時はまな板として使う。寒いときはくしゃくしゃにして寝袋に入れると、保温力がぐっとアップする

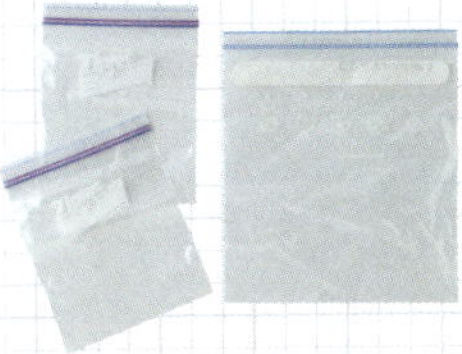

防水袋

防水性のゴミ袋にするだけではなく、食べ残しの保存のために、大を1枚、中を2枚。普通のタイプよりもフリーザー用が丈夫で、穴あきや水分が漏れる心配が少ない。切った野菜に塩をまぶして一夜漬けを作ったり、簡易的なマップケースにすることもできる

防水ケースに入れたマッチ

気圧や温度の関係で、ライターがつかなくなることはよくあることだ。とくに電子式は山に不向き。緊急時にバーナーでお湯を沸かせない、応急処置具を熱で消毒できないという危険な事態を招くかもしれない。乾燥したマッチならいつでも着火できる

細引きと洗濯ばさみ

5㎜と3㎜の細引きを5m前後ずつ。靴ヒモが切れたときの代用品、修理のときの応急処置用、怪我をしたときの手足の固定用など、使い道はさまざまだ。もちろん濡れた衣服をキャンプ場で乾かすときにも活躍する。洗濯ばさみも多目的に使える

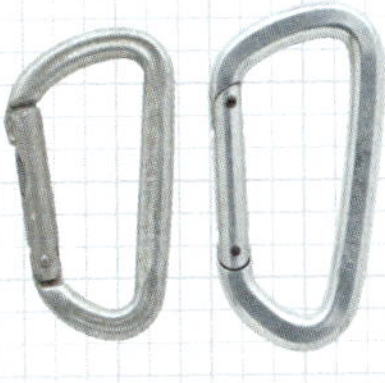

カラビナ

バックパックにモノを固定したり、木の枝からモノを吊るしたりと、カラビナは便利な存在だ。難所で身動きが取れないときに、これでバックパックをどこかに引っかけ、空身になって体勢を立て直す、などということもできるだろう

//// mountain × equipments ////

丸裸のままでは人間は他の動物と同じだ。
しかし、暖かい服を着て、便利な道具を使うことで、
他の生物とは異なる存在になる。
衣食住を背負って歩く山は、そんなことを伝えてくれる。

おわりに

「衣食住」のすべてをバックパックにつめ込んで、街を離れる。そして登山道に1歩踏み出せば、日常生活を離れた山の生活が始まる。今は街という自然からかけ離れた場所で生きる人間が、再び自然の中に戻る瞬間だ。

バックパックを背負わなければ、なにも始まらない。だから、バックパックは山の道具の象徴なのである。

この本の冒頭の「はじめに」という部分で、僕は「ほとんどすべての山の道具は、日常生活で我々が使っているモノを自然の中で使えるように作り変えたもの」だと書いた。「すべて」ではなく「ほとんどすべて」である。

その唯一の例外が、バックパックなのである。山の道具は、家をテントに、布団をスリーピングバッグにと、人間生活の基本である「衣食住」の要素をアウトドア用に置き換えたものだ。いいかえれば、他の道具は日常生活の延長線上にある。だがバックパックだけは、その日常生活を断ち切るために存在する。バックパックがあるからこそ、人は自然の中に戻れるのだ。

どうすれば気持ちよく山で過ごせるのか。どうすればつらい思いをしなくてもよいのか。どうすれば楽しい思い出を残せるのか。すべての山道具には、それを作った人の気持ちが込められている。手に入れた人に気に入ってもらい、満足してもらうために山道具は作られている。シンプルな道具でも、それは変わらない。作り手の熱意には頭が下がる。

そんな道具をすべてバックパックに入れて、山へ出かけよう。同じ場所に何度通っても、山はけっして同じ表情は見せない。そこにはいつも新しい世界が広がっている。そしてきっと、ますます山を好きになってしまうはずだ。

EtaPower
PRIMUS EtaPackLite

山道具
選び方、使い方

How to select & use the mountain equipments.

2013年 7 月30日　第1版第1刷発行
2013年11月30日　第1版第2刷発行

著者　高橋庄太郎

写真　矢島慎一、熊原美惠、与儀達久、
宮田幸司、仁田慎吾、増川浩一、桑山 章、
アラタジュン、樋口勇一郎、廣瀬友春、野口祐一
撮影協力　泥谷範幸、中山夏美
イラスト　善養寺ススム
地図製作　オゾングラフィックス
デザイン　ピークス株式会社
印刷・製本　大日本印刷株式会社

発行人　角 謙二
発行・発売　株式会社枻(えい)出版社
〒158-0096
東京都世田谷区玉川台2-13-2
販売部　TEL.03-3708-5181
www.ei-publishing.co.jp

ISBN978-4-7779-2916-0
Printed in Japan